Marseille Mafias

ISBN 978-281000-515-4
Tirage nº 1

25, rue du général Foy — 75008 Paris

www.editionsdutoucan.fr

Maquette et mise en pages : Nohémie Szydlo

José D'Arrigo

Marseille Mafias

éditions du
Toucan

« Quand Paris commence à tousser,
ici, à Marseille, on a déjà quarante. »

Jean-Pierre Klein

« Pourquoi vous glorifiez-vous dans votre malice,
vous qui n'êtes puissant que pour commettre l'iniquité ? »

Psaume 51 de David.

INTRODUCTION

Le rideau Defferre

Ce jour-là, il faisait un temps splendide.

C'était un mardi, le 11 mai 1982, et il devait être 17 heures. Un soleil radieux zébrait les eaux glauques du Vieux-Port de moirures huileuses et incandescentes.

Marseille vaquait paisiblement à ses occupations. Un nouveau bus de la régie autonome des transports de la Ville de Marseille (RATVM) était installé sur le quai d'honneur qui fait face à la mairie, juste devant l'arrivée du *ferry-boat*. Les responsables du service étaient au garde-à-vous. Ils attendaient le sénateur-maire de Marseille et ministre de l'Intérieur, Gaston Defferre, alors âgé de 72 ans, qui voulait inaugurer lui-même ce nouveau véhicule, plus grand, plus spacieux, plus moderne que les précédents.

Comme M. Defferre avait reçu une balle et des menaces de mort signées du terroriste Carlos, il était escorté en permanence par trois « malabars » du Groupe d'intervention de la police nationale créé par le commissaire Georges N'Guyen Van Loc, dit « Le Chinois ». Je devisais allègrement avec Viviane Karsenty, journaliste à *La Marseillaise*, et je représentais *Le Méridional*, le quotidien de droite de Marseille. Et si j'avais l'esprit guilleret, c'est parce que l'édition du jour était entièrement consacrée à des pamphlets venimeux sur la première année de gestion socialiste en France.

Mitterrand, Mauroy, Charasse, Dumas, Defferre et Lang étaient littéralement éreintés au fil des pages et nous avions cloué au pilori ceux que nous appelions avec une pointe de condescendance les «*socialo-communistes*». J'étais d'autant plus joyeux que je mesurais notre chance: nous avions pu exprimer librement nos opinions et nos critiques dans un journal appartenant en sous-main à... Gaston Defferre lui-même, qui l'avait racheté au *Dauphiné Libéré* dix ans plus tôt. Defferre y trouvait avantage sur le plan commercial, car les recettes publicitaires et les petites annonces y étaient couplées avec celles de son quotidien *Le Provençal*. Et une pub ou une annonce visant 400 000 lecteurs coûte beaucoup plus cher que si elle n'en concerne que 250 000. Le seul ennui, c'est qu'il devait supporter que le parti socialiste y soit maltraité jour après jour... et que son action y soit «caricaturée».

J'avais dans l'âme cette fraîcheur mutine d'un enfant qui s'apprête à jouer un bon tour à son papy et sait par avance qu'il sera pardonné de sa hardiesse...

Sur le «cahier» de la rédaction était mentionné le ou les reportages du jour attribués à chaque journaliste. Par exemple: Gaveriaux: faits divers. Ferracci: chronique judiciaire. Bettoia: politique. Seligmann: économie. Gabriel Domenech, le rédacteur en chef, et Alex Maubon, le chef de la «locale», avaient inscrit en regard de mon nom: «*17h: inauguration du nouveau bus de la RATVM*». Ils n'avaient pas fait ce choix sans malice, mais je l'ignorais encore.

Jean Contrucci, journaliste du *Soir*, édition vespérale du *Provençal*, avait été désigné par son journal pour faire l'apologie de ce bus bleu et blanc qui ne pouvait être, à ses yeux énamourés de thuriféraire defferriste, que magnifique, superbe, hallucinant, populaire, beau comme un astre, etc.

Le personnel de la régie était aux petits soins pour nous. Il nous fit monter dans le bus et je me souviens de Viviane Karsenty, très jeune encore à l'époque, qui roulait des yeux noirs sur cet autocar bleu et blanc dont elle n'avait manifestement rien à cirer...

Et puis Defferre est descendu de son bureau encadré par ses anges gardiens et il a salué le personnel et les élus présents, qui ont tous baissé la tête et amorcé une petite génuflexion ainsi qu'ils l'auraient fait pour la reine d'Angleterre ou le pape. Le sénateur-maire est monté dans le bus, il a fait semblant d'admirer les équipements, les sièges, l'espace, le pare-brise avec ses admirables essuie-glaces, puis il s'est laissé prendre abondamment en photo par son photographe attitré, Serge Assier, ancien chauffeur de taxi qui lui vouait une vénération sans limites.

Il fallait que le petit peuple marseillais sût que « Gaston » pouvait lui aussi de temps en temps délaisser les ors et les intrigues de la République pour venir s'agripper aux poignées d'un bus de la RATVM, comme n'importe quel pékin titulaire de la « carte orange ». Defferre descendit ensuite précautionneusement les marches du bus, entouré d'une nuée de courtisans serviles qui flattaient son « agilité », sa « puissance de travail », son « éclectisme », mais je n'eus pas l'impression que le maire les écoutait vraiment. Avant de remonter dans son bureau, distant d'une trentaine de mètres seulement, il prit soin de se faire présenter les journalistes présents, comme s'il ne les connaissait pas...

— Alors, comment ça va, m'sieur Contrucci ? nasilla le septuagénaire en serrant la main de celui qui deviendra plus tard un talentueux écrivain.

Il salua aussi Viviane Karsenty d'une inclination de la tête et m'apostropha en ces termes :

— Et vous, qui êtes-vous ?

— D'Arrigo, du *Méridional*, monsieur le maire, dis-je en songeant *in petto* avec une pointe de jubilation : « L'employé le plus zélé de votre propre journal, pour vous servir. »

C'est alors que Defferre se tourna vers le quai de Rive-Neuve, et d'un geste théâtral désigna le nouveau bus en hurlant :

— Et vous allez encore écrire que c'est de la merde, un gros bus de merde, dans votre journal de merde !

On l'aurait entendu au théâtre de La Criée, sur le quai opposé, tant il s'égosillait. C'était « l'estoumagade » du matin, la lecture indigeste du numéro « spécial-anniversaire de mai 81 » qui lui remontait des entrailles comme un méchant borborygme après un déjeuner trop roboratif. L'algarade était évidemment préméditée. Et tout autre journaliste du *Méridional* en eût pris autant pour son grade.

Je n'avais que 32 ans à l'époque et j'étais pétrifié. Les cadres de la régie, les élus, les policiers arboraient une mine embarrassée. S'ils l'avaient pu, ils seraient rentrés sous terre. Mais, soudain, alors que Defferre dardait sur moi un regard fulminant, je me suis entendu répondre d'une voix d'outre-tombe :

— J'écrirai ce que la liberté d'expression m'autorisera à écrire.

Sous-entendu : vous pouvez toujours exercer votre censure puisque vous contrôlez en sous-main *Le Méridional*, mais je suis un journaliste indépendant et je vous emmerde royalement en vertu de l'article 11 de la Déclaration des droits de l'homme et du citoyen, qui stipule :

« *La libre communication des pensées et des opinions est un des droits les plus précieux de l'homme : tout citoyen peut donc parler, écrire, imprimer librement, sauf à répondre de l'abus de cette liberté dans les cas déterminés par la loi.* »

Un accent caverneux, zézayant, soupçonneux

À vrai dire, je n'aimais pas Gaston Defferre. Je n'aimais pas sa mine renfrognée, sa suffisance, son austérité, son côté protestant cévenol coincé dans les embouteillages, son débit laborieux, sa faconde de demi-bègue, son accent – mon Dieu, quel drôle d'accent ! Un accent ni marseillais ni parisien, mi-chèvre mi-chou, entre les deux, caverneux, zézayant, frustré, soupçonneux, bravache, jalonné de sous-entendus se voulant doucereux ou mielleux.

Je ne comprenais pas qu'on puisse se proclamer maire de Marseille et n'être le maire que de certains Marseillais, ceux qui ont la carte du parti socialiste et leurs dévoués alliés, centristes ou communistes, selon les époques, à l'exclusion de tous les autres. Je ne comprenais pas cet ostracisme vis-à-vis des gens de « droite », ceux qui croient à l'ordre, au mérite, à la responsabilité et se méfient des torrents de pseudo-solidarité larmoyante qui inondent les discours politiques.

La plupart des Marseillais, je parle des Marseillais natifs de Marseille (MNM), ne l'aimaient pas non plus. Ils le détestaient souvent, le méprisaient parfois, le craignaient toujours.

Il est vrai que Gaston Defferre se moquait de sa cote de popularité pour la bonne raison qu'en trente-trois ans de règne, il s'était constitué une clientèle tous azimuts, dans tous les milieux, une véritable armée d'obligés, embauchés à la mairie, au conseil général, à la région, dans les hôpitaux, l'administration ou la police, attributaires de tel ou tel logement, de telle ou telle prébende, de telle ou telle faveur octroyée par le maire et qui élargissait considérablement l'assise socialiste du premier magistrat de la ville.

En favorisant de façon éhontée ses amis pour l'attribution des marchés municipaux – la pratique est donc très ancienne – Defferre a ruiné de nombreuses familles marseillaises qui croyaient pouvoir soumissionner loyalement à un appel d'offres ou à une adjudication de marché. Ce n'était jamais le moins-disant qui gagnait, c'est-à-dire celui qui proposait le meilleur prix. Ce n'était pas non plus le mieux-disant, celui proposant le meilleur rapport qualité-prix.

C'était toujours le meilleur ami de Defferre... Les plis contenant les adjudications étaient décachetés la veille de la réunion du jury composant la commission des marchés, les prix des « amis » étaient réajustés en fonction des diverses offres proposées par les entreprises et ils l'emportaient sans coup férir, au grand dam de leurs concurrents. C'est ainsi que mon père, immigré sicilien arrivé à Marseille dans les années 1930, chassé de Linguaglossa et de Rocca-Lumera par la misère, a compris qu'il avait affaire à une sorte de «*Mafia marseillaise*» contre laquelle il était impuissant. Son marché, hélas captif, de fruits et légumes destinés à l'assistance publique et aux hôpitaux de Marseille, il pouvait se l'accrocher. C'est un autre, pourtant plus cher, il en était sûr et certain, qui a raflé le marché. Il est vrai que l'heureux gagnant avait quelques privautés pour le PS et qu'il avait été choisi en conséquence.

Scandalisé par ces méthodes, et voyant péricliter mon père à la suite de cette mise à l'écart arbitraire, je suis allé rendre visite un jour à la mairie à un jeune conseiller municipal de la majorité socialo-centriste: un certain Jean-Claude Gaudin. Je voyais en lui un opposant susceptible de m'aider à rendre justice à mon père qui avait travaillé dur pour se faire quatre sous et se voyait soudain privé de ressources. Je me trompais. Gaudin n'avait pas encore pris son essor. Il était membre de la majorité et tenu, de ce fait, à une certaine «solidarité». Autant vous dire que ma réclamation n'a été suivie d'aucun effet, en dépit des promesses prodiguées par le damoiseau, et que Gaudin continua de collaborer allègrement dans les quartiers sud avec un certain Charles-Emile Loo, dit «Neunœil», alors député socialiste de la circonscription et proche collaborateur de Defferre... Ce jour-là, j'ai compris que les convictions politiques de Jean-Claude Gaudin se situaient entre le radical-cassoulet et la socialo-bouillabaisse...

Mon père n'était pas le seul, loin s'en faut, à avoir été laminé par les socialistes. Jean-Pierre Vernoux, 69 ans, directeur de Marseille-Menuiserie durant de nombreuses années au Canet, aujourd'hui patron du club de gym La Palestre, m'a confié qu'il apportait lui-même 2% en liquide de chaque marché passé avec la Ville dans une enveloppe cachetée destinée au directeur de cabinet du maire de Marseille... «C'était une pratique courante, dit-il, cet argent noir servait à alimenter les bonnes œuvres du parti socialiste...»

Un architecte du conseil général, lui, n'hésitait pas à téléphoner à son « ami » après avoir ajusté les prix et recacheté les plis des soumissionnaires : « *Allô, Roger, pas de souci, c'est toi qui seras choisi demain…* » Certains adjoints, eux, exigeaient qu'on leur donne de l'argent de la main à la main pour effectuer telle ou telle rénovation ou réfection de bâtiment, de stade, de monument… Combien de petits artisans, de petits entrepreneurs marseillais ont été ruinés par ces pratiques clientélistes de bas étage et par cette corruption généralisée à tous les étages ? Combien ne s'en sont jamais remis ? Combien ont sombré dans l'alcool, le désarroi, la déconfiture, l'humiliation de l'échec, dans l'indifférence générale ? Combien, M. Defferre ? Combien, M. Weygand ? Combien, M. Philibert ? Combien, M. Guérini ?

Et les journalistes ? Qu'est-ce qu'ils faisaient, les journalistes ? Pourquoi n'ont-ils jamais dénoncé ces abus, ces passe-droits, ce favoritisme, ce népotisme, ce clientélisme qui ont mis à genoux moralement et financièrement cette ville ?

Ils n'ont rien dit parce qu'ils étaient réduits au silence. C'était l'*omerta* obligatoire. Le choix était simple : si tu parles, on te vire. Et si on te vire, tu deviens un paria dans ta ville. Pas d'autre alternative. Et ceux de *La Marseillaise*, les « cocos » enragés, ils auraient pu dévoiler ce merdier, non ? Pas du tout. Defferre tenait, *via* Marius et Guy Massias, élus du PS, la société qui distribuait le journal communiste, et si l'on se permettait de le chatouiller, les milliers d'exemplaires qui étaient prévus en kiosque se retrouvaient par hasard dans le Vieux-Port… D'où la bienveillante neutralité de *La Marseillaise* à son égard.

De toute façon, Defferre voulait des journalistes à sa botte. Il téléphonait chaque soir à la rédaction pour se faire lire certains articles « sensibles » et changeait la Une du *Provençal* si elle ne lui plaisait pas. Le sport local, à partir de 22 heures, c'était de ne surtout pas décrocher le téléphone pour ne pas tomber sur « Gaston ». Quant à la Une du *Méridional*, il n'avait aucun souci : le maire avait discrètement chargé un militant socialiste, un vrai colosse, de la monter pour s'épargner toute surprise fâcheuse.

— Dites-moi, François [*Missen*] et Pierre [*Roumel*], vous allez me couper Pezet sur la photo, je ne veux plus le voir dans le journal, ce petit con, c'est la dernière fois que je vous le dis..., maugréait Gaston.

« Il fallait souvent refaire tout le journal, se souvient Jean-Jacques Fiorito, grand reporter à *La Provence*, Defferre nous faisait publier des contrevérités et des mensonges manifestes, c'était la Bérézina, on n'en pouvait plus, de ses diktats ! Le rédacteur en chef du groupe Hersant nous a assurés en arrivant qu'il ne tiendrait la plume d'aucun journaliste, et il a tenu parole. On est plus libre avec Hersant aujourd'hui qu'il y a trente ans sous Gaston ! » Pour voir les photos intégrales des manifestations auxquelles il participait en sa qualité d'élu, Michel Pezet, concurrent de Defferre après avoir été son dauphin, devait acheter *La Marseillaise*, ou bien, comble d'horreur, *Le Méridional* !

Lorsque Defferre était à Marseille, il faisait lui-même un saut au siège du journal, 248, avenue Roger-Salengro, construit sur un terrain industriel des quartiers nord appartenant à l'un de ses proches. Le fidèle Louis Benedetti, vigile socialiste de la première heure, était chargé de neutraliser un ascenseur « pour le patron », Defferre refusant d'attendre quelques secondes au rez-de-chaussée. Les journalistes, eux, devaient monter à pied, que ça leur plaise ou non, pour justifier sans doute leur statut de « piétaille » ou de « soutiers » du defferrisme.

Dès lors, on comprend mieux la colère de Gaston Defferre, ce 11 mai 1982 à 17 heures. Une explosion d'insultes suivie d'un moment de sidération lorsque ce jeune paltoquet du *Méridional*, moi en l'occurrence, a eu l'audace insensée de lui tenir tête alors qu'il repartait à petits pas pour traverser le quai du port, encadré par trois gaillards le protégeant en « triangle » : un policier très proche au contact direct de son épaule pour le plaquer au sol en cas d'agression (Fred), un second pour « assurer » la protection avant à 180 degrés (Gérald) et un troisième pour neutraliser l'arrière à 180 degrés (Joris), l'objectif étant de couvrir au mieux tous les angles possibles d'attaque.

Le lendemain, *Le Méridional* rapporta l'incident *mezza voce*, sur la pointe des pieds. J'avais surgi dans le bureau du rédacteur en chef les poings tout faits en lui proposant de raconter ma petite mésaventure par le menu, pour faire plaisir aux lecteurs et me régaler moi-même au passage, mais Gabriel Domenech, alors en discussion avec Jean Chélini, avait jugé plus prudent de ne pas en rajouter après notre « hors-série » plutôt gratiné sur la gestion socialiste. C'est ainsi que *Le Méridional* du 12 mai rapporta les faits sous ma plume, en termes voilés :

« *Le nouvel autobus de la RATVM a été inauguré hier face à la mairie avec un vif "éclat" par le maire de Marseille en présence des responsables de la régie et des élus responsables du transport collectif...* », etc.

Je crois bien que Gabriel Domenech, qui m'avait à la bonne et me considérait comme un journaliste « efficient », avait toléré ces petits guillemets ornant le mot « *éclat* » pour ne pas m'offusquer et par souci de respecter la vérité historique – j'allais écrire « hystérique » – de ce bel après-midi de mai.

« Je te pisse à la raie ! »

Car ce n'était pas la première fois que Defferre s'en prenait à un journaliste. Quelques mois plus tôt, il avait copieusement insulté Alain Dugrand, l'un des fondateurs du journal *Libération* et patron de ce quotidien dans le Sud-Est qui avait, lui aussi, commis un crime de lèse-majesté en osant écrire ce qu'il ne faut pas écrire et dire ce qu'il ne faut pas dire. Songez que Dugrand avait eu l'outrecuidance de faire une relation entre la piétonisation de l'îlot Thiars, derrière le Vieux-Port, et les immeubles que possédaient l'épouse du maire, Edmonde Charles-Roux, dans ce périmètre entièrement rénové qui est devenu un « must » de la restauration marseillaise et un lieu parmi les plus « branchouilles » de Marseille...

Oh là là ! il est fada, Dugrand... Qu'est-ce qu'il a fait là, ce gaga ?

Au cours du vernissage d'une exposition du fameux peintre Jean-Claude Quilici, celui-là même qui peindra les décors magnifiques du métro « Cours-Julien-Notre Dame-du-Mont », Defferre s'est pointé à la galerie et il s'est bien gardé de toucher au buffet. Le soir, en général, il se contentait d'une pomme ou d'un potage pour ne pas grossir. Lorsqu'il a aperçu Alain Dugrand, son sang n'a fait qu'un tour :

« Casse-toi de là, scribe de mes deux, journaliste de mes couilles, je te pisse à la raie ! » s'est-il écrié, geste obscène à l'appui, jetant un froid dans l'assistance médusée.

Les participants avaient été choqués, voire douchés, par cet accès de vulgarité alors que Dugrand, conformément à son habitude, n'avait fait que rapporter la vérité, Defferre ou pas Defferre, Edmonde ou pas Edmonde.

Dans les rédactions du *Provençal*, du *Méridional* et de *La Marseillaise*, l'insulte du maire est largement devenue à la mode, et lorsque nous voulions apostropher un confrère de façon un peu gaillarde, on criait d'une voix de stentor :

« Oh, journaliste de mes couilles, je te pisse à la raie... »

Dans la bouche d'Alex Maubon, le propos nous faisait d'autant plus sourire qu'il « rrroulait » les « r » avec son accent bourguignon, et cela donnait : « Je te pisse à la rrrraie... »

Il est vrai que Defferre était un homme assez chatouilleux qui ne supportait pas la contradiction. Le 20 avril 1967, alors qu'il est déjà âgé de 57 ans, Defferre n'apprécie guère les propos du député gaulliste de Seine-et-Oise René Ribière. En plein hémicycle, il interrompt le discours de son collègue :

« Taisez-vous, abruti, vous ne savez pas ce que vous dites ! »

Aujourd'hui, cet incident n'aurait même pas été relevé par les médias. Mais à l'époque, les hommes politiques avaient un certain sens de l'honneur. Ribière, âgé de 45 ans, n'ayant pas obtenu les excuses qu'il attendait, n'a pas hésité à défier Defferre en duel « au fer », c'est-à-dire à l'épée. Malgré les objurgations de la police et du gouvernement, Defferre a relevé le défi. Les deux hommes se sont retrouvés en chemise blanche dans le jardin d'une maison de Neuilly et c'est le gaulliste Jean de Lipkowski qui a été chargé d'arbitrer le duel, prévu « au dernier sang ». D'emblée, Defferre s'est emporté en constatant qu'on lui présentait des épées émoussées et il a exigé qu'on utilise les siennes, bien plus acérées.

« Puisqu'il se marie demain, ce con, je vais lui viser les couilles ! », confie Defferre, vindicatif, à son témoin.

Meilleur bretteur, Defferre touche à deux reprises son adversaire qui souffre de deux estafilades au bras. Au bout de cinq minutes, le combat s'achève sans que le maire de Marseille ait mis sa menace à exécution concernant les bourses de son vis-à-vis. Ce fut le dernier homme politique à se battre en duel.

« Moi, ça m'amusait de l'empêcher de se marier en le visant là ou vous imaginez, a ricané par la suite le maire de Marseille, mais comme il était plus grand que moi, quand je me penchais pour atteindre mon objectif, j'avais son épée dans les yeux. Je me suis dit que ce serait trop bête de me faire crever un œil pour lui en crever une… Alors je l'ai visé au bras. » Defferre a tout de même réussi à faire ajourner le mariage de Ribière, car le général de Gaulle a trouvé cette affaire ridicule et a interdit à ses ministres d'être les témoins de mariage d'un tel « cornichon ».

Timidité maladive et accès colériques

Defferre était-il une « soupe au lait » qui réagissait au quart de tour ?

« Pas du tout, répond son psychiatre, âgé aujourd'hui de 89 ans. Gaston Defferre souffrait de *coprolalie*, une affection très rare qui consiste en une tendance pathologique à proférer des mots orduriers à tout bout de champ. Il était affligé d'une timidité maladive qu'il couvrait par ses accès colériques et ses mouvements d'humeur… »

Ce médecin est le seul à avoir recueilli les confidences de Gaston Defferre, un homme au caractère complexe qui était finalement plus fragile qu'il ne voulait bien le laisser paraître sous des dehors parfois grossiers ou brutaux. Defferre était très affecté par la fameuse rumeur de sa mort qui s'est répandue comme une traînée de poudre à Marseille. Il y a vu une sorte de désir tacite du peuple de le voir disparaître à jamais…

« Lors de nos rencontres amicales dans le bureau de la mairie centrale, j'ai proposé à Gaston Defferre de me parler de son enfance, raconte le psy. Il a évoqué sa mère avec infiniment de respect et une vive émotion. C'est elle qui lui a inculqué les principes de la morale protestante et une certaine fascination pour les intellectuels, pendant que son père flambait tout son argent au jeu et ruinait sa famille, d'où la détestation de Gaston pour les casinos et les machines à sous. À la fin de ses études, Defferre fit une série de conférences sur le droit privé soviétique auquel il s'était intéressé… »

Est-ce cet épisode studieux qui lui inspira à tout jamais une répulsion viscérale pour le communisme ? En tout cas, Marseille n'a pas connu d'homme politique plus hostile aux « rouges » que Defferre. Il leur mena un combat sans merci. Au point même de sacrifier les quartiers nord de la ville, où le parti de Jacques Duclos et Georges Marchais était en position de force. Les communistes étaient probablement majoritaires à Marseille durant une vingtaine d'années, mais Defferre constitua pour la bourgeoisie le meilleur « rempart » qui se puisse imaginer contre leurs ambitions. C'est une des raisons de son succès… et de sa longévité politique.

Une autre raison est liée au passé de résistant de Defferre, chef du réseau *Brutus* sous le nom de Denvers. Au cours de plusieurs séjours à Londres et Alger, il rencontra les animateurs de la Résistance française, au premier rang desquels Charles de Gaulle. Plus tard, Defferre devint l'interlocuteur régulier du général qu'il reçut comme un prince sur le Prado, sous les vivats d'une foule en délire. Il refusa même d'être ministre de De Gaulle. Que pèse un parti tel que l'UNR (le RPR de l'époque) en regard des liens indéfectibles de la guerre, du patriotisme et de la Résistance ?

Rien du tout. Voilà pourquoi un médecin de grand talent tel que le professeur Joseph Comiti eut davantage de succès en qualité de ministre du général à Paris qu'à Marseille, où sa tentative municipale pour déloger Gaston Defferre en 1965 était d'avance vouée à l'échec.

Seul Pascal Marchetti, modeste greffier au tribunal d'instance de Marseille, a réussi l'exploit de battre Gaston Defferre sous les couleurs du RPF (Rassemblement du peuple français) aux législatives de 1958, coiffant le maire de Marseille d'une courte tête au second tour (38,9 % des voix, contre 38,5 % à Defferre et 22,6 % au candidat communiste). Une performance qui ne sera jamais rééditée, car elle était liée au grand retour du général aux affaires publiques après une longue traversée du désert et à d'interminables crises de régime durant la IVe République. Comme dira gentiment Gaudin : « Gaston a été submergé par la vague gaulliste, il n'y pouvait rien, et de toutes façons le PS récupérera ce siège quatre ans plus tard, en 1962... »

Et puis c'est grâce à son engagement sans faille au sein de la Résistance que Defferre a pu ensuite s'emparer du *Provençal* appartenant au sénateur radical Vincent Delpuech, en prenant soin d'y mettre les formes « légales » et en amadouant l'intéressé, qui voulait récupérer son bien en lui remboursant une somme de 120 millions de francs correspondant à la valeur de l'imprimerie de la rue de la Darse.

Delpuech, qui avait habilement oscillé depuis 1942 entre l'occupant et les résistants, n'en voulut pas à Defferre puisque c'est lui qui lui procura les locaux parisiens nécessaires à la campagne de la présidentielle de 1965, celle d'un certain « Monsieur X » soutenu par Jean-Jacques Servan-Schreiber et le mouvement Horizon 80...

« La vie de Gaston n'a jamais été un long fleuve tranquille, poursuit son psychiatre. Chaque fois qu'il participait à des réunions du parti socialiste, ses amis étaient inquiets pour lui car il recevait de nombreuses menaces émanant de militants qui voulaient revenir à certaines traditions antérieures, où la politique n'était qu'une sorte de maquillage légal du banditisme… Je peux vous dire que Gaston Defferre n'a jamais cédé. Et pourtant, un jour dans son bureau, un homme a osé le menacer avec son revolver. Même à la fédération des Bouches-du-Rhône, durant de nombreuses années, les luttes de pouvoir furent impitoyables, et plusieurs de ses adjoints à la mairie n'ont pas hésité à s'opposer à lui dans leurs votes et motions.

« Gaston Defferre a régné en maître grâce à son courage physique et à sa capacité d'intimidation de l'adversaire, estime le médecin. Il aurait pu devenir un magnat de la presse, de nombreux journaux lui ont été proposés, mais il a toujours voulu rester un homme politique, un homme de pouvoir plus qu'un homme d'argent. Ce qui a gêné Gaston dans sa vie, c'est l'image qu'il donnait de lui au peuple, celle d'un chef respecté de toute la ville et en même temps celle d'un mal-aimé. Cette ambiguïté tient à deux raisons principales, explique le psychiatre : Defferre est resté très longtemps, trop longtemps, le maire de Marseille, puisque son règne a duré trente-trois ans, de 1953 jusqu'à sa mort en mai 1986, et qu'il a même été désigné par la Résistance pour diriger la ville en 1944 et 1945 au titre de président de la délégation municipale.

« La seconde raison, c'est que Defferre a toujours été un maire potentiellement minoritaire, et qu'il a su s'imposer par ses aptitudes de gestionnaire, son autorité, son magnétisme et son goût du risque. Cette domination, personne parmi ses alliés ou ses opposants ne peut l'accepter sans une défense psychologique qui consiste à soupçonner l'adversaire de tricheries ou d'artifices destinés à asseoir son pouvoir. Defferre devient ainsi la cible idéale sur laquelle chacun se défoule… »

Sa seule maîtresse... la mairie

Lors d'une seconde conversation amicale, le psy a eu l'audace de demander à Gaston Defferre quelle était la femme qu'il avait le plus aimée, celle qui l'a le plus fait vibrer, lui qui s'est marié trois fois et a fini par mourir seul, affalé devant la porte de son salon, baignant dans une mare de sang à la suite d'un malaise et d'une chute. « La réponse du maire a été stupéfiante, rapporte son confident, il m'a dit que la seule maîtresse dans sa vie était... la mairie de Marseille. Sa voix était grave. Sa sincérité ne faisait aucun doute. Pour lui, la mairie, c'était le nombril du monde, le but ultime, l'objectif final, davantage pour l'ivresse du réalisateur que par goût du pouvoir personnel. Le mobile de Defferre, c'était la mise en chantier d'un quartier dont il voyait l'aboutissement au bout de dix ans... »

On peut gloser à l'infini sur le bilan de Gaston Defferre : en trente-trois ans, il peut se flatter d'avoir réalisé le tunnel sous le Vieux-Port pour fluidifier la circulation, d'avoir créé les plages du Prado en gagnant du terrain sur la mer, il a réussi aussi à transformer l'ancienne « criée » aux poissons en théâtre national et à aménager le Centre-Bourse, la Corniche, et surtout le métro, même s'il a dû pour cela effectuer auprès de banquiers allemands un emprunt colossal dont ses successeurs ont dû ensuite payer les agios durant une trentaine d'années... On peut aussi constater que Robert Vigouroux, en dix ans de mandat, de 1986 à 1995, a fait largement plus que Defferre en trente-trois ans, et que Jean-Claude Gaudin a, lui aussi, contribué durant dix-neuf ans à moderniser la ville, même s'il a commis la même erreur que Defferre... celle de se consacrer davantage à ses mandats parisiens de sénateur et de président du groupe parlementaire UMP au Sénat qu'à la gestion de la ville de Marseille, qui requiert un maire disponible à plein temps.

Lorsque j'ai vu Jean-Claude Gaudin se pavaner dans une émission de France 3 intitulée « La voix est libre » et présentée par Thierry Bezer, le samedi 19 novembre 2011 à 11 h 35, et que je l'ai entendu raconter son emploi du temps par le menu : ses rendez-vous du mardi matin dans les ministères pour « activer » les dossiers, son petit-déjeuner à l'Élysée, son déjeuner du mercredi au Sénat avec tel parlementaire de l'opposition spécialiste du nucléaire, ses rencontres avec Jean-François Copé, le patron de l'UMP, son intervention du jeudi à la tribune du palais du Luxembourg, je n'ai pas pu m'empêcher de penser *in petto* :

« Dis donc, mon collègue, quand est-ce que tu viens t'occuper de Marseille ? Le vendredi et le samedi ? Et le dimanche, tu vas te reposer à Saint-Zacharie ? Mais tu le fais quand, ton travail de maire ? Tu les écoutes quand, les 100 000 Marseillais qui on voté pour toi ? »

Il est content de lui, Jean-Claude. Il étale son « bonheur » d'être sénateur depuis vingt-deux ans. « Il n'y a ici que des gens de qualité, confie-t-il (*et pas un conglomérat de gueux indécrottables comme à Marseille, ne puis-je m'empêcher d'ajouter en pensée*), aucun emballement médiatique n'est à redouter au Sénat, au contraire de l'Assemblée nationale. On dispose de plus de temps pour examiner les lois et les amender si elles ont été votées avec un peu d'emportement au palais Bourbon. Ma hantise, c'est de me demander ce que je pourrais bien faire si je ne faisais plus ce que je fais aujourd'hui… » Il pourrait tout simplement se consacrer à sa fonction de maire, qui exige une présence vingt-quatre heures sur vingt-quatre à Marseille… Bezer essaie alors de le pousser dans ses retranchements, mais Gaudin l'écoute d'un air à la fois amusé et gourmand, comme s'il se délectait par avance de la façon dont il allait embobiner ce petit lapin de journaliste. Il se tourne les pouces, les mains jointes sur son embonpoint, et s'apprête de nouveau à jouer les Raminagrobis en dodelinant de la tête comme un chat faisant la chattemite, « un saint homme de chat, bien fourré, gras et gros, arbitre expert sur tous les cas » (Jean de La Fontaine).

Defferre a lui aussi succombé au charme des intrigues parisiennes et des manœuvres électoralistes de couloir : il a voulu se présenter aux élections présidentielles de 1969 et s'est fait étriller (on l'a rebaptisé « Monsieur 5 % » à l'époque), il a voulu être ministre de l'Intérieur sans trop aimer la police, il a voulu participer à l'essor national du PS, bref, il a largué les amarres et laissé Marseille à vau-l'eau. Fort heureusement pour Defferre et Gaudin, ils ont tous deux eu la chance d'avoir une éminence grise susceptible de les remplacer à tout moment et de gérer la ville sans leur concours : Jacques Rastoin pour Defferre et Claude Bertrand, le maire bis de Marseille durant dix-neuf ans – même s'il s'en défend –, pour Gaudin. Tous les hommes politiques de droite qui veulent faire carrière à Marseille et participer de près ou de loin aux élections me l'ont confirmé à maintes reprises : « Il faut que j'aille voir Claude, c'est lui qui décide... »

« Defferre n'aurait jamais eu de majorité confortable sans un coup de fil de Jacques Soustelle qui suggéra aux gaullistes de ne pas voter pour Henry Bergasse, le leader de la droite, mais pour Defferre », souligne son ami médecin. Un parti familier de la trahison, puisque Jacques Chirac fit chuter Valéry Giscard d'Estaing au second tour en 1981 en invitant explicitement les militants du RPR à voter pour François Mitterrand dans une consigne écrite adressée à tous les présidents de fédération...

Jacques Rastoin était un homme de bien, un bourgeois économe qui apporta en dot à Defferre dans la corbeille du mariage politique les voix des centristes modérés et la caution tacite des chefs d'entreprises. Rastoin était aimé de tous. On le surnommait « l'homme au chapeau rond ». De fait, il portait toujours le même chapeau noir qu'il ôtait et remettait chaque fois qu'il saluait quelqu'un dans la rue, tant et si bien que son chapeau présentait de petits trous à l'endroit où il le saisissait...

Rastoin, c'était le visage présentable de la mairie de Marseille. Il y avait aussi d'autres personnages qui avaient leurs entrées, souvent d'anciens résistants socialistes ayant choisi de faire carrière dans le banditisme et dont Defferre eut le plus grand mal à se dépêtrer car il s'agissait, pour la plupart, de ses frères d'armes...

Les orgies des « milliardaires »

Il y avait aussi ceux qu'on brocardait en ville, les fameux « *milliardaires* ». Antoine Andrieux, par exemple, ancien chauffeur de taxi qui a bruyamment célébré son premier milliard lors d'une fête mémorable, puis son second, puis son troisième. Sa fille Sylvie, députée socialiste des quartiers nord et vice-présidente du conseil régional de Provence, qui pourrait ne pas être un exemple en matière de gestion des subventions publiques allouées aux associations, a hérité de lui son savoir-faire et son entregent. Mais elle n'a pas grand-chose à craindre de l'opposition : c'est une des « chouchous » préférées de Jean-Claude Gaudin... au grand dam de Nora Remadnia-Préziosi, élue UMP de la diversité, qui rêve d'inscrire la belle Sylvie à son tableau de chasse.Defferre était-il au courant, ou se moquait-il éperdument des rumeurs qui serpentaient en ville sur les excès et paillardises de ses adjoints qui passaient leur temps en fêtes, communions, baptêmes, et se retrouvaient parfois en agréable compagnie au « *Château* », un petit immeuble du conseil général, quartier Bompard, transformé en lupanar et gardé en permanence de toute intrusion par feu le commissaire divisionnaire Albert Pancrazi, originaire de Giocatojo (Haute-Corse). Defferre savait-il que ces fervents partisans de la « gauche-caviar » dépensaient des fortunes en Champagne, foie gras, vodka et petites pépées ?

« Defferre les tenait à distance, répond le psychiatre, il ne mettait jamais les pieds dans leurs petites sauteries où l'on rencontrait toute la *jet-set* marseillaise ravie de s'encanailler avec ces vulgaires parvenus. Je me souviens que ces soirées étaient assez gaies, je veux dire assez joyeuses, et lorsque ces messieurs avaient un peu trop bu, un gros cigare à la bouche, ils déliraient sur leur puissance. Mais aucune Marie-Chantal n'aurait osé leur poser des questions indiscrètes ou tenter de les compromettre... »

En réalité, Defferre n'appréciait guère ces noceurs invétérés. S'il estimait que l'un d'entre eux allait trop loin et pouvait entacher l'image, déjà passablement écornée, de la ville, il lui appliquait des mesures de rétorsion identiques à celles de Louis XIV frappant d'ostracisme son surintendant des finances Nicolas Fouquet, dont le mécénat faisait de l'ombre au Roi Soleil. « Ces gens étaient chargés de vendre des indulgences et de collecter des aumônes, mais ils avaient parfois tendance à oublier de verser tout l'argent perçu dans le trésor de l'Église socialiste », se souvient son ami avec malice.

« Lors de notre troisième rencontre amicale, j'ai demandé à Defferre de me parler de l'union de la gauche et de sa réélection au forceps en 1983. Il m'a répondu que le tournant de sa vie politique se situait en 1973, lorsqu'il a décidé de créer le programme commun de la gauche avec un certain François Mitterrand. Jusque-là, il était aux yeux des bourgeois marseillais un ami et un partenaire. On acceptait son socialisme qu'on justifiait par ses origines protestantes et on vantait son efficacité, sa compréhension, sa courtoisie, son anticommunisme. On votait pour lui et on le soutenait...« La bourgeoisie marseillaise a mis longtemps à se remettre d'avoir été lâchée, observe le psychiatre ; depuis sa disgrâce, elle brûle allègrement ce qu'elle a adoré et nage en pleine ambiguïté, comme si elle n'en finissait pas de se reprocher d'avoir été ce qu'elle a été pour ne pas trahir ses intérêts à défaut de défendre ses convictions et... comme si elle se sentait coupable d'une quelconque mésalliance avec des rastaquouères.

« Cette période durant laquelle il va se rapprocher des instances du pouvoir suprême est dominée par la présence d'Edmonde Charles-Roux, qui va le mettre en contact avec les milieux intellectuels français... »

À cet instant-là, le médecin, en dépit de son évidente amitié pour Defferre, va se permettre de l'interroger sur les piètres résultats du ministre de l'Intérieur en matière de sécurité à Marseille. Car, ne vous y trompez pas, les problèmes que connaît Marseille à l'heure actuelle en matière d'insécurité, d'immigration, de saleté, de circulation, de stationnement, de chômage et d'essor économique, sont exactement les mêmes qu'il y a trente ou quarante ans. Tout se passe comme si ces problèmes que de nombreux hommes de bonne volonté, comme Vigouroux et Gaudin, ont tenté de résoudre à leur tour, étaient en réalité inéluctables et inhérents à la ville. Comme s'ils étaient *consubstantiels* à Marseille.

Que croyez-vous qu'il se passa ? Que le médecin écopa d'une gifle dans la figure, comme le directeur de *L'Aurore*, Paul Bastide, journal jugé un tantinet persifleur à son égard par Defferre en 1947 ? Que le bon docteur fut sommé de s'expliquer de son insolence par un duel au pistolet comme le même Bastide ?

Pas du tout. Defferre a confié à son psychiatre qu'il avait eu le tort d'accepter le ministère de l'Intérieur, alors que le ministre de la justice Robert Badinter n'avait pas du tout les mêmes conceptions que lui en matière de répression des infractions. « Je suis en conflit depuis des années avec Badinter car nous n'avons pas la même vision des problèmes, en particulier celui des contrôles d'identité, et pour faire évoluer les choses il faut une unité d'action… Il est bien beau, Badinter, mais lui, il n'est pas maire…

« Je voulais pousser Defferre dans ses retranchements pour déceler ses failles psychologiques à la faveur d'une réaction instinctive, raconte le psy. Je lui ai donc posé des questions insidieuses sur le pseudo-attentat antisémite de la rue Dragon qui a fait pencher l'électorat juif en sa faveur au second tour des municipales de 1983, j'ai aussi cherché à le coincer sur le découpage des secteurs de la ville taillés sur mesure pour le PS et sur le choix étrange de son premier adjoint… Je lui ai même reproché d'avoir fait battre Gaudin à l'issue d'étranges négociations dont j'ai été le témoin. Pas de réaction violente de Gaston…

« J'ai donc décidé de reprendre méchamment toutes les phases litigieuses de son existence pour le faire sortir de ses gonds, poursuit son ami, je lui ai montré que tous les accidents et les maladies qu'il avait subis étaient en réalité des autopunitions qu'il s'infligeait lui-même quand il se sentait coupable et que ces châtiments latents étaient liés pour une bonne part à la détestation inavouée de son père. Je lui ai dit carrément en face : "*Vos maladies étaient psychosomatiques, et les rumeurs qui vous ont ébranlé, c'est vous qui les avez secrètement suscitées... Vous vous servez des médecins pour calmer votre angoisse et des traitements comme des pénitences. Allez donc plutôt à Notre-Dame-de-la-Garde...*"

« Gaston a mal encaissé ce diagnostic, révèle le médecin. Il fulminait mais ne se découvrait pas. J'ai alors osé lui demander si tous les chefs de l'opposition souhaitaient réellement sa défaite et si tous les chefs de la majorité désiraient ardemment sa victoire... Il a été touché, mais pas coulé. C'est comme si je lui avais fait prendre conscience de l'inanité de la chose publique et de l'ingratitude des hommes, quel que soit leur camp, voire leur clan, ou leur position... »

Defferre est resté caparaçonné dans ses certitudes de gestionnaire alors que le psychiatre marseillais voulait briser ses défenses affectives. Aujourd'hui, le presque nonagénaire, toujours aussi alerte et pétillant, regrette de n'avoir pas été plus loin : « J'aurais voulu convertir Gaston Defferre et l'amener à une plus grande indulgence envers lui-même, dit-il. J'aurais voulu lui faire partager ma vision d'une ville coupée en deux par l'immigration, une économie ruinée, des libertés en sursis, la drogue envahissante, la dénatalité suicidaire, le marasme culturel, l'absence d'enthousiasme, bref l'atonie générale... "Il est aisé, lui dis-je, de gouverner un monde imaginaire, habité par les usages convenus, mais quand la réalité resurgit, patatras, tout s'écroule..." »

Des Marseillais atteints de « diplopie »

« Je confiais à Defferre que les Marseillais sont atteints de *diplopie*, c'est-à-dire qu'ils voient double, mais leur perception simultanée des deux images n'est pas identique car elles sont radicalement opposées. Dans leur imaginaire, un Marseille de rêve se superpose à un Marseille clientéliste d'estampage et de crapulerie.

Plus j'essayais de persuader Defferre, plus je m'apercevais que mes efforts étaient vains. Nous n'avions pas la même logique. Moi, je suis du château, c'est bien connu. À moi les vieux tableaux, les nobles statues et les parcs abandonnés. À lui la réduction du temps de travail, les joies du socialisme militant, la décentralisation, les voyages ministériels, les lois antisexistes, les lendemains qui chantent. Defferre énumérait les progrès réalisés durant les trois premières années du règne de Mitterrand, et je constatais avec stupéfaction que ce vieux militant y croyait toujours…

« Notre troisième conversation amicale se terminait un peu en queue de poisson, convient le médecin, ma tentative de putsch psychique avait échoué. Un peu désabusé, je saluai Gaston et me retrouvai sur le parvis de la mairie, quai du port, comme un boxeur sonné qui regagne son coin. Voilà. J'avais vu cet homme, je l'avais écouté des heures, je l'avais analysé, disséqué, je l'avais raconté et je croyais bêtement m'en être emparé. Nous sommes tous comme les enfants qui vont au bord de la mer, prennent de l'eau dans leurs mains et serrent avec force leurs doigts dans l'espoir de la garder… »

Ce jour-là, le psychiatre et ami du prince, a compris que ceux qui prétendaient gouverner Marseille étaient toujours gouvernés par Marseille, qu'elle qu'ait pu être leur puissance ou leur omnipotence politique.

Parmi tous ceux qui ont analysé l'action et la psychologie de Defferre, sa soif inextinguible de pouvoir et de reconnaissance, il en est deux autres qui méritent le détour car ils voient juste. Le premier, c'est le célèbre journaliste du *Monde* Pierre Viansson-Ponté, qui a dressé un portrait peu amène de Gaston Defferre :

« Il fait son travail méthodiquement et sérieusement, note-t-il, même ses colères sont glacées. Si son ironie peut être mordante, s'il déteste les gens tristes, il a peu d'humour. On ne lui tape pas sur le ventre, on ne le tutoie guère. C'est un mélange compliqué d'orgueil et de modestie, de rudesse et de rouerie, de puritanisme et de liberté d'allure, avec le goût des plaisirs coûteux et l'horreur de l'argent. En fait, il n'a rien d'un militant et peu d'un socialiste. La foule l'agace et il le montre. Il est le contraire d'un tribun et quand il prend la parole, il réussit en quelques minutes à décourager ses plus chauds partisans, à faire tomber l'enthousiasme, à transformer un auditoire chaleureux et remuant qui l'acclame en une assemblée froide et silencieuse qui subit plus qu'elle ne les écoute ses propos secs et distants… »

Fermez le ban. Le second, c'est mon ancien confrère du *Méridional* Claude Maubon, digne fils de son père et plume très fine, qui me confiait le 6 décembre 2000 ce petit morceau d'anthologie : « Nous vivons à Marseille les derniers soubresauts du defferrisme. Les affaires de financements occultes des partis illustrent la solidarité de la canaille marseillaise. Au prétexte qu'ils mangent tous, ils se croient intouchables. Ce sont les chefs d'entreprises, les cahiers Delcroix ou les carnets de Monate, ou encore les cassettes de Méry qui nous éclairent le mieux sur leurs pratiques et leur train de vie. Il suffit d'un couillon dans un gang et c'est lui qui fait plonger tout le monde. Certains commencent à baver. Le système s'effrite. Combien de petits soldats disciplinés doivent leur carrière à ces types-là ? Combien de crapoteux en tiraient profit ? Une dictature sournoise ou larvée, c'est bien plus redoutable qu'une oppression à ciel ouvert. Il n'y a aucun renouveau de la presse : elle n'est qu'un miroir, un pâle reflet de ce marigot nauséabond qui nous sert de classe politique à Marseille… »

1983 : la victoire au vol

On a peut-être oublié aujourd'hui la fraude massive qui a permis aux listes de Defferre de l'emporter… au vol. On a oublié que Gaudin a été officiellement déclaré battu alors qu'il disposait de 3 000 voix de plus que son adversaire… On n'a jamais vu ni connu un tel déni de démocratie en France sous la Ve République !

En outre, des milliers de bulletins de la liste Gaudin avaient été sciemment raturés afin d'être annulés au moment du dépouillement, et les gros bras des ténors socialistes ont opportunément renversé les urnes qui leur étaient hostiles pour les bourrer de bulletins socialistes. Bourrage et raturage sont alors les deux mamelles politiques de Marseille... Defferre, ivre de rage à l'idée de perdre, s'est accroché par tous les moyens au pouvoir, licites et illicites. Il ne *devait* pas perdre, il ne *pouvait* pas perdre, il était l'homme de Marseille, il avait gagné cinq fois successivement, personne, absolument personne, et surtout pas ce mollasson de Gaudin, ne pouvait prétendre à sa succession. On ne succède pas à Gaston Defferre. On le tue.

« Les élections de 1983 ont été horribles pour moi, confirme Jacqueline Grand, qui s'est présentée pour le RPR cette année-là dans le secteur du Panier convoité par Jean-Noël Guérini. Au départ, les stratèges ne donnaient pas cher de ma peau face à Jean-Noël Guérini, c'est d'ailleurs peut-être pour cette raison qu'on m'avait choisie moi, et pas une pointure du parti... J'ignorais que Defferre et Jean-François Guérini, l'oncle de Jean-Noël, avaient passé un accord sur ce secteur : si les socialistes l'emportaient, Defferre s'engageait à favoriser la carrière du "petit", ce qu'il a fait après une élection très mouvementée. »

À l'issue du premier tour et à l'orée du second qui se présentait sous les meilleurs auspices, Gaudin ayant réussi à creuser un écart significatif sur Defferre, Jacqueline Grand a eu la surprise de voir débarquer dans sa permanence deux imprimeurs qui sont venus lui chuchoter à l'oreille d'étranges confidences :

— Vous savez, madame, on ne peut pas vous dire notre nom, sinon on est fichus sur Marseille. Mais sachez que vos bulletins ont été volontairement pré-rayés. On nous a demandé discrètement une rature imperceptible sur l'un des noms qui figurent sur votre liste, et cela suffit à annuler la validité de votre bulletin de vote.

« Je savais que j'allais me heurter à des tricheries parce que je n'étais pas du tout la gourdasse promise par Gaudin à Defferre, poursuit Jacqueline Grand, mais une vraie battante capable de faire du porte-à-porte et de gravir toutes les cages d'escaliers. Alors le jour du vote, j'ai vu arriver au cœur du Panier des porte-flingues qui ont terrorisé mes assesseurs. Je me suis moi-même couchée sur l'urne pour la protéger, mais je n'ai pas pu empêcher les voyous de la bourrer de bulletins socialistes… Le seul de mes colistiers qui ait eu le courage de s'opposer physiquement à ces voies de fait, c'est Me Éric Turcon, aujourd'hui avocat d'affaires boulevard Saint-Germain à Paris. Son témoignage sur ces tripatouillages électoraux était éloquent mais lorsque le procès a eu lieu, de nombreuses pièces avaient été perdues ou égarées, tant et si bien que l'élection de Jean-Noël Guérini n'a jamais été annulée et qu'il est devenu le benjamin du conseil municipal… »

Un triomphe à la Pyrrhus

Ce soir-là les socialistes ont remporté une victoire à la Pyrrhus. Certes « l'éléphant » socialiste de Marseille était réélu, mais au prix d'un discrédit général et de méthodes condamnables. Une ville gagnée, un moral défait. Defferre pouvait se rasseoir en jubilant sur son fauteuil. Il pouvait de nouveau narguer Hyacinthe Santoni, le leader local du RPR, qu'il avait cru pouvoir brocarder sur sa petite taille à la tribune de l'Assemblée nationale et s'était vu répondre aussi sec :

« *Je suis peut-être petit, monsieur le ministre, mais je ne suis pas bas* ! »

Defferre pouvait promener sur l'assemblée des conseillers municipaux un regard amusé, goguenard, qui en disait long sur son arrogance, sa jouissance altière et la certitude de sa toute-puissance. Cette lueur teintée de mépris, c'est aussi vers lui qu'elle se tournait, mais le maire mal élu en avait-il seulement conscience ? Avait-il conscience qu'il s'infligerait lui-même, accidentellement, le châtiment suprême ?

On demeure tout de même confondu par les dérives liées à l'exercice du pouvoir ou à la volonté farouche de le conserver, surtout quand on peut se prévaloir d'une éducation morale rigoriste, presque ascétique. Songez à la manipulation de la bombe de la rue Dragon qui visait une pizzeria du Vieux-Port... Encore un coup tordu : deux voyous vauclusiens à la solde de Marc Monge, le caïd avignonnais, sont expédiés à Marseille entre les deux tours de l'élection de 1983, comme par hasard, pour faire « péter » un restaurant qui refuse la « dîme », c'est-à-dire le racket. Ils se perdent dans Marseille et atterrissent rue Dragon dans le 6e arrondissement, à une centaine de mètres à vol d'oiseau de la grande synagogue de Marseille. Là, surprise, la bombe éclate dans leur voiture et les deux truands sont déchiquetés.

Dès lors, le préfet de police Bernard Patault va orchestrer à la demande de Defferre un mensonge éhonté : cette bombe visait directement la communauté juive, et comme on retrouve quelques affiches de Gaudin dans le coffre de la voiture de Monge (*qui les y a mises, ces affiches ?*), on lance un message qui sera repris dans toute la presse : « Gaudin et ses gros bras voulaient s'en prendre à la communauté juive », ce qui n'a pas de sens quand on connaît l'œcuménisme viscéral de Gaudin et son respect de toutes les religions.

N'empêche. Pour être grossier et cousu de fil blanc, le message passe tout de même dans l'opinion et les juifs qui avaient voté Gaudin, contrairement à leurs habitudes à Marseille, changent leur fusil d'épaule et votent en majorité pour Defferre. Comme la communauté juive compte 100 000 membres environ à Marseille et qu'elle est très influente, vous imaginez les dégâts pour les listes Gaudin dans toute la ville...

Cette affaire a signé le divorce tacite de Defferre avec Marseille. Le couple naguère cimenté par les réseaux, les clans, les loges, les intérêts communs et les magouilles partagées, a lui aussi « explosé » : Defferre et Marseille vont vivre à la fois ensemble et séparément, comme ces vieux amants un peu blasés qui continuent de se côtoyer par routine. Marseille n'éprouve plus qu'une tendresse rassise et une indifférence polie pour celui qui la fascinait jadis. Oui, j'ose l'affirmer ici, Defferre est mort politiquement en 1983, le soir de sa sixième réélection. Et même si Michel Pezet n'y est pour rien, la force de la légende est telle qu'elle piétine la réalité et s'installe sur la Canebière comme une vérité d'évidence!

Eugène Caselli (PS), Guy Teissier (UMP), Bruno Gilles (UMP) et Patrick Mennucci (PS), dont l'un sera peut-être dans les mois qui viennent le futur maire, le savent mieux que quiconque: Marseille est une ville vénéneuse. Son attrait initial est en fait un poison toxique ou stupéfiant. Le venin de Marseille, c'est son soleil éblouissant, sa mer fascinante et l'apparente jovialité de ses habitants. Marseille est une ville champignon, une sorte d'amanite phalloïde hallucinogène qui peut provoquer des illusions psycho-sensorielles, voire des hallucinations. Seuls les Marseillais natifs de Marseille (MNM) sentent d'instinct ce qui est comestible dans leur ville et ce qui ne l'est pas. Les autres s'empoisonnent sans même s'en rendre compte et deviennent le jouet de leurs sensations égarées.

L'image que je garderai de cette effervescence politique, c'est celle d'un homme en toge rouge et en col d'hermine blanche dans un décor de palais napoléonien, le vendredi 16 mars 1984 à 16 heures. Cet homme est un haut magistrat du Conseil d'État. Je suis allé l'écouter dans l'ambiance feutrée de la section « contentieux électoral », place du Palais-Royal à Paris. J'ai été sidéré par sa qualité d'orateur et sa façon de dire le droit en le bafouant discrètement et de rendre la justice en l'ignorant totalement. Il est vrai que ce magistrat avait une telle distinction, il parlait si bien le français, il semblait si persuasif que toute personne peu au fait de la corrida marseillaise eût pu s'imaginer en toute bonne foi qu'il incarnait Thémis, déesse de la justice et de l'équité.

Sauf que ses arguments étaient spécieux: ils n'avaient que l'apparence de la vérité. Et je me souviendrai toute ma vie de sa conclusion adressée aux autres magistrats siégeant ce jour-là au contentieux.

« Vous aurez peut-être noté, mes chers collègues, quelques arrangements ici et là avec la loi à Marseille, mais lorsqu'ils émanent directement du ministre de l'Intérieur d'un gouvernement en place, les stigmatiser ici serait admettre que notre République s'est dotée d'un serviteur qui n'accomplit pas son ministère avec la rigueur nécessaire à sa fonction, et par conséquent, pour sauvegarder les principes de notre République et ne pas créer un scandaleux précédent, je vous demande de ne pas en tenir compte et de déclarer acquis les résultats officiels de l'élection de 1983… »

Pas mal, non ? Comment ce diable de magistrat a-t-il pu ainsi emporter la conviction de ses confrères en prenant le ton de la probité offusquée pour masquer sa servilité ? Comment peut-on laisser entendre simultanément à d'autres éminents magistrats qu'on a affaire à un beau magouilleur mais qu'il serait « inapproprié » de dénoncer ses agissements ou de les fustiger, et en conclure qu'on doit leur accorder l'onction du droit et du prestige national ?

Je n'aurai jamais la réponse. Je me souviens d'être sorti un peu groggy en relisant plusieurs fois mes notes consignées dans un carnet Rhodia : je n'avais pas eu la berlue. J'allai rédiger un article pour *Le Méridional* à la terrasse de l'*Hôtel du Louvre*. C'est ça. J'allais écrire que Defferre était blanchi… par lui-même. Avec « éclat ». C'est bien commode. Et puis au téléphone, dans cette cabine de la rue de Rivoli, je recommanderai à la sténographe, Mme Martinez, qu'elle mette des guillemets à « éclat ». Blanchi avec éclat. Voilà. Juste pour me faire plaisir et instiller entre les lignes une vérité que le monde entier nous refusait sans éclat. Pauvre Jean-Paul Sartre, qui parlait à tout bout de champ de « *l'éclatante vérité de la chose écrite* ». Tu parles…

Gaston Lagaffe

Dominique Jamet, éditorialiste au *Quotidien de Paris*, a éreinté en ces termes le Conseil d'État le lendemain : « Il ne nous appartient pas de juger les motifs par lesquels s'est déterminée dans cette affaire la plus haute instance administrative, ni de qualifier l'empressement avec lequel, reculant les limites de l'impunité en matière de contentieux électoral, elle a si facilement donné raison à un préfet, serviteur du pouvoir, plutôt qu'à un commissaire du gouvernement qui en est indépendant. Nul n'attendait une décision si prompte et dans ce sens-là. Mais puisqu'on était en pleine truanderie, pourquoi le Conseil d'État ne se serait-il pas conduit comme une cour des Miracles ?

« Aussi loin que remontent mes souvenirs, s'enflamme Dominique Jamet en s'adressant directement à Defferre, vous avez fait preuve tout au long de votre carrière d'un manque permanent et alarmant de sang-froid, de mesure, de pondération, de cohérence. Combien de fois ne vous êtes-vous pas signalé par vos foucades, vos algarades et vos bravades ? Est-ce pour ces caractéristiques ou plutôt en récompense de votre dévouement à François Mitterrand dont vous avez été le fidèle soutien, faute d'avoir été le rival heureux, que vous avez, au crépuscule d'une longue carrière, reçu en partage le ministère de l'Intérieur ?

« Il y est apparu que l'âge n'avait pas fait couler la glace dans vos veines, mais que vous étiez toujours plein d'allant et de feu, le *Gaston Lagaffe* dont les bulles égaient depuis si longtemps ces drôles d'albums de bandes dessinées qui constituent notre histoire. Oui, vous êtes bien le même qui, avant-hier, vouait à la potence sans autre forme de procès les militants de l'Algérie française mais qui prétend aujourd'hui que les pieds-noirs n'ont jamais trouvé de meilleur défenseur que lui, le même qui estimait que pour les trafiquants de drogue, il n'y avait pas d'autre peine concevable que la mort, mais qui a cautionné sans murmure l'abolition de la peine capitale, le même qui avait fondé toute sa stratégie politique sur la constitution d'une troisième force unissant socialistes et centristes mais qui n'a pas vu d'inconvénient à siéger côte à côte avec des ministres communistes…

« Lorsque vous avez déclaré, poursuit, impitoyable, Dominique Jamet, que les policiers dont vous êtes le ministre de tutelle étaient surtout tournés vers "*une activité anti-ouvrière, contre les grévistes, contre les travailleurs*", que dans les quartiers de certaines villes, c'était "*le racisme, l'antisémitisme, les ratonnades*", vous avez eu bien de la chance que ces propos aillent dans le sens du racisme anti-flic qui est aujourd'hui le fait de la majorité des Français, et plus de chance encore que vos administrés soient tenus par l'obligation de rigueur et l'interdiction de faire grève. Pour autant, quelle déférence, quelle sympathie pouvaient-ils avoir pour vous ? Vous reprochez leur brutalité à vos subordonnés. Croyez-vous donc qu'ils aiment prendre des claques et davantage encore quand elles viennent du premier flic de France ?

« Le malaise de la police, ce n'est pas moi qui l'ai inventé, se défend Jamet. Certes, il ne date pas de vous, mais en quelques mois vous l'avez aggravé. Lorsque les policiers se voient, non pas "ordonner" par écrit, mais conseiller, suggérer, de mille manières, de ne pas envenimer les choses, de ne pas se montrer "*racistes*" envers les jeunes qui les lapident ou brûlent des voitures, "*ratonneurs*" envers les jeunes voyous qui font régner la terreur dans les cités de la périphérie, lorsque les policiers retrouvent dans la rue, en liberté provisoire, ceux qu'ils ont arrêtés huit jours plus tôt, lorsqu'ils se font tabasser dans le métro et qu'ils pensent que vous êtes le principal responsable de cette détérioration de leur situation, lorsqu'ils pensent qu'ils ne trouveront en vous ni un avocat ni un soutien, ils cessent de faire leur travail...

« Les véritables sentiments de votre police à votre égard, vous avez pu les mesurer lorsque, aux obsèques d'un gardien de la paix tué à Lyon, 1 500 policiers vous ont tourné le dos et que quelques-uns, plus excités, vous ont pris à partie. Vos véritables sentiments à l'égard de la police, cette froideur, cette insensibilité, ce mépris, qui, sous la jovialité apparente, sont le fond de votre caractère, vous les avez montrés au policier blessé à qui vous aviez fait visite quand vous lui avez dit : "*Vous avez de la chance, vous êtes vivant et je vous décore...*"

« Vous déclariez récemment à propos du débat sur la décentralisation que vous n'aviez jamais perdu le sourire malgré les attaques dont vous faisiez l'objet. Sans blague ! conclut férocement le polémiste, la vérité est qu'il suffit de vous contrecarrer, de vous critiquer pour vous faire perdre tout à la fois le sourire, le calme et le masque de bienveillance onctueuse dont vous vous revêtez. Mais ceux qui ont été vos employés au *Provençal* savent bien quel patron, les Marseillais quel despote, et les Français quel tyranneau vous êtes... »

Triste épilogue politique. Defferre n'en finit pas de prendre des coups. Il n'a plus les mêmes facultés d'encaisseur. Il a beau se protéger, il est K.-O. debout. À Marseille, Pezet intrigue lentement et sûrement pour lui ravir son pouvoir sur la fédération. Ses plus fidèles soutiens, comme Bastien Leccia, profitent du climat pour assouvir de vieilles rancunes. Le vieux lion est lâché de toutes parts. Seul, Philippe San Marco restera fidèle jusqu'au bout, nettoyant les écuries d'Augias avant l'arrivée de la brigade financière à la mairie... On murmure même que Defferre est lâché par Paris et que son sort a été scellé dans la campagne aixoise au cours d'un dîner secret réunissant Mitterrand, Leccia et quelques-uns, et surtout quelques-unes, de leurs proches.

Defferre va bientôt mourir. Nul ne le sait, mais sa mort va empoisonner durablement la vie politique marseillaise au lieu de lui donner une bouffée d'oxygène. Car on est passé insensiblement à Marseille du système Defferre au système Guérini en employant les mêmes méthodes, les mêmes pratiques : clientélisme, favoritisme, copinage, népotisme, passe-droits, piston, etc. Un système indigne qui avilit l'être humain depuis des lustres. C'est avec ce système que devront rompre Caselli, Gilles, Teissier et Mennucci s'ils veulent « faire gagner Marseille ». En seront-ils capables ?

5 mai 1986: le coup de Jarnac de Rocard...

« Ce lundi 5 mai 1986, tout était préparé, Defferre allait mettre Pezet en minorité lors de la réunion fédérale du PS et lui reprendre les rênes de la fédération », se souvient Michèle Poncet-Ramade, conseillère municipale de Marseille, présidente du groupe Europe Écologie-Les Verts, une femme remarquable et une neurologue très avisée qui n'a jamais trempé dans la moindre combine. « Moi j'étais rocardienne à l'époque et très minoritaire au sein de mon parti. Dans l'après-midi du lundi 5 mai 1986, je reçois un coup de fil de Michel Rocard. Il venait d'avoir Gaston au téléphone, chose rarissime car Defferre détestait Rocard, et le ministre de l'Intérieur lui avait demandé comme un service que notre groupe s'abstienne. Il est vrai qu'on était vingt-six et qu'on pouvait faire pencher la balance pour l'un ou l'autre des candidats.

« En tout cas, observe le Dr Poncet-Ramade, ce stratagème révèle que Defferre n'était pas sûr du tout d'avoir la peau de Pezet et il avait besoin d'un coup de main de notre part, une sorte d'abstention bienveillante. J'étais dubitative. Je dis à Rocard: "*Alors, Michel, qu'est-ce qu'on fait?*" Comme il ne répondait pas, je lui ai suggéré moi-même ce qu'il n'osait pas dire: "*Vous voulez qu'on vote pour Michel Pezet, c'est ça?*"

Sa réponse a été très nette: "*Ben oui, c'est ça...*".

« À l'époque, Gilbert Collard était socialiste et rocardien et il m'a fait remarquer que c'était la première fois que Gaston demandait un service à Rocard. En tout cas, nous avons suivi la consigne de Rocard et c'est nous qui avons fait pencher la balance en faveur de Pezet car on était vingt-six et Defferre a été battu avec dix-sept voix d'avance. Les nôtres... » Un autre rocardien, le brillant architecte marseillais Bernard Tarrazi, confirme la manœuvre et l'explique: « Defferre ne pouvait rien attendre de Rocard, dit-il, car lors du fameux congrès national du PS à Metz en 1979, congrès décisif pour la désignation du futur candidat à la présidentielle de 1981, François Mitterrand a pris le contrôle du parti grâce aux motions de Chevènement et Defferre qui se sont alliées à la sienne pour mettre Rocard en minorité alors qu'il était de loin le plus populaire des socialistes avec Pierre Mauroy… Les rocardiens n'ont fait que rendre à Defferre la monnaie de sa pièce le 5 mai 1986. C'est Michel Rocard qui a éliminé Defferre de la scène politique, pas Michel Pezet. »

« Quand les résultats ont été acquis, raconte Michèle Poncet-Ramade, Defferre a compris qu'il était minoritaire et qu'il venait de perdre une bataille majeure. J'ai vu couler une goutte de transpiration sur sa joue et je l'ai trouvé d'une pâleur extrême. Moi, je suis neurologue avant d'être une femme politique. Dans mon esprit, l'équation a été rapide et ça m'a fait "tilt" : transpiration plus pâleur, ce sont les signes de *l'hypotension*, et la personne qui en est affligée risque à tout moment de s'évanouir si elle ne s'allonge pas… J'ai alerté mes amis et je leur ai dit : "*Arrêtez cette mise à mort, je vous en conjure, c'est un vieux monsieur de 76 ans, pour moi la politique est un jeu, pas un jeu de massacre…*"

« Je vais voir Robert [*Vigouroux*] et je lui fais part de mes inquiétudes : "*Robert, il n'est vraiment pas bien, Gaston, il faut l'allonger !*
— Mais non, me répond Robert, il a une santé de fer, il nous enterrera tous !" Philippe San Marco se mêle à notre conversation et ironise : "Michèle, ne prends pas tes désirs pour la réalité…" Je vais voir Bastien Leccia, le seul qui m'écoute dans ce bazar, et il me suggère d'aller trouver directement Gaston : "*Mais Bastien, je ne peux pas, j'ai voté contre lui !*" Prise d'une sorte de pressentiment, je me résous alors à aller parler à son chauffeur, M. Raggi, et je lui prodigue ma prescription : "*Il faut absolument que Gaston s'allonge un moment pour que la pompe cardiaque se réamorce et qu'on lui épargne ainsi une syncope.*" »

6 mai 1986: la mort de Gaston Defferre

« À 5 heures du matin, cette nuit-là, poursuit Mme Poncet-Ramade, je suis réveillée en sursaut par un coup de téléphone. C'est Pezet. "Alors, ça va, Madame Soleil ?" me lance-t-il d'emblée. Je reste interloquée. "Gaston a fait un malaise en rentrant chez lui, il est dans le coma…" Je me précipite à l'hôpital de La Timone où je dirige un service de neurologie. Je vais consulter le scanner et j'examine la lésion. Defferre a fait un malaise dans son appartement, il est tombé à la renverse sur le bord acéré d'un bac Riviera qui a enfoncé son occiput. J'étais abasourdie. C'était à l'évidence un hématome intracérébral, une lésion irréversible…

« J'ai compris dans l'instant ce qui s'était passé: Defferre fait une syncope vagale à son domicile, il chute lourdement puis reprend conscience et appelle son médecin, le professeur Jean-Louis San Marco, au téléphone: "Jean-Louis, je suis tombé, je saigne comme un bœuf, je n'arrive pas à arrêter l'hémorragie…" Puis Gaston a pu discuter encore au téléphone avec Loïc Fauchon, son directeur adjoint de cabinet, qui l'a trouvé très calme et relativement serein compte tenu des événements de la nuit au PS, mais peut-être était-ce juste avant sa chute dans l'appartement.

« Arrivé en trombe rue Neuve-Sainte-Catherine, Jean-Louis San Marco a sonné désespérément à la porte mais personne ne lui a ouvert, confirme Mme Poncet-Ramade. Il a pensé que Gaston était allé se reposer dans sa résidence de Beaurecueil. Il s'y est précipité, pas de Gaston non plus. Il est alors allé réveiller son chauffeur à l'Estaque qui lui a dit que Defferre était bien rentré chez lui rue Neuve-Sainte-Catherine. Dès lors, le pire était à craindre. Les marins-pompiers et les policiers ont enfoncé la porte et découvert Defferre inanimé. »

« Dans ses déclarations à la police, un des proches de Gaston a été un peu fébrile, peut-être parce que les enquêteurs cherchaient à savoir si un inconnu avait pu s'introduire chez Defferre et l'estourbir, raconte Mme Poncet-Ramade, il leur a dit: "*Ce n'est pas moi le responsable de la mort de Gaston, j'ai fait tout ce que j'ai pu pour le sauver, c'est Pezet l'assassin!*" Une déclaration excessive, car chacun sait fort bien à Marseille que Pezet a vaincu Defferre à la loyale et qu'il n'est strictement pour rien dans la mort de Gaston. Mais le thème latent de la « vendetta » est déjà dans toutes les têtes et la rumeur venimeuse serpente dans la ville comme un fleuve de boue dans les caniveaux les soirs de tempête : *C'est Pezet, le tueur.* Et c'est cette méchante étiquette qui anéantira Pezet politiquement avant qu'il ne renaisse de ses cendres après une longue, très longue traversée du désert...

« Edmonde Charles-Roux est arrivée de Paris à l'hôpital de La Timone dans la matinée du mardi, raconte Mme Poncet-Ramade, elle était chavirée d'émotion et en plein désarroi. Elle a exhorté Robert [*Vigouroux*] à opérer son mari sur-le-champ pour tenter de le sauver, mais Robert lui a fait la réponse que je lui aurais moi-même donnée. « C'est impossible, Edmonde, lui a-t-il murmuré doucement, absolument impossible, ce type d'hématome ne peut pas s'opérer, je regrette... »

L'œil du Sphinx

« Le Sphinx » (c'est ainsi qu'on surnommait Vigouroux à l'époque, probablement parce que c'était un homme qui voyait loin) avait raison : Defferre était inopérable. Il était cliniquement mort. Vigouroux a lu toutes les six heures des communiqués laconiques destinés à la presse sur l'état de santé de Gaston. J'ai pensé que le corps médical nous prenait gentiment pour des zozos, nous les journalistes, qu'on nous racontait des balivernes dans l'attente du retour de Chine de Mitterrand, et peut-être, susurrait-on ici et là, pour qu'on ait le temps « de faire le ménage dans le bureau de Gaston ».

J'avais tort. Defferre était un mort-vivant. « On a beaucoup spéculé sur le moment réel de la mort de Gaston, révèle Mme Poncet-

Ramade, mais je peux vous certifier qu'il vivait encore puisque je surveillais moi-même son tracé cardiaque tous les jours. Sauf que le dernier jour, celui de l'issue fatale, j'ai compris que c'était la fin et j'ai demandé au docteur Régis de me remplacer parce que je ne voulais pas qu'il m'appartienne de signer le tracé plat de Gaston… »

Pourquoi Michèle Poncet-Ramade, quand elle a perçu la grande fatigue de Gaston et son évidente « *hypotension* » à l'issue de la « nuit des longs couteaux », ne l'a-t-elle pas alerté directement sur son état ? « Parce que sur le moment, j'ai eu peur de me faire vivement rembarrer par Gaston, répond-elle, il savait que nous l'avions trahi à la demande de Rocard et je redoutais sa réaction. »

Oui, Defferre est mort seul. Le professeur Jean-Louis San Marco (frère de son ancien premier adjoint Philippe San Marco, qu'on a longtemps considéré comme le fils que Defferre aurait aimé avoir), puis le professeur Robert Vigouroux appelé à la rescousse à 5 heures du matin ont bien tenté de le ranimer, mais il était trop tard. Edmonde était à Paris. Jean-Louis San Marco n'a pas pu pénétrer dans l'appartement du maire car il n'en avait pas les clefs et il a fallu attendre son chauffeur… Il était écrit que le destin de Defferre serait celui d'une tragédie grecque. Une mort dans le sang. « Du sang partout », me confiera le commissaire Georges Rolland, qui fera les « constatations d'usage » en sa qualité de patron de la brigade territoriale centre : « Sur les oreillers, les gants de toilette, les draps, les serviettes, n'importe qui aurait appelé les pompiers à la suite d'une telle hémorragie… »

Pas Gaston Defferre. Trop fier pour appeler du secours. Defferre a cru pouvoir maîtriser Marseille durant trente-trois ans, plier la ville à sa volonté, la modeler à son image, avec rudesse, autorité, caractère. Mais Marseille s'est vengée méchamment. Dans le sang. Personne n'a frappé Defferre, il a chuté parce qu'il a été victime d'un malaise au demeurant prévisible à l'issue d'une soirée mouvementée rue Montgrand, au cours de laquelle « le petit Marquis », Michel Pezet, celui qui constituait à ses yeux « *un petit, petit, tout petit problème*», l'avait dépossédé en douce de son pouvoir sur la fédération du parti socialiste. C'est ainsi que Gaston Defferre est devenu, à son corps défendant, un accident de l'histoire de Marseille.

La mort tragique de Defferre, seul avec lui-même, c'est le triomphe de Marseille, une ville implacable, insaisissable, intouchable. Le triomphe de Marseille sur les hommes qui croient pouvoir exercer leur emprise sur elle, ceux qui se croient les maîtres des peuples et ne sont que les « tyrans des consciences ». Le triomphe et la gloire de Marseille sur ceux qui prétendent dompter l'indomptable. Marseille, Defferre l'a compris trop tard, est une déesse ectoplasmique qui excite votre désir et émeut votre sexualité dans le seul dessein de vous réduire à néant lorsque vous pensez enfin posséder l'ensorceleuse...

Defferre a cru qu'il était propriétaire du fauteuil de maire de Marseille alors qu'il n'en était que le locataire. Jean-Claude Gaudin a commis la même erreur en 2008 : il a fait le match de trop. Les diverses institutions marseillaises passent leur temps à se neutraliser et Marseille se vautre depuis cinq ans dans l'attitude qu'elle affectionne le plus : l'immobilisme. Rien ne bouge. Rien n'avance. Un pas en avant, un pas en arrière. La différence entre Defferre et Gaudin, c'est que le brave Jean-Claude est incapable des coups tordus et des excès en tous genres qui ont permis à Gaston de se maintenir en 1983 alors qu'il avait recueilli moins de voix que son adversaire...

Ce qui est sûr, c'est que les prétendants au « fauteuil » doivent d'ores et déjà méditer sur l'étrange destinée de ces hommes titulaires d'un pouvoir forcément éphémère que Marseille déloge tôt ou tard de leur piédestal. Le seul qui ne soit pas tombé dans ce piège terrible du clientélisme et de la logique d'appareil, de la puissance pour la puissance, de l'alternative basique de la conquête et du maintien du pouvoir, c'est Robert Vigouroux. On prétend qu'il l'a payé très cher puisque, après neuf ans de mandat, de 1986 à 1995, ce sont les partis politiques et leurs petites combines ou leurs petits arrangements d'arrière-salles qui ont repris le dessus. Eh bien c'est faux. Le Sphinx savait parfaitement qu'en dirigeant Marseille à l'abri des pressions partisanes et des magouilles clientélistes, il risquait fort de se retrouver seul à l'arrivée…

Il le pressentait mais il n'en avait cure. Il me l'a confié maintes fois. Voilà pourquoi le règne de Vigouroux, curieusement ignoré ou dédaigné par les médias, est une véritable parenthèse enchantée pour Marseille. Non seulement Robert Vigouroux a mis en œuvre tous les chantiers qu'il avait promis de réaliser (soixante…), mais il a été d'une honnêteté rigoureuse dans la gestion des affaires publiques. Il a même réussi, lui, à faire le tunnel Prado-Carénage, une vraie bénédiction pour fluidifier la circulation à Marseille. Or, suprême camouflet, ce tunnel, Defferre le promettait aux Marseillais depuis trente ans. Defferre en évoquait la réalisation « prochaine » à chaque élection sur des prospectus en technicolor. Vigouroux, lui, l'a fait en silence, en deux ans seulement de mandat…

La tchatche de Gaudin, le culot de Mennucci

Toute la différence entre Vigouroux et les autres tient dans cet exemple. Si Vigouroux avait eu, en outre, la « tchatche » d'un Gaudin et le culot d'un Mennucci, il aurait été maire de Marseille jusqu'à sa mort. La vérité, c'est que Vigouroux n'aimait guère le pouvoir, ses pompes et ses œuvres. Il aimait par-dessus tout le silence. Et je n'ai jamais été aussi mal à l'aise – à sa place – que lors de certaines conférences de presse à la mairie où il refusait de répondre à une question qui lui paraissait dénuée de sens. Un silence gêné s'installait. Vigouroux ne bronchait pas. Il regardait son interlocuteur de son œil perçant et celui-ci se demandait si Vigouroux se concentrait longuement sur la réponse ou s'il n'avait pas dit une sottise…

J'adorais ces moments d'attente embarrassée qui finissait, au bout de quelques minutes, par gagner toute l'assistance. Maintes fois Vigouroux m'avait expliqué cette dilection pour le silence :

« Vous comprenez, d'Arrigo, moi je ne suis pas un professionnel de la politique, je n'ai jamais cherché à faire carrière en politique, ce qui m'importe avant tout c'est l'intérêt général, pas celui d'une clique ou d'un clan. Et puis je suis neurochirurgien, je passe mon temps à opérer des gens qui ont été gravement accidentés et ont subi des traumatismes crâniens, ces patients sont dans le coma, ils ne me parlent jamais, ils ne me racontent pas leur vie, ils font silence et je respecte leur mutisme. Voilà pourquoi je n'aime guère ceux qui parlent à tort et à travers, le plus souvent pour masquer leur impuissance ou pour éluder un problème. Pour moi, la politique ne consiste pas à feindre de se saisir des problèmes mais à les résoudre vraiment… »

Vigouroux demeurera dans l'histoire de Marseille comme un très grand maire, un « faiseur », un « bâtisseur ». Les Marseillais ne s'y sont pas trompés. Ils l'ont élu à une si large majorité en 1989 que les observateurs les plus avisés ont été surpris par son « grand chelem » sur la ville, y compris dans le fief de Gaudin, remporté par le vigouriste Yves Bonnel. Les Marseillais avaient été séduits par les grandes affiches de couleur bleu et blanche, au dessin cérusé, où le visage du Sphinx était surmonté du slogan : « *Marseille libre* ».

Chassez le politique, il revient au galop. Le Sphinx l'a appris à ses dépens, mais lui a su s'effacer. Il s'est retiré dignement, le moment venu, la tâche accomplie. L'ingratitude des uns et des autres, Vigouroux n'en a cure. Il s'est éclipsé dans sa thébaïde près de Venelles. Il écrit et il peint. En silence…

Pour que Marseille soit enfin « libre », pour que le peuple de Marseille se mette de nouveau à rêver d'une autre destinée, il faut que tous les successeurs potentiels de Jean-Claude Gaudin, quels qu'ils soient, quel que soit leur bord, s'affichent comme des candidats « libres », des candidats de rupture avec le « système », des candidats qui tirent définitivement le rideau… Defferre. Il faut sortir aussi du fameux «*pragmatisme*» à la Gaudin, doctrine fondée sur la valeur pratique et l'efficacité mais qui sert aussi de paravent pour renier toutes ses convictions politiques. Gaudin a raison lorsqu'il dit qu'une poubelle n'est ni de droite ni de gauche, et qu'il faut simplement la vider. Mais ce «pragmatisme» finit toujours, à la lorgnette politique, par devenir du consensualisme, du «je ne fais de tort à personne pour être réélu, je vous donne une pincée à chacun et tout le monde est content».

Après Defferre le guerrier, après Vigouroux le bâtisseur solitaire, Gaudin restera dans l'histoire comme un maire enjoliveur. Il a accompli «un grand programme de petits travaux» dans toute la ville. Il a eu le mérite de poursuivre «Euroméditerranée», ce grand programme de restauration de La Joliette, d'Arenc et de La Belle-de-Mai, décidé en 1993 par Édouard Balladur et Robert Vigouroux et qui est en train de devenir une éclatante réussite. Mais il a cédé lui aussi – détestable fatalité marseillaise – aux sirènes du clientélisme, du placement de ses petits copains à la mairie, au conseil régional quand il en était le président, voire au conseil général quand ses relations avec Jean-Noël Guérini étaient au beau fixe et qu'ils s'étaient quasiment partagé les Bouches-du-Rhône en deux parts: le Nord pour Guérini, le Sud pour Gaudin…

Contrairement à Defferre, son mentor, Gaudin n'a pas régné sur la ville par l'intimidation ou le mépris. Il a souvent réussi à en apaiser les tensions au risque de se discréditer lui-même. Mais il n'a pas su dominer l'esprit de clan. Comme Defferre. «La ville a toujours été la proie des clans et de leurs équipes, écrit Georges Marion dans son excellente biographie consacrée à Gaston Defferre (chez Albin Michel), pour la prendre, pour la garder, pour la sortir du sous-développement politique et la purger de ses miasmes, il fallait faire de même. Pouvait-il agir autrement? Il ne le pensait pas. Lui qui, à Paris, avait la réputation d'être un socialiste moderniste capable de bousculer dogmes et habitudes, était à Marseille un patricien qui régnait en despote éclairé. Il avait débarrassé la ville de ses multiples clans, mais c'était en mettant le sien à tous les postes de commande. La troupe tenait beaucoup par le ciment des relations personnelles. Avec les années et la relève politique, fatalement, la cohésion du groupe s'affaiblit. Il ne voulut pas, ou ne sut pas, implanter la démocratie à Marseille… »

Il n'y a jamais eu de roi et il n'y aura jamais de roi à Marseille. La seule reine souveraine de Marseille, celle qui défie les hommes, le temps et l'éternité, celle dont la silhouette dorée invite à la clémence et à la charité, celle qui fait l'unanimité de toutes les religions, de tous les partis, de tous les clans, c'est Notre-Dame-de-la-Garde, la maman du ciel dont l'éclat céleste ne finira jamais de briller au firmament de Marseille.

PREMIÈRE PARTIE

La Mafia politique

CHAPITRE 1

Un clientélisme de racolage

Le « *système marseillais* » est fondé sur le « bac ». J'ai sidéré mon confrère Yves Calvi, un soir à Paris dans son émission « C dans l'Air », en lui affirmant tout de go que nul ne pouvait réussir à Marseille sans le « bac ». Il ne s'agit évidemment pas du diplôme de fin d'études secondaires, mais du triptyque le plus en vogue à Marseille si l'on veut prospérer, dans quelque domaine que ce soit : banditisme, affairisme et clientélisme... Ces trois virus qui sapent la vitalité de Marseille ne sont pas inhérents à tel ou tel parti politique : ils touchent tous les partis, tous les hommes politiques et une grande majorité de Marseillais qui se prêtent complaisamment au jeu.

Les hommes politiques ne sont pas les seuls responsables du « système marseillais ». Nous le sommes tous. De près ou de loin. C'est un socialiste sincère, Thierry Pfister, ancien journaliste et éphémère directeur de cabinet de Pierre Mauroy, alors Premier ministre, qui décrit magistralement les ressorts secrets du « clientélisme » qui l'ont amené à démissionner de son poste :

« On fonde l'attachement au pouvoir sur l'octroi d'avantages personnalisés. On fait valoir au bénéficiaire la contrepartie d'allégeance qu'implique la gratification. On ne triomphe pas d'un rival, on le compromet. On n'affronte pas un adversaire, on l'achète. On ne supprime pas un obstacle, on le contourne. On n'élimine pas un abus, on transige. Tout s'arrange dans les arrière-salles. Ce n'est plus de la politique, mais du copinage. »

Cette définition parfaite de notre principale tare congénitale, c'est un « nordiste » qui l'a concoctée en découvrant avec amertume ce que donnait l'exercice du pouvoir au plus haut niveau. Il a soudain eu besoin de respirer et d'évacuer les miasmes du clientélisme qui étaient en train d'étouffer ses convictions initiales et ce pour quoi il s'était tant battu. Pfister s'est défoulé dans un petit livre intitulé : *Lettre à la génération Mitterrand qui marche à côté de ses pompes*. Un ouvrage courageux mais aussi une sorte de « hara-kiri », une dénonciation cathartique en forme de « seppuku », c'est-à-dire de suicide social rituel. Exit Pfister.

D'autres grands journalistes, pourtant bien en cour, en ont eu assez un jour de jouer les porte-serviettes ou les cireurs de pompes béats d'admiration. Ils ont claqué la porte du système avec fracas. Daniel Carton par exemple, ancien chef de la rubrique « politique » du *Monde*, qui a tout plaqué du jour au lendemain en publiant ce que les journalistes politiques ne racontent jamais (*Bien entendu, c'est off*, chez Albin Michel) : « *Quitter le microcosme est considéré comme une traîtrise*, observe-t-il, *dire pourquoi on le quitte mérite souvent d'être livré au bûcher. Le microcosme est un milieu avec les règles du grand milieu. Il ne supporte pas les lâcheurs. Il condamne sans appel les traîtres à ses petites causes et à ses vrais intérêts. Il bannit ceux qui persistent à vouloir en finir avec ses mœurs, ses convenances, ses errances. Il lapide ceux qui viennent dire ce qu'on ne peut pas dire. Je croyais en la noblesse de la politique, mais cette noblesse cette cour-là n'en a plus rien à faire car il y a bien longtemps qu'elle-même n'y croit plus. Dans ce petit monde qui donne des leçons mais n'en tire jamais aucune, la politique n'est qu'un jeu de société aux dimensions de la France...* » Exit Carton.

Les journalistes politiques sont tout aussi coupables que les hommes politiques. Pour berner les Français, il faut être deux. Le leurre ne fonctionne qu'en couple. « C'est cette culpabilité, cette comédie humaine que je n'ai plus supportée, avoue Daniel Carton, ça m'étouffait, ça me pourrissait la vie, tuait mes rêves. J'ai choisi de lui claquer la porte au nez… Combien de confrères vus et revus depuis mon départ seraient tentés d'aller cultiver ailleurs leurs arpents secrets. Combien d'entre eux sont fatigués de devoir œuvrer dans l'autocensure permanente, dans une semi-liberté conditionnée par les compromissions de ceux qui, dans cette profession, persistent à vouloir se poser en modèles ? La presse est aujourd'hui sinistrée, mais comme ils me disent tous : "*Il faut bien bouffer.*" Que leur répondre ? »

Chirac en lettres rouges

En ce qui me concerne, j'ai connu des problèmes dans tous les journaux où je suis passé en raison de mes velléités farouches d'indépendance. Je considère que la liberté de la presse est un principe sacré de la démocratie et que toux ceux qui s'affranchissent de cette règle ou s'y essuient les pieds (comme Tapie par exemple, qui considérait les journalistes comme des « serpillères ») sont des dictateurs en puissance. J'ai claqué la porte du *Méridional* parce que la direction defferriste et tous les pseudo-opposants au « parrain » de Marseille ne supportaient plus mes frasques d'écriture ni mes provocations. Comprenant que j'étais dans une rédaction où nous ne tirions pas tous dans le même sens, j'avais écris « Chirac » en grosses lettres rouges sur ma machine à écrire. Et chaque fois qu'un collègue passait à proximité, je m'amusais de ses sursauts de terreur. Il est vrai qu'à l'époque, le rédacteur en chef du *Provençal* n'hésitait pas à intituler ses éditoriaux : « *Chirac le fasciste* », ce qui peut faire sourire aujourd'hui.

Quelquefois, c'est plus insidieux : on vous pousse gentiment vers la sortie sans que vous compreniez vraiment ce qui vous arrive. Vous êtes invité à un entretien préalable sous un fallacieux prétexte. On vous harcèle. On s'abstient d'inscrire votre nom sur le tableau de service. On vous disqualifie. On vous charge par exemple de la rubrique des « mouvements de navires » alors que jusque-là vous étiez un reporter polyvalent, capable d'assurer les tâches les plus ardues.

Parfois le couperet tombe du jour au lendemain. Tel a été mon cas dans un hebdomadaire national où je tenais une rubrique. En mai 1999, j'ai fait un reportage de plusieurs pages sur l'inexorable déclin de la Canebière qui fut jadis l'artère la plus prestigieuse de la ville. L'article n'a pas eu l'heur de plaire au nouveau maître de Marseille, Jean-Claude Gaudin. Il ne me l'a pas dit directement, ni même fait savoir. Il a probablement fait mieux que ça : il se serait rendu au siège du journal à Paris et aurait demandé à rencontrer le directeur de la rédaction pour lui proposer une aide institutionnelle à la presse. Il faut savoir que les rares journaux encore en vie aujourd'hui seraient morts depuis belle lurette s'ils ne bénéficiaient du secours de la manne publique d'État. Donc Jean-Claude Gaudin et son directeur de cabinet sont reçus à Paris et le directeur de la rédaction fait assaut de salamalecs pour les remercier de ce geste généreux, admirable, somptueux, magnifique, etc. Cependant Gaudin aurait assorti son aide d'une condition impérative : retenant son chèque, il aurait susurré : Bien entendu, Monsieur le Directeur, je suis heureux d'apporter mon soutien à un journal aussi prestigieux que le vôtre dans la mesure de mes modestes moyens municipaux et régionaux, mais je souhaite en échange que vous évinciez M. d'Arrigo de la rédaction. Il s'est permis de rédiger un article scandaleux qui discrédite Marseille... Que croyez-vous qu'il arriva ? Le directeur de la rédaction accepta cette aide providentielle et je fus licencié sans autre forme de procès dès le lendemain. Si je peux rapporter précisément cette anecdote, c'est que les trois hommes étaient en réalité quatre ce jour-là : il y avait en effet avec eux autour de la table mon ami Gérald, patron de la régie publicitaire, avec lequel j'entretenais les meilleures relations et qui, écœuré, s'est empressé de me dévoiler le pot aux roses.

Les politiciens croient pouvoir agir en « off », cette règle qui leur permettait naguère de faire des confidences aux journalistes dans la mesure où ceux-ci se garderaient bien de les divulguer. C'est au nom de cette règle qu'on cache souvent aux citoyens le vrai visage de la politique. « Les caciques du microcosme l'ont bien compris, raconte Daniel Carton, qui s'est auto-flingué sans le secours de Gaudin, alors ils y vont de bon cœur. Le menu des petits agréments est devenu primordial pour s'assurer une "*bonne presse*". Des journalistes bien nourris, bien logés, quelques belles soirées entre amis et cela vous fait un bon congrès. Autant de recettes éprouvées tout au long de l'année.

« Un journaliste jaugera sa cote à la qualité de la table à laquelle il sera convié. À grand journaliste, grand restaurant, c'est le premier cours élémentaire du métier. On peut petit-déjeuner, déjeuner avec" les politiques, mais dîner oblige le journaliste à passer, en remerciement, quelques plats. On ne dîne jamais impunément avec les hommes politiques. On en vient à servir d'autres mets que la politique et insidieusement, c'est le glissement progressif vers une certaine intimité. On se présente les dames, on parle des enfants, vous êtes hors-jeu. La partie n'est plus jouable… »

C'est ainsi que les journalistes deviennent peu à peu des cire-pompes et surtout des garants d'un système dans lequel ils prospèrent eux-mêmes. « Les petits services aux journalistes rendront toujours de grands services aux politiques, conclut Daniel Carton, dès que vous avez une dette envers eux, c'est votre liberté qui paie la note. »

Seul compte le piston

Nous ne sommes pas éloignés du clientélisme, nous sommes en plein dedans. Les petits services que se rendent ici et là, tel homme politique et tel journaliste qui se voit bombardé à la direction de tel ou tel service de la Ville de Marseille ou de la communauté urbaine, ou du conseil régional, ce sont les mêmes qui nouent la relation clientéliste.

— Dis, mon collègue, t'aurais pas une combine pour avoir un passeport ? Tu connais dégun à la préfecture ? Tu n'aurais pas des places pour le match de l'OM ? T'aurais pas un boulot pour mon petit, tu sais qu'on a toujours voté pour toi, hein ? Tu pourrais pas te débrouiller pour le faire entrer à la Ville ou aux pompiers ? T'aurais pas une place pour mon bateau au Vieux-Port, je suis enquillé au Frioul que j'en peux plus ! T'aurais pas des points à me vendre pour mon permis ?

Les hommes et femmes politiques en entendent des vertes et des pas mûres toute la sainte journée. À Marseille, on leur demande tout et n'importe quoi. Des interventions, des recommandations, des passe-droits : seul compte le *piston*. Le service demandé est souvent difficile à rendre parce que le « petit » en question n'a aucune espèce de formation ou qu'il est bête comme ses pieds. Parfois, c'est beaucoup plus facile : par exemple, c'était un jeu d'enfant pour Alexandre Guérini, frère du président du conseil général des Bouches-du-Rhône, Jean-Noël Guérini, d'obtenir un logement HLM pour ses amis. Il lui suffisait d'un coup de fil à son frère et il n'attendait même pas la réponse… Au *Carlton*, sur la Corniche, certains promoteurs bien en cour ont pu construire 3 400 mètres carrés pour 1 700 autorisés. Le préfet de région a eu beau réclamer la destruction d'une partie de cet immeuble empiétant sur la voie publique, il n'a jamais obtenu satisfaction…

Le « petit service » le plus demandé n'est pourtant pas l'emploi ou le logement pour un proche : c'est la quête d'une « indulgence » pour faire sauter un procès-verbal. Des commissaires en ont les poches pleines et sont capables de « les faire passer à l'as » moyennant une contrepartie pour eux-mêmes ou leur famille, à l'occasion. Cette chasse aux « papillons » pour stationnement illicite ou excès de vitesse est suivie de près par les demandes de places en crèche. L'équation est simple : il y a beaucoup plus de demandes que de places disponibles et les listes d'attente dans certains quartiers sont longues comme des jours sans pain. Alors on appelle un « ami » ou « l' ami d'un ami », qui appelle un élu, qui appelle Gaudin, qui appelle Mennucci, qui appelle Caselli, qui écrit au préfet, etc., etc. Le système a de beaux jours devant lui si l'on veut bien admettre qu'il y a environ 5 000 places en crèche pour 10 000 naissances annuelles environ. Et l'on découvre au fil des mois que des « crèches sauvages » sont installées un peu partout dans Marseille...

C'est la même chose pour les HLM : on recense plusieurs milliers de demandes en attente et parfois les candidats doivent attendre quatre ou cinq ans avant d'obtenir satisfaction, ce qui explique la prolifération des « recommandations » et des « sollicitations ». Quant à l'état-civil, si vous y connaissez quelqu'un le délai d'attente pour un passeport (une quinzaine de jours environ) ou une carte d'identité (deux mois environ) peut être carrément ramené à... quelques heures !

Obtenir des « arceaux » blanc et rouge devant son garage pour éviter que les voitures ne viennent obstruer le passage est monnaie courante. C'est un jeu d'enfants pour un élu de les faire poser et de gagner ainsi les faveurs de toute une famille qui n'est pas forcément de votre bord au départ. Les plus gonflés se font même attribuer un « espace livraisons » pour garantir leur propre parking ! C'est aussi un sport très prisé à Marseille de faire installer sur la chaussée des ralentisseurs de type « dos d'âne » ou « gendarme couché », non pas parce qu'on est près d'une école ou pour réduire la vitesse des véhicules, ce qui est tout à fait normal et même recommandé, mais parce que tel riverain soucieux de sa tranquillité et ayant « le bras long » saura faire appel à un ami bien placé pour contraindre les usagers du secteur à une allure de fourmi, de dos d'âne en dos d'âne, alors qu'il n'y a pas l'ombre d'un danger à l'horizon...

Bien entendu, il existe un « canevas » du service rendu : on favorise systématiquement les plus fidèles, les plus proches, ceux dont on espère qu'ils pourront être utiles au parti ou à son chef… Les faveurs sont accordées dans le plus grand secret pour établir une sorte de connivence obligée. « Il faut frapper à la bonne porte, explique un Marseillais qui a le culte du passe-droit, ni trop haut ni trop bas. L'objectif est de faire en sorte que votre interlocuteur se sente flatté de vous rendre service. La règle de base tacite du passe-droit, c'est le renvoi d'ascenseur, ce qui revient à dire que celui qui va accéder à votre requête devra avoir la certitude qu'il peut obtenir de vous bien davantage en retour… »

Les Marseillais écrivent et quémandent pour tout et n'importe quoi. À l'excellent journaliste de *La Provence* Denis Trossero, qui enquêtait sur le sujet, un magistrat a répondu que ces faveurs ou passe-droits n'étaient pas interdits s'ils n'étaient pas octroyés contre une rémunération ou des biens en nature. « À propos, lui a-t-il demandé en souriant, vous faites une enquête en combien de tomes ? » Le cabinet du maire de Marseille, celui du président du conseil général et celui du président de la communauté urbaine Marseille-Provence-Métropole reçoivent il est vrai, chaque semaine, des centaines de lettres pour des demandes de logements, d'emplois, de permis de construire, de cartes de séjours, de caveaux au cimetière Saint-Pierre, et même, pourquoi se gêner, de réussites aux examens de médecine ou de dentisterie !

Ces requêtes sont autant d'avilissements personnels. Parce qu'elles créent un attachement contraint entre la personne qui quémande et celui qui aide. Ce lien est pourri. Je l'affirme sans la moindre hésitation. Pour une raison très simple : il instaure une rupture du pacte républicain. Si j'obtiens une faveur qui sera refusée à un autre Marseillais parce que « je connais du monde », j'aurai rompu le principe d'égalité entre les citoyens, le principe de fraternité aussi, car celui qui va se retrouver à cause de moi sur le flanc aurait sans doute eu davantage besoin que moi de cette faveur, et j'aurai même bafoué le principe de liberté car une fois satisfait, je ne pourrai plus jamais avoir la liberté de dire « merde » à cet ami ou cet élu qui m'a rendu service. Et je voterai pour lui *ad vitam aeternam*, il sera là pour me le rappeler le cas échéant si d'aventure j'oubliais ses bienfaits antérieurs en omettant d'aller dans le bureau de vote nanti du bulletin qu'il aura lui-même garni au préalable…

Le syndrome de la cocarde

C'est ce que j'appelle un «*clientélisme de prostitution*». Vous racolez un bienfait sur la voie publique en aguichant le premier élu qui passe dans votre quartier, il défère à votre invitation (merci Gaston !) et établit derechef entre vous et lui un rapport de proxénète à prostitué. L'élu, quel qu'il soit, déshonore sa fonction en confondant la somme des intérêts particuliers et l'intérêt général qui devrait seul lui importer, et le bénéficiaire devra payer ce petit plaisir moyennant, non pas de l'argent, mais un bulletin de vote obligatoire. L'élu prostitue son talent et vous prostituez votre voix. C'est absolument indigne, dégradant et anti-démocratique. On a transformé ainsi en quelques décennies des institutions vénérables (mairies, conseils généraux, communautés de communes, conseils régionaux) en véritables maisons closes où le maquignonnage électoral des uns répond au maquereautage des citoyens.

Je ne suis pas seul à hurler dans le désert en exigeant depuis des lustres l'instauration du mandat unique et non renouvelable, avec interdiction absolue de se représenter à quelque élection que ce soit une fois achevé votre seul et unique mandat. Cette réforme signerait la fin du «métier» politique, pour la bonne raison que la politique n'est pas une profession. C'est un sacerdoce au service de l'intérêt général. L'ennui, c'est qu'ils souffrent tous du «*syndrome de la cocarde*», cette babiole bleu-blanc-rouge qui vient orner le pare-brise de leurs voitures de fonction aux vitres teintées. Le mandat unique et non renouvelable permettrait de régénérer la «classe» politique qui, du coup, ne serait plus une «classe» ni une «caste», de changer les têtes en permanence en s'épargnant des décennies de Chirac, des décennies de Mitterrand, des demi-siècles de Gaudin, de Defferre, de Pasqua, de Le Pen, de Giscard ou de Sarkozy !

Ce renouvellement permanent exige, bien entendu, un nouveau statut des « politiques » : il faut qu'on garantisse le retour à leur emploi antérieur dès la fin de leur mandat et qu'on rémunère correctement leur dévouement au service public pour éviter tout dérapage ou tentation cupide. Et que croyez-vous qu'il arrivera ? Ce nouveau système signera la fin de la « *logique d'écurie* » qui emprisonne les partis dans un rôle de « fabricants de champions » à l'exclusion de leur véritable vocation qui est de « concourir à la démocratie en organisant des débats pour éclairer les citoyens ». Après les écuries Chirac, Jospin et Balladur, après les écuries Sarkozy et Hollande, aurons-nous droit aux écuries Copé et Montebourg ?

J'ose espérer que non, mais rien n'est moins sûr. J'ose espérer que nous assisterons enfin à Marseille et ailleurs à la fin du « carriérisme politique » qui n'est que le corollaire du clientélisme. Si les politiques passent le plus clair de leur temps à se forger une clientèle et à multiplier ainsi leurs obligés dans la seule intention d'être réélus, ils cesseront d'agir de la sorte dès qu'ils n'auront plus aucun intérêt à le faire puisqu'ils ne seront plus éligibles. Vous voyez le tableau, frères Marseillais ? Des hommes politiques qui s'occupent enfin de l'intérêt général et qui appliquent sans barguigner le programme pour lequel ils ont été élus, sans se soucier une seconde de l'élection suivante.

Ce qui me fait espérer pour l'avenir, c'est la conviction partagée de nombreux hommes politiques de bords différents sur la nécessité absolue d'en finir avec le clientélisme pour réanimer la démocratie. Quand je dialogue avec Philippe San Marco, par exemple, je m'aperçois que cet homme a délibérément abandonné tous les avantages ou les conforts d'un parti (le PS, en l'occurrence) pour fonder une « convention citoyenne » qui refuse désespérément tout clientélisme. Philippe San Marco, quand il intervient désormais dans une enceinte politique, chacun l'écoute avec une religieuse attention. Pourquoi ? Parce qu'il a rompu définitivement avec « la logique d'écurie » et qu'il a compris les méfaits et les ravages du clientélisme lorsqu'il était premier adjoint de Defferre. D'ailleurs, Gaston lui doit une fière chandelle : si San Marco n'avait pas fait le ménage au sein de la mairie durant deux longues années, s'il n'avait pas mis un terme à de nombreuses pratiques illégales qui lui ont valu de solides inimitiés, c'en était fini de la carrière politique de son illustre mentor. Fini...

Philippe San Marco n'est pas le seul homme politique qui ait compris qu'il fallait rompre une bonne fois pour toutes avec le *« système marseillais »*. Une femme comme Laurence Vichniewski (Europe Écologie-Les Verts), elle aussi, est sur la même ligne, d'autant plus qu'en sa qualité d'ancienne juge elle a pu mesurer l'étendue de certains trafics d'influence, abus de biens sociaux et... associations de malfaiteurs. Mais je pourrais citer aussi Renaud Muselier et Bruno Gilles, qui ont éreinté le « système Guérini » et ses pratiques d'un autre âge, Jean-Marc Coppola (PC), qui a pris d'emblée ses distances avec Guérini, Michel Pezet, qui a très largement pratiqué le clientélisme lorsqu'il était président du conseil régional de Provence avant de rompre avec toute attache partisane et de se démarquer courageusement des frères Guérini, je pourrais citer Annick Boët, ancienne présidente du groupe communiste à la mairie et désormais relais essentiel d'Arnaud Montebourg à Marseille, avec lequel elle partage la nécessité de la fondation d'une VIe République fondée sur le non cumul, l'honnêteté, la probité, le mépris du fric roi, l'anti-mafia ; bref, l'idée de sauver Marseille en regroupant les partisans de la rupture avec le système marseillais me semble une idée formidable.

Un système carriériste épuisé

Mais comment rassembler San Marco, Muselier, Gilles, Coppola, Boët, Vichniewski, Tian, Assante, mais aussi le socialiste dissident Pierre Orsatelli, le gaulliste dissident Guy Jullien, le gaudiniste dissident Patrick Pappalardo, la verte iconoclaste Michèle Poncet-Ramade et l'éternel second Guy Teissier, alors qu'ils viennent d'horizons si divers et qu'ils se sont tellement entrebattus ? Réponse : parce qu'ils sont d'accord sur l'essentiel. Et l'essentiel, c'est la rupture avec un système clientéliste, oligarchique et carriériste épuisé. À Marseille, la couleur politique peut être indéfinissable et s'accorder aux couleurs du ciel, toujours nuancées, avec des teintes orangées ou flamboyantes au petit matin, un bleu étincelant dans la journée, une lumière rougeoyante piquetée de violet, mauve, jaune, zinzolin, le soir au crépuscule, quand le soleil fait lentement naufrage dans la mer... À Marseille, le ciel lui-même refuse d'être catalogué. Il se veut insaisissable, lui aussi. Il est une mosaïque de nuances ineffables sur lesquelles les plus grands peintres ont séché, hormis Ziem peut-être, grâce à la presbytie un peu floue de son pointillisme. Marseille n'a pas de couleur politique...

Edmonde Charles-Roux, interrogée par la belle Christine, a livré sa conception « méditerranéenne » de l'exercice politique à Marseille : « Non, a-t-elle répondu, la politique n'est pas un exercice particulier à Marseille. On l'exerce ici avec des mots différents, des rapports différents qui tiennent du clan. On ne peut empêcher les clans d'exister, ils ont toujours existé en Méditerranée. Le clientélisme tient le coup ici plus longtemps qu'ailleurs. Mais faut-il s'en étonner ? Faut-il changer la nature des gens sous prétexte que tout le monde doit se ressembler ? Est-il clair que Marseille ne ressemble à personne ? Le clientélisme est ancré dans Marseille et c'est le moyen normal d'exprimer le pouvoir... »

Normal ? Je ne crois pas. Je crois que c'est le moyen le plus anormal qui soit d'exercer le pouvoir. Les cartes d'adhérents « alimentaires » du PS ou de l'UMP, c'est normal ? L'obligation de posséder une carte d'électeur à tout candidat qui sollicite un emploi-jeune auprès du conseil général, c'est normal ? Le « quota d'emplois réservés à tel ou tel parti » au sein du conseil municipal en fonction du résultat des élections, c'est normal ? Et la promotion canapé ? Et le favoritisme ? Et le népotisme ? Et les dynasties politiques marseillaises de père en fils ? C'est normal ? La règle tacite la moins avouable et la plus répandue à Marseille, selon laquelle « *un chien ne mord pas la main qui le nourrit* », c'est normal ?

En vérité, tous les socialistes ne sont pas sur la même longueur d'ondes. Jean Viard, éditeur socialiste qui a dénoncé les pratiques de Jean-Noël Guérini après avoir brigué à ses côtés les suffrages municipaux des Marseillais en 2008, considère que le clientélisme est une donnée « historique » inhérente à la ville : « Il ne faut pas confondre clientélisme et prévarication, a-t-il confié à mon confrère Benoît Gilles, dans la France méditerranéenne, ce que l'on définit comme honorable est ce qui est favorable à la famille et au clan. De 1860 à 1970, Marseille est une ville d'immigration et une ville de passage. Des millions de gens y transitent qui n'ont que leurs bras pour vivre. Il faut leur trouver un travail et un logement. Ceux qui tiennent le port tiennent la ville. Ce sont eux qui octroient ces services.

« Car le clientélisme commence toujours par une solidarité avec un homme perdu qui renverra ensuite l'ascenseur, souligne Jean Viard. Ce sont deux grands maires de gauche, Siméon Flaissières et Gaston Defferre, qui vont mettre en place ce système. Avec deux piliers principaux : le port et les comités d'intérêt de quartier qui sont les relais des élus. À côté du maire, il y a toujours un homme de l'ombre qui organise ce type d'échanges à partir de chaque vague d'immigration. La grande période d'institutionnalisation de ce système est celle des années 1970, où le pouvoir se retrouve avec des milliers d'emplois disponibles et d'appartements à proposer. Mais bientôt la crise va mettre fin à cette manne, le clientélisme n'a plus de grain à moudre, l'échange devient de moins en moins honorable et le piston insupportable, jusqu'à se confondre avec la corruption… »

Certains élus marseillais en ont tellement bavé du clientélisme qu'ils sont capables d'en décrire les contours comme une personne qui aurait été victime de voies de fait et aurait conservé intact le souvenir de son agresseur: «Pour moi, révèle Annick Boët, conseillère municipale PS, la sublimation chimique du clientélisme local a perverti toutes nos relations sociales. Lorsqu'on rencontre des habitants qui nous réclament systématiquement des emplois, des logements, des places en crèches ou des places de stade pour voir l'OM, il faut avoir le courage de leur dire «*non*». La forme ultime du clientélisme marseillais, c'est un comportement mafieux d'allégeance au *capo di tutti i capi*, c'est-à-dire au chef de tous les chefs... Marseille souffre d'un maquillage outrancier semblable à celui des vieilles putes qui veulent masquer leurs rides ou leur âge. On force le trait pour vendre la ville, mais derrière le maquillage, il y a une certaine authenticité qui passe inaperçue...» Est-ce à dire que le clientélisme serait une sorte de vapeur éthérée, une évanescence décadente résultant du resserrement et de l'échauffement des canaux et des réseaux anciens?

«C'est plus simple que ça, répond Pierre Orsatelli, président du Renouveau PS 13, qui a été l'un des premiers à dénoncer le «*Guérini-Gate*» sur Marseille. Le clientélisme, dit-il, c'est la fleur vénéneuse de la pauvreté. Guérini s'est constitué une clientèle d'obligés sur laquelle repose tout son édifice politique. Ce système ne peut fonctionner que dans une société de dépendance: c'est le domaine des servitudes volontaires...»

Pierre Orsatelli, ancien conseiller personnel de Jacques Delors, est un expert «ès socialisme marseillais» qui ne transige pas sur l'éthique en politique. «On aliène sa liberté délibérément et on donne du pouvoir au tyran, ajoute-t-il. Le risque majeur qu'encourt Marseille, c'est de mourir guérie... On va être amené, dans les années qui viennent, à faire tellement de ménage au sein du PS marseillais et des autres partis qui fonctionnent sur le même schéma, qu'on va finir par régner sur un champ de ruines... La corruption et les petits arrangements entre amis, genre Mellick ou Balkany, encouragent le "tous pourris" et le vote FN qui s'ensuit. Il ne faut surtout pas faire le choix de la dénonciation, sinon on en revient à la caricature de Marseille, à l'image de Carbone et Spirito. »

La construction d'un PS *bis*

« La vraie démocratie, souligne Pierre Orsatelli, c'est de rendre des comptes. Or, à Marseille, personne ne rend de compte à personne. Je connais bien Jean-Noël Guérini : quand il dit "blanc", c'est "noir". Je peux faire la traduction simultanée de sa culture corse dévoyée. Je ne suis pas totalement en marge de mon parti. Je suis de ces socialistes qui peuvent passer leur vie entière au sein du parti sans briguer la moindre élection. Je n'ai rien contre Jean-Noël à titre personnel. On m'a envoyé de sa part de nombreux émissaires qui venaient en conciliateurs : "*Allez, Pierrot, fais pas ta mauvaise tête, viens voir Jean-Noël, on va s'arranger...*" Moi, ce que je fais, je le fais par devoir, pas par ambition. »

Selon Pierre Orsatelli, le leitmotiv de Jean-Noël Guérini se décline en trois arguments : *je travaille beaucoup* ; *je ne me suis pas enrichi personnellement* ; *la chambre régionale des comptes contrôle mon travail...* Sauf que c'est peut-être M. Guérini lui-même qui contrôle la chambre régionale des comptes après avoir judicieusement embauché certains de ses membres ou leurs familiers, de la même façon qu'il avait recruté à des postes majeurs le fils et la fille de Bernard Squarcini, ex-premier flic de France.

« Alain Richard, ancien ministre de la Défense, est venu faire un audit du parti à Marseille, constate Orsatelli, il a diagnostiqué une maladie légère et il en a confié la rénovation à ceux qui ont mis en place le système. Je n'ai jamais vu ça ! Pour les investitures des législatives de juin 2012, on n'a pas donné la parole aux militants : ce sont les autorités nationales qui les ont désignées. Un parti qui en arrive à rompre avec sa base sociale ne peut pas avancer. La démocratie a un prix considérable. Je suis en train, avec mes amis du Renouveau, de construire un appareil *bis*, un PS honnête où le clientélisme dévoyé deviendrait un souvenir archaïque. »

Orsatelli n'est pas un chevalier blanc. C'est un démocrate qui ne supporte pas que la politique soit confisquée par un quarteron de médiocres. Pour lui, le système marseillais est un « anesthésiant du territoire ». Qu'est-ce à dire ? Cela signifie que les chefs d'entreprises se méfient de Marseille et disent : « *Ici, ce n'est pas la peine de venir s'installer parce que les règles du jeu ne sont pas respectées.* » Et puis les politiciens aux commandes n'ont pas vraiment intérêt à ce que le territoire se développe, sinon ils n'auraient plus la mainmise sur la ville. Ils ne pourraient plus s'appuyer sur leur clientèle d'obligés liée à la pauvreté ambiante. « Patrick Mennucci, entre nous, on l'appelle "*le Chanoine*" : tout doit venir de lui, les onctions, les sacrements, les postes... », confirme Orsatelli.

« Jean-Noël et son frère Alexandre sont de gros flambeurs, révèle Orsatelli, ils sont des habitués des casinos de Cannes, Deauville, Las Vegas et même Istanbul. Jean-Noël ne peut pas se désolidariser de son frère sinon il renie sa corsitude. La justice n'est pas faite pour les gens honnêtes. Alexandre a complètement oublié un précepte crucial en politique : "*Les voyous, on les salue, on ne les fréquente pas.*" Il a oublié aussi que la politique n'est pas un coupe-file. Dès qu'ils ont un brin de pouvoir, les gens ont tendance à penser qu'ils sont dans un club d'initiés et de passe-droits où l'on distribue allègrement les places et les prébendes. La grande différence entre Gaudin et Guérini, c'est que Gaudin a su se préserver des mauvaises fréquentations et qu'il n'est pas sous la tutelle du Milieu ».

Le commissaire divisionnaire Henri Gentet, aujourd'hui à la retraite mais longtemps en poste à Marseille et à Aix-en-Provence, m'a confirmé au cours d'un déjeuner à la brasserie *Le David* qu'il avait lui-même accompagné les frères Guérini à plusieurs reprises au casino de Cannes... Et un élu du conseil municipal de Marseille va même plus loin : « Ils allaient régulièrement à Las Vegas avec beaucoup de liquide et ils flambaient... » En parlant de « flamber », la brasserie *Le David* a brûlé à deux reprises lorsqu'un entrepreneur cannois a voulu en prendre les rênes. Il avait commis une petite erreur. Il ne s'était pas présenté aux « gens en place » et avait cru pouvoir se passer de leur autorisation, voire de leur « dîme » obligatoire. À la suite du premier incendie, il a complètement refait la brasserie : c'était top, *clean*, branché, ça marcherait du feu de Dieu…

Et paf, nouveau coup du sort, la veille de l'inauguration, un incendie « d'origine indéterminée » a de nouveau tout détruit. Le milieu a fait comprendre à sa manière à ce grand naïf qu'il n'était pas le bienvenu… Le Cannois a renoncé. Il est reparti sur la Croisette. Aux imprudents qui émettent le désir d'investir dans un établissement sur le pourtour du Vieux-Port, un ami restaurateur n'hésite pas à donner ce petit conseil : « Vous pouvez toujours acheter ce restaurant ou cette boîte, libre à vous, mais je vous préviens : à l'arrivée, vous aurez des associés dont le nom ne sera pas inscrit dans l'acte notarié. Et ils vous réclameront une partie de la recette… »

« La politique à Marseille devient pour certains une forme de thérapie, estime Orsatelli. La mort du père de Jean-Noël a été un tournant dans sa vie parce qu'elle a créé un déséquilibre. Le père était un brave homme, très lucide, très avisé, qui conseillait utilement ses fils. Jean-Noël a une intelligence très vive des situations et des rapports humains. À la mort du père, c'est Alex qui a exercé un ascendant sur Jean-Noël. Avec Alex, les franchissements de ligne qui étaient simplement délictuels ont été poussés à leur paroxysme. Et la situation entre les deux frères est d'autant plus compliquée que Jean-Noël est secrètement jaloux d'Alex pour des raisons personnelles… »

Petit plombier deviendra grand

De fait, lors des obsèques du père Guérini (rien à voir avec l'autre branche des Guérini, celle d'Antoine et Barthélémy, issue elle aussi du célèbre village de Calenzana en Corse), c'est Alexandre qui notait les présents sur le parvis de l'église avec l'aide d'une secrétaire. Gare aux absents. Il est n'est pas sûr qu'Alexandre leur ait conservé son amitié… et tous les avantages qui vont avec.

Dans les années 1990, Alex a fondé une petite société de plomberie pour s'occuper des problèmes de robinetterie des habitations dévolues à l'Office public d'aménagement et de construction des Bouches-du-Rhône alors dirigé par son frère. À partir de là, les choses n'ont jamais cessé de déraper…

Jean-Noël Guérini et Jean-Claude Gaudin ont deux points communs qui ont favorisé leur entente cordiale durant plus de trente ans : d'abord ils sont tous deux d'origine modeste et très croyants, et ensuite ils reconnaissent qu'ils sont capables de réussir leur « carrière » politique en dépit de leurs défauts originels. « Lorsqu'on lui parle de ses orientations, Gaudin ironise souvent en disant qu'il est aspergé d'eau bénite, indique Orsatelli, c'est un curé défroqué de la politique marseillaise. Il soigne la façade des églises pour oublier la mortification interne que lui dictent certains de ses choix… »

Nous abordons là un terrain fangeux, celui dont on ne parle jamais en France. Et pourtant, Jean-Claude Gaudin s'en est ouvert un samedi matin dans son vaste bureau de président du conseil régional, au cinquième étage de ce que son successeur Michel Vauzelle appelle le « bunker de la porte d'Aix ». Gaudin me racontait les péripéties de l'arrivée au pouvoir de Gaston Defferre en 1953, « déjà grâce à une savante combinaison électorale avec la droite pour éviter l'arrivée des communistes au pouvoir » et tout en dépliant les journaux de l'époque pour me montrer les photos de ses mentors en politique, Germaine Poinsot-Chapuis et Henry Bergasse. Jean-Claude Gaudin m'a confié : « Vous savez, d'Arrigo, j'ai consacré mon existence entière à la politique. Matin, midi et soir, je ne vis que par et pour la politique. Mon seul regret dans ma vie sera de ne pas avoir eu de famille et de me retrouver seul… »

« Il vaut mieux aimer les femmes modérément »

La vie privée de Gaudin est inconnue. Cela laisserait-il supposer qu'il cache des choses ? « Faux, archi-faux, rétorquent Gilles Dumoulin et Suzanne Ketchian, organisateurs à Marseille d'une manifestation géante, l'"Euro-Pride Marseille Méditerranée 2013" qui devrait attirer du 10 au 20 juillet 2013 sur la Canebière plus d'un million d'homosexuels venus du monde entier. Gaudin ne veut choquer personne dans une ville présumée machiste et qui est en réalité très tolérante. »

De fait, la mairie de Marseille a aidé puissamment les organisateurs de cette manifestation tandis que certaines institutions de gauche se faisaient tirer l'oreille, non pas par principe, mais parce qu'elles ont été freinées des quatre fers par un élu de gauche, lui-même homosexuel militant, qui voulait s'arroger le droit d'organiser lui-même l'Euro-Pride. En fait, c'est Jean Fraissinet, ancien patron du *Méridional* , qui a prodigué au jeune Jean-Claude Gaudin un conseil dont il tiendra le plus grand compte : « *Jean-Claude, pour réussir en politique, il vaut mieux aimer les femmes modérément...* »

Parmi ses adjoints, peu se risquent à évoquer la sexualité du maire de Marseille, sujet tabou par excellence. À l'exception de Michel Collet-Fenétrier, ancien adjoint délégué à la circulation, remercié sans ménagement par Gaudin à l'issue de son mandat : « Pour moi, se gausse-t-il, Gaudin évoque un chapon, ce n'est ni un coq, ni une poule, mais un chapon engraissé pour la table politique. » Quant à Georges Grolleau, ancien commerçant de Bonneveine, ex-élu de Mazargues lui aussi, il estime que Gaudin est un « homme ambidextre » qui demeure volontairement dans l'ambiguïté.

Bref, chacun raconte la sienne. Mais je pense que c'est une vieille amie de Gaudin, Marie-Sophie D., qui détient la vérité : « Moi, Jean-Claude, je le connais depuis plus de quarante ans, souligne-t-elle, je trouve qu'il ressemble de plus en plus à Charles Trénet avec son sourire extatique et ses yeux riboulants. Je l'ai soutenu toute ma vie avec mon mari Robert. Il venait souvent passer le week-end avec nous dans notre maison de Sainte-Maxime. Il était accompagné de ses vieux copains Jean Roatta, Roland Blum et Claude Bertrand.»

Ce qui est sûr, c'est que Jean-Claude Gaudin n'a jamais ennuyé personne avec sa vie affective et qu'elle n'a jamais entravé sa carrière politique. Selon le député de Mazargues Guy Teissier, dont les relations avec le sénateur-maire n'ont jamais été au beau fixe, tout ce que l'on pourrait reprocher à Gaudin, c'est un certain favoritisme dans le recrutement municipal ou régional ou dans le choix de certains candidats… En ce qui me concerne, je me souviendrai toute ma vie du conseil d'un ami un peu maniéré : « mon petit José, si tu veux réussir à Marseille, il faut que tu te fasses scotomiser. C'est-à-dire, selon le terme psychiatrique, que tu écartes de ton champ de conscience certains comportements jugés naguère comme un peu prudes et que tu les intègres comme une sorte de piston automatique ».

Jean-Noël Guérini, lui, aurait plutôt tendance à surestimer ses capacités de séduction. Ne dit-on pas qu'il aurait tenté de « draguer » la jeune et belle architecte Corinne Vezzoni, créatrice d'un projet fabuleux sur la rénovation du Vieux-Port, auquel les élus ont préféré la copie insipide d'un architecte anglais digne du génie britannique qui a conçu le Vaisseau bleu ?

« Les gamellards et les viandards »

Il y a donc deux composantes essentielles dans chaque parti : les gamellards (ceux qui sont là pour s'empiffrer) et les viandards (les chasseurs de têtes qui tirent sur tout ce qui bouge pour décapiter les rangs). Quand les gamellards et les viandards s'entendent bien, ils peuvent conquérir le pouvoir et s'y maintenir en recrutant eux aussi des gamellards et des viandards qui leur assureront la suprématie sur d'autres mangeurs et d'autres tueurs qui peuvent émerger dans leurs rangs ou au sein de partis concurrents.

Mais comment sortir de ce guêpier quand on n'est ni gamellard ni viandard ? Il faut être un as de la conduite jésuitique. C'est-à-dire éviter les chicanes et les chausse-trapes sans toutefois suivre une trajectoire trop directe pour arriver à destination. Quelqu'un qui irait tout droit pour aller d'un point à un autre serait immédiatement suspect. Il s'agit donc d'imaginer des stratégies d'évitement sans trop perdre son âme au passage. Dans ce micmac, il arrive qu'on se ramasse. La visite de Mennucci dans un quartier populaire de Félix-Pyat (3e arrondissement) s'est soldée en février 2012 par une bagarre générale dont le motif n'a pas été correctement dévoilé. Ce n'était pas du tout un « attentat » dirigé contre Mennucci par les jeunes de cette cité sensible, mais un avertissement contre le « saupoudrage » de subventions destiné à acheter la paix sociale. Les jeunes ont compris : ils ne veulent plus de ce système qui n'est rien d'autre, à leurs yeux, qu'une nouvelle forme de colonialisme. Ils veulent rompre eux aussi, même s'ils n'ont pas les mots pour le dire, avec une dérive clientéliste qui est une réminiscence coloniale.

« Au sein du PS marseillais, explique Pierre Orsatelli, les faibles, c'est nous (40 %), les forts, c'est eux (60 %). Ce partage crée un équilibre de la terreur. Patrick Mennucci a accepté tacitement d'être le numéro 2 et de perdre le jeu politique parce qu'il pense pouvoir gagner au bonneteau en retournant les guérinistes. Chacun va vivre dans l'espoir des transferts d'un camp à l'autre. Le prisme du terroir impose sa loi. La logique du système est plus forte que les individus. Il ne faut pas être impatient, l'agonie sera longue… »

Le mot *d'agonie* revient souvent à propos de la fin du defferrisme qui n'en finit pas de finir. La journaliste de *La Provence* Sophie Manelli, une des plus talentueuses de la jeune génération avec ses compères Jean-Jacques Fiorito et Romain Luongo, a sa petite idée sur ce trépas sans fin : « Marseille en 2012 me fait penser à l'Hydre de Lerne, confie-t-elle, il s'agit d'un monstre de la mythologie grecque qui ravageait le bétail et saccageait les récoltes, ce dragon terrifiant possédait de nombreuses têtes qui se régénéraient doublement lorsqu'elles étaient tranchées par un assaillant. L'haleine de toutes ces gueules exhalait un poison radical et il a fallu qu'Héraclès se vête d'une peau de lion pour parvenir à terrasser le monstre et à enterrer sa tête immortelle... Ici, nous en sommes au stade de l'agonie et des soubresauts dévastateurs qui agitent la bête blessée. L'ancien système marseillais est moribond mais le nouveau n'a pas vu le jour. La vision de Marseille-magouilles-et-copinage est insupportable mais ses contorsions pour se maintenir en vie sont interminables. Tout se passe comme si Marseille refusait désespérément de devenir une ville à la lyonnaise, chiante, propre et formatée... »

Dans ce capharnaüm marseillais, il s'agit d'abord d'identifier la bonne parole et de déceler l'intention maligne, toujours dissimulée derrière le discours lacrymal du misérabilisme et de la démagogie sirupeuse, façon Vauzelle qui surfe avec une onction reptilienne et une fausse dévotion sur toutes les vagues d'opinion : « Les intérêts des uns et des autres sont souvent masqués derrière des non-dits qu'il faut expliciter, estime Orsatelli, moi un jour je me suis heurté à un lieutenant de Guérini, le conseiller municipal Rebia Benarioua : “*Toi, tu n'es rien ici, dégage !*” m'a-t-il lancé. Il a réagi comme Charles-Émile Loo, ancien patron de la Socoma, société coopérative de manutention, lorsque je lui ai proposé de racheter son entreprise en 1994 : “*Toi, je n'ai qu'un conseil à te donner,* m'a-t-il dit, *c'est de ne jamais remettre les pieds à Marseille.*” Je n'ai aucune vocation de martyr : quand le système marseillais va achever sa désagrégation, nous en deviendrons l'un des axes de recours. Cette perspective exige de notre part une exemplarité, des emplois durables pour les enfants de Marseille, une gestion saine et une lutte féroce contre tous les corporatismes qui paralysent la ville. Le moment venu, il ne faut pas apparaître comme de simples dénonciateurs mais comme un débouché crédible aux anti-clientélistes de tous bords... »

Eugène Caselli, président de la communauté urbaine, qui a prouvé son habileté aux manettes avec une majorité réduite aux acquêts, pourrait être l'incarnation de cette nouvelle logique anti-clientéliste baptisée «*gouvernance partagée*» et qui ferait collaborer des élus de partis dits antagonistes, comme par exemple le PS et l'UMP. Il a déjà réussi à faire travailler ensemble des élus de gauche et de droite sur le sujet épineux du nettoiement pour ratifier un énième plan de lutte contre la saleté de Marseille. Si les Marseillais perçoivent que le «rassembleur», c'est lui, et qu'il se moque comme d'une guigne des intérêts partisans et des intrigues de couloir, «Gégène» a un rôle éminent à jouer en 2014. Mais il n'est pas dit non plus qu'il apparaisse vraiment comme un candidat de rupture en raison de son long passé guériniste et des innombrables couleuvres qu'il a dû avaler lorsqu'il n'était qu'un exécutant zélé au service du «*capo*».

S'il veut figurer sur les starting-blocks ou le plot de départ avant le grand plongeon, Eugène Caselli devra donc «vigouriser» son image au maximum sans trop se dégarnir en sous-main côté clientèle, une acrobatie dont il semble parfaitement capable... Mais pour l'instant, il n'a qu'un seul point commun avec Robert Vigouroux, certes très visible, mais forcément anecdotique: son impeccable brushing ondulé...

«En matière de clientélisme, attention à l'amalgame, prévient Philippe San Marco, auteur d'une remarquable étude universitaire sur le sujet. S'occuper des gens tels qu'ils sont là où ils sont n'est jamais dégradant. Il y a aussi des grands secteurs d'activité économique et sociale où les processus de réseaux et d'allégeance jouent à plein: essayez d'avoir une carte de docker sur le port de Marseille, essayez de passer un concours à la sécurité sociale ou d'être embauché aux Assedic si vos parents n'y sont pas déjà salariés, essayez de rentrer comme brancardier à l'Assistance publique de Marseille... Comment rentre-t-on dans les grandes entreprises autour de l'étang de Berre? Comment décrocher un emploi pour l'été à la Poste ou à France Télécom?»

Le bon et le mauvais cholestérol

Michel Pezet, lui aussi, appelle notre attention sur le « bon clientélisme », qui serait au fonctionnement démocratique ce que le « bon cholestérol » est au « mauvais cholestérol » : « Le clientélisme, tout le monde le pratique depuis des lustres à Marseille, nous dit-il dans son cabinet d'avocat de la rue Grignan, à deux pas du *Palais-Bar.* Au départ, c'est une démarche amicale qui n'est pas condamnable puisqu'il s'agit de remédier à la situation des plus faibles. Là où le clientélisme est dangereux, c'est lorsqu'il devient un système électoraliste. Par exemple, des gens viennent me voir ici au cabinet et je m'aperçois qu'ils ont, eux aussi, ce système bien ancré dans la tête : ils me demandent de leur faire avoir un passeport dans les quinze jours parce qu'ils ont été négligents et que sans mon intervention, ils ne pourront pas partir en voyage. Je leur fais observer qu'ils peuvent passer par l'administration et que ce délai sera respecté, mais rien à faire : ils préfèrent placer leur destinée entre vos mains et se faire pistonner ! »

Un autre avocat du PS, Me François Noël Bernardi, a la même opinion que Michel Pezet : « Tout ne changera pas du jour au lendemain à Marseille car la démarche clientéliste est ici purement amicale, dit-il, le plus souvent pour l'obtention d'un logement, d'un emploi municipal ou d'un permis de construire. Les liens utilisés génèrent un asservissement de la personne mais il ne s'agit pas pour autant de rapports dominant-dominé. C'est la culture très prégnante à Marseille du *service rendu* : on se fait pistonner pour un oui pour un non, par exemple pour accéder à un soin médical. On ne cherche pas à aliéner sa liberté, on cherche simplement à ouvrir une porte. Il n'y a aucune espèce de moralité dans cette quête de services personnels. Les gens s'en foutent d'être considérés comme des passe-droits ».

Gérard Chenoz, vice-président UMP de la communauté urbaine de Marseille, ne dit pas autre chose lorsqu'il me raconte cette anecdote : « Souvent, on ne peut pas faire autrement qu'acquiescer à une demande, dit-il, un militant vient me voir et me dit : "*Il faut que tu embauches mon petit, il est à la rue. Si ça continue comme ça, il va être obligé d'aller à Paris, tu te rends compte ?*" Qu'est-ce qu'on fait ? On le prend. Mais comme il n'a aucune capacité particulière, on le place comme gardien de musée. Un mois plus tard, le même militant revient me voir et me dit : "*Putain, Gérard, ça va pas du tout. Le petit, il fait le santon toute la sainte journée devant le musée, ça le fatigue. Tu pourrais pas lui trouver autre chose ?*" Et nous voilà parti pour de nouvelles démarches...

« Je pense cependant que nous vivrons en 2014 une époque héroïque, celle du crépuscule du clientélisme, annonce Chenoz. Croyez-moi, ce sera une vraie révolution. Marseille restera ce qu'elle a toujours été, une ville populaire, mais ce ne sera plus jamais une ville de magouilles. Il est vrai que les Marseillais ont longtemps été fascinés par les arrangements et les combines, admet-il, mais maintenant, ils veulent la transparence et la clarté. Voilà pourquoi l'empire Guérini va s'effondrer. Voilà pourquoi Force ouvrière est en train de stagner. »

C'est surtout dans les collectivités locales que les politiciens donnent libre cours au clientélisme : « la décentralisation a créé un effet de souffle à ce qui était considéré jusqu'alors comme des pratiques exotiques, explique San Marco, à partir du moment où on a transféré massivement des moyens financiers et des compétences, on est passé au stade industriel du clientélisme. Le pacte humain passé d'homme à homme est le suivant : *« Tu affiches pour moi, tu tiens un bureau de vote pour moi, tu votes pour moi et moi je t'embauche ou j'embauche ton fils, ta femme, ta fille, ton cousin, ta cousine, quelqu'un dont tu es garant par rapport à moi et qui t'oblige envers moi. »* La contrepartie de l'échange est fondée sur les moyens d'action qu'offre l'argent public. Emplois publics, emplois peu qualifiés, attribution de logements et octrois de subventions sont les principaux leviers du clientélisme marseillais... »

Pour que l'allégeance soit parfaite, il ne faut pas que l'attribution résulte d'un droit mais au contraire qu'elle soit arbitraire.

Sinon tout le système s'effondre. « On va donc s'employer à rendre la gestion des services publics le plus opaque possible, détaille San Marco. Cela revient à dire que les commissions d'attribution doivent être bidons, que les décisions les plus simples doivent devenir aléatoires et que les critères d'objectifs et d'évaluations doivent être inexistants. » L'ancien député socialiste fait aussi observer que le système ne peut fonctionner que dans un contexte de pénurie : « Dans des villes où le tissu économique est plus riche, comme Paris, Lyon ou Lille, il est plus facile d'être embauché qu'à Marseille où le taux d'offres d'emplois privés est faible. Chez nous, le taux d'emplois publics est anormalement important et cela favorise le clientélisme. Prenez la période 1945-1970, celle de la reconstruction. On construit des logements, on crée des écoles, des hôpitaux, des postes, tous les services liés à la population, et il y a là largement de quoi faire fonctionner le système... »

Les choses se compliquent évidemment avec l'arrêt de la progression démographique et l'achèvement des infrastructures. Le clientélisme va s'essouffler, faute de débouchés sur le marché de l'emploi et il va s'exercer par le biais de l'attribution de subventions publiques. Pourquoi croyez-vous que certains hommes politiques défendent bec et ongles le statut public de la gestion des cantines scolaires et du ramassage des ordures ménagères, sinon pour se préserver une clientèle parmi les cantinières et les éboueurs qu'on y aura placés ?

Selon Philippe San Marco, le conseil régional de Provence est un espace en soi trop vaste pour des pratiques clientélistes directes : « Il n'est vécu par les conseillers régionaux que comme un tiroir-caisse pour alimenter autre chose, affirme-t-il, un autre mandat de maire, de conseiller général ou de député, celui auquel on tient le plus. Les choses se passent ainsi : *Je suis élu de telle commune, de tel canton ou de telle circonscription, mais je n'y ai pas assez de moyens de distribution. Je me fais donc élire au conseil régional grâce à mon poids dans l'appareil du parti. Une fois élu, j'ai des moyens et j'arrose "mon" territoire, celui où je suis personnellement identifié comme un bienfaiteur.* Le conseil régional est ainsi devenu la réserve de puissance des clientélismes locaux. »

Bref, le conseil régional de Provence ne sert à rien d'autre qu'à embaucher des gens qui n'auront d'autre utilité que de réélire celui ou celle qui leur aura procuré la sinécure du « bunker de la porte d'Aix »...

« Lorsque l'offre est inférieure à la demande, ce qui est le cas depuis longtemps, fait observer M. San Marco, la ségrégation s'accroît, la tension monte, qui vont nourrir les votes extrêmes avec cette question lancinante : *Pourquoi lui et pas moi ?* Une personne qui a été embauchée dans ces conditions ne l'a pas été pour travailler. De bonne foi, elle ne comprendra pas ce qu'on lui demande de faire car elle n'a aucune compétence requise pour le poste occupé. Cela va amener des dysfonctionnements chroniques dans le fonctionnement des services. La hiérarchie y est complètement court-circuitée. Le seul qui peut donner un ordre à celui qui ramasse les ordures ménagères, ce n'est pas le chef d'équipe, c'est le bienfaiteur qui, lui, s'en gardera bien. Donc ça ne marche pas... »

Le président de Convention citoyenne poursuit sa démonstration implacable sur les effets néfastes du clientélisme en donnant deux exemples. Le premier concerne un petit canton du centre de Marseille qu'on dira très « fortuné », même s'il ne l'est pas du tout... « On a découvert dans ce canton plus d'électeurs que d'habitants. Des gens avaient habité là auparavant mais ils avaient déménagé et avaient conservé leur inscription sur les listes électorales. Parmi les nouveaux habitants qui étaient là, il y avait beaucoup d'étrangers qui ne votaient pas, donc l'élu ne s'intéressait pas à eux. Les quelques-uns qui étaient à la fois électeurs et habitants étaient toujours mécontents des insuffisances en matière d'aménagement ou de restauration d'immeubles. Mais le jour des élections, ils ne comptaient pas devant le nombre d'électeurs non résidents qui venaient spécialement dans ce quartier pour voter.

« Ces anciens habitants n'étaient plus concernés par la vie du quartier mais ils ne faisaient le déplacement que si le candidat était bien celui qu'on avait toujours connu, celui qui avait rendu des services personnels. Ce candidat pouvait d'ailleurs être le fils ou la fille de son père, pourvu que le nom soit maintenu, l'allégeance continuait. Si jamais on avait changé le candidat, ces électeurs non résidents n'auraient plus eu de raison de se déplacer et là, tout s'effondrait. Peu importait donc la qualité de l'action menée, peu importait le mécontentement des résidents, l'essentiel n'était pas là. Politiquement, pour être réélu, il valait mieux ne rien faire. Et surtout ne pas aménager le quartier, car comment s'assurer alors de l'allégeance des nouveaux habitants-électeurs ? »

« Maire bâtisseur, maire battu »

« Second exemple : celui d'une cité HLM comptant cent habitants dont cinquante sont étrangers. Le candidat aux élections va naturellement s'occuper des cinquante électeurs. Avec un scrutin majoritaire à deux tours, pour être élu par cinquante personnes, il faut avoir vingt-six voix au second tour et douze et demi des voix au premier tour dans l'hypothèse où tous les inscrits vont voter. Mais si vous ajoutez à ces chiffres 50 % d'abstention, vous vous rendez compte qu'il faut très peu de monde pour être élu. Quand on additionne les étrangers et les abstentionnistes, on constate qu'une majorité d'électeurs ne votent pas. Or, il est plus facile de fidéliser un petit groupe d'électeurs en leur disant par exemple que les autres, et singulièrement les étrangers, sont responsables de tout. Électoralement, ça marche. Vous ne réglez pas les problèmes du quartier, au contraire, vos discours vont les aggraver et rendre les solutions impossibles. Mais peu importe, on gagne les élections, on aboie avec les loups, mais pour l'intérêt général, c'est grave : on n'est plus dans l'anecdote, on est dans la paralysie des enjeux urbains, économiques et sociaux. Cela génère de grandes misères qui nous crèvent les yeux, qui s'aggravent et se multiplient, malgré la politique de la ville ainsi dévoyée par quelques petits féodaux… »

Gaston Defferre s'était mis en tête de résoudre le casse-tête de la circulation à Marseille. Ses services lui avaient fourni une « boucle circulatoire » qui, de l'avis général, aurait grandement amélioré les choses, mais il s'est heurté sur le terrain à l'opposition farouche d'un grand nombre de ses électeurs touchés par la nouvelle trame circulatoire et qui n'en voulaient à aucun prix. L'intérêt général eût exigé que Defferre passât outre, mais le clientélisme l'a incité à abandonner le projet. Les militants socialistes ont eu le dernier mot. N'est-ce pas Gaston Defferre lui-même qui conseillait l'immobilisme à son camarade, feu Georges Frêche, élu PS à Montpellier : « *Méfie-toi, Georges, n'en fais pas trop ! Tu connais le dicton ? Maire bâtisseur, maire battu...* »

Je me souviens d'une élection cantonale à laquelle participait mon ami le professeur Henry Bureau dans les années 1980 au Panier. Ce chirurgien était une sommité européenne dans l'opération délicate des greffes de mains et accessoirement membre de la commission médicale du RPR. S'il avait jeté son dévolu sur ce petit canton d'un millier d'électeurs, c'est tout bonnement parce qu'il opérait tous les jours à l'Hôtel-Dieu, l'hôpital du Panier, aujourd'hui désaffecté et qui sera transformé en hôtel de luxe en 2013. « Tu comprends, me disait-il, j'ai opéré les habitants du quartier, je les connais tous, j'en ai sauvé beaucoup, mon élection sera un jeu d'enfant... » Henry Bureau a fait une bonne campagne de terrain et il aurait probablement été aisément élu... partout ailleurs qu'à Marseille. Mais l'exemple de M. San Marco vaut pour ce petit canton et le petit monsieur qui s'y accroche comme une arapède. Les jeux étaient faits d'avance et le Dr Bureau ne le savait pas. Il n'a obtenu que 40 % des suffrages, ce qui correspond à un score de Maréchal quand on sait que 90 % des votes sont des clients « tenus » par le petit monsieur en question. Bureau n'en est toujours pas revenu... Du coup, il est allé faire de la politique à Althen-Des-Paluds, près de Carpentras, où il a été élu maire sans coup férir durant de nombreuses années...

Il est vrai que la mise en vigueur de la loi PLM (Paris-Lyon-Marseille) a largement favorisé le clientélisme en instituant deux fois plus d'élus qu'avant. On a créé à Marseille des maires de secteurs qui sont des maires « Canada-Dry », sans réel pouvoir, mais qui se comportent comme s'ils avaient le pouvoir. Cette loi a créé des rivalités entre les quartiers au lieu de susciter des solidarités. On met les maires de secteurs en opposition et on se garde bien de construire ensemble un grand projet de ville. Au contraire, chacun essaie de tirer les marrons du feu et on alimente ainsi un *« clientélisme de quartier »*.

Frères Marseillais, quand je vous dis que le clientélisme est la plaie ouverte de cette ville, est-ce que vous commencez à me croire ? Voilà maintenant le « clientélisme de quartier », il ne manquait plus que cette sous-section du clientélisme ! C'est le « générique », celui qu'on vous colle dans l'officine politique sans vous demander votre avis. À quand le clientélisme de palier ? Le clientélisme de paillasson ?

« Moi, dans mes permanences, affirme Christian Pellicani, élu du Front de gauche à la mairie du 1/7, je fais du *clientélisme de droit commun...* » Qu'es-aco ? Qu'est-ce que c'est que ce clientélisme ? Est-il destiné aux délinquants de droit commun ? Pas du tout. « Cela revient à dire que j'explique simplement aux gens quels sont leurs droits et que je ne me sers pas de leur ignorance pour leur faire croire que je leur fais une faveur, indique Pellicani. En d'autres termes, je leur permets d'accéder à leurs droits sociaux sans leur donner le sentiment que je suis une idole pour eux. Il n'y a rien de pire que l'assistanat. Je veux juste les aider à se prendre en charge avec le concours, par exemple, de l'association Centre Ville Logements. C'est ainsi que l'ex-parti communiste est en train de se retisser, analyse Pellicani, la famille se recompose. On était devenu une simple force d'appoint du PS, aujourd'hui on est dans l'addition : à Marseille, un plus un, ça peut faire quatre... »

Comment sortir de ce cercle vicieux du clientélisme qui pervertit la démocratie ? « Il faut favoriser au maximum le développement économique pour éviter que les masses de chômeurs ne viennent alimenter le système par leurs demandes récurrentes», estime San Marco qui propose, lui aussi, l'obligation pour les politiciens d'avoir un vrai métier en dehors de la politique, ce qui les empêcherait de se représenter sans cesse. Serena Zouaghi, conseillère municipale des quartiers sud de Marseille, me rapportait l'étrange confidence d'un de ses colistiers UMP à la veille des dernières municipales: «*Putain, Serena, tu te rends compte? Si je ne suis pas réélu ce coup-ci, il va falloir que je cherche du travail...* »

Travailler? Quelle horreur! Le clientélisme ne peut régresser que si le suffrage universel cesse de se diluer dans des instances intercommunales où plus personne ne répond de rien. Le citoyen ne sait plus qui est responsable et les petits arrangements entre amis peuvent se multiplier. « Et puis il faut veiller à la transparence des décisions et rendre publics les résultats des commissions en présence des radios et télés locales, suggère San Marco. C'est bien gentil d'arroser ainsi à tort et à travers dans sa circonscription, mais il faudra répondre à la question: "*Vous avez donné telle subvention à telle association, qu'est-ce qu'elle en a fait?*" L'impunité avec laquelle certains puisent allègrement dans l'argent public pour se constituer des clientèles fidèles ne résisterait pas à la publication annuelle de ces évaluations.»

Et cela permettrait d'éviter que certains élus comme Sylvie Andrieux, députée PS des quartiers nord de Marseille, ne se retrouve sur les bancs du tribunal correctionnel de Marseille pour «arrosage intempestif» de petits copains qui auraient fait son élection dans le quartier convoité.

« La bunkerisation des partis »

Le parti socialiste marseillais est un incroyable salmigondis où se côtoient le meilleur et le pire. Si son fonctionnement n'avait pas été confisqué et verrouillé, il est probable que Marseille ressemblerait davantage à la France. « Pour comprendre ce qui se passe, conclut San Marco, il faut faire une analyse commerciale et prendre conscience que des groupes d'investisseurs ont racheté des marques déposées. Une marque déposée, c'est la marque d'un parti, quel qu'il soit. Une fois qu'on l'a achetée, il faut la rentabiliser car on y a fait un investissement. Ensuite il faut se protéger de toute "OPA" inamicale : il n'est pas question qu'il y ait des adhésions hors contrôle de "l'investisseur" et les cartes de complaisance sont chèrement payées pour se constituer une majorité durable. Mais la bunkerisation des partis ne s'arrête pas là : on assiste à la généralisation de l'embauche par les collectivités locales des cadres du parti dont on s'assure ainsi la loyauté. Il y a des partis où 90 % des cadres sont des salariés d'une collectivité. La qualité du débat politique devient alors un objet de luxe et le choix des candidats aux élections se fait à guichets fermés. La boucle est bouclée. La démocratie est confisquée par de petites bandes qui se moquent des contenus de l'action publique et n'ont d'autre objectif que de prospérer elles-mêmes. Gauche ou droite ne sont que des slogans interchangeables, des masques qu'il faut porter. »

La situation est à ce point dégradée à Marseille que lorsque les politiques évoquent leur programme en campagne électorale dans certaines cités, de jeunes électeurs leur rétorquent aussitôt : « *Tout ça, c'est du vent, du cinéma, vous êtes tous pareils, y en a pas un pour racheter l'autre. Combien tu me donnes ?* » Ce qui intéresse ces jeunes, c'est de bénéficier de l'arrosage qu'ils ont vu pratiquer à haute dose autour d'eux : « Cet arrosage, souligne San Marco, c'est ce qu'on appelle pudiquement au conseil régional les *dossiers réservés*. Cela signifie qu'un dossier ne fait plus l'objet d'une instruction. Du coup, on a dévalorisé le travail des fonctionnaires au profit de gens qui ont nourri le mépris de la politique. Ces gens iront au plus offrant et peuvent changer de bord d'un jour à l'autre. »

La démocratie, c'est-à-dire le gouvernement du peuple, par le peuple et pour le peuple, est une vue de l'esprit à Marseille. La caste des politiciens lui a substitué une dictature sournoise de satrapes roses ou bleus, selon les époques, qui vous tiennent sous le joug turpide de leurs supercheries. Un homme plein de verve et de panache a compris cette perversion démocratique, il a eu le culot de venir le dire franchement aux Marseillais, il s'agit d'Arnaud Montebourg. C'est son rapport sur les pratiques de la fédération socialiste des Bouches-du-Rhône qui a mis le feu aux poudres et ébranlé l'empire du « *socialo-banditisme* ».

« Tout le système fédéral, écrit Montebourg, est construit autour de la domination du conseil général sur le parti. Le conseil général, machine à distribuer des postes d'élus ou d'employés, est utilisé comme instrument clientéliste, non pas aux fins de développer le parti, combattre la droite, faire rayonner nos valeurs et notre idéal, mais tout au contraire à asseoir sans partage le pouvoir de son président sur le parti, sur les autres collectivités locales, que ce soit l'agglomération marseillaise ou la région Provence.

« L'argent public y est notoirement utilisé pour faire pression sur les élus socialistes afin de s'assurer de leur soutien sans faille et de leur docilité, quand il ne s'agit pas de leur silence, là où, au contraire, le parti qui est chargé de délivrer les investitures devrait pouvoir organiser le débat et le contrôle des élus socialistes afin de discuter avec les militants des orientations politiques de leurs grands élus. Le cabinet du président du conseil général, constate Montebourg, est ainsi devenu le lieu de contrôle de la vie militante dont l'essentiel de l'activité consiste à s'assurer la fidélité aveugle des responsables de sections ou des cadres fédéraux. Il a toujours considéré la fédération comme son apanage et son bien. »

Le président du conseil général de Saône-et-Loire ne mâche pas ses mots dans son rapport au vitriol sur les « pratiques » marseillaises : il évoque une « violation manifeste des statuts du PS, une démocratie inexistante, un système de pression féodal reposant sur l'intimidation et la peur ».

« Le contrôle sans limite sur le parti s'exerce par la mise en place systématique à la direction des sections marseillaises d'employés du conseil général substituant aux règles de pluralisme appartenant à la tradition du parti celles d'un clientélisme féodal où règnent la soumission et le culte du chef. 13 des 18 secteurs marseillais sont directement contrôlés de cette façon. Le poids du conseil général sur le parti pèse très lourd sur les élus, tant l'obtention des subventions pour des associations locales est malheureusement liée au degré de fidélité des élus à l'égard du président », martèle Montebourg.

« Le secrétaire national du PS à la « rénovation » a pu recueillir, le plus souvent sous le sceau du secret, des témoignages relatant l'utilisation des moyens publics retirés ou attribués au gré des humeurs du président, non pas en fonction de la pertinence des projets portés par les élus ou leurs partenaires associatifs, mais en fonction du degré d'allégeance ou de résistance au pouvoir exercé par le président. Ainsi, constate Montebourg, régulièrement des conseillers généraux sont en disgrâce puis reviennent au premier plan, en fonction de l'intérêt du moment, leurs moyens et les subventions qu'ils demandent sont restreints jusqu'à ce qu'ils fassent à nouveau allégeance. Ce système de domination sans limite peut conduire aux dérives plus graves dans l'usage de l'argent public car il fait disparaître toute forme de contrôle politique ou administratif interne aux collectivités sur l'argent public et peut conduire à la confusion entre l'exercice du pouvoir et l'appropriation personnelle de ce dernier. »

Ceux qui ne se plient pas aux injonctions du chef ou à ses directives lorsqu'elles leur paraissent illégales ou peu orthodoxes encourent, selon Montebourg, de sévères représailles. « Depuis l'ouverture d'une information judiciaire, les pressions sur les camarades se sont généralisées », écrit Montebourg qui raconte le déroulement d'une réunion stupéfiante de militants au cours de laquelle Jean-Noël Guérini aurait indiqué qu'il connaissait les auteurs des lettres anonymes qui ont entraîné les investigations de la justice : « Je sais avec qui vous parlez, je sais quels journalistes vous voyez, j'ai même le texte de vos SMS et des relevés d'écoutes téléphoniques ».

Et comment fait-il pour disposer de telles informations ?

Vauzelle : le rougeaud de la Coucourde

Montebourg raconte ensuite dans son rapport la zizanie entre Jean-Noël Guérini et Michel Vauzelle, naguère bras dessus, bras dessous, et devenus ennemis intimes durant la campagne des dernières élections régionales de 2010 car « Jean-No n'aurait pas joué le jeu » et n'aurait pas été « un bon camarade ». Vauzelle avait cru pouvoir s'émanciper de la tutelle de la fédération sur la désignation de certains candidats socialistes figurant sur les listes de gauche. Et Jean-Noël lui aurait fait payer cette « insubordination scandaleuse » en boycottant délibérément sa campagne. Non seulement M. Guérini s'abstenait de participer aux réunions hebdomadaires des six fédérations départementales, mais il a refusé aussi d'accompagner Vauzelle dans ses visites de quartier et a beaucoup renâclé avant de délivrer les fonds nécessaires au « rougeaud de la Coucourde » (surnom ironique de Vauzelle, originaire de ce village proche de Montélimar). L'ambiance était telle que pour le grand meeting de fin de campagne au *Dôme* de Marseille, la fédération a été jusqu'à décommander des cars de militants au dernier moment pour « punir » l'insurgé à la crinière blanche.

Et Montebourg d'achever sa diatribe avec le panache qui le caractérise en s'en prenant aux « dérives qui nous déshonorent tous collectivement et rendent impossible l'adhésion à nos valeurs, nos projets, notre idéal » : « Chacun connaît l'entente notoire et quasi parfaite entre Jean-Noël Guérini et le chef local de l'Union pour un mouvement populaire, Jean-Claude Gaudin. Aucune position de nos camarades maires de secteurs n'a été soutenue par Jean-Noël Guérini pour afficher nos différences de points de vue concernant la gestion d'une municipalité, comme s'il existait un partage des territoires entre le conseil général et le maire de Marseille... »

Montebourg, San Marco, Annick Boët et Pierre Orsatelli proposent une « attitude exemplaire », aux antipodes du cynisme ordinaire « pour que la peur change de camp » : « Nous voulons libérer le parti et d'abord nous libérer nous-mêmes des habitudes et des formes de dépendance à l'égard de groupes de pressions ou d'élus qui ont bâti autour d'eux, à des fins d'investiture, de véritables machines qui n'ont plus rien à voir avec le parti dans lequel nous sommes librement engagés. »

Patrick Mennucci a suivi lui aussi le glissement d'un clientélisme à la bonne franquette vers un « clientélisme de captation » : « Guérini a inauguré à Marseille une nouvelle forme de clientélisme, estime-t-il. Avant lui, avec Lucien Weygand ou Louis Philibert, on en usait à petites doses, c'était une sorte de *clientélisme partagé*. Le président du conseil général dispose chaque année d'un volant de trois cents emplois de catégories A, B ou C. Weygand et Philibert donnaient à chaque conseiller de leur groupe cinq ou six emplois, en particulier A et B, qui leur permettaient d'embaucher eux-mêmes des employés sans qualification particulière. Maintenant, c'est différent, on est passé du stade artisanal au stade industriel. Guérini a concentré tous les pouvoirs entre ses mains et c'est lui qui recrute les gens, les conseillers généraux lui étant ensuite redevables de sa largesse à leur égard. C'est une sorte de *clientélisme de captation.* »

De fait, il n'y a pas un membre du groupe socialiste du conseil général des Bouches-du-Rhône qui n'ait un ou plusieurs membres de sa famille qui travaille au conseil général... Mennucci confie à mi-voix qu'une élue socialiste y a placé son fils, son petit-fils, sa cousine. « Et le fils de cette élue nourrie au népotisme a bénéficié en plus de l'attribution d'une HLM de luxe à la Feuilleraie. On a institué ainsi un clientélisme forcené. Jusqu'en 1967, le président du conseil général changeait tous les ans, ce n'est qu'à partir de 1967 que les choses ont commencé à dégénérer, lorsque Defferre a imposé le maintien à son poste de Louis Philibert.

« Si vous regardez ailleurs, poursuit Mennucci, devenu l'avocat de la rupture avec un système qu'il a largement contribué à instaurer quand il était un des principaux collaborateurs de Guérini, vous constaterez que cette personnalisation du pouvoir au sein des conseils généraux n'existe pas. Sauf peut-être à Nice avec Ciotti et Estrosi, mais dans l'autre sens. »

Frères Marseillais, comment donner tort à ces courageux artisans de la rénovation qui demain seront les héros du renouveau socialiste, ceux qui ont osé résister et se battre, à mains nues, contre les histrions politiques qui déshonorent leur écharpe. Que dirait aujourd'hui le général de Gaulle de ces pratiques népotiques, clientélistes, claniques, corruptives qui ont cours dans « *les petits partis qui cuisent leur petite soupe au coin de leur petit feu...* » Que dirait-il, lui qui poussait la probité jusqu'à payer de ses deniers l'électricité de l'Élysée et les repas de ses invités ?

CHAPITRE 2

Le crépuscule du « socialo-banditisme »

Il est vrai que la décentralisation a permis de transférer de nombreuses prérogatives étatiques aux départements et aux régions sans toujours leur donner les dotations correspondantes. D'où l'électoralisme accru de nos élus, qui consacrent davantage leur cagnotte à l'accroissement de leur pouvoir qu'au bien-être de leurs concitoyens. « Guérini donne beaucoup d'argent aux communes rurales du département pour s'assurer leur allégeance, observe Me Tricon, il les finance beaucoup plus que Marseille pour ne pas avantager ses adversaires. À mon avis, dans la configuration actuelle, le maire de Marseille ne sert plus à rien puisque c'est la communauté urbaine qui concentre l'essentiel du pouvoir. Gaudin est devenu une sorte de René Coty de la politique marseillaise : il passe son temps à décerner des médailles aux retraités de l'UMP et à fleurir les tombes des morts pour la patrie le 11 Novembre ».

« La gestion au quotidien, ça le barbe »

« Gaudin, confirme Michèle Poncet-Ramade, conseillère municipale, présidente du groupe Europe Écologie-Les Verts, c'est l'homme le plus gentil et le plus agréable qui soit mais il est totalement inefficace. Il n'y a que le Sénat qui l'intéresse parce que c'est le temple du verbe et du panache. La gestion au quotidien, ça le barbe. Et puis Gaudin déteste cordialement Teissier et Muselier et il fera tout pour leur barrer le chemin de la mairie, il considère qu'il n'a pas d'héritier. Face à lui, Patrick Mennucci est un fin manœuvrier et il pourra compter sur Christophe Masse, l'étoile montante du PS. À condition que Christophe maîtrise ses lapsus qui peuvent être étourdissants. Lorsqu'il est venu au temple récemment rénové de la rue Grignan pour la Journée des cultes, il a d'abord précisé qu'il représentait Jean-Noël Guérini, président du conseil général, et il a commencé son discours ainsi : « *Je salue l'arrestation du temple* » au lieu de dire « *je salue la restauration du temple* »...

Michèle Poncet-Ramade, peu connue hors du microcosme, sera un des éléments clés de la prochaine campagne des municipales parce que la plupart des problèmes de Marseille (asphyxie de la circulation, pollution de l'air et de l'eau, opacité des comptes publics) sont liés à l'écologie. « Le problème majeur de Marseille, estime cette battante verte, c'est que la ville n'a pas un rond. Elle n'a pas de recettes propres : tout ce qui rapporte de l'argent a été mis en délégation de service public, l'eau, les parkings, les parcmètres, les péages, cela profite à Eiffage, Vinci, Veolia, Suez, parce que tout est privatisé. On est pauvre comme Job à Marseille.

« Si vous prenez un mètre cube d'eau à Aix-en-Provence, explique-t-elle, vous le payez 2,08 euros, si vous prenez le même mètre cube d'eau à Marseille, vous le payez 3,17 euros. Pourtant l'eau est de la même qualité et elle est issue du même canal de Provence. Cette différence de 1,09 euro est liée à la gestion privée et à l'intervention de la Société des eaux de Marseille (Veolia) pour la distribuer et à Suez pour l'assainissement. À Aix, l'eau est en régie publique... Lorsque je demande des comptes à la mairie et à la communauté urbaine, pas moyen de les obtenir, et pourtant, je suis une élue ! La vérité, c'est que toute fraude est indétectable parce qu'ils adaptent l'appel d'offres à l'accord qu'ils ont passé au préalable, tant et si bien qu'on n'y voit que du feu ! On a fait intervenir un expert-auditeur de Bordeaux pour examiner les comptes de la Seram, c'est-à-dire de Suez, on s'est rendu compte qu'ils avaient dégagé une somme de cinquante millions d'euros qu'ils n'ont jamais rendue à la Ville : où est passé cet argent ? »

Michèle est une politique de terrain : elle ne parle jamais dans le vide. Voilà pourquoi elle laisse volontiers le titre de « Miss Blabla » à Samia Ghali ou à Sylvie Andrieux. « Celle-là, observe Mme Poncet-Ramade, elle est imbattable dans son secteur parce qu'elle fait de la politique comme nos grands-parents : du porte-à-porte. Elle sait aussi rendre service aux gens et c'est une experte en clientélisme. Ses électeurs ont désormais une mentalité de quémandeurs suivant le principe : *je te donne, tu me dois.* » Figurez-vous qu'au lieu de polémiquer sur le travail souvent approximatif des éboueurs marseillais, elle est carrément allée les espionner dans leur fief à l'entrepôt de La Capelette pour chronométrer leur temps réel de travail : « Avec les Verts, on les a fliqués plusieurs nuits d'affilée, raconte-t-elle, et on a pu constater que le *fini-parti* ce n'est pas cinq ou six heures de travail comme ils le prétendent : c'est deux heures, et parfois trois heures pour les paresseux. Leurs bennes partent en général en tournée à 21 heures et reviennent à 23 heures au dépôt. »

Michèle met son nez partout où il ne faudrait pas qu'elle le mette, mais c'est un peu son tempérament de lever des lièvres. Elle a remarqué par exemple que c'est un architecte intime du maire de Marseille qui a été nommé président de la société de gestion immobilière de la Ville de Marseille et qu'il a racheté des milliers de mètres carrés à 300 euros le mètre, sans aucun risque, car la ville le rembourse en cas d'échec de ses programmes. Elle s'est même dressée contre le syndicat Force ouvrière, « parce que c'est un État dans l'État à Marseille » : « Lorsque je vais voir leur secrétaire général, pour les Verts, il n'hésite pas à me dire : « *Moi, j'ai tous les pouvoirs à Marseille, tous savent que je suis capable quand je veux de mettre des rats gros comme ça dans les rues de Marseille en déclenchant une grève des éboueurs !* »

L'opacité du système

Tous ceux qui, comme Michèle Poncet-Ramade, sont en rupture ouverte avec les arrangements et l'opacité du système marseillais ont des chances de réussite en 2014. Jean-Marc Coppola, conseiller municipal de Marseille et vice-président communiste du conseil régional de Provence, est de ceux-là. « Je suis conducteur de train à la retraite et je touche 2 000 euros de pension, confie-t-il. J'ai fait quinze ans de syndicalisme et j'ai décidé de rentrer en politique. Mes indemnités de conseiller et de vice-président, environ 4 500 euros, je les donne intégralement à mon parti, donc je ne gagne rien. Je vis normalement, je vais faire les courses au supermarché avec ma femme et je vois bien que la plupart des gens sont dans le marasme le plus total. Si un jour j'ai la grosse tête, j'ai prévenu mes enfants : "*Filez-moi des baffes.*" Si l'on ne comprend pas ce que vivent les gens, il est difficile de se mettre à leur place.

« Il faut être clair, ajoute Jean-Marc Coppola, moi, je ne suis pas un politique alimentaire, je ne suis pas un mangeur de subventions, je veux simplement servir d'aiguillon au mouvement social à travers le Front de gauche. Alexandre Guérini, la première fois que je l'ai eu au téléphone, il m'a dit qu'il était Corse pour m'impressionner. Je lui ai répondu que j'étais d'origine sarde et sicilienne, du coup la discussion s'est arrêtée là. J'ai vu qu'il n'était pas fréquentable alors je ne l'ai jamais fréquenté...

« Je pense qu'il faut tout revoir dans l'organisation institutionnelle de notre pays, estime Coppola, il n'est pas normal que

Gaudin vende le patrimoine public au privé. Nous n'avons pas encore touché le fond et Marseille peut encore s'enfoncer davantage. Depuis 2007, les inégalités n'ont cessé de se creuser: songez que sur les 100 territoires les plus pauvres de France, 25 se situent en Provence, dont 23 à Marseille et 2 à Toulon! Le quartier de la Belle-de-Mai est un des plus pauvres de France et Marseille s'appauvrit de jour en jour, voilà pourquoi la ville ne sera jamais le creuset d'un tourisme de luxe. Une ville n'échappe jamais à sa destination première: regardez La Ciotat et les batailles homériques de la CGT pour y maintenir les chantiers navals. On croyait pouvoir transformer La Ciotat en station balnéaire et je constate que les chantiers de réparation et d'entretien des bateaux de grande plaisance viennent d'être rebaptisés "*Chantiers navals de La Ciotat*". C'est un sacré clin d'œil du destin!»

Le changement de Marseille passe aussi par une révolution des mentalités, selon lui: «Gaudin et Guérini ont assumé l'héritage de Defferre, tous deux ont été biberonnés à la même démarche clientéliste. Ils n'ont jamais réussi à sortir Marseille du chaos et la ville ne pourra rebondir qu'avec l'arrivée d'élus plus dynamiques qui songent à l'intérêt général avant d'être obnubilés par leur réélection.» Laurence Vichnievsky, présidente du groupe Europe Écologie-Les Verts au conseil régional de Provence, est du même avis: «le clientélisme façon Guérini-Gaudin, c'est à la fois l'immobilisme, le blocage et l'indignité, dit-elle, attablée *Chez Plauchut*, un des meilleurs pâtissiers de Marseille, sur la Canebière, il est urgent de renouveler le personnel politique pour mettre un terme à ce genre de pratique. Il faut que les dirigeants de partis mettent de l'ordre dans leurs rangs et dépolluent les finances publiques. Je ne parle pas de Guérini, pour lui c'est le chant du cygne.» Le chant du cygne? En tout cas, le moribond a noué ou renoué des relations tous azimuts pour sauver son poste de sénateur après les municipales et il a reçu le Premier ministre durant cinquante minutes au mois de septembre 2012, comme si de rien n'était...

Laurence Vichnievski, magistrat à la Cour de cassation, fait la moue. Elle en a assez des ces « histoires marseillaises », de « l'exception marseillaise », du « socialo-banditisme ». Elle a déjà fait deux infarctus en raison du stress. Elle est propriétaire d'un petit appartement à proximité de la Canebière, actuellement en pleine rénovation, et elle y descend chaque week-end, en train. Elle fait tout à pied. Pas question pour elle de prendre une voiture. Mais son « nid marseillais » manque un peu d'agrément, pas seulement à cause des travaux, mais à cause des rats : « Je n'aime pas du tout les rats et Marseille est devenue la capitale des rats, frissonne-t-elle avec une lueur d'effroi dans ses yeux noirs, il n'est pas normal qu'on ait recensé plus d'un million de rats à Marseille. Il est vrai que je suis une néo-marseillaise et j'apprends tous les jours. J'ai l'avantage de la distance, un regard neuf, moins désabusé, moins résigné. Je suis mi-russe, mi-auvergnate et je vois que tout est lié ici : l'emploi, le logement, la sécurité, la salubrité. »

Par pudeur, Laurence Vichnievsky se garde de le dire mais nous l'avons vérifié : elle a refusé la moindre délégation au conseil régional de Provence et n'a donc pas de secrétaire pour dépouiller les 800 mails qu'elle reçoit par jour ! Laurence n'a donc rien d'une « alimentaire » et il faudra compter avec elle pour éradiquer le socialo-banditisme. Elle a compris que le « fini-parti » était un système « archaïque » et que l'essentiel de la corruption, par définition, était invisible. Mais elle a déjà noté certaines « *bizarreries* » (vous avez dit bizarre ?) du « système marseillais » : « Il n'est pas question que Marseille devienne Naples, c'est la seule grande ville européenne qui ait conservé les classes populaires dans l'hypercentre, c'est très précieux et il faut tout faire pour les y maintenir, dit-elle. Le problème de nombreux élus marseillais, c'est qu'ils ne veulent pas faire progresser leur ville, ils ne veulent pas combler le fossé qui se creuse ici entre les très riches et les très pauvres, ils veulent tous *le fauteuil de Gaston.* »

Une élection volcanique

Nous y voilà. Ils veulent tous « *le fauteuil de Gaston* ». « Croyez-moi, ce fauteuil, il va encore en faire baver des ronds de chapeaux à Gaudin, Teissier, Mennucci et Caselli, révèle l'astrologue Suzie Gentile, installée face au bar *Cortès*, place de Rome. Nous aurons droit à une élection volcanique car tous les candidats vont se disputer le fauteuil sur le même thème de campagne : celui de la rupture avec le système clientéliste marseillais. Or, aucun de ces candidats n'est crédible dans la peau d'une oie blanche et ils ont tous prospéré en politique sur le même schéma. Ce qui est sûr, c'est que Marseille ne mourra pas : un port ne meurt jamais. Marseille va rebondir grâce à l'essor incroyable du tourisme et au renouveau du négoce avec le Maghreb dans le cadre de l'Union pour la Méditerranée. Marseille ne sera pas une ville fantôme, une ville dortoir, parce que c'est contraire à sa nature. »

— Pardonnez-moi Suzie de vous importuner, mais je suis venu vous voir dans l'espoir que vous me donneriez le nom du futur maire de Marseille, pour ce qui est du laïus qui va autour, je peux m'en arranger sans l'aide des astres…

— Ok, me répond la belle astrologue, directrice d'une école d'astrologie qui ne désemplit pas depuis trente ans, la seule certitude qui semble se profiler, c'est que le nom du futur maire commence par la lettre « M », la lettre « C » ou la lettre « G ». « M » comme Mennucci, « C » comme Caselli et « G » comme Gaudin ou Gilles. Voilà. Je vois un Gaudin épuisé par ses combats politiques et peu enclin à tenter un quatrième come-back à 75 ans, je vois un Caselli un peu trop dilettante et un peu trop *brushing* pour le poste, je vois un Teissier un peu trop cassant et qui n'a pas la mentalité d'un fossoyeur. Restent deux hommes de la même génération qui ont une qualité essentielle pour ce poste : la proximité et l'empathie avec les citoyens. Le combat entre Mennucci et Muselier aurait pu être fracassant et sans concession. Mais comme Muselier a renoncé à la vie politique…

Et moi je vois une astrologue astucieuse qui se défile un peu… « Marseille est une ville semblable à la cigale insouciante de la fable, elle a trop vécu sur son riche passé de négociante sans se soucier du lendemain, ajoute Suzie Gentile, on a l'impression aujourd'hui d'un enlisement. C'est le déclin tranquille, assumé comme tel. Mais il faut se méfier : Marseille est une ville imprévisible placée sous le signe du Bélier. C'est une ville de coups de tête et de coups de cœur. À Marseille, aucun plan, aucun sondage, aucune stratégie ne peuvent tenir la route. C'est une ville d'emballements qui va s'enticher d'untel ou d'untel sans qu'on sache pourquoi. En fait, Marseille est une ville ingouvernable qui a toujours besoin d'être contre ceux qui sont « pour » et d'être pour ceux qui sont « contre ». Elle a besoin de se frapper la tête contre le mur avant de s'assagir d'un seul coup, comme assommée. Quand Marseille s'aligne sur la capitale, elle perd son identité, elle perd son âme, elle se noie. Marseille, c'est un signe de feu, il faut que ça bouge. Finalement, le Marseillais s'en sort mieux dans la fronde et la folie furieuse, sinon il dépérit, il s'étiole. »

Me voilà bien avancé. Marseille semble connaître une agonie doucereuse, languissante et lascive, semblable à ces crépuscules d'été qui n'en finissent plus de mourir dans les convulsions flamboyantes d'un soleil de feu. Attablé au *Red Lion* à la Vieille Chapelle, mon regard se dilue dans le lointain. Mon stylo se fige. Me voilà prisonnier de ma propre fascination. L'éclat du jour fait naufrage à l'horizon dans un déluge nuptial rouge-oranger qui semble refuser dans une sourde délectation l'emprise inéluctable de la nuit. Mon esprit captivé par cette beauté scorpionne essaie vainement de dessiner des « M » et des « G » dans ce ballet incandescent : le « M » de Mennucci, celui de Masse ou de San Marco ?

Oui, pourquoi pas Philippe San Marco, depuis le temps qu'il attend son tour lui aussi, depuis le temps qu'il piaffe en stigmatisant avec gourmandise les occasions gâchées, les politiques fourvoyées, les arrangements partisans, les amitiés triomphantes ? Je ne suis pas Suzie Gentile mais il ne m'étonnerait nullement que ce diable d'homme tente un dernier baroud en 2014 et que son va-tout ne soit pas dénué d'intérêt. San Marco se fera lui aussi le chantre de l'anti-clientélisme et il sera probablement plus crédible que les autres dans ce domaine, car il a le privilège de l'antériorité avec son mouvement Convention citoyenne, qui place depuis une dizaine d'années l'éthique en politique au-dessus de toute ambition.

Les chiffonniers errent dans la ville

« Je voyage beaucoup et chaque fois que je reviens ici, je déprime, avoue San Marco, professeur à l'École normale supérieure à Paris et vice-président de la communauté urbaine. Quand je vois les chiffonniers qui errent dans la ville, je me dis que les choses ne s'arrangent pas. Marseille n'entre jamais dans les normes nationales, observe-t-il, pourtant la France est une et indivisible. Mais si Marseille est une ville française à part entière, elle demeure une cité entièrement à part. On est frappé par la normalité de la pauvreté, par la sous-éducation, et par les handicaps d'insertion qui touchent la population. Il y a ici un stock humain en grande difficulté et une faible création de richesses. Je souffre avec Marseille. L'emploi privé y est sous-représenté et s'il y en avait davantage, cela signifierait moins de clientélisme et ce serait un bol d'air pour Marseille. » Installé au bar-tabac PMU *Le Saint-Victor*, boulevard de la Corderie, à proximité de son domicile, San Marco réajuste sa casquette et poursuit : « Des gens qui sont peu ou pas formés et sous-éduqués, confrontés à un déficit d'emplois privés, cela crée un chômage dévastateur. Cela engendre une sorte d'économie de survie, une économie de la débrouille et une prise évidente au clientélisme.

« Marseille est dans une situation extrême, avec une surreprésentation des classes pauvres et une surreprésentation des classes supérieures riches, Marseille ayant un taux supérieur à la moyenne nationale de contribuables payant l'impôt sur la fortune. Le handicap de Marseille, c'est l'absence de classe moyenne entre ces deux extrêmes. Or, une vraie démocratie s'appuie justement sur cette classe moyenne : des gens indépendants du clientélisme qui sont des cadres moyens autonomes. Le déficit des classes moyennes, c'est le drame de Marseille. Et l'autre drame de Marseille, c'est une tolérance au chaos, au sans-gêne, à la malversation. Chacun se débrouille et ferme les yeux. Il n'y a plus de gauche ni de droite : on fait comme on peut.

« Quand l'économie marche, pas de soucis, note San Marco, durant les Trente Glorieuses, des milliers de Corses et d'Italiens se sont insérés dans la police, les douanes, à la Poste ou à la SNCF. « *T'inquiète pas, petit, j'ai un emploi pour toi.* » Tout allait bien. Mais Marseille a connu en vingt ans, de 1950 à 1970, un afflux de population sans précédent. Le nombre de Marseillais a quasiment doublé durant cette période, ce qui revient à dire qu'on a accouché d'une ville dans la ville... Marseille fonctionne en autarcie avec une économie fermée qui s'asphyxie avec la crise. Les services publics sont de bons pourvoyeurs d'emplois tant que la conjoncture s'y prête. Mais dans l'ensemble, on se tient mieux qu'ailleurs. Marseille n'a pas connu de drame social identique à celui de la sidérurgie lorraine. On observe ici une solidarité familiale et une grande tolérance au bordel. C'est une ville où on s'arrange. Le petit sollicite, le grand donne, et tout est gangréné. »

Pour l'expert San Marco, Marseille peut-elle tabler sur une bonne perspective de redémarrage économique dans les années 2015-2020 ? « Non, répond-il, pour une population identique à celle de Lyon, Marseille compte 100 000 emplois privés de moins que la capitale des Gaules. Le problème majeur qui se pose et se posera à Marseille, c'est celui de l'emploi, de la fuite des cerveaux et de l'augmentation des gens sous-formés. Cette tendance crée une dynamique de l'appauvrissement. Il s'agit donc de reconstituer à Marseille une classe moyenne et supérieure, mais ce sera long et marginal. Il faut surtout des programmes de formations adaptés destinés aux gens sous-formés pour les rendre employables et donc insérables.

« La clé majeure de l'épanouissement de Marseille, c'est l'insertion par le boulot, estime San Marco, dont le grand-père est devenu docker sur les quais à l'âge de 15 ans. Dans les situations structurelles aussi inquiétantes que la nôtre, les questions éthiques deviennent majeures. Dans un marché de rareté de l'emploi, l'objectif est de créer du ciment social. Pour cela, il faut qu'un sentiment de justice soit partagé du bas en haut de l'échelle sociale. Il faut en finir une bonne fois pour toutes avec l'emploi réservé au copain du copain. D'autant plus que l'emploi public se restreint comme une peau de chagrin, on le voit dans les hôpitaux qui sont en plein déficit. La probité, c'est la clé absolue du succès, sinon, c'est la débandade… »

Une histoire blessée dans la tête de chacun

« Nous avons tous ici un passé marqué par les blessures, souligne San Marco l'Italien. Les musulmans viennent souvent de pays où ils ont été maltraités. Pour que le tissu social de Marseille parvienne à tenir, il faut n'insulter personne et respecter tout le monde car chacun vient ici avec une histoire blessée dans sa tête. Le discours que les Marseillais ont besoin d'entendre est un discours de respect, d'empathie, d'amour et de fraternité : on en tirera alors le meilleur. Il faut refuser tout ce qui peut aggraver les tensions et heurter les mémoires blessées. On doit pour cela mettre en œuvre des règles du jeu transparentes et partagées. Arméniens, Italiens, pieds-noirs, Espagnols, Algériens ou Kurdes, on est tous des rescapés. Il s'agit de faire de cette mémoire blessée un instrument d'empathie commune. »

Plus on écoute San Marco, plus on se dit qu'il serait un excellent maire de Marseille. Mais il est douteux qu'on le laisse manœuvrer à sa guise et s'il veut exister, il devra de nouveau inscrire sa destinée dans une stratégie d'alliance ou de pacte avec un des prétendants au trône. « Ici, poursuit San Marco, intarissable, on n'est pas dans le rêve de la Croisette. Ceux qui sont arrivés se sont physiquement sauvés et connaissent le prix des difficultés. Il faut désormais instaurer dans les quartiers une intransigeance dans l'application de la loi et une exigence civique. Ceux qui veulent inscrire Marseille dans le "top 20 européen", comme ils disent, se paient de mots. Marseille a une économie totalement administrée. Les compagnies maritimes comme la Société nationale Corse Méditerranée dépendent à 100 % de capitaux publics et de banques publiques.

« Marseille n'a qu'une chance sur deux de s'en sortir parce que son port est quasiment mort, regrette San Marco, les clients ont perdu confiance, le port de Marseille est un des moins fiables d'Europe à cause des grèves. Les marchandises qui devraient transiter par Marseille sont acheminées directement de Shanghaï à Rotterdam, Anvers ou Hambourg. Le trajet est peut-être plus long mais il est plus sûr. Et puis notre handicap majeur par rapport à Lyon c'est que nous n'avons pas d'arrière-pays, d'*hinterland*. Les liaisons de la vallée du Rhône sont toutes saturées, que ce soit l'autoroute A7, le fleuve ou la voie ferrée. Les étrangers préfèrent désormais éviter Marseille parce qu'ils ont compris que c'est une ville de fous.

« Le poumon industriel de Marseille, c'est Lyon, estime San Marco, or 80 % du fret lyonnais passe par Anvers, Rotterdam et Hambourg au lieu de transiter par Marseille. Même un petit port comme Algésiras sur le détroit de Gibraltar connaît des croissances à 25 %. Aux dépens de qui ? Le port de Marseille me fait penser à une deux-chevaux sur l'autoroute : elle est même dépassée par les camions !

« En matière de logement, Marseille souffre d'un urbanisme de ségrégation entre le Nord et le Sud, ajoute l'ancien premier adjoint de Defferre, on accumule au Nord la pauvreté, la sous-instruction et le chômage et cet empilement de misères peut être lourd de conflits. Ou bien on recrée l'embrayage ou bien on est condamné au rejet. En tout bon Marseillais, il y a un paria qui sommeille : on ne veut rien changer parce que rien n'est changeable. On devient fataliste. Et la population secrète une classe politique à son image. Le Marseillais tapine, il fait le trottoir, mais sa faiblesse peut devenir sa force. Ces gens-là savent qui ils sont : "*Tu manges un peu, je mange un peu*", ça, c'est le principe de base. Seule une entreprise de salut public peut sauver Marseille. On s'adresse à des gens qui n'ont pas réussi, des gens qui ne veulent plus qu'on leur colle l'image de magouilleurs, des gens versatiles qui peuvent vomir ce qu'ils ont adoré la veille.

« Marseille est une ville instable, peu sûre. Je pense que Patrick Mennucci est l'émanation de la quintessence du système. Voilà pourquoi, à données constantes, il a sa chance en 2014, pronostique San Marco. Le mouvement que j'ai fondé, Convention citoyenne, a été précurseur en pointant depuis dix ans l'urgence de salut public. L'ennui avec le système Guérini, c'est qu'il peut perdurer sans lui. On peut l'assimiler à du benalisme sans Ben Ali. Depuis 2008, les voyous sont entrés dans la ville. Nous avons une crédibilité de fond car nous avons eu le courage de la transgression, le courage d'assumer la rupture. Avec Marseille-Aménagement, vous avez vu que ça n'a pas traîné : au bout d'un mois, j'avais démissionné de la présidence... Pas de compromission, pas de magouille, il faut un tsunami éthique sur Marseille... »

Philippe San Marco prône un renouvellement politique majeur sur de grands enjeux. Pour y parvenir, il imagine une sorte de « comité politique transversal, hors clivages, qui fasse de l'anti-clientélisme un objectif prioritaire du nouveau Marseille ». « Si l'on rétablit la conscience éthique de la classe politique, Marseille peut encore basculer vers le meilleur, prophétise San Marco, je crois à la force de la vie. Marseille n'a aucune envie de se suicider. Je suis favorable à des primaires ouvertes à gauche en 2014 et j'y participerai. Je vous avertis : nous ne nous soumettrons pas. Ceux qui croient aux petits arrangements entre amis et entre appareils en seront pour leurs frais.

« La leçon de Robert Vigouroux en 1989 est magistrale : lorsqu'on offre aux Marseillais l'opportunité de sortir du carcan des partis, ils la saisissent promptement. Se montrer tolérant sur ce qui ne doit pas être toléré, c'est du mépris pour les citoyens. Mon programme à moi, c'est l'éthique à haute dose. C'est la lucidité, avec de l'amour et de la transpiration, des pleurs et de la mémoire. C'est un discours fiable sur l'économie et le logement, une garantie de transparence sur la passation des marchés et la fin du clientélisme à la petite semaine qui nous empêche de tirer le meilleur de Marseille. Mais attention : si vous croyez que vous avez tout compris à Marseille, c'est que vous n'avez rien compris. Les Marseillais sont à la fois très orgueilleux et très humbles. Marseille est une ville ambivalente, c'est Gulliver entravé par des Lilliputiens. »

Une gérontocratie de vieilles badernes

Gulliver entravé ? Mais par qui ? Par les Marseillais eux-mêmes ? Certainement pas. Entravé oui, enchaîné, oui, ligoté, oui, assujetti, oui, par une gérontocratie de septuagénaires et de vieilles badernes qui ne songent qu'à perpétuer leur pouvoir et se moquent du tiers comme du quart de l'avenir de Marseille. Leurs criailleries de pintades effarouchées n'émeuvent plus personne. Ces gens-là n'ont plus de figure depuis belle lurette. Ils ressemblent, à force de s'entredévorer, à ces carnivores saprophages qui se nourrissent comme les hyènes de pourritures et de charognes. Les Marseillais en ont plus qu'assez de leur sectarisme à visage humain. Ils n'en peuvent plus de leur mélasse vauzélienne et de leur démagogie abrutissante qui homogénéise Marseille par le bas. Ils ne peuvent plus sentir ces hommes politiques qui viennent baver d'indignation au moindre fait divers pour épouser la courbe émotionnelle de l'opinion publique, puis s'en retournent à leur activité favorite : le *farniente* et l'immobilisme.

Les Marseillais sont exaspérés par ces politicards qui s'inspirent de la théorie du lait Candia pour que, au bout du compte, sous l'effet de la corruption des courants d'air, tout s'achève toujours dans la brousse ou la « crème-prêche ». Ils suffoquent de voir ces courtisans gravitant dans l'entourage des puissants et qui semblent souffrir à tour de rôle du syndrome de Tenesme. Il s'agit à Marseille d'une tension douloureuse, voire d'une brûlure, produite par l'irritation d'un muscle stratégique pour quiconque nourrit la moindre ambition. Ce syndrome consiste en une rétraction instinctive liée aux couleuvres de belle taille qu'on fait souvent avaler aux impétrants par là où ils s'y attendent le moins...

Avez-vous vu ces éphèbes béats d'admiration devant leurs idoles ? Il leur arrive de marquer leur approbation, à la moindre saillie, par de petits rires sphinctériens ou orgasmiques qui impriment à leur silhouette un frisson incoercible que seuls peuvent ressentir les militants intimement pénétrés de leurs convictions politiques. « Gaudin, il peut être méchant, cruel et avoir des réactions de gonzesse, résume Bruno Gilles, sénateur-maire UMP du 4/5, il va me chicaner une demi-concierge pour la mairie du square Sidi-Brahim et lui, il embauche 400 personnes en mairie centrale et il augmente les impôts de 5 % !

« Renaud Muselier, pour Gaudin, c'était un choix par défaut. Je sens une telle haine de Gaudin vis-à-vis de Teissier que je le mets en garde : "*Méfie-toi, Guy, Gaudin c'est une trompette à vaseline : il te joue du violon en te caressant la jambe mais derrière, il y a la grosse caisse.*" On a des signes qui ne trompent pas. La première secrétaire de Gaudin nous a déjà fait des appels du pied, du style : on a compris qu'il va y avoir un après-Gaudin, je vous fais des offres de service à toutes fins utiles.

« Le passé des hommes politiques montre qu'on peut toujours revenir d'outre-tombe, observe Bruno Gilles, mais pour l'instant, on va se concentrer sur les municipales de 2014. Pour les socialistes, ce ne sera pas facile car ils vont devoir affronter le ressac suscité par les déçus du hollandisme. Et sans doute Guérini mettrat-il des dissidents partout pour leur compliquer la tâche. Quant à Gaudin, les rumeurs sur sa stratégie de la terre brûlée, "*après moi, le déluge*", sont infondées. Il a tout fait pour faire passer Marseille à droite, il fera tout pour la conserver à droite. Il me l'a confié au Sénat: "*Bruno, je ne ferai pas le mandat de trop, je n'ai pas envie de connaître la même fin que Defferre.*" Quant à Patrick Mennucci, vous en faites tous un épouvantail, mais ce n'est pas un adversaire d'envergure. C'est un solitaire, il n'a pas de parti, pas de militants, il peut être pour nous le René Olmeta de 2001. Mennucci n'a gagné que très peu d'élections sur son nom, hormis la dernière législative. C'est Guérini qui a remporté la mairie du 1/7 et c'est surtout Jean Roatta qui l'a perdue… »

Le vrai bon candidat, c'est Bruno Gilles

Renaud Muselier, lui, n'est pas très causant ce jour-là au restaurant *La Cave de Baille*, à proximité de La Conception en haut du boulevard Baille. Sa séparation d'avec Stéphane, son épouse, l'a profondément marqué. Il n'en veut rien laisser paraître mais la désolation se lit dans son regard derrière la brillance factice d'un sourire de façade. C'est un homme complètement anéanti que j'ai face à moi, un homme blessé, malheureux, épouvanté aussi par les dégâts collatéraux de son combat contre « le système Guérini ». « Je suis consterné par la médiocrité de la classe politique alors que j'aspire sincèrement au renouveau de Marseille », lâche-t-il. Je décide alors de lui livrer mon intime conviction: le vrai bon candidat pour Marseille, ce n'est pas lui, c'est Bruno Gilles. Gilles, il est en phase totale avec le peuple de Marseille, alors que Renaud a un côté bourgeois et pète-sec qui ne passe pas. J'ai vu Gilles se prendre la tête entre les mains: *Mais qu'est-ce qui te prend? Tu es zinzin de balancer une chose pareille?*

De fait, Renaud a saisi la table à deux mains et esquissé un mouvement de colère, comme s'il voulait me saisir au collet, mais il s'est aussitôt ressaisi et Bruno Gilles s'est empressé d'intervenir: « Il n'en est pas question, tout ce que je suis aujourd'hui, je le dois à Renaud Muselier, je lui resterai fidèle jusqu'au bout quoi qu'il arrive, le numéro un c'est lui, le numéro deux c'est moi et tout va bien ainsi. » Donc, même si Renaud va au casse-pipe, Bruno Gilles le suivra. Rasséréné par le « *recadrage* » de son ami Bruno, Muselier me livre sa vision des municipales :

« Plus Guérini s'incruste, plus les socialistes vont se ramasser, dit-il. Le système Guérini, les Marseillais n'en veulent plus. La prochaine campagne des municipales en 2014 opposera les rénovateurs aux conservateurs. Le ticket Caselli-Gaudin, c'est l'immobilisme garanti. On ne touche à rien, tout va bien. Il y en a deux qui ont osé se lever contre les Guérini parce qu'ils sont courageux et déterminés, ils s'appellent Muselier et Gilles. La preuve ? Un sondage récent donne -18 % à Guérini, -12 % à Caselli, -8 % à Mennucci, -5 % à Gaudin et +3 % à Gilles, +5 % à Muselier. Voilà pourquoi la bataille de 2014 sera d'abord pour nous un combat pour les valeurs. Pour le PS de Guérini, cela risque d'être un combat pour les *vo*leurs ! »

Certes. Ce discours de style « Monsieur Propre » pouvait fort bien se comprendre de la part d'un homme politique « blanc-bleu », mais la mise en examen de Stéphane Clément, l'ex-épouse de Renaud Muselier, pour soupçons de favoritisme dans l'attribution de dossiers juridiques concernant le contentieux des loyers impayés de l'organisme HLM de la Ville de Marseille, vient jeter un voile de discrédit sur le « combat des valeurs », même s'il s'agit effectivement d'une peccadille comparée aux dizaines de millions d'euros qui se sont volatilisées dans les poches d'autres acteurs politiques.

« Aujourd'hui, Gaudin et Caselli ont euthanasié la ville, poursuit Muselier. Joseph Comiti le disait en son temps : les Marseillais veulent du pain et des étoiles. Nous sommes en pleine crise de gouvernance locale. En plein essor du sans-gêne et de l'incivilité. Lorsque je vois un automobiliste se garer sur une voie réservée aux bus, je l'interpelle : "*Vous savez que vous n'avez pas le droit de vous mettre là ?*" Invariablement il me répond : "*Oui, je le sais, mais on est à Marseille, ici, peuchère !*" Le problème de la réforme du clientélisme, c'est que les Marseillais eux-mêmes sont attachés au clientélisme. Ils viennent nous voir par amitié, par affection, et ils nous demandent les mêmes petits services. Alors nous ne sommes peut-être pas champions du monde dans ce domaine comme la gauche qui est perfusée dès sa naissance à cette pratique, mais nous sommes tout de même devenus des experts nous aussi.

Renaud Muselier ne m'en dira pas plus. Son combat, à coups de lettres ouvertes, contre Caselli est devenu obsessionnel. Il n'a jamais digéré la sourde trahison qui a fauché sa carrière en plein vol. On sent bien que le moteur froid de son action, c'est la vengeance. Et l'on ne conquiert pas Marseille avec de mauvais sentiments. Si Renaud Muselier parvient à se réconcilier avec le monde, s'il efface de son âme les scories de l'ingratitude et de la félonie, il pourra briguer la mairie de Marseille… à l'issue d'une longue période d'isolement et de disette politique. Mais s'il ne parvient pas à cette harmonie féconde, s'il se laisse miner par le ressentiment, il connaîtra un échec retentissant. Avant de prendre congé, Renaud Muselier me lance avec un sourire goguenard : « Cessez de m'attribuer le titre de dauphin de Gaudin, ce n'est jamais bon d'être un dauphin, on finit souvent par être pris au large dans de grands filets… Et surtout, ne me parlez plus des socialistes. Ceux-là, vous leur donnez le Sahara et deux ans après, il faut racheter du sable ! » Muselier ne croyait pas si bien dire : il s'est lui-même pris les pieds dans les grands filets de l'immobilisme et des petits arrangements marseillais.

Deux épines et une écharde

Bruno Gilles, lui, est moins pressé que son acolyte, mais il est tout aussi avisé. Et sans doute davantage rusé. Avec son « phrasé » typiquement marseillais, il va défricher la stratégie de l'UMP dont il est désormais le patron départemental : « Avant de se lancer dans la bataille de 2014, la droite devra se débarrasser de trois épines. L'épine Robert Assante, qui n'a pas été adoubé aux législatives, et nous allons lui sortir la tête de l'eau parce que c'est un excellent maire du 11/12. Nous allons l'introniser tête de liste pour les municipales dans les quartiers nord avec la promesse d'une grosse délégation : ce serait pour Robert la fin des merdes de chien et du pipi de chat et un grand retour en mairie centrale avec les ténors. Mais rien n'est joué car il a été candidat contre les blumistes et contre les teissiéristes qui ont soutenu Valérie Boyer aux législatives et son combat personnel a laissé des traces.

« Seconde épine, poursuit Bruno Gilles en sirotant son café noir, l'épine Teissier. Il faudra négocier avec lui. Nous lui laisserons probablement la présidence de la communauté urbaine et celle de l'établissement public d'Euroméditerranée. C'est un accord d'équipe qu'il faut conclure. À 70 ans, ce sera son dernier mandat. On lui brodera un truc dans le style : "*Essaie de perpétuer ton histoire à travers des jeunes qui ne demandent qu'à s'épanouir.*" S'il le faut, l'UMP au plan national lui tirera l'oreille, mais il rentrera dans le rang, comme d'habitude...

« La troisième épine, c'est plutôt une écharde, confie Bruno Gilles en se grattant l'occiput, c'est Jean-Claude Gaudin lui-même. Lui, c'est une vraie bête de guerre mais il doit accepter l'inversion du ticket : en 2014, ce ne sera plus un ticket Gaudin-Muselier. Nous choisirons des binômes dans chaque secteur sur le modèle de Tian-Bernasconi dans le 1/7. En ce qui me concerne, je continuerai mon petit bonhomme de chemin dans le 4/5 où je fais une carrière à la Teissier : je me bunkerise. Mon Graal à moi, c'était de faire aboutir la carrière de Renaud et je vous avoue que je me sens un peu orphelin aujourd'hui. Notre slogan de campagne était déjà prêt : "*Dans un an, vous serez de nouveau heureux de vivre dans cette putain de ville !*" Si nous gagnons, nous mettrons à la tête de la police municipale un professionnel, Jean-Claude Delage, secrétaire général du syndicat Alliance, et nous recruterons 600 policiers en six ans de mandat, soit cent par an. Depuis 1995, on a fait dans ce domaine plusieurs erreurs de casting.

« On créera une police à cheval, très impressionnante pour le maintien de l'ordre, à l'image de la police montée canadienne, on la formera dans des écuries spécialisées et puis on l'enverra patrouiller dans les cités des quartiers nord, révèle Bruno Gilles. On équipera nos policiers de motos performantes pour poursuivre utilement les motards délinquants qui se permettent n'importe quoi dans Marseille en sachant qu'ils ne risquent pas d'être rattrapés, on équipera les policiers de vélos, de rollers, pour être en mesure d'aller partout très vite. Et ils seront en patrouille toute la journée au lieu de se branler dans des fourgonnettes. »

Voilà un sénateur qui a son franc-parler. Ce discours musclé change des tisanes habituelles dont on ne sait jamais trop si elles sont douces ou amères. « Il faut réinvestir le terrain et décourager le je-m'en-foutisme qui règne en maître à Marseille. Il faut donner des moyens accrus aux maires de secteurs, y compris ceux d'opposition, animer des petites équipes d'intervention rapide en matière de propreté, de stationnement, de circulation. Les autorisations de tournage doivent être soumises aux maires de secteurs, moi on me bloque une rue entière et on ne me demande même pas mon avis ! Renaud, ce qui le faisait vibrer, c'était l'étude des gros dossiers, moi c'est le travail de proximité, c'est le pain quotidien et les potelets de garage. Je suis un fervent partisan de la théorie du carreau cassé de l'ancien maire de New York Rudolph Giuliani : dès qu'il est brisé, il s'agit de le remplacer sur-le-champ. Pour que le casseur sache qu'il a perdu d'avance…

« Ce que je voudrais, c'est qu'à la fin de mon mandat, mes électeurs viennent me trouver et me disent : "*Vous savez, monsieur Gilles, il n'y a pas plus de journées ensoleillées qu'avant sur Marseille, mais vous avez embelli notre vie.*" Il faut aussi lutter contre toutes les formes d'insécurité à Marseille, y compris celle du piéton qui ne peut plus marcher en paix nulle part sans voir surgir un vélo ou une moto. Je pense aussi à l'insécurité visuelle, un échafaudage mal foutu, un trou sur la chaussée, une benne posée n'importe comment, un arrêté favouille, une ampoule pétée. Nous devons avoir à cœur de rendre à cette ville un petit air de fête. Il n'y aura peut-être pas de géraniums sur tous les trottoirs, mais ça me ferait vraiment plaisir de façonner les quartiers mètre après mètre, et ainsi, peu à peu, transformer un grand bordel en grande et belle ville. »

La proximité, maître-mot de la prochaine campagne. Muselier l'a compris à son corps défendant lors de la campagne des dernières législatives : invité par l'association des commerçants de sa circonscription, il est arrivé un peu en avance et Bruno Gilles un peu en retard. En le saluant poliment, les commerçants lui demandaient tous comme un leitmotiv : « *Il est où Bruno ? Il est où Bruno ?* » C'est là que Muselier a soudain pris conscience qu'il était en train de claudiquer sans sa « béquille » Bruno Gilles et que son ami était devenu plus populaire que lui… Peut-être Muselier a-t-il soudain réalisé qu'il s'était trompé de vie et que son illustrissime famille lui avait tracé une destinée qui n'était pas la sienne. « Renaud a mis un terme en cinq minutes à vingt-cinq ans de vie politique intense, raconte Bruno Gilles, il m'a demandé de lui succéder à la tête de la fédération UMP et il a installé Laure-Agnès Caradec comme présidente du groupe d'opposition à la communauté urbaine. Notre stratégie s'est effondrée d'un seul coup. Renaud a toujours fonctionné comme ça : à la hussarde, pour que les gens n'aient pas le temps de se retourner… »

La succession de Muselier à la tête de l'UMP des Bouches-du-Rhône n'est pas allée sans heurts : c'est Jean-François Copé lui-même qui a imposé Bruno Gilles après une explication de texte très animée à Paris au cours de laquelle Teissier et Boyer s'en sont vivement pris à Gaudin. Mais ce qui a le plus touché Bruno Gilles, c'est l'explosion de la famille de Muselier et les dégâts collatéraux suscités par son combat inlassable pour la probité : « J'ai participé à un dîner chez lui quelques jours après sa défaite et sa fille Fanelli,

18 ans, m'a pris à part pour me dire : "*Tu sais Bruno, tu nous as volé papa durant vingt ans, ne nous le reprends pas.*" J'ai été bouleversé d'autant plus que moi-même, dans ma propre famille, ma fille Margot m'a fait une remarque identique la veille du premier tour des législatives. Moi, c'est un principe sacré, je ne sors jamais une veille d'élections. Or, ce samedi soir, ma fille participait à son gala de danse et lorsqu'elle est rentrée, elle est venue me dire gentiment : "*C'était le plus beau soir de ma vie et mon papa n'était pas là.*" C'est aussi ça, la vie politique… »

CHAPITRE 3

2014 : le bal des prétendants

Guy Teissier, député-maire des 9e et 10e arrondissements de Marseille, ex-président de la commission de la Défense nationale à l'Assemblée, et président de l'établissement public Euroméditerranée, nourrit exactement la même ambition que Bruno Gilles… mais sans Gaudin, ce qui fait une sacrée différence et le condamne au splendide isolement qui est le sien depuis quarante ans. « Je vais être franc avec vous, dit-il, je trouve que Marseille souffre de nombreux maux, mais il y a un mal qui s'enkyste depuis quelques années, celui du désordre, de l'anarchie et du laisser-aller. Cette ville s'africanise. Ne voyez aucune stigmatisation dans mon observation, mais l'Afrique c'est l'Afrique, et la France c'est la France. Nous sommes tous des témoins au quotidien de l'incivisme généralisé, des stationnements anarchiques, des campings sauvages porte d'Aix ou ailleurs. Marseille est une ville qui doit être remise à l'endroit et en ordre de marche. Même si elle a de grands projets, Marseille n'a aucune vision. On peut avoir des postures, des tirades ; ce qui compte, ce sont les propositions et la constance dans leur application.

« Il y a dans cette ville une injustice majeure, estime Guy Teissier, on augmente régulièrement les taxes et les impôts des plus démunis. Il faut revoir la carte fiscale qu'en théorie nous devrions réviser tous les six ans et que nous n'avons pas touchée depuis trente ans. Les quartiers changent d'aspect et de statut, les anciens quartiers chics sont aujourd'hui dégradés et vice-versa. En ce qui concerne le nettoiement qui laisse à désirer, j'ai fait dix recommandations dont personne n'a tenu compte. Quant à la police municipale, il faut que son organisation se calque sur celle de la police nationale afin d'en améliorer l'efficacité. Même dans le nouveau quartier de La Joliette, qui tire Marseille vers le haut avec 28 000 emplois et 500 entreprises, il faut créer un nouveau commissariat. J'en ai assez de voir traîner sur les pelouses des types allongés avec des boucles dans le nez et les oreilles, un tel spectacle d'avachissement est nuisible pour l'image de la ville.

« J'ai vécu comme une humiliation le vol du parking de la porte d'Aix par des jeunes, souligne Guy Teissier. Lorsque mes collègues à l'assemblée me demandaient en rigolant si c'était une galéjade marseillaise, j'étais bien obligé de leur répondre que c'était vrai. On a fait rire la France entière avec cette histoire. "*Non*, je disais, *ce n'est pas une blague, c'est Marseille.*" Aujourd'hui, comme par enchantement, ça marche, la pelouse a repoussé et l'herbe n'y a jamais été aussi verte. Le drame de cette ville, c'est qu'elle se complaît dans des postures, dans l'emphase mais qu'elle n'a aucune conviction durable. Et puis Marseille s'appauvrit de façon catastrophique. Elle souffre d'une pléthore d'embauches institutionnelles : 13 500 employés municipaux, 5 000 employés au conseil général, 3 700 à la communauté urbaine, 2 000 au conseil régional. Marseille subit aussi l'emprise de Force ouvrière, un syndicat omniprésent qui cogère la ville au sens gauchiste du terme : lorsqu'il faut assurer à Marseille la promotion de cinq cadres administratifs, trois le sont par FO, deux par la mairie...

« Ce système est médiocre car il ne tient aucun compte des plus méritants et récompense les plus pistonnés. Mais le problème majeur de Marseille, c'est celui d'une immigration devenue insupportable en période de crise, affirme Teissier. Ce sont des sommes faramineuses qui sont englouties dans l'aide aux immigrés. Le problème date de 1976, lorsque Giscard et Chirac ont autorisé le regroupement familial des immigrés. Il faudrait qu'on ne reçoive ici que les détenteurs d'un contrat de travail qui seraient placés sur un pied d'égalité avec les nationaux. Ils ont tous droit aux mêmes égards, l'ennui c'est que la France a accordé les mêmes droits à toute leur famille et que ces avantages ont constitué une pompe aspirante. C'est plus facile d'être chômeur chez nous que travailleur chez eux.

« Jadis, ajoute Teissier, Marseille était peuplée d'immigrés chassés de chez eux par la misère ou les dictatures et qui étaient sincèrement désireux de s'intégrer. On bénéficiait du plein emploi, tout le monde trouvait du travail et l'école fabriquait de bons petits Français. Ce n'est plus le cas aujourd'hui. Marseille ne peut plus absorber toutes les vagues d'immigrés qui déferlent chaque année. Il faudrait un régime stable qui renvoie ces gens chez eux mais le moindre arrêté d'expulsion des Roms est frappé d'interdiction par la justice. On n'en sortira jamais. Dans mon secteur, à l'école communale de La Cayolle, les enfants sont si turbulents qu'on a été obligé de mettre deux enseignants par classe parce qu'on ne pouvait plus les tenir. »

Teissier « passionnément Marseillais »

« Marseille m'a vu naître en 1945, j'aime passionnément cette ville, confie le député, je suis élu à Marseille depuis 1982, année où j'ai battu le premier adjoint de Defferre, en 1983 je suis devenu maire de secteur et je le suis toujours. Je ne dis pas ça pour faire de la gonflette mais parce que ce parcours politique sans faute justifie une ambition légitime. Je ne suis pas un mégalomane, car la folie des grandeurs ne fait pas bon ménage avec la vie publique, mais je suis d'ores et déjà prêt pour la bataille des municipales de 2014. J'ai fondé une association intitulée Passionnément Marseillais qui travaille à mes côtés avec enthousiasme ».

Teissier se pose en candidat de « la rupture ». Une stratégie sans doute un peu fantaisiste dans la mesure où il a participé au bilan de Gaudin I, de Gaudin II et de Gaudin III, même s'il feint aujourd'hui de l'ignorer pour s'émanciper de l'ombre tutélaire du Raimu de la Canebière. « Gaudin comme Molière voudra mourir en scène », prophétise Guy Teissier. Ce qui revient à dire qu'il n'acceptera jamais de s'effacer et qu'il faudra gentiment le pousser vers la sortie. Pas facile. « La vie politique nécessite un certain courage, observe Teissier, c'est tout de même gonflé de la part de Gaudin d'évoquer mon âge pour les municipales alors qu'il a six ans de plus que moi. Il arrive un moment où l'on ne peut plus s'entendre parce que plus personne ne veut vous entendre. Je suis plus mal traité que Mennucci par Gaudin ! Voilà des années que mon personnel municipal n'est pas renouvelé dans le 9/10. J'ai des vacataires qui ont fait leurs preuves depuis dix ans et qui ne sont toujours pas régularisés... Il s'est carrément fait virer !

« Il ne faut pas idéaliser une ville comme une carte postale, conclut Teissier, mais écouter ses habitants. Je n'ai pas voté la réalisation du tronçon de tramway entre le cours Saint-Louis et Castellane, je n'ai pas voté non plus la rénovation du Vieux-Port. Que signifie une dépense de 100 millions d'euros pour une ligne d'un kilomètre en centre-ville alors que la mairie est incapable d'entretenir correctement les piscines, les parcs, les jardins et les équipements sportifs en raison d'une baisse drastique des budgets ? Que signifie l'absence totale d'infrastructures alors qu'en même temps on construit à tour de bras dans cette ville ? Que signifie la réalisation de la zone d'aménagement de La Capelette ? Je l'ai découverte en même temps que les habitants alors que je suis le maire du secteur ! Et pour traverser cette zone surpeuplée, on n'a prévu ni voirie nouvelle, ni transports en commun, c'est de la folie ! »

On sent une frustration énorme dans le discours de Teissier, qui rêve de pouvoir enfin sortir seul le soir en boîte sans l'assentiment de son père spirituel en politique… Mais papa sera-t-il d'accord avec ces soudaines velléités d'indépendance ? Teissier ne risque-t-il pas de prendre une claque au passage pour le punir de sa folle audace d'adolescent sexagénaire ?

« Gaudin et Bruno Gilles ont bien compris que l'un sans l'autre ils ne sont plus rien, commente Jean-Marc Benzi, conseiller UMP à la communauté urbaine de Marseille, ex-trésorier du RPR. Teissier, lui, ne l'a pas compris. Il a des réactions d'enfant gâté. Il veut faire cavalier seul, grand bien lui fasse, mais prendra-t-il le risque de faire perdre son camp par une candidature sauvage ? Gaudin, lui, a une qualité et une faiblesse : c'est un affectif. Il n'oubliera jamais que s'il a pu accomplir trois mandats d'affilée à la tête de la mairie, c'est à ses alliés qu'il le doit et il leur en saura gré le moment venu. Dommage que Gaudin ne soit pas davantage présent pour s'occuper de Marseille. C'est un peu le maire des week-ends. À gauche, ils sont foutus. Ils vont exploser en vol. On assiste aux dernières convulsions miasmatiques du defferrisme et je ne crois pas à la percée de Mennucci. D'abord il n'a gagné aux législatives que parce que la configuration sociologique des centres-villes a changé partout en France avec la prolifération de deux catégories de populations qui votent à gauche : les *très aisés* et les *très aidés*. Ensuite, Guérini lui garde un chien de sa chienne. Comme il est au bord du gouffre, il va régler ses comptes. La droite aura un boulevard en face d'elle en 2014 : à gauche, ils se seront tous entretués et il n'y aura plus personne ! »

En ce qui concerne la « cohabitation » avec l'islam, Jean-Marc Benzi est plutôt optimiste, lui, l'homme pieux qui a rencontré feu le pape Jean Paul II en compagnie de Jean-Claude Gaudin et a assisté à ses obsèques en sa qualité de chevalier de l'ordre du Saint-Sépulcre : « Nous avons la chance d'avoir à Marseille un islam modéré, dit-il, et si de nombreux jeunes se réfugient dans la religion, c'est plus pour cacher leur mal être que par croyance.

J'observe en réalité la même désaffection dans les mosquées que dans les églises : c'est un phénomène qui affecte toutes les religions qui prônent un certain ascétisme. En revanche, ne nous voilons pas la face, si le communautarisme ethnique continue à gagner du terrain, nous courons à la catastrophe. »

Sans marina et sans tralala

Pour conjurer cette perspective tragique, certains verraient bien Marseille comme un nouveau Saint-Tropez ou un Nice new-look… Mais la Canebière peut-elle se muer en Promenade des Anglais ? Le Vieux-Port en marina baie des anges ? Le troisième Prado en Croisette ? À vrai dire, on en est loin. Ce qui fait l'originalité de Marseille, c'est au contraire sa côte sauvage, sans marinas, sans hôtels, sans tralala. On parlera toujours russe à Megève et tchéchène à Marseille… Et puis comment faire comprendre à un touriste que le vrai Marseille est invisible à l'œil nu ? La mer ? On ne la voit pas. Mais elle est là. Notre-Dame-de-la-Garde ? On ne la voit pas toujours. Mais elle est là. Le Milieu marseillais ? On ne le voit pas. Mais il est là. Les francs-maçons ? On ne les voit pas. Mais ils sont là. Les petits jardins et les cours intérieures ? On ne les voit pas. Mais ils sont là. Les cours d'eau souterrains qui irriguent les entrailles de la ville ? On ne les voit pas. Mais ils sont là. Sous le « Jarret », sous le boulevard Longchamp, sous la place aux Huiles et le cours Jean-Ballard, sous le cours d'Estienne-d'Orves, sous Notre-Dame-de-la-Garde… À Marseille, comme dans *Le Petit Prince*, l'essentiel est invisible pour les yeux.

Les prochaines municipales ? Gérard Mathieu voit poindre une alternance socialiste : « Eugène Caselli fera une sorte de Vigouroux *bis*, dit-il, il débauchera les meilleurs membres de la majorité municipale actuelle pour mettre à nu les troupes de l'UMP… Mais nous avons un retard considérable à combler car Gaston Defferre a ruiné Marseille, estime-t-il. Il n'a pas voulu adopter la communauté urbaine que lui proposait Paris et a condamné Marseille à l'enlisement. D'autres grandes villes comme Lyon, Lille, Bordeaux ou Strasbourg ont accepté et se sont développées. Les industries ont peu à peu quitté Marseille pour la périphérie où les villes voisines de Marseille, comme Vitrolles ou Martigues, encaissent, à sa place, des patentes exorbitantes. C'est ainsi que Marseille est devenue petit à petit un éléphant aux pieds d'argile.»

Gérard Mathieu n'est pas le seul «marseillologue» à prédire en 2014 une victoire de l'axe «Caselli-Gaudin» pour pérenniser une sorte de paternalisme plan-plan, c'est-à-dire le maintien de l'imbrication des pouvoirs et du verrouillage général. Il y a aussi Jean-Michel Gardanne, ancien rédacteur en chef de *Marseille-L'Hebdo*, qui a choisi de devenir conseiller au cabinet de Caselli à la communauté urbaine de Marseille lorsque son journal a été vidé de sa substance. Après trente années de bons et loyaux services au *Provençal* puis à l'*Hebdo*, Gardanne a commis, il est vrai, un crime inexpiable: en octobre 2008, il a fait une interview de deux pages de Renaud Muselier dans laquelle celui-ci dévoile les diverses trahisons qui l'ont empêché d'accéder à la présidence de la communauté urbaine alors qu'il y disposait en théorie d'une majorité mathématique... Et comme parmi ces trahisons figurent celles de proches de Gaudin...

«Marseille est une exception française, reconnaît Jean-Michel Gardanne, c'est une ville à la fois trop grande et trop faible. Elle fait peur à ses voisines qui craignent d'être satellisées ou annexées par elle. Mais quelle souveraineté ont-elles vraiment, ces petites communes? Par exemple, La Penne-sur-Huveaune, qu'on le veuille ou non, c'est un quartier de Marseille. Allauch et Plan-de-Cuques, elles aussi, sont devenues les beaux quartiers de Marseille. Et Septèmes, au nord, c'est aussi Marseille. Ils veulent tous être maîtres chez eux parce qu'ils redoutent d'être broyés dans la communauté. Marseille est aussi trop faible sur le plan économique et elle vit pour l'essentiel de la fonction publique.»

Gardanne estime, à l'inverse de Mathieu, que le « tout-tourisme » serait « une pure folie », une « impasse » pour Marseille : « Le port végète, confie Gardanne en me montrant les quais de la Joliette inanimés, visibles de son bureau au cinquième étage du Dock des Suds à la Joliette, il reste désespérément enfermé derrière ses grilles noires et il semble fâché avec les Marseillais. L'État y fait ce qu'il veut, parfois n'importe quoi, avec cette passerelle immonde qui vient d'être détruite. Si vous prenez New York, il n'y a pas que le tourisme. Le quartier de la Joliette, avec Euroméditerranée, c'est un peu le laboratoire de l'urbanisme du XXIe siècle. Euromed, ça va trop vite, trop loin. La Joliette et les Docks, c'est le *downtown* américain : ils se remplissent le matin et se vident le soir. Les restaurants sont pleins à midi, mais le soir dès 18 heures, c'est le désert de Gobi... »

Jean-Michel Gardanne espère que les commerces, le Silo (un grenier à blé transformé en salle de spectacle), les Terrasses du port vont animer ce quartier neuf. « On a donné un corps à ce Manhattan marseillais mais il y manque une âme », constate Gardanne. Dommage pour Marseille car on a le pain et le couteau, un port idéalement placé, un parc national des Calanques qui va drainer des milliers de touristes. » Lui qui a été grand reporter durant trente ans se rend compte aujourd'hui, au cœur de la mêlée, que l'action publique est très difficile à mettre en œuvre et qu'il y faut une patience d'ange en raison des lois, règlements, réticences, palabres, oppositions et arrière-pensées qui donnent parfois envie de tout envoyer balader.

Du coup, son jugement sur les politiques est plus mitigé : « Avec Jean-Claude Gaudin, Marseille n'aura pas perdu plus de temps qu'elle n'en a perdu auparavant, estime-t-il, Vigouroux a fait beaucoup de choses pour Marseille et Gaudin a été le maire qu'il fallait à Marseille en 1995. C'est lui qui a fait prendre un virage positif à cette ville. Il a réussi en deux mandats à transformer le visage de la cité. Pour le troisième mandat, il ne disposait que d'une petite majorité de deux voix au conseil municipal qui ne lui permettait pas de mener à bien tous ses projets. D'autant plus que les prétendants se bousculent et se jouent des tours pendables dans la perspective de 2014. »

Un pragmatisme de Castafiore

« Ce que je peux vous certifier, ajoute Jean-Michel Gardanne, c'est que Caselli et Gaudin travaillent en bonne intelligence à la communauté urbaine parce qu'on y gère vraiment les affaires de la cité. Les poubelles ne sont ni de droite ni de gauche, elles sont en bas devant la porte et vaille que vaille il faut bien s'en occuper. Selon les dossiers abordés, les majorités peuvent être changeantes et transversales. Il y a toujours une majorité à trouver à la communauté urbaine de Marseille et pour recueillir l'adhésion du plus grand nombre sur un dossier, il faut longuement le mûrir dans le consensus. Ce qui prévaut, ce n'est pas un choix de société ni une idéologie, c'est un pragmatisme basique… »

Le grand mot est lâché. « *Pragmatisme* ». C'est au nom de ce « pragmatisme » primaire que Gaudin a renoncé au fil des ans à la plupart de ses convictions initiales et que l'homme de droite est devenu, sans le savoir, un homme de gauche ! Un jour que je reprochais à Gaudin, alors président du conseil régional, de faire comme M. Jourdain de la prose socialiste sans le savoir et « d'arroser » à tire-larigot la ville d'Istres dirigée par François Bernardini, il me répondit : « Quand on préside une institution avec une majorité relative, il faut remiser toute référence idéologique. Vous ne pouvez pas avoir un comportement politique partisan. Il n'est pas possible de privilégier ses amis comme au conseil général. Il faut choisir des axes de réalisations et d'investissements qui fassent des majorités très larges, il faut une recherche constante du consensus. Michel Vauzelle sera obligé d'adopter la méthode que j'ai initiée en montrant autant de tact avec la droite que j'en ai eu avec la gauche… »

De fait, Vauzelle a su déployer avec Christian Estrosi le même « tact » que Gaudin avec François Bernardini et s'assurer ainsi une majorité confortable sur l'ensemble des dossiers présentés...

Cette méthode « gaudino-vauzellienne » a le mérite de neutraliser toute velléité d'opposition grâce à des subventions ciblées qui font taire toutes les acrimonies, mais elle renforce le sentiment dans l'opinion qu'ils « sont tous pareils », « qu'ils ne changeront jamais » et qu'ils font « le contraire de ce pour quoi ils ont été élus ». Bref, ce clientélisme « élargi » éteint tout débat et incite parfois les électeurs à épouser le camp des extrêmes censé réfuter par avance toute « collaboration avec l'ennemi ». Donc, cette méthode douce d'annihilation des convictions a un effet pervers dont les politiques ne soupçonnent pas la gravité : elle endort les consciences assoupies et favorise toutes les compromissions. La méthode gaudino-vauzélienne, c'est aussi un détournement « pragmatique » de démocratie et une façon chantournée de « couillonner » ses électeurs, de droite pour l'un, de gauche pour l'autre.

Confrontée à une majorité assez « ric-rac », Caselli doit tous les jours faire la preuve de son brevet de pragmatisme politique : ce qu'il lâche à Gaudin, il le dérobe en douce aux prétendants à sa succession. Et ce que Gaudin concède à Caselli, il le subtilise en douce à Guérini. C'est ce qu'on appelle familièrement à Marseille un jeu « d'enculettes » qui consiste à déshabiller Pierre pour habiller Paul.

Malgré ces petits arrangements de boutiquiers, Jean-Michel Gardanne est confiant dans l'avenir de Marseille, car on est en train de vivre selon lui « un grand tournant, un tournant historique » : « C'est le chant du cygne du système clientéliste qui dure depuis toujours, nous arrivons enfin au terme d'un processus inefficace et nocif. Je n'en veux pour preuve que le vote Front national, qui atteint ici des sommets : c'est le reflet d'un désarroi général. Marseille est une ville qui n'est ni de droite ni de gauche, c'est une ville populaire. Or, les gens vivent à présent dans la crainte du déclassement, ils ont le sentiment d'un avenir bouché et l'insécurité fait des ravages dans l'opinion, surtout quand on l'assimile à l'immigration. Nous observons partout la même réaction en Europe : le scénario des années 1930 n'est pas à exclure, l'histoire peut bégayer. La montée des nationalismes se manifeste partout avec une volonté de discipline, de mise au pas et une radicalisation religieuse.

« À ce réveil des partisans de l'ordre s'ajoutent toutes sortes de peurs, conclut Jean-Michel Gardanne, peur du manque, peur de ne pas trouver de logement, peur de ne pas avoir de travail, peur de l'avenir pour ses enfants… Les candidats en 2014 devront tenir compte de cette humeur dépressive s'ils veulent l'emporter. Teissier ? Sa troupe est petite. Muselier ? Il semble avoir renoncé pour l'instant. Caselli ? Pourquoi pas, au juste ? C'est probablement le plus accommodant. »

Corruption et copinage

Le tort de Muselier, c'est qu'il ne l'a jamais été, lui, accommodant. Il n'a jamais eu la souplesse dorsale de son mentor, un expert en courbettes et en circonvolutions. En 2014, hélas pour lui, il devra se contenter du rôle du prince Charles en Angleterre : « *Attendre toujours, ne gouverner jamais.* »

Cette perspective lancinante de tenir la chandelle dans l'antichambre ne décourage pas Dominique Tian, membre décomplexé de la droite populaire. C'est un peu le dandy de la politique marseillaise. Vêtu avec une grande élégance, il mâchonne en permanence son cigarillo mais il n'est pas de ceux qui mâchent ses mots. Ce soir-là, Tian doit accueillir au *Bar des Platanes*, avenue Clot-Bey, un éminent criminologue parisien, Xavier Naudin, qui vient faire une conférence destinée à ses militants sur le « vol d'identité », les trois milliards d'euros de prestations sociales volées chaque année, les cinq millions de cartes vitales en trop, les 25 % d'arrêts de travail bidon à Marseille. Je m'apprête à recueillir les confidences de Tian dans son bureau de la mairie de Bagatelle lorsque je vais être le témoin d'un fait qui peut paraître anodin mais revêt à mes yeux une grande importance.

Il est 17 heures et il est temps d'aller chercher Naudin à l'aéroport de Marignane. Tian appelle son directeur de cabinet et le charge de cette mission. Celui-ci s'apprête à s'exécuter lorsque Tian le retient par le bras et lui donne les clefs de sa Lexus personnelle : « Il n'est pas question pour moi de dépenser un centime de la mairie pour une réunion publique d'ordre politique organisée par l'UMP », explique-t-il. Je songe alors que si tous les élus avaient les mêmes scrupules à l'égard de l'argent public, il n'y aurait jamais eu d'affaire Guérini, d'affaire Bernardini, d'affaire Granié, d'affaire Andrieux, d'affaire Andréoni, d'affaire Tonon, Belviso, etc.

« J'observe à Marseille une inquiétante montée du nationalisme maghrébin, confie-t-il, la diaspora maghrébine est excessive et les barbus sont en train d'imposer leur loi, comme en Tunisie et en Algérie, par un quadrillage savant du terrain social. Il n'y a entre les imams aucune unanimité, chacun prêche pour sa mosquée. Les catholiques, eux, ont perdu le goût du prosélytisme mais leur enseignement est très dynamique car chacun a compris que l'enseignement public, c'est le foutoir permanent. Dans les rues de Marseille je vois de plus en plus de femmes voilées, et lorsque la police s'avise de les contrôler, elles déclenchent de véritables émeutes… Mais je vois aussi de plus en plus de catholiques qui arborent fièrement leur croix sur la poitrine. »

Dominique Tian voudrait bien que Marseille s'inspire du modèle barcelonais : « Je suis allé me rendre compte sur place, dit-il, et j'ai pu constater que les rues de la capitale catalane sont nettoyées vingt-quatre heures sur vingt-quatre, que la police est omniprésente vingt-quatre heures sur vingt-quatre et qu'on y applique la tolérance zéro, façon Giuliani à New York. On n'y fait aucun cadeau en matière de propreté et de sécurité. Moyennant quoi, vous pouvez vous balader tranquillement à n'importe quelle heure sur les Ramblas et j'aimerais pouvoir en dire autant de la

Canebière. Comment voulez-vous qu'on puisse organiser de grands événements à Marseille si la propreté et la sécurité n'y sont pas assurées ? »

Il est vrai que Tian lui-même ne fait aucune concession au milieu de la nuit. C'est lui qui a fait fermer, pour des raisons de sécurité, une des boîtes de nuit les plus fréquentées de la côte, *La Maronaise* aux Goudes. Cette discothèque à ciel ouvert était pourtant fréquentée par des palanquées de jeunes venus de tout le Sud : « Justement, c'est ça le problème, précise Tian, j'ai averti dix fois le propriétaire de cet établissement qu'il devait limiter sa capacité à 400 personnes maximum et à 100 voitures garées. Or, il a voulu accueillir 800 personnes chaque soir et les gaver d'alcool. Résultat, les jeunes sortent tous bourrés, ils s'engueulent sur le chemin des Goudes qui est à peine carrossable et où deux véhicules ne peuvent pas se croiser, ils se chamaillent et insultent les habitants au passage du village des Goudes. J'ai dit : maintenant, ça suffit ! On n'a pas cédé aux menaces de certains et on a carrément rasé *La Maronaise* dont une partie était illégalement construite sur le domaine maritime… »

Dominique Tian a l'air gentil, comme ça, mais c'est un coriace. Il ne plaisante pas avec la loi sur les décibels et le tapage nocturne. C'est un des seuls à Marseille et il faut l'en féliciter sans réserve : Marseille est en effet une des villes les plus bruyantes de la région Provence. Les motards par exemple font leur rodéo la nuit sur le Prado et le boulevard Michelet et réveillent des centaines de personnes âgées et de bébés en une seule accélération. Nul ne les inquiète. Aux Chutes-Lavie, voilà trente-cinq ans que les riverains du « Jarret », le périphérique qui conduit à l'autoroute nord, ne peuvent plus ouvrir leurs fenêtres : pétitions, défilés, manifestations, rien n'y fait. Il faut vivre à Marseille avec des boules Quiès ou s'en aller.

Moteurs libellules et Harley catapultes

Si les élus étaient plus attentifs aux doléances des populations, un des premiers axes de leur programme pour Marseille serait le retour progressif à la tranquillité publique, mais on n'en prend pas le chemin. On laisse les jeunes trafiquer leurs bécanes pour qu'elles fassent un maximum de bruit et au lieu de fabriquer des « moteurs libellules », on sort des « Harley catapultes » qui font un vrombissement d'enfer. Au lieu de détourner la route des avions qui survolent Endoume et l'Estaque à basse altitude avant d'atterrir à Marignane, on est incapable d'imposer le respect de la loi à la direction de l'Aviation civile. Pendant cinq ans l'ancien député Jean Roatta s'est échiné, en vain, à modifier leur trajectoire…

Pour Tian, le problème du bruit s'est également posé sur les plages du Prado avec les promoteurs du « Beach Volley » et du « Beach Soccer », deux beaux tournois sportifs qui attiraient de plus en plus de monde sur les plages. Le soir, ces mêmes lieux se transformaient en « Maronaises *bis* » avec des filles de rêve, du rosé, de la musique, et la brise marine. Sauf que le bruit revenait sur tous les immeubles des riverains de la Corniche qui se sont plaints au maire du secteur. Tian a multiplié les recommandations, puis les avertissements : « *Messieurs, limitez le nombre des entrées, cessez le tapage nocturne*, ils n'ont rien voulu savoir, alors je leur ai dit : *Stop, on arrête !* C'est le problème avec les Marseillais : vous leur donnez un petit doigt et ils vous avalent le coude ! » Pour rendre Marseille habitable, il faudrait un Dominique Tian tous les cent mètres : sur le cours Lieutaud, à Castellane, au boulevard Baille, sur le Jarret, rue Saint-Pierre, à la Capelette, à la Valbarelle, à Saint-Jérôme, à Saint-Louis, à la Viste, bref partout où la circulation infernale a pris le pas sur la tranquillité publique. Marseille est avec Varsovie la ville la plus embouteillée d'Europe.

L'ennui, c'est que cette lutte contre l'envahissement du bruit est souvent en contradiction avec les envies des jeunes désireux de « faire la fête » et avec l'accueil de touristes de plus en plus nombreux qui trouvent à juste titre que «*Marseille by night*» n'est pas très folichon. «La ville a un formidable potentiel touristique, confirme Tian, les croisiéristes russes débarquent en masse alors qu'ils préféraient naguère Nice et la Côte d'Azur, il faudrait créer à leur intention des lieux destinés à la fête pour ne pas être contraints d'aller à Aix, Cassis, Bandol ou Montpellier. Il faut aussi utiliser certaines zones portuaires en friche pour en faire des ports de plaisance: 600 places de port, vous les vendez en une journée tant la demande est importante.»

Bruit? Fureur? Rage? Magouilles partisanes? Gérontocratie? Sectarisme dogmatique ou syndical? Est-ce là le lot de Marseille? «Pas du tout, répond en souriant Gérard Chenoz, vice-président de la communauté urbaine, en 2014 Marseille sera enfin rentrée dans le XXIe siècle. On le verra dans la révolution des mentalités et des institutions, prédit-il. Aujourd'hui, on n'en est qu'aux prémices mais les institutions marseillaises commencent à travailler ensemble au lieu de se regarder en chiens de faïence. Exemple: la gauche n'était pas favorable au prolongement de la ligne de tramway entre le cours Saint-Louis et Castellane, eh bien, elle a changé d'avis. Elle a compris que si l'on voulait une ligne qui traverse Marseille et rejoigne Aubagne par la vallée de l'Huveaune, il fallait bien qu'elle passe par Castellane.

«C'est la même chose pour la rénovation du Vieux-Port où la communauté urbaine et la ville de Marseille ont travaillé main dans la main au lieu de s'ignorer superbement au prétexte qu'elles n'ont pas la même culture politique, se félicite Chenoz, ils ont compris au sommet que s'ils continuaient à se faire la guerre, ils étaient tous foutus! Voilà pourquoi la notion de transversalité est en train de prendre le dessus sur toutes les stratégies politiciennes. Et ça, pour Marseille, c'est une révolution historique. La crise financière et l'endettement important de la ville nous obligent tous à optimiser notre développement avec les mêmes moyens. On arrive à faire taire les oppositions doctrinales pour avancer. Il n'y a plus de différence aujourd'hui entre un UMP normal et un socialiste normal.

« On constate qu'on a un problème avec l'enlèvement des objets encombrants sur la voie publique ? Au lieu d'attendre qu'on nous appelle, on demande aux ripeurs de nous les signaler systématiquement et on enverra autant de camions qu'il le faudra. Le monde politique marseillais est en train de passer de l'adolescence à l'âge adulte, tout le monde doit s'y mettre, y compris les CRS qui doivent patrouiller au lieu de rester comme des *santi belli* dans leurs fourgons. Les chicayas pour les chicayas, c'est fini. Marseille va entrer dans la modernité avec quinze ans de retard. La ville est constituée de toute une mosaïque de solidarités dont l'équilibre fragile est assuré par Gaudin : il n'est pas un secteur à Marseille qui ne se développe au détriment de l'autre. Je vous donne un exemple, dit Chenoz : la gauche est favorable à la diffusion de l'habitat social. La droite préfère encourager des programmes d'accession à la propriété pour équilibrer le Nord et le Sud de la ville. Nous, nous refusons de décréter qu'il faut mettre des pauvres dans les quartiers sud, nous disons qu'il faut mettre des riches dans les quartiers nord. Ce n'est pas du tout pareil : c'est ça, la mixité intelligente. »

2014 : l'érosion des égoïsmes ?

Sous des dehors un peu « rustiques », Gérard Chenoz est un observateur avisé de la vie politique et des mouvements de fond qui la traversent. Son diagnostic est donc très précieux pour dessiner à cette ville un nouvel avenir : « Il ne suffit pas de créer des emplois à Marseille, encore faut-il des bacs -2 ou des bacs +2, parce que les bacs +8, on va les chercher ailleurs, dit-il. Or, le tourisme, le commerce, les chantiers du bâtiment et des travaux publics peuvent permettre l'embauche de nombreux Marseillais. Ce qui va changer en 2014, c'est l'érosion des égoïsmes. Le Marseillais souhaite que tout bouge autour de lui, sauf lui… Il est favorable à la construction de nouveaux immeubles, sauf devant chez lui. Là, il n'est plus d'accord. La vue depuis ses fenêtres lui appartient et il ressent l'obstruction du paysage comme une violation de domicile. "*Oh, là, là, moi je ne vois plus la Bonne Mère avec ce putain d'immeuble qui me bouche l'horizon, je vais déposer un recours au tribunal contre sa construction.*" Et voilà comment les recours contentieux contre les permis de construire se multiplient, souvent pour retarder au maximum la perte de jouissance.

« De la même façon, si vous tentez de désengorger le centre-ville parce qu'il y a trop de voitures et que le piéton ou les vélos doivent se contenter de la portion congrue, le Marseillais sera d'accord à condition que vous ne touchiez pas à *sa* voiture qu'il doit pouvoir continuer à garer gratuitement devant chez lui. Cet égoïsme des Marseillais est forcément entretenu par les *commerçants en clientèle* de la politique locale qui font une fleur à untel ou untel en échange de leur vote. Au Front national, les gens donnent l'impression d'arroser leurs mauvais penchants, mais dans l'ensemble les Marseillais ne font pas l'amalgame entre l'incivisme, la délinquance et la couleur de peau des nouveaux venus. Les Marseillais de souche ne sont pas racistes, ils sont xénophobes, ce qui revient à dire qu'ils sont hostiles non seulement aux étrangers mais aux vieux, aux jeunes, aux riches, etc. C'est plus de l'égoïsme et de la frustration que du racisme.

« En 2014, rêve Chenoz, Marseille sera sur les rails pour détrôner Barcelone, Marseille sera une ville exceptionnelle en Europe, mais elle conservera son biotope particulier car elle ne ressemblera jamais à Monte-Carlo ni à Cannes. En ce qui concerne la dette colossale de la ville, on ne l'a pas aggravée, c'est une dette saine, comme le bon cholestérol. Quand nous sommes arrivés en 1995, 52 % des Marseillais ne payaient pas d'impôts, à présent ils ne sont plus que 48 %. Voilà pourquoi il m'arrive parfois la nuit de rêver à un quatrième mandat de Jean-Claude Gaudin, qui redeviendrait maire mais aussi grand-père de Marseille, et qui lancerait à son rival malheureux Patrick Mennucci lors du premier conseil municipal en 2014 :

"Tu t'imaginais quoi, Patrick ? Me faire marron à moi, à 75 balais ? Écoute, Patrick, tu as fait 40 % des voix, c'est bien pour toi, tu voulais quoi au juste ? Quatre bagnoles ? Je te les donne. Cinq secrétaires ? Je te les donne. Trois cocardes ? Je te les donne. Il n'y a qu'une chose que je peux décemment pas te donner, Patrick, c'est mon fauteuil..." »

CHAPITRE 4

L'esprit de clan

Ces petites noises politiciennes peuvent paraître dérisoires à l'heure de la diète générale des comptes publics. Il est vrai que la faiblesse financière de la ville résulte pour une bonne part du refus du conseil général d'octroyer à Marseille les crédits qui seraient à la hauteur de son poids réel dans le département. On préfère financer les municipalités amies au détriment de Marseille. C'est ainsi que seulement 10 % des investissements du conseil général sont destinés à Marseille au lieu des 50 % auxquels elle serait en droit de prétendre. Pourquoi ? Parce que Jean-Noël Guérini tient sa majorité du poids des cantons ruraux et qu'il les rétribue à la hauteur des services qu'ils lui rendent. C'est l'esprit de clan qui tue Marseille…

« On bute toujours sur les mêmes écueils, observe Bernard Susini, adjoint de Jean-Claude Gaudin au développement durable, c'est la continuation du système instauré par Philibert et Weygand, une politique clientéliste généralisée du conseil général qui remercie ses amis politiques et les associations amies qui lui rétrocèdent des fonds au détriment de l'intérêt général.» Le système Guérini est bien lézardé aujourd'hui et il suscite parfois certaines vendettas internes: «Je pense que Michel Pezet n'a jamais digéré l'humiliation aixoise, estime Susini. Il a été envoyé à Aix par Guérini lors des dernières municipales pour se colleter avec Maryse Joissains, la maire UMP, et au dernier moment, c'est le tandem constitué par André Guinde et Alexandre Medvedowsky qui est parti à sa place. Pezet a dû longuement remâcher sa rancœur. Comme François Bernardini, éphémère président du conseil général, lui aussi écarté de l'institution à cause des "affaires" et Patrick Mennucci, dont l'avenir était barré par le clan Guérini et qui cherchait d'une façon ou d'une autre à s'en affranchir pour accomplir son rêve, devenir maire de Marseille.

«L'intérêt de Jean-Noël Guérini, en envoyant Michel Pezet à Aix en 2008 pour les dernières municipales, était d'éloigner de Marseille un concurrent dangereux, confirme Alain Joissains, l'ancien maire radical de la ville. S'il a finalement choisi Alexandre Medvedowsky, c'est probablement parce qu'il était sûr du soutien indéfectible de Medvedowsky à travers son frère Alexandre. Les deux Alexandre sont très liés parce que «Medve» est responsable de la zone d'aménagement de l'Arbois pour le conseil général et qu'Alexandre Guérini y aurait trouvé des débouchés très juteux pour alimenter ses sociétés… Guérini serait aussi un dispensateur d'aides et de faveurs au plus haut niveau du PS, voilà pourquoi certains ténors du parti seraient restés longtemps silencieux sur ses agissements… »

Le «gagatorium de la France»?

Ce fonctionnement très particulier des institutions publiques à Marseille a été examiné de très près par Marie-Françoise Comiti, veuve de l'ancien ministre Joseph Comiti, qui a travaillé durant douze ans au conseil régional de Provence: «*No future*, assène-t-elle d'emblée en anglais. Marseille n'a plus aucun avenir : elle a perdu son âme et souffre d'une absence totale de gouvernance. Avec ses septuagénaires politicards, la ville est devenue le "*gagatorium*" de la France. Elle semble condamnée à la damnation éternelle en raison de sa beauté lascive et de sa fascination de la mort. Comment vous dire ce paradoxe ? Marseille, c'est invivable, mais c'est Marseille... Avouez tout de même qu'il est étrange de voir tous ces Machiavel de pissotières concourir à l'attribution de sinécures alors que le peuple de Marseille meurt de faim. Comme disait souvent "Jo" : "*S'ils courent aussi vite que je les emmerde, ils vont finir par gagner les Jeux Olympiques.*" »

Pour Marine Le Pen, venue présenter son livre *À contre-flots* au restaurant *Don Corleone*, rue Sainte, « l'ambiguïté de Marseille est liée au fait que pour gouverner cette ville, il faut être à la fois un loup et un filou. Avant, poursuit-elle, les voyous marseillais connaissaient les risques qu'ils encouraient. Maintenant, on voit devant les tribunaux des jeunes qui ne savent même pas ce qu'on leur reproche. Ils n'ont plus aucune conscience du bien et du mal ni aucun respect de la vie humaine. À Marseille, on a oublié que seul l'individu a des droits. On accorde maintenant des droits à telle ou telle communauté parce qu'il est loisible ensuite de négocier avec ladite communauté pour acheter ses votes. On accorde donc à des gens des droits exorbitants pour des raisons purement cyniques et électoralistes afin de séduire un maximum d'électeurs. On abandonne ainsi des pans entiers du creuset républicain qui mettait tout le monde sur un pied d'égalité.

« À l'école, à Marseille, dit-elle, c'est la langue française qu'il faut apprendre, et pas la langue du pays d'origine des enfants concernés, sinon on va créer des populations étrangères à leur propre pays. Dans certains quartiers de Marseille, même le livreur de pizzas ne peut plus entrer, vous trouvez ça normal ? Quant à Jean-Noël Guérini, moi je l'aurais déjà foutu à la porte. Le PS porte la responsabilité morale de son maintien en fonction. Le problème, c'est qu'à la longue, vous vous êtes habitués ici à cet effondrement moral... Pour éviter ces désagréments, nous choisirons en 2014 à Marseille la personnalité la plus apte à gagner la ville. Chaque fois que je viens à Marseille, la ville est toujours plus sale, plus anarchique, plus défigurée et moins sûre. Cela fait mal au cœur tellement cette ville est belle. Elle a un tel potentiel qu'on est surpris de la voir dégringoler si vite ! L'ennui ici, c'est que le système marseillais est bien verrouillé. Les élus de gauche et de droite font semblant de s'étriper sur la scène publique mais en réalité, ils se partagent le pouvoir depuis plusieurs décennies : *à toi le conseil régional, à moi la mairie, un coup c'est moi, un coup c'est toi*, finalement les Marseillais ont les dirigeants qu'ils méritent... »

Ainsi va Marseille. La ville brinqueballe au train erratique d'un chariot de supermarché trop chargé qui viendrait se cogner contre les rayons. Elle marche à la va-comme-je-te-pousse. Comme enivrée par ses propres excès. Marseille ressemble à sa propre réverbération : elle s'aveugle de ses orgies, elle en titube jusqu'à l'épuisement, puis, soudain dégrisée, elle retombe en enfance en observant le reflet de son outrance. « Marseille aurait davantage besoin d'un Dominique Strauss-Kahn que d'un Gaudin, estime le psychiatre de Gaston Deferre, je veux dire quelqu'un qui animalise sa sexualité au lieu de la sublimer. » Pour l'ancien psychiatre de Defferre, Marseille « s'est vidée au fil des ans de sa substance marseillaise et se transforme en capitale insipide du tourisme et des croisières sans nom.

« Gaudin n'a plus de réels pouvoirs, dit-il, le vrai maire de Marseille, c'est Eugène Caselli. D'ailleurs, je pense que Gaudin fera tout pour qu'il devienne aussi maire de Marseille par détestation cordiale de ses partenaires. Caselli aura forcément besoin de lui car Gaudin contrôle quasiment tous les secteurs de droite à Marseille à l'exception des 4e et 5e arrondissements, le fief de Bruno Gilles. Au Sénat, ajoute-t-il, Gaudin n'a pas réussi à aplanir les bisbilles de la droite et si le Sénat est passé à gauche, c'est à cause de lui. La paupérisation de la ville fait fuir les élites : il n'y a plus à Marseille que des pauvres et des moins pauvres. Pour moi, l'avenir de Marseille, c'est la Chine. Le Vieux-Port sera demain la principale tête de pont de la Chine en Europe. Demain Marseille sera aussi un des phares européens de l'islam car la religion catholique s'étiole de jour en jour et les Marseillais sont évangélisés à l'envers. » Ce jugement sévère envers « Jean-Claude » n'est pas partagé par son ami de toujours, le fidèle Jean Roatta.

J'aime beaucoup Jean Roatta, aujourd'hui âgé de 71 ans, parce que c'est un ancien carrossier et que je l'ai connu en bleu de chauffe rue Augustin-Cieussa aux Catalans. C'est un garçon adorable qui n'oublie jamais d'où il vient. C'est l'homme politique de Marseille qui ressemble le moins à un politicien marseillais... Il n'a rien d'un cynique ou d'un calculateur aigri. Mais la politique lui a apporté le meilleur et le pire. Son échec dans le secteur du 1/7 en 2008 l'a profondément affecté : « J'ai été battu par Mennucci sur le fil, dit-il, parce que ceux qui auraient dû m'aider n'ont pas levé le petit doigt pour moi. Les 288 voix d'écart entre lui et moi, ce n'est rien, c'est le prix de la trahison de Miloud Boualem et de feu André Varese, pas plus, pas moins. »

Récemment élu député européen, Roatta veut rendre à la politique « ce qu'elle lui a donné » : « En 2014, dit-il, je vais aider mes amis. Quant à Jean-Claude Gaudin, plutôt abandonner la politique que d'avoir un conflit avec lui. La politique, pour moi, c'est une école d'humilité. Et quand je neutralise un concurrent, c'est toujours avec élégance. On peut fort bien s'asseoir sur le banc des remplaçants et aider l'équipe à gagner. Les jeunes ont les crocs, ils n'ont plus cette vertu cardinale qu'est la patience. Ils oublient vite le parti, le cocon familial. Or, la famille, c'est pas toujours le confort, mais c'est le foyer.

« La politique, à Marseille, c'est l'enracinement, c'est mouiller la chemise au quotidien en écoutant les gens, c'est être un permanent. Moi, avec quinze ans de moins, Mennucci, je le pile. C'est l'ambition qui vous donne le feu sacré. N'oubliez pas cette petite phrase d'avertissement de Guérini lorsqu'il a quitté le devant de la scène : "*Je vais m'occuper de ceux qui m'ont trahi.*" La vendetta touchera la gauche mais aussi la droite... »

Couleuvres, boas et anacondas

Robert Assante, maire des 11e et 12e arrondissements, est, lui aussi, un travailleur acharné au service de la population, mais il a le couteau entre les dents parce que l'UMP lui a préféré Valérie Boyer aux dernières législatives. « On la surnomme Messaline, sourit-il, du nom de l'impératrice romaine Valeria Messalina, une femme ambitieuse et dissolue qui fut tuée à l'instigation de Narcisse. Avec Gaudin, ajoute Assante, j'ai avalé de nombreuses couleuvres, puis des boas, et deux ou trois anacondas qui me sont restés en travers du gosier. Gaudin est toujours jovial, même lorsqu'il vous scotomise à sec. Son astuce, c'est de toujours donner un os à ronger aux cabots pour éviter qu'ils ne lui bouffent les couilles. Il vous paraît bonhomme et arrangeant, et deux jours après, vous comprenez que vous vous êtes encore fait carrer…

« Je suis le maire d'un secteur à la fois bourgeois et populaire qui est exaspéré par l'insécurité : home-jacking, car-jacking, cambriolages, vols à l'arraché, trafic de drogue tous azimuts, ce qui se passe ici est hallucinant, confie Assante. Quand je tourne dans les rues, les passants me lancent au passage : “*Oh, monsieur le maire, vous nous les mettez quand, les policiers dans la rue ?*” Les petites vieilles de Saint-Barnabé qui ont l'habitude d'exhiber leurs bijoux, style arbre de Noël ambulant, ne peuvent plus se promener tranquilles dans la rue. Le résultat prévisible de cette exaspération, c'est une montée en flèche du Front national. C'est ainsi que ma circonscription, naguère largement acquise à l'UMP, est devenue une des meilleures de France pour le Front national ! Dans certains bureaux de vote comme ceux de La Pomme ou de Bois-Lemaître, Marine Le Pen a fait des scores impressionnants. »

L'insécurité, cancer de Marseille. Robert Assante surveille ses trois « cités » populaires comme du lait sur le feu : « La Grande-Bastide-Cazaulx est une cité de 1 000 logements et je n'y ai recensé que 50 familles à problèmes, dit-il, dès qu'on passe le cap des 200 familles sensibles, c'est fini. À la cité Air-Bel, contrairement aux apparences, c'est encore gagnable, il existe une frontière à l'intérieur même de la cité entre des immeubles corrects et trois immeubles gangrénés par les voleurs et les trafiquants de drogue ou d'armes. On peut aussi encore récupérer la cité de la Rouguière, à condition qu'on ne transfère pas les problèmes d'une cité à l'autre. En revanche, aux Bosquets-Néréides, c'est la catastrophe, plusieurs communautés d'origine étrangère s'y livrent une guerre sans merci pour la conquête du territoire.

« Un homme de 55 ans demeurant dans une maison individuelle en lisière de cette cité des Néréides, est venu me voir à la mairie pour se plaindre, raconte Assante. "*On jette des cailloux sur ma terrasse*, m'a-t-il dit, *ma femme est terrorisée, ça fait vingt-sept fois qu'on me crève les pneus, on me fait comprendre ainsi que je dois quitter les lieux pour ne pas gêner les trafics. Je n'en peux plus, il faut que vous trouviez une solution, monsieur le maire, sinon je vais devenir fou, je vais acheter un calibre et je ferai ma justice moi-même.*" J'ai fait ma petite enquête avec les policiers de la brigade anti-criminalité, poursuit Assante, et on s'est aperçu que le principal fauteur de troubles était un voyou en liberté conditionnelle. On l'a aussitôt averti : "Ou bien tu te casses, ou bien on te dénonce et on te remet au trou aussi sec !" Il a compris au quart de tour, il est parti…

« Quelques semaines plus tard, j'ai vu revenir le plaignant, poursuit Assante. Il était radieux. "*Merci, monsieur le maire, s'est-il écrié, ma femme a retrouvé le sommeil, on ne caillasse plus mes façades la nuit et voilà près de trois mois qu'on ne m'a pas crevé un seul pneu !*" Évidemment, ironise Assante, le voyou avait vidé les lieux sans demander son reste par crainte de retourner en prison. Il faut être un peu malin, un peu gentil, un peu autoritaire et on arrive ainsi à rétablir des situations compromises. Notez que les gens ne viennent pas tous se plaindre parce qu'il y a toujours quelqu'un dans les familles qui a profité d'un "*tombé du camion*". Ils nous interpellent pour nous demander d'assurer leur sécurité, mais aussi d'avoir des rues propres, des logements décents, des places en crèches, des stades, des théâtres, des lieux de vie. Quand je rencontre un nouveau Marseillais qui vient s'installer dans le secteur et qu'il me demande une place en crèche, je suis bien obligé de lui répondre que la crèche est pleine depuis belle lurette. Quand il me demande si l'on peut faire un autre sport que le foot, je suis bien embarrassé pour lui répondre… »

« Les tribulations de Robert Assante ne m'étonnent guère, fait observer Albert Guigui, ancien adjoint au maire chargé de la sécurité et de la police municipale, président de l'association Judaïsme et liberté. Depuis 1995 on est sorti de quarante-deux ans de socialisme qui ont plongé Marseille dans une longue inertie. En dehors des plages et du métro qui ont plombé les finances de la ville pour un demi-siècle, Defferre n'a rien fait d'autre à Marseille que de maintenir un *statu quo* garantissant sa prochaine élection et celle de ses amis. Gaudin, lui, a réalisé un embellissement de la ville et une rénovation générale. Un nouveau centre commercial gigantesque va voir le jour à la Joliette, les Docks ont été restaurés et le tramway maille avantageusement le territoire.

« Les Marseillais ont bien compris dans l'ensemble que les déplacements en voiture à l'intérieur de la ville étaient devenus impossibles : ils ont opté en majorité pour les transports en commun, métro, tram et bus. Seuls les auteurs de longs trajets ou ceux qui vont livrer une marchandise prennent encore leur voiture. Le drame pour Defferre, c'est qu'il a favorisé les délocalisations des grosses industries vers l'extérieur de la ville à cause des nuisances sonores et olfactives. C'est ainsi qu'ils ont vidé Marseille de sa substance et de ses habitants qui sont partis sur Vitrolles, Berre, Aubagne ou Martigues plutôt que de faire des allers-retours fastidieux tous les jours. Et voilà comment Marseille s'est dépeuplée au fil des années, perdant des habitants, des taxes et des consommateurs. L'idéal, pour Marseille, serait de faire revenir ici l'industrie pharmaceutique car Marseille est le premier pôle hospitalier de France et la pharmacie pourrait y connaître un développement fantastique. »

La petite idée d'Albert Guigui...

« En ce qui concerne la succession de Gaudin en 2014, j'ai ma petite idée, confie Albert Guigui en arborant un sourire énigmatique... À gauche, Mennucci réussira à rassembler autour de sa candidature les socialistes et les communistes qui se sont requinqués avec les présidentielles et les législatives. À droite, Gaudin commence à s'essouffler et il aura 75 ans en 2014 mais il n'est pas très chaud pour lâcher son fauteuil. Je pense que Gaudin va profiter de la guerre larvée que se livrent ses successeurs potentiels pour se représenter et briguer un quatrième et dernier mandat. Mais ce ne sera à mon avis qu'une candidature fédérative. Sitôt réélu, il réinstallera Roland Blum comme premier adjoint et démissionnera six mois plus tard pour lui laisser le fauteuil. En fait, celui qui va réussir à succéder à Gaudin est probablement celui qui en a le moins envie : Roland Blum ! »

« Moi je m'en moque du prochain maire de Marseille, ce que je veux, c'est qu'il assure la sécurité de ses concitoyens et basta, affirme Me Nicole Pollak, brillante avocate demeurant à proximité du Vieux-Port. Je suis atterrée par cette ville. On vit dans la hantise de l'agression. On n'ose même plus porter de bijoux de peur de se faire agresser. Pour une personne qui vit seule, comme moi, il est impossible de sortir. C'est désolant. Je n'ose même pas traverser le vieux port pour aller au théâtre de la Criée tellement j'ai peur de me faire estourbir en rentrant chez moi. Déjà, quand j'arrive à la gare Saint-Charles, c'est d'emblée le malaise parce que je suis sûre de me disputer une fois sur deux avec les taxis. On sent à Marseille une agressivité latente qui est exaspérante. Je ne parle pas des errants ou des vagabonds qui me font de la peine, je parle d'une incivilité pénible, celle des bandes de jeunes que je croise rue Saint-Ferréol. Ils bougent pas leur peau, ils crachent par terre, ils s'invectivent, je vous assure que si je pouvais quitter Marseille, je partirai m'installer à Paris où il est encore possible de se balader dans un centre protégé et surveillé. »

Cette dégradation du climat de la ville sidère une autre femme, Monique Venturini, qui a exploité la fameuse brasserie *Le New-York* face à l'ancien *Méditerranée* des Guérini, à l'emplacement de l'actuel *Hippopotamus*: « Lorsque j'étais sur le vieux port, les garçons balayaient la terrasse avant de rendre leur caisse et je nettoyais moi-même le trottoir au jet d'eau avec ma sœur Marlène. Il y a seulement douze ans que j'ai vendu mon affaire et on dirait qu'il y a un siècle. Nous restions ouverts jusqu'à 2 heures du matin, nous servions très tard, nous avions un petit bureau ouvert au fond de la salle, les clefs du coffre étaient posées dessus et en dix-huit ans d'exploitation, je n'ai pas subi un seul braquage. Jamais personne n'est venu nous agresser avec un flingue et pourtant, on faisait de belles recettes. La société n'était pas aussi violente qu'aujourd'hui. Je suis horrifiée par le nombre de vols à l'arraché, d'agressions et de braquages, par cette violence quotidienne qui s'installe à Marseille et à laquelle on finit par s'habituer. »

Le New-York, c'était le bon temps

« Comment expliquer une telle dégringolade en dix ans ? Je n'ai pas la réponse, reconnaît Monique Venturini. Vous ne pouvez pas imaginer le nombre de gens qui m'interpellent dans la rue en me disant : "Le New-York, *c'était le bon temps*." C'est comme l'amour, *Le New-York*, on se rend compte de sa valeur et de son intensité lorsqu'on l'a perdu… » Les deux sœurs avaient transformé leur établissement en brasserie « *Lipp* » à la sauce marseillaise et il était devenu un des phares de la nuit. Je me souviens que Monique et Marlène avaient placardé dans leur bureau attenant à la grande salle du *New-York* de nombreuses affiches de politiciens marseillais avec la mention « *Wanted* », façon Steve McQueen dans *Au nom de la loi*. Au fil des semaines, les deux « chasseuses de primes » ont fait des croix sur chacun d'eux : tous sont tombés dans les mailles du *New-York*…

Pour Monique Venturini, le malaise existentiel de Marseille est lié aussi à la « transition » difficile entre une ville qui n'est plus industrielle et qui cherche à affirmer sa vocation touristique. Elle voue une admiration sans bornes à Claude Bertrand, le maire *bis* de Marseille : « C'est lui, dit-elle, qui a été le fer de lance de la carrière de Gaudin, sans lui Gaudin n'aurait jamais réussi à percer. Pourtant, au départ, Claude Bertrand était un modeste secrétaire de mairie à la solde de Defferre et lorsque Gaston a proposé à Gaudin d'intégrer ses équipes socialistes, alors toutes-puissantes à Marseille, c'est Claude Bertrand, l'ami d'enfance mazarguais de Gaudin, qui l'en a dissuadé et l'a exhorté à s'émanciper pour devenir le chef de l'opposition. Gaudin-Bertrand, dit-elle, c'est un duo indissoluble. L'un est extraverti, l'autre est introverti. Le premier récite les gammes, le second les écrit. Gaudin est truculent et madré, le second discret et fin stratège. »

Actuellement conseillère au cabinet de Jean-Claude Gaudin, Monique Venturini a longtemps œuvré pour l'éclosion de l'industrie cinématographique à Marseille et elle a réussi, avec Serge Botey, à rendre Marseille « tendance ». Si les tournages se multiplient à Marseille, c'est surtout grâce à son action de persuasion et de lobbying au sein du milieu artistique. Mais elle a un sentiment d'inachevé, comme si à Marseille rien ne pouvait jamais être mené à son terme : « La ville change en bien et en mal, avoue-t-elle, mi-figue mi-raisin, d'un côté elle s'embellit, de l'autre elle se paupérise à vue d'œil et perd son identité. Ceux qui ont eu l'idée du regroupement familial n'ont pas mesuré la réalité démographique qui nous pète à la figure. Lorsque les Maghrébins sont arrivés ici pour travailler, on les a parqués dans des HLM initialement construits à l'usage des pieds-noirs en 1962. On a construit n'importe où n'importe comment, on a balafré la ville avec des barres et des tours qui ont brisé l'âme des noyaux villageois. Je pense que cet urbanisme catastrophique est à l'origine de la désagrégation sociale de Marseille, estime Monique Venturini. Les pieds-noirs sont partis vivre ailleurs, les Maghrébins et les Africains ont vécu entre eux, en autarcie, et leurs enfants se sont vindicativement appropriés le territoire. »

Pour elle, c'est désormais « le prix qui fait le client » : « On installe de grandes enseignes qui sont des aimants à racaille et Marseille se nivelle par le bas. Il y a d'un côté des gens d'une richesse insolente, de l'autre des très pauvres en quantité et une classe moyenne qui disparaît. Entre les deux extrêmes, c'est une coquille vide. Le travail du nouveau maire, quel qu'il soit, sera de combler cet écart… Il sera l'ambassadeur de la ville et ne devra pas oublier que Defferre voulait des cons autour de lui et des médiocres en face de lui. »

La stratégie du maintien aux manettes

« Des cons autour de lui, des médiocres en face de lui » : une stratégie pénarde de maintien aux manettes. Pourtant, ce que l'UMP et le PS feraient bien d'observer de plus près, c'est le retour en force du Front national à Marseille. Tel est l'avis du seul et unique conseiller municipal FN de Marseille, le Dr Bernard Marandat, beaucoup plus écouté depuis que Marine Le Pen a réalisé un score de 21,22 % des voix à Marseille : « Je n'ai peut-être pas servi à grand-chose dans mon périple politique solitaire, reconnaît-il, mais j'ai mis un frein au clientélisme effréné de Jean-Claude Gaudin et de Patrick Mennucci qui n'ont jamais cessé de saupoudrer l'argent public pour multiplier le nombre de récipiendaires et s'en faire des affidés. J'ai essayé aussi de freiner la réalisation de la grande mosquée de Marseille, une affaire emblématique du style Gaudin, fait de jovialité républicaine et d'hypocrisie apitoyée. Voilà soixante-trois ans que je vis à Marseille, j'y suis né et j'y mourrai, dit Marandat. J'adorais Marseille, mais je me sens obligé aujourd'hui d'employer l'imparfait. Avant, il faisait bon vivre ici…

« Tous les week-ends je faisais du prosélytisme marseillais, les pêcheurs, les avocats, les médecins, les employés, tout le monde était à la même table et on déjeunait à la bonne franquette. Maintenant, cette ambiance est révolue, regrette-t-il, je constate dans les rues une agressivité grandissante, une frustration qui peut rapidement devenir explosive. Marseille n'est pas seulement cosmopolite, c'est une ville monolithe dont l'image est négative. J'ai invité un médecin chilien à un colloque à Marseille et il a eu cette réflexion : "*C'est curieux, on dirait que Marseille est en train de se suicider.*" Tous nos enfants quittent Marseille et vont faire leur vie ailleurs. On constate ici les prémices de ce qui va bientôt se passer partout en France : la fin d'une civilisation et peut-être le retour de la barbarie. Marseille a depuis longtemps dépassé ses capacités d'accueil et elle n'a plus les moyens de faire face à l'afflux de migrants venus de toute l'Europe et du Maghreb. Mais les élus refusent de voir la réalité en face : ils seront balayés par leurs prismes dogmatiques et le vent mauvais de l'histoire. »

Cette impression est partagée par Geneviève Tabert, qui a longtemps œuvré au Canet dans les quartiers nord et a été le témoin privilégié de nombreux abus commis dans l'attribution clientéliste des HLM : « Marseille est en perdition, tranche-t-elle, elle me fait l'effet d'une superbe robe de haute couture qui serait maculée de taches de goudron indélébiles... Marseille en voiture, à pied, en moto, c'est l'anarchie, la pagaille, le va-comme-je-te-pousse, une ville dégueulasse, des impôts en hausse, je ne vois pas comment ça pourrait être pire. Il ne fait aucun doute que demain Marseille sera une ville à majorité islamique et qu'elle aura dans les années 2020 un maire arabe. Mais ce ne sera pas forcément une mauvaise chose : ils mènent les gens à la trique et pourraient remettre de l'ordre dans cette ville. »

La trique ? Pourquoi pas ? Mais pour le professeur Jean Pouget, éminent neurologue de l'hôpital de La Timone et brillant enseignant à l'université, c'est surtout l'ambition qui manque à Marseille : « La ville est dans une situation critique et dans ces cas-là, on s'en sort toujours par le haut, fait-il observer. Il ne suffit pas de gérer cette ville à la petite semaine, il faut être très ambitieux pour Marseille. Il faut créer une grande métropole, avec une image forte d'exclusivité pour Marseille, même s'il y a des freins politiques du côté d'Aubagne et d'Aix. L'idéal pour Marseille serait qu'elle fasse quelque chose que les autres villes ne savent pas faire en le faisant mieux que les autres. Il faut aussi agir sur la restauration des façades, souvent miteuses, pour éviter l'aspect de délabrement de certains quartiers et nettoyer les trottoirs au karcher, comme à Paris ou à Lyon, alors qu'ici on se contente de faire couler de l'eau dans les caniveaux et d'asperger les trottoirs à la volée avec des balais de cantonnier. »

Ce qui chagrine le professeur Jean Pouget, c'est l'irrespect généralisé et « l'incapacité conceptuelle » de nombreux patients qui viennent le consulter en djellabas et babouches : « Je les soigne comme les autres, dit-il, mais je constate qu'ils ont une certaine pauvreté de langage et un défaut de verbalisation qui peut engendrer des violences. Les coups peuvent se substituer aux mots. Une personne qui parle aujourd'hui en bon français peut passer pour précieuse ou ridicule… »

DEUXIÈME PARTIE

La Mafia culturelle et sociale

CHAPITRE 1

Une certaine idée de Marseille

« *Actibus immensis urbs fulget Massiliensis.* »

C'est en latin la devise de la ville : « *Marseille brille par les actions d'éclat des Marseillais.* » On peut aussi traduire « *immensis* » par « immenses », c'est-à-dire par des actions que l'esprit ne peut pas mesurer, tant elles ont de l'ampleur. C'est la base même de notre fameuse tendance à l'exagération. Exemple :

— Putain d'Adèle, je me suis gelé hier à l'Estaque, il faisait moins trente… Pour me réchauffer, j'ai mangé soixante chichis-fregis chez Magali et quarante panisses chez Freddy !

Les « actions d'éclat » des Marseillais sont aussi l'expression d'une richesse humaine qui est souvent le contrechamp logique de la précarité générale, c'est-à-dire l'obligation de se débrouiller avec… des petits riens. Marseille ne peut briller que par les efforts démesurés de ses habitants qui doivent se transcender pour être pris au sérieux et s'extraire du marasme ambiant sans un sou vaillant.

— Ah bon ? Vous êtes Marseillais ? C'est rigolo, mais vous n'avez pas trop l'accent ! Dites-moi, on peut vous faire confiance au moins, n'est-ce pas, vous n'êtes pas un fantaisiste ?

C'est là qu'il faut que nous autres Marseillais en rajoutions des louches. Prenons l'accent, chuchotons leur qu'ils ont raison de se méfier, racontons leur que tout Marseillais est à la fois un saint et un voyou, surtout s'il vient de Menpenti, de la Valbarelle ou de La Plaine. Suggérons leur que s'ils prennent le tramway, ils risquent d'attendre longtemps à l'arrêt du boulevard Chave parce que les Marseillais jouent à la pétanque au milieu de la chaussée et qu'il faut attendre la fin de la partie si l'on veut éviter la "filade" générale et conseillons leur finalement de s'adresser à un parisien ou à un breton, bref un vrai Français, plutôt qu'à un branquignol comme vous.

Edmonde Charles-Roux, la veuve de Gaston Defferre, a fort bien défini cette tendance instinctive à l'exagération qui affecte tous les Marseillais, quasiment depuis leur naissance, lors d'une émission de télévision en 1990. Interrogée par la belle Christine, qui, elle, préfère l'Ile de Beauté où elle a construit une maison sans trop se soucier du plan d'occupation des sols et du domaine maritime, ce qui lui a valu un sacré rappel à l'ordre de la Cour administrative d'appel, Edmonde Charles-Roux a magistralement analysé « l'esprit » marseillais :

« Nous somme des gens qui exagérons, dit-elle, vous voulez qu'on exagère ? Eh bien, vous allez voir ! On va aller jusqu'à l'outrance, jusqu'au paroxysme, encore plus parce que vous êtes quelqu'un qui vient d'ailleurs. Alors on va exagérer, on va rigoler, on va parler de pastis, de boules, de l'OM, des poissonnières. Dans le fond, les Marseillais se détestent de le faire et vous méprisent de les croire. En réalité, nous sommes Grecs. Pessimistes. Noirs. Nous sommes le contraire de ce qu'on dit que nous sommes…

« Donc, fait observer Edmonde Charles-Roux, nous sommes en porte-à-faux permanent avec la communication qui s'exerce sur des gens qui ne sont pas ce que l'on croit. Tout le mystère de Marseille est là. J'ai essayé de donner quelques exemples faciles en évoquant les pagnolades mais c'est beaucoup plus profond que ça. Le pays est pessimiste. On le croit rigolard. Il est le contraire de rigolo. Il est noir. Parce que la Grèce est noire, parce que la Méditerranée est noire et qu'en plus Marseille est consciente du «*fatum*» antique, de la fatalité, le Marseillais accepte et plie devant le fatum, cette loi immuable, suprême, qui règle d'avance l'enchaînement des événements de l'existence... »

Christine Ockrent, qui a largement prouvé dans son reportage, très controversé à l'époque, sur la « cité phocéenne », qu'elle n'avait rien compris à la ville, demande benoîtement à Edmonde: « est-ce qu'on arrive jamais à comprendre Marseille ? »

« Les Marseillais ne veulent pas être compris, répond Edmonde, ils se veulent impénétrables, comme les Siciliens dans une certaine mesure. Ils offrent un faux visage aux visiteurs. »

L'exagération, en fin de compte, c'est une protection. Une sorte d'impudicité affichée, une fanfaronnade ostentatoire, un accès d'hilarité tonitruante pour masquer la pudeur. Et celui qui a le mieux décrit cette pudeur, cette délicatesse des sentiments, c'est Marcel Pagnol, l'écrivain qui a su capter l'âme de Marseille dans ce qu'elle a d'essentiel et d'universel. Marseille devrait élever une stèle à Marcel Pagnol, car son œuvre est... immense! Ceux qui le critiquent en croyant qu'il fait du tort à Marseille n'ont rien compris à son œuvre et ils ne connaîtront jamais les ressorts secrets des Marseillais natifs de Marseille. Ceux qui osent caricaturer «Marius, Fanny, César et Topaze» dénigrent sans le savoir les Marseillais natifs de Marseille dans ce qu'ils ont de meilleur. Et qu'on s'entende bien ici: pour moi, les Marseillais natifs de Marseille sont ceux qui sont nés à Marseille, quelle que soit leur origine ou leur couleur de peau. La gravité, le tact, le plaisir de faire plaisir, le sens de l'honneur, la dignité, toutes qualités éminemment marseillaises, c'est Marcel Pagnol qui les a admirablement décrites sous le vernis racoleur de la «grosse couillonnade».

Il vous séduit, vous enjôle et vous tue

Marseille secrète sa propre fatalité. Si les Marseillais passent le plus clair de leur temps à éreinter leur ville, c'est qu'en réalité ils l'adorent et voudraient réduire ses travers. L'esprit marseillais est souvent semblable aux minauderies d'une femme fatale : il vous séduit, vous enjôle et vous tue. Il s'agit avant tout de se renier soi-même, de passer pour des benêts, afin de se prémunir des brûlures d'une passion clandestine. L'excès ? C'est pour dissimuler la pudeur d'être soi-même au grand jour. La faconde marseillaise, la « tchatche » ? C'est celle des grands timides qui exorcisent leurs peurs sous un déluge de mots. Et le grand éclat de rire qui couronne le tout vise à désarmer l'éventuelle malveillance de votre interlocuteur...

Marseille aime à galéjer, à crier comme un putois, à se peindre ainsi en clair-obscur. Ce décalage entre Marseille et le reste du monde, c'est que le reste du monde n'a jamais compris Pagnol et s'est fourvoyé sur le sens de son œuvre. Marseille se tourne complaisamment en dérision pour mieux manigancer ses rebellions à fleur de peau et ses colères paranoïaques héritées d'un très long passé d'insoumission. « De toutes les villes illustres, confirme André Suarès, Marseille est la plus calomniée. Et d'abord Marseille calomnie Marseille. Chaque fois qu'elle tâche à ne plus être elle-même, elle se gâte au miroir de sa lie. »

Vous attendez quoi, cher monsieur ? Que je vous parle des rascasses, des sardines qui bouchent le Vieux-Port, des pigeons qui sont « fanny » aux boules et doivent embrasser un « tafanari » de cagole grand comme la porte d'Aix ? Eh bien je vais vous en parler. Si vous voulez, je peux en rajouter un peu sur les employés de la chambre de commerce de Marseille, une vénérable institution qui a recruté de nombreux enfants de la bourgeoisie marseillaise ? Franck Tassy, ancien élu désavoué par Gaudin et qui a achevé sa carrière en toute quiétude dans les bureaux lambrissés du majestueux palais de la Bourse n'ironise-t-il pas lui-même sur « cet endroit paisible où ceux qui arrivent en retard croisent ceux qui partent en avance… » L'ancien commissaire divisionnaire Henri Gentet ne disait-il pas à qui voulait l'entendre que « dans la police marseillaise, une heure passée à travailler, c'est une heure perdue pour l'avancement ».

Tous les Marseillais aiment jouer aux « fangoulistes » pour se moquer gentiment d'eux-mêmes. Ils ont une mentalité d'assiégés qui parent par avance les coups qu'on ne leur donne pas !

Patrick Cauvin, écrivain né à Marseille lui aussi, a bien décrypté les arcanes de cet "esprit marseillais", inaccessible au commun des mortels : « à mon avis, confiait-il, l'esprit marseillais se caractérise par deux éléments que les psychiatres doivent désigner par des termes savamment inquiétants. Il consiste à envisager des catastrophes à partir de brimborions et, inversement, à minimiser les cataclysmes. Parmi une foule d'exemples, deux me reviennent en mémoire. L'un m'est personnel, poursuit Cauvin, j'ai cinq ans, j'ai la grippe. Une voisine monte et interroge ma mère :

« Il a la fièvre le petit ?

— Voui.

—Il a mal à la gorge ?

— Voui. Il a un gros mal de gorge.

—Peuchère, alors il va mourir le petit ! »

Catégorique. Ma mère fut longue à s'en remettre et vingt-cinq ans plus tard, elle avait encore du mal à en rire. Il est vrai que cet épisode se passait du temps de la diphtérie et que de nombreuses personnes décédaient des suites de cette maladie. »

Une chaîne de rumeurs victorieuses

Cette vibration qui palpite dans les entrailles de la ville, je l'ai moi-même perçue confusément au bout de mes doigts le fameux soir du match OM-Milan à Munich en finale de la coupe d'Europe de football le soir du 26 mai 1993. Ce soir-là, tout Marseille était rivée devant le petit écran. Les rues étaient totalement désertes. Tout Marseille y croyait. Ce soir-là, enfin, pour la première fois de son histoire, Marseille serait reconnue et glorifiée à la mesure du talent de son peuple. Marseille oublierait Forbach et ses 434 spectateurs payants, un triste dimanche après-midi, le 23 avril 1965, lors d'un pitoyable match de seconde division au stade Vélodrome.

Au *Bar des Allées*, sur les allées Léon Gambetta, le match n'a été qu'une péripétie et Basile Boli a signé la victoire, une simple confirmation, un « oui » de la tête, malgré Franco Baresi, qui résonnait comme une revanche à des dizaines d'années de frustrations. L'explosion de joie a été fracassante. Avant le coup d'envoi, je « savais », je « sentais » trépider le cœur de Marseille à l'unisson. La force de la ville, c'est ce trépignement souterrain, cette ferveur chauvine et unanime qui se métamorphose de loin en loin en une mécanique ondulatoire susceptible de faire trembler en un tournemain les volontés les plus ardentes.

« Marseille, confirme Serge Botey, ancien adjoint à la culture de Gaudin, aujourd'hui membre de son cabinet, c'est comme les films de Pagnol et les matches de foot. Derrière la galéjade se cache souvent la tragédie. » Pour lui, « une ville qui a de telles racines, une ville qui a 2 600 ans d'histoire, ne peut pas ne pas avoir d'avenir. Nous allons nous en sortir, prophétise-t-il, nous vivons une sorte de transition psychiatrique, entre la prospérité économique du XIXe siècle et le réveil culturel du XXe, Marseille ne cèdera pas au syndrome de Venise… »

Le syndrome de Venise, on peut aisément le ressentir dans la cité des Doges mais aussi sur la Canebière. Il s'agit de la fâcheuse impression que Marseille s'enlise dans un marasme sans fin et qu'elle pourrait un jour être engloutie sous les affres de la misère et de la dislocation sociale. On voit même réapparaître aujourd'hui les anciens « chiffonniers » qui traînent leur poussette en quête de métaux, de chiffons, de victuailles. « La chance de Marseille, estime Botey, c'est de faire de la pauvreté un atout humain : notre ville est devenue le symbole d'un creuset alchimique dans lequel tout le monde se fond. Marseille n'est pas une ville qu'on habite, c'est une ville qui vous habite. Son histoire est dans l'âme des gens plus que dans les pierres ou les fossiles. La force de l'OM, c'est Marseille, et non l'inverse. Quand Patrice de Peretti battait le tambour dans les virages du stade Vélodrome, je lui faisais remarquer : "*Oh, Pat ! Tu vois jamais les matches, toi, puisque tu es le dos tourné à la pelouse pour galvaniser les supporters...*" Et il me répondait : "*Serge, tu es fada, le match, je le vois dans les yeux des autres !*"

« Paris n'est qu'un beau musée à côté de Marseille. Et ce qui nous sauve, c'est l'appel identitaire. On se sent Marseillais avant d'être Français. Marseille repousse et fascine en même temps. Pour réussir l'intégration, il faut être fier de ses origines et adopter les us et coutumes du lieu où tu vis, sinon tu deviens une bombe à retardement. Marseille possède une telle force vitale que le mec le plus déboussolé y retrouve un repaire, une nouvelle nationalité. Les Parisiens ne pourront jamais comprendre notre langage métaphorique, ils se fixent trop sur notre part négative, Marseille ne s'explique pas, Marseille se respire... »

C'est la vérité vraie : « *Marseille ne s'explique pas, Marseille se respire...* »

Mais je vais aller beaucoup plus loin que l'ami Serge dans... l'explication de ce souffle particulier qui se transforme en inspiration commune.

Marseille est avant tout une ville spirituelle. Ce n'est pas la politique qui sauvera Marseille. C'est la culture et la religion qui sauveront Marseille de la dislocation sociale et ethnique. Marseille a toujours été et restera une ville de misère et de miséricorde, une ville de charité où les pauvres prennent en pitié les plus pauvres. Je sais, je viens de prononcer un mot tabou, un mot imprononçable pour les inquisiteurs de la pensée unique, celui de « charité »...

Eh bien, le grand secret de Marseille, c'est la charité. Un mouvement instinctif de générosité, un élan du cœur, souvent anonyme, qui vous porte vers l'autre et vous incite à soulager les détresses humaines. On n'habite pas Marseille, c'est Marseille qui vous habite. Les Marseillais eux-mêmes ont du mal à comprendre cette sourde imprégnation. Ils peuvent être riches ou pauvres, du Sud ou du Nord, arabes ou européens, seuls ou accompagnés, intelligents ou stupides, cadres ou ouvriers, ils ont tous en commun un patrimoine invisible, celui de la «*transsubstantiation*» qui donne vie à leur identité. Leur corps est toujours le même et pourtant il devient un autre...

«Le doute de ce qu'est Marseille naît du mépris qu'elle inspire, philosophe Me Jullien, cette ville n'en finit jamais de mourir car elle puise dans sa régression les germes de son renouveau. Marseille se révèle toujours quand on la croit perdue... Il semble monter d'elle une lumière diffuse que le trouble du quotidien empêcherait de discerner. C'est paradoxal, mais Marseille vit de ce qui la tue. Si vous prenez l'église des Réformés, en haut de la Canebière, elle était quasiment abandonnée il y a quelques années. Or, aujourd'hui, elle est en pleine renaissance et 900 personnes s'y pressent chaque dimanche pour la messe solennelle du père Michel-Marie Zanotti-Sorkine, un prêtre qui a su captiver ses ouailles par son sens du sacré et ses prêches enflammés. Son église menaçait ruine, elle était déserte et aujourd'hui, elle ne désemplit pas. C'est ça Marseille!

«Le problème de Marseille, c'est qu'elle s'est coupée en deux, affirme Me Jullien, on vient s'abriter au Sud du danger présumé des quartiers nord. Certaines populations n'ont rien en commun, elles se sentent de trop chez elles et elles émigrent au Sud. Elles claquent la porte des quartiers nord lorsqu'elles en ont les moyens et s'écrient: "*Vivez dans votre merde, restez dans vos HLM crasseux, cassez les boîtes aux lettres, pissez dans les parties communes, négociez votre shit et tagguez les murs, nous on veut vivre normalement...*" Contrairement à l'espoir rentré de nombreux Marseillais, les immigrés qui vivent entassés dans les cités des quartiers nord ne partiront pas. Ils ne rentreront au bled que pour y voir leur famille ou construire une belle villa à l'abri des regards.

« Les jeunes des cités vivent souvent dans l'affrontement et la provocation, y compris au sein de leur propre famille car ils ont perdu tout repère, tout exemple, estime l'avocat qui est aussi installé rue Rabelais à proximité de Saint-André et de l'Estaque, ils se sentent rejetés par le reste de la population et ils essaient en quelque sorte de se rendre dignes de ce rejet... D'autres aspirent à mener une vie normale, mais ce qui les rassemble tous, c'est le repli communautaire : les Arabes avec les Arabes, les Noirs avec les Noirs, les Gitans avec les Gitans et les Européens avec les Européens. Je pense que les quartiers nord ne pourront vraiment se développer que lorsque les Européens y retourneront. Le destin de Marseille est étroitement lié à celui de l'Algérie. Beaucoup d'Algériens me confient qu'ils ont peur, lorsqu'ils rentrent chez eux, de ne pas pouvoir revenir en France. Instaurer une totale liberté des allers-retours entre la France et l'Algérie serait une aubaine pour Marseille.

« Ce qui me chagrine à Marseille, c'est que les élus ne traitent jamais le fond des choses, poursuit-il, on fait semblant de travailler mais en réalité on ne fait rien. Le maire est un vecteur mou du consensus. Il n'a visiblement aucune appétence pour la gestion et son entourage est composé pour l'essentiel de tire-au-flanc. Lorsque je vois qu'on veut construire 40 villas et 286 logements à la Madrague de Montredon, à la place de l'ancienne usine Legré-Mante, je me dis qu'on va asphyxier la circulation puisqu'on ne prévoit aucune voie nouvelle. C'est la tare du sextennat de Gaudin : il est atteint de bétonnite aiguë et a passé un pacte diabolique avec les promoteurs...

« Le mystère de Marseille tient à son caractère sacré, conclut Me Jullien, elle retombe dès qu'elle progresse comme d'autres récidivent et tombent à genoux. Les plus fanatiques supporters de l'OM sont aussi les plus chauvins et les plus versatiles : au premier revers ils sont capables de haïr des joueurs qu'ils adulaient la veille. À Marseille, tout se délite, se défait, se désagrège, et se refait. Cette alternance brutale de phases de dépression et d'euphorie caractérise la cyclothymie existentielle de Marseille. »

La charité et la liberté

Oui, le grand mystère de Marseille, c'est la charité. Mais c'est aussi un sentiment de liberté invincible qui défie les puissants, les rois, les institutions, et tous ceux qui prétendent incarner un pouvoir quelconque. Marseille est un défi permanent à l'autorité.

Marseille s'infiltre en vous, vous irradie et vous possède peu à peu comme un gourou qui ne dirait pas son nom et vous invite à un délire logorrhéique. « De ma vie, je n'ai rencontré de citoyens plus entichés de leur liberté que ces foutus Marseillais, confie Arlette Aguillon-Roure, cette passion ne va pas jusqu'à leur faire prendre en compte la liberté des autres. Ils ont à ce point pris l'habitude de considérer leur ville comme le nombril de la terre qu'ils n'auront jamais fini de s'étonner qu'on ne l'ait pas choisie comme capitale de la France... »

Le principal ciment de Marseille, ce n'est pas le stade vélodrome, ainsi que le prétendent les politiques, c'est la pauvreté et la religion. Ce sont les catholiques, les juifs, les musulmans, les protestants, les orthodoxes et les bouddhistes qui sauveront Marseille de la détresse sociale et des affrontements raciaux parce qu'ils ont au cœur la même espérance en un avenir meilleur. Marseille est sans doute la ville de toutes les tanshumances mais c'est aussi celle de toutes les espérances.

Marseille fascine souvent la France, et même l'Europe, précisément parce que c'est une gigantesque machine à intégrer des populations venues d'ailleurs. Marseille est un peu considérée comme le laboratoire ethnique de l'Europe. On vient régulièrement tenter d'y déceler les prémices d'un probable « choc des civilisations ». En vérité, de très nombreux Marseillais sont terrorisés par le spectre de la submersion : ils se sentent envahis, désintégrés, dépossédés de leur identité française et des valeurs nationales qui s'y rattachent. Sauf que Marseille n'est plus française depuis belle lurette, si tant est qu'elle ne l'ait jamais été. Marseille est la fille adultérine de la Révolution et de la République, une « enclave de

Méditerranée hasardeusement rattachée à la France », comme l'indique l'historien Raoul Busquet. Il ne faut jamais oublier, si l'on veut comprendre la revendication autonome de la ville et ses foucades récurrentes contre l'État, que Marseille est la plus vieille cité de France et qu'elle était une république au temps de la conquête de la Gaule.

Et lorsque la Révolution a éclaté, décrétant la fin des privilèges des uns pour les transmettre… à d'autres, un bataillon de fédérés est parti de la rue Thubaneau à proximité de la Canebière pour défendre la République en entonnant le « chant de l'armée du Rhin », un chant révolutionnaire composé par le Marseillais Claude Rouget de Lisle qui sera baptisé plus tard « *La Marseillaise* » et deviendra l'hymne national de la France. Qui se souvient que « *La Marseillaise* » est aussi un hommage à la première république de France, la République marseillaise ?

Demain, Marseille changera de couleur. Elle sera majoritairement africaine, comorienne, arabe et musulmane, après avoir été européenne, italienne, arménienne, espagnole et catholique. Mais ce n'est qu'un cycle qui s'inscrira dans la légende des siècles et puis le vent tournera de nouveau. Après-demain, ce sont les Chinois qui s'installeront en masse à Marseille et en chasseront les Arabes et les Noirs. Et Marseille se réveillera taoïste. C'est déjà le cas dans la « cage » et le quartier Belsunce, autour de la gare Saint-Charles et de la Canebière, devenu le « quartier chinois » après avoir été durant cinquante ans le « quartier arabe ».

"Marseille ressemble à une bulle de savon aux reflets irisés qui éclate entre vos doigts dès que vous songez à la prendre. Elle est une illusion qui se donne à qui croit la saisir. Quoi qu'il arrive, drames, joies, liesses, épouvantes, terreurs, assassinats, destinées fracassées dans l'écume des jours, c'est toujours Marseille qui reprend le dessus au fur et à mesure que le temps passe, comme si les "actions d'éclat" qui caractérisent les Marseillais n'avaient finalement servi à rien.

Quand je vais au stade Vélodrome, je suis surpris de voir garées autour du boulevard Michelet des voitures immatriculées 84, 83, 30, 06, 38, 62, 05, 04, 75, 92, 07, 42, 35, bref appartenant à des supporters venus de tous les départements de France. Je me demande même si ces Marseillais d'adoption, qui font parfois plusieurs centaines de kilomètres pour assister au match de leurs favoris, et repartent le soir même, ne se déplacent pas à Marseille précisément pour épouser une identité nouvelle et rebelle qui leur donnera le sentiment d'exister vraiment. On me dit souvent que le symbole de Marseille, c'est l'Olympique de Marseille et sa célèbre devise: «*Droit au but*».

Je n'en suis plus très sûr. L'OM, depuis qu'il a été champion d'Europe, il y a près de vingt ans, a drainé des foules immenses venues d'ailleurs, l'OM est devenu davantage une équipe nationale qu'une équipe locale. C'est l'OM qui attire le plus de téléspectateurs, sur n'importe quelle chaîne. Pas Paris, ni Lyon. Le talentueux journaliste correspondant à Marseille de la chaîne d'informations sportives *L'Equipe TV*, Nicolas Chaix-Bryan, 40 ans, est un peu du même avis: «Il est difficile de parler de cette ville, même pour un Marseillais, dit-il, car c'est une ville insondable. Elle possède un potentiel supérieur à la moyenne, mais je reste persuadé que Marseille est un fruit pourri de l'intérieur. On a l'impression qu'elle n'arrive jamais à se hisser à la hauteur de ce qu'elle devrait être. Et quand elle y arrive, elle retombe brutalement. Elle a des atouts, mais elle les freine elle-même et avance péniblement au prix de petits arrangements et de sur-connexions.

«Moi, en tant que Marseillais qui aime intensément sa ville, observe Nicolas Chaix-Bryan, ça ne me gêne pas forcément que Marseille ne soit pas hyperattractive, j'ai en commun avec tous les Marseillais natifs de Marseille ce sentiment de possession exclusive qui me fait voir d'un œil réticent tous ces bobos du weekend qui viennent découvrir la ville et la consommer. Ma réaction tacite, c'est: *Mon Marseille, je me le garde...* Marseille ne sera jamais Barcelone parce qu'elle n'a pas le sens de la fête, estime

Nicolas, la vie nocturne à Marseille, c'est zéro. Et puis on souffre de ces faits divers spectaculaires qui endeuillent régulièrement les quartiers nord. Marseille capitale de la kalach après avoir été capitale du 11/43, on s'en passerait... »

Marseille est une nation

Les destinées humaines n'ont qu'un poids dérisoire en regard de la *nation* marseillaise. Car le secret est là aussi : Marseille n'est pas une ville, c'est un pays. Mieux : une nation. Avec son territoire enserré entre mer et collines, son parler marseillais mâtiné aujourd'hui « d'accent rap » à la place des intonations italiennes, sa communauté de destin et son sentiment d'appartenance à un creuset universel, Marseille n'est pas ma ville. Marseille, c'est mon pays. Eh oui, on est Marseillais à Marseille de la même façon qu'on se sent Français à Lyon, Lille ou Paris.

Marseille est un pays dont le drapeau blanc orné d'une croix bleu ciel est celui de l'OM. Tolérer aujourd'hui que les maillots de l'OM puissent être orange ou noir pour favoriser leur vente comme des petits pains, c'est trahir l'âme de Marseille. Les maillots de Josip Skoblar, Jean-Pierre Dogliani, Pépito Pavon, Yéso Amalfi, Gunnar Anderson, Jean-Claude Scotti et celui de Roger Magnusson étaient d'un blanc immaculé. Leurs chaussettes étaient bleu ciel. Ils sont entrés dans la légende. Les vedettes d'aujourd'hui sont des produits marketing vêtus des oripeaux de mercenaires.

Quant aux spectateurs des tribunes et les virages, ils ne sont pas de la même extraction. Seuls ceux des virages sud et nord chantent durant une bonne partie du match ou s'époumonent pour soutenir leurs champions. Ceux des tribunes Ganay et Jean-Bouin sont plus discrets et moins démonstratifs. Quand un ballon atterrit dans les tribunes Ganay ou Jean-Bouin, il est renvoyé sur le terrain, comme partout ailleurs en France. Quand il échoue dans les virages, il est aussitôt volé par des jeunes et les stadiers se gardent bien de monter le chercher... Un exemple détestable pour les jeunes car il banalise à la fois le vol et l'impunité. Comme ces joueurs qui croient être des vedettes et passent leur temps à cracher sur la pelouse, à se moucher avec leurs doigts et à rentrer sur le terrain en tenant un enfant par la main en signe de fair-play... pour mieux esquinter l'adversaire quelques instants plus tard d'un tacle assassin !

Contrairement à ce que racontent les sociologues, Marseille et le stade vélodrome ne sont pas les parangons français du « mélangisme », c'est exactement le contraire. Marseille fait cohabiter des communautés qui se respectent mais ne se mêlent pas. C'est un peu ça le miracle marseillais : une ville qui fourmille d'étrangers ou de Français d'origine immigrée (400 000 environ sur 900 000 habitants) et qui parvient à édifier une tour de Babel où chacun croit en son étoile et sait qu'il peut atteindre son ciel.

En cheminant dans Marseille, on tombe parfois sur des graffiti intéressants qui disent beaucoup de choses sur l'esprit rebelle des Marseillais. J'ai adoré celui tracé à la va-vite au coin de la rue du commandant-Rolland et de la Corniche, probablement à l'issue d'une nuit de bringue :

« *Je vais mourir, on me tire dess...* » L'auteur n'avait pas pu achever sa phrase. Peut-être a-t-il été descendu avant, peut-être l'a-t-il interrompue à dessein pour nous le faire croire.

Place Sadi-Carnot, cet autre graffiti est une réflexion politique sur la rénovation de la rue de la République : « *L'urbanisme est une opération de police jointe à une opération financière. Les rêves de la raison d'État sont les cauchemars réels de la population.* » Et cette inscription relevée dans la montée des Accoules ressemble à une profession de foi :

« *Le Panier n'est pas à vendre. Depuis la fondation de Marseille, il est l'asile des exils, le refuge des transfuges, ici transitent ceux qui fuient la misère, les massacres, la tyrannie, ici les voyageurs de l'indignation trouvent toujours des frères.* »

Ainsi défilent les vérités anonymes sur les murs de Marseille, placardées comme des dazibaos, des tracts chinois, à l'attention d'un peuple maintenu dans l'ignorance ou sous le joug de la pensée obligatoire.

Le talentueux écrivain de gauche Philippe Carrese a également ses accès de colère et d'exaspération lorsqu'il constate que sa ville est devenue la capitale mondiale de l'incivisme, du sans-gêne et de la pollution politique. Je partage totalement sa triple vision de Marseille dans les textes qui suivent, extraits du roman *Trois jours d'engatse* et fruit d'une promenade solitaire, nez au vent, dans les rues du centre-ville :

« Marseille, c'est pas une ville d'escrocs, c'est une ville en train de crever. Tu ne vois pas qu'on crève tous, de magouilles, de pots-de-vin, tu es naïf ou quoi ? Tout se tient ici, tous les pouvoirs sont tellement imbriqués les uns dans les autres que c'est indémerdable. Tu comprends ça ? C'est inextricable… Et pourquoi tu crois qu'on s'accroche tous comme des arapèdes à cette putain de mairie, tu vois pas que tout le monde rêve de se gaver sur le dos des autres contribuables, il faudrait être taré pour pas en profiter… »

« Marseille, c'est une ville séropositive. Quand tu la vois, tu te dis que c'est un des plus beaux endroits de la planète, tu as la mer, le soleil, les collines, un climat formidable, des gens exceptionnels, tu as tout ce qu'il faudrait pour que ce soit la capitale du Monde. Sauf que, à l'intérieur, il y a un mécanisme qui est mort. C'est foutu. La décrépitude ne se voit pas encore trop, le Sida n'est pas encore trop visible, mais la mort est là… sous-jacente. Le pire, c'est que le vaccin tout le monde le connaît. Mais y a dégun qui a intérêt à l'inoculer parce que ceux qui pourraient le faire se retrouveraient à l'ANPE ou en taule au bout de deux heures. Alors crève, après nous le Déluge ! »

Le troisième texte s'intitule « J'ai plus envie » et il a fait le tour de la « planète Mars » :

« J'ai plus envie de voir ma difficile survie professionnelle lézardée par des bureaucrates en RTT, assénant au petit peuple que la voiture est un luxe inutile, eux qui n'ont sans doute plus pris un métro depuis des lustres. J'ai plus envie de me retrouver sur le parvis de la gare Saint-Charles avec mes jambes et ma mauvaise humeur comme alternative à l'absence totale de transports en commun et à la présence suspecte de rares transports individuels qui frisent l'escroquerie. J'ai plus envie. J'ai plus envie de baisser les yeux devant l'indolence arrogante de jeunes connards. J'ai plus envie de jouer les voitures-balais pour de malheureux touristes étrangers bouleversés, fraîchement dévalisés par des crétins sans loi ni repères.

« J'ai plus envie de supporter ce cauchemar quotidien. J'ai plus envie de supporter toute la misère du monde à chaque coin de rue. J'ai plus envie de slalomer sans cesse entre des culs-de-jattes mendiants, des épaves avinées et des cartons d'emballages de fast-foods abandonnés sur le bitume chaotique du premier arrondissement. J'ai plus envie de cette odeur de pourriture qui me saute à la gorge, de cette odeur d'urine à tous les angles de travioles, de cette odeur de merdes de chiens écrasées sur les trottoirs, de ces relents de transpiration et de crasse sur les banquettes arrières du "41". J'ai plus envie de perdre des heures en bagnole dans un centre-ville laid, dévasté par un manque total de prise de conscience individuelle et collective. »

« J'ai plus envie de rechercher des mots d'apaisement et de soliloquer des propos hypocrites sur la fraternité et la tolérance lorsque mes enfants se font racketter en bas de ma ruelle. J'ai plus envie de me laisser railler par ces troupeaux d'abrutis incultes, vociférant et bruyants au milieu des trottoirs et qui n'ont qu'une dizaine de mots à leur vocabulaire, dont le mot « respect » qu'ils utilisent comme une rengaine sans en connaître le sens. J'ai plus envie de contempler mon environnement urbain saccagé par des tags bâclés et des graffitis bourrés de fautes d'orthographe. L'illettrisme est un vrai fléau, il plombe même l'ardeur des vandales. J'ai plus envie de voir les dernières bastides mises à bas, les derniers jardins effacés d'un trait négligent sur des plans d'architectes en mal de terrains à lotir, j'ai plus envie de cette ville qui saccage son passé historique sous les assauts des promoteurs et, à cet égard, le comblement de l'îlot Malaval est une honte.

« J'ai plus envie de cette ville qui perd sa mémoire au profit du béton. J'ai plus envie d'écouter poliment les commentaires avisés des journalistes parisiens en mal de clichés, plus envie d'entendre leurs discours lénifiants sur la «*formidable mixité*» marseillaise. Elle est où la mixité ? De la rue Thiers au boulevard des Dames, la décrépitude est monochrome. J'ai plus envie de traverser le quartier Saint-Lazare et de me croire à Kaboul. J'ai plus envie non plus de me fader les exposés béats de mes concitoyens fortunés, tous persuadés que le milieu de la cité phocéenne se situe entre la rue Jean-Mermoz et le boulevard Lord-Duveen. Désolé les gars, le centre-ville, à Marseille, c'est au milieu du cloaque, pas à Saint-Giniez. Tous les naufrages économiques de l'histoire récente de ma ville tournent autour de cette erreur fondamentale d'appréciation de la haute bourgeoisie locale. »

Philippe Carrese, en dénonçant sans fioritures les travers de sa ville, fait son métier de journaliste à la façon d'Albert Londres : il porte la plume dans la plaie. Évidemment, ses observations ne font pas plaisir aux élus, mais le rôle d'un journaliste consiste-t-il « à précéder les processions, les mains plongées dans une corbeille de pétales de roses » ? Assurément non. Philippe Carrese serait d'ailleurs étonné de lire ces quelques lignes extraites du livre *Marseille, porte du Sud* où Albert Londres (en 1926, c'est-à-dire il y a près d'un siècle…) a souligné sans la moindre ambiguïté la « spécificité » marseillaise :

« Voulez-vous voir l'Algérie, la Tunisie, le Maroc ? Donnez-moi le bras, écrit le grand reporter. Je vous conduis rue des Chapeliers à Marseille. Voilà les gourbis, les bicots et les mouquères. Voilà le parfum de l'Orient, c'est-à-dire l'odeur d'une vieille chandelle en train de frire dans une poêle. Voilà, pendus aux portes, les moutons aux fesses vieilles et talées. Voilà les sidis rentrant à la Casbah après le travail au port. Cédez le trottoir et ne parlez pas aux femmes. Cela ferait une bagarre, vous êtes en territoire arabe.

« Vous êtes à Sfax, à Rabat et dans le ghetto d'Oran. Rien n'y manque. Le réchaud à café turc, le lumignon au plafond, et la pénombre malsaine et tentante des villes méditerranéennes. Si le gouvernement, comprenant pour une fois les intérêts de la patrie, me nomme bientôt gouverneur de l'Algérie, je n'irai pas à Alger, je m'installerai rue des Chapeliers. Ce sera aussi bien. J'économiserai un voyage à la princesse et, mon Dieu, ma connaissance du pays ne le cèdera en rien à celle de mes prédécesseurs. Et les Sénégalais, les Congolais et autres ? Ils sont place Gelu. Place Gelu il y a la statue de M. Gelu. Et je vais vous dire pourquoi M. Gelu qui était félibre et orateur a l'attitude qu'il a place Gelu. On amena sa statue sur la place. Dès que tomba le voile qui la recouvrait, le félibre, qui était orateur, se mit en devoir de parler. À peine avait-il commencé sa harangue qu'un spectacle imprévu le figea dans ses attitudes. Il croyait s'adresser à des compatriotes, à des Blancs, or, tout autour de lui, Gelu ne voyait que des hommes noirs. Son étonnement fut si profond qu'il en resta comme vous pouvez encore l'admirer aujourd'hui : le bras tendu et la bouche ouverte. »

L'art de vivre ensemble

Près d'un siècle plus tard, un journaliste déambulant rue Poids-de-la-Farine, rue d'Aubagne, rue Nationale ou rue Longue-des-Capucins pourrait rapporter les mêmes impressions de voyage, probablement avec plus de précautions oratoires. Mais le constat est le même et il appelle la même exigence : celle de promouvoir *urbi et orbi* un discours d'harmonie fondé sur la liberté de croire et l'art de vivre ensemble. Le salut de Marseille passera par cette voie étroite et sinueuse de la tolérance réciproque. Cet idéal sans concession s'appuiera sur l'égale dignité de chaque homme et sur le respect de l'autre. Rien de positif ne pourra se construire entre les diverses cultures si nous, Marseillais de souche, ne redevenons pas fiers de ce que nous sommes et des convictions qui nous ont permis de devenir ce que nous sommes.

La peur de l'autre est souvent à l'origine des fanatismes. Il faut fustiger sans faiblesse les délinquants et les trafiquants, quelle que soit leur origine, il faut aussi exalter le parcours exemplaire des Beurs quand ils le méritent mais il faut absolument cesser d'acheter la paix sociale dans les banlieues à coups de subventions ruineuses. Les « plans banlieues » adoptés par Raoult, Gaudin, Juppé, Tapie, Delebarre, Bartolone, Boutin, Amara, Loncle ou Darcos ont tous échoué et ils ont coûté des milliards d'euros à la France.

L'argent distribué à tort à travers n'est pas la solution. C'est dans la vacuité des discours politiques et la pérennité d'un système clientéliste épuisé que naît le ressentiment général contre la puissance publique, jugée incapable de résoudre les problèmes liés au chômage, au logement, à l'éducation, à la propreté, à la circulation, au stationnement et à la sécurité. Tout doit pouvoir se dire afin que chacun reconnaisse l'autre pour ce qu'il est et non pour ce qu'on croit qu'il est.

Aucun trait d'union ne sera possible entre des populations qui s'ignorent superbement, tant que, d'un côté, on se sentira victime de discriminations et d'une « mise au ban de la société », et que, de l'autre côté, on sera convaincu que la communauté française d'origine arabe ou africaine est composée de fainéants, d'allocataires et de délinquants potentiels. À un étudiant camerounais qui me demandait pourquoi un couple avait pris la fuite en l'apercevant, un soir à minuit sur la Canebière, j'ai tenté d'expliquer que cet homme et cette femme l'avaient assimilé à un agresseur potentiel et qu'ils avaient pris la fuite de crainte d'être roué de coups et dévalisé… C'est ce qu'on appelle « l'amalgame » et nul besoin d'être grand clerc pour en deviner les ravages dans les consciences.

La question est simple : comment faire en sorte que la paix gagne les cœurs alors que la fatalité de la guerre s'insinue chaque jour davantage dans nos esprits ? Est-ce que demain Marseille sera Barcelone ou Beyrouth ? Comment transformer les médias et les partis politiques en artisans de la paix plutôt qu'en fauteurs de guerre ? Comment se libérer de cette logique poisseuse de l'affrontement irréversible ? Comment conduire les religions à être des traits d'union entre les êtres et non plus des raisons supplémentaires de s'exterminer ?

Ces questions cruciales pour la survie de Marseille se posent avec de plus en plus d'acuité au fur et à mesure que l'identité française se dissout dans le nouveau melting-pot franco-arabo-africain. Il ne s'agit pas de juger les bienfaits ou les inconvénients de l'immigration mais de prendre en compte une réalité devenue quotidienne, celle d'une « nouvelle France », aux couleurs multiples et aux croyances diverses. Force est de constater que le système d'assimilation ou d'intégration souhaité par les politiques n'a pas vraiment fonctionné et que le système qui marche le mieux à Marseille est celui de la « désintégration », de la « débrouille » et du repli communautariste.

Il y a bel et bien, quoi qu'en disent les sociologues, un Marseille des ghettos, un Marseille mis au lieu du « ban », un Marseille en marge voué à la haine et à la rage parce que ce Marseille se sent rejeté et exclu *a priori* par l'autre Marseille, celui du Sud, qui s'inscrit dans la continuité économique et s'appuie sur les valeurs de la France éternelle. Le racisme marseillais n'est pas explicite mais c'est peut-être le pire de tous : c'est un racisme rampant, honteux de lui-même, le racisme de l'indifférence et du silence poli. Un racisme *light*. Un dédain *soft*.

À ce non-dit répond un autre type de racisme, très perceptible dans certaines cités marseillaises aux noms exotiques comme Frais-Vallon, Le Plan-d'Aou, La Castellane, Les Lauriers, Les Cèdres ou Le Castellas : il s'agit d'une sorte de racisme de réfraction qui est une réponse directe à « l'arrogance des Gaulois » et une volonté farouche de se rendre maître de son territoire à défaut d'obtenir le moindre signe de reconnaissance émanant du bord « européen ». La fracture entre Marseille Sud et Marseille Nord, elle est là. Des dizaines de cités de non-droit ont fleuri dans les quartiers nord de Marseille où les lois de la République ne s'appliquent plus depuis belle lurette. En croyant acheter la paix sociale à coups de subventions destinées aux « *quartiers sensibles* » (comme si les autres quartiers étaient insensibles...), les gouvernements du pays ont joué les pompiers sociaux de service mais ils ont surtout attisé la haine et le mépris.

C'est face à ce gigantesque gâchis et aux émeutes sporadiques qui risquent d'embraser les cités chaudes que les Marseillais doivent engager le long chantier de la reconstruction. Ce travail sera long et fastidieux. Il devra « relier » les hommes entre eux, ce qui est la définition même de toute religion, qu'elle soit chrétienne, juive ou musulmane. Mais il ne faut pas se leurrer, ce tissage de relations nouvelles passe d'abord par une profonde réforme de nos attitudes et de nos modes de pensée. Pour stimuler la fraternité entre les hommes, pour transformer Marseille en cité-mosaïque exemplaire, il ne suffira pas de bonnes paroles, ni de bons sermons ou prêches. Il faudra des actes quotidiens de bonne volonté : un sourire, un bonjour, une main tendue, un geste aimable, et, déjà, de l'autre côté, l'autre se sent exister et répond par une identique courtoisie. Et le début du puzzle se met en place…

La liberté de croire et l'art de vivre ensemble à Marseille, c'est un peu l'apprentissage de la nage à contre-courant : plus vous faites d'efforts pour avancer et plus vous avez le sentiment que vous allez vous noyer. Mais chaque centimètre gagné est un pas de plus vers la réconciliation. Ne vous y trompez pas, frères Marseillais, le combat sera sans concession. Il s'appuiera sur une présence constante des Marseillais du Sud dans les cités du Nord pour y apporter les éléments essentiels d'une vie en commun : la culture, le commerce, la joie de vivre, l'enseignement, le théâtre, la réprobation unanime contre la délinquance et les trafics, l'initiation au travail et des activités partagées en vue du bien commun.

Ce nouvel état d'esprit suppose une volonté permanente de dialogue et d'accueil. Il suppose aussi la création de véritables « bataillons de la paix » en vue de la formation d'une nouvelle… Mafia, une Mafia inédite, originale, grandiose, la Mafia du bien. Encore faut-il restaurer nos valeurs en déshérence : la probité, l'honnêteté, la vertu, le travail, l'autorité, le mérite, la dignité, la pudeur. Car on ne bâtit rien sur du sable.

CHAPITRE 2

Culture : la mafia des squatters de subventions

Les « babaou » à Marseille, ce sont les bobos béats, les nouveaux prêtres de l'Inquisition médiatique qui font ou défont l'opinion à grands coups d'encensoirs ou de diabolisations. Comme le dit Eric Zemmour, on a réinventé le crime de sacrilège pour crucifier ceux qui s'écartent de l'orthodoxie, de la bien-pensance, de la pensée obligatoire. « Leur stratégie est celle de l'injonction morale qui interdit toute contestation, la confrontation rationnelle des idées et même l'ironie grinçante. » Bref, si vous ne pensez pas comme eux, si vous ne vivez pas comme eux, si vous ne répétez pas comme eux les mêmes âneries proférées matin, midi et soir par les perroquets de la politique qui ânonnent mécaniquement sur France-Intox des formules démagogiques concoctées par d'autres, si vous n'êtes pas un « babaou », vous n'avez aucune chance de vous faire entendre à Marseille. Mieux, vous devez aussitôt être rangé dans la catégorie peu reluisante des « méchants », des « racistes », des « fascistes », des « bourreaux » et des « esclavagistes ».

Les « babaous » font du sentiment. La seule pensée dont ils sont capables est celle du misérabilisme lacrymal. Les journalistes ne sont plus là pour informer mais pour émouvoir le bon peuple et mitiger ainsi ses capacités de résistance. Ils sont devenus les scénaristes des sanglots collectifs et passent leur temps à traire l'émotionnel, le sensationnel et le consensuel, les trois vaches à lait de notre époque. Frères Marseillais, vous n'avez pas de chance : je vais faire exactement l'inverse en donnant la parole à ceux qui ne l'ont jamais, à ceux qu'on écarte comme des pestiférés, aux parias de Marseille, aux Marseillais natifs de Marseille qui ont le sentiment d'être… en exil dans leur propre ville.

« On ne peut rien faire hors des sentiers battus dans cette ville », se désole le romancier Serge Scotto, 50 ans, qui passe ses après-midi à écrire au *Café de la Banque*, à deux pas de la préfecture, avec son célèbre basset *Saucisse* sur les genoux. Il fait partie des iconoclastes qui n'ont jamais demandé la moindre subvention pour organiser des événements culturels à Marseille. Ceux qui font des miracles avec rien. Il est sans pitié, Serge, pour la cité qui l'a vu naître : « C'est une ville de branleurs où les meilleures bonnes volontés s'épuisent dans le pastis », dit-il, « les gens qui veulent faire bouger les choses en matière de littérature, de peinture ou d'art, ils passent pour des emmerdeurs. Avec un bricoleur dans mon style comme Serge Botey, l'ancien adjoint à la culture, on fonctionnait à la marseillaise, à la bonne franquette. Avec son successeur, il faut remplir des montagnes de papiers et de dossiers. On ne le voit jamais nulle part. Si Van Gogh renaissait aujourd'hui, à Marseille on ne lui donnerait même pas le RMI !

« Les parasites qui squattent depuis trente ou quarante ans l'argent destiné à la culture ont besoin de subventions énormes pour accoucher d'une souris. Hors de ce cénacle qui engloutit des fortunes pour se faire plaisir, vous n'existez pas, assure Serge Scotto, approuvé d'un œil compatissant par Saucisse. On entretient à grands frais une faillite culturelle générale parce que les cultureux coûtent beaucoup plus qu'ils ne rapportent et menacent de fermer boutique. Moi je les appelle les « Mister Rallonge », ils sont perfusés à la subvention publique…

« Je suis enclin à penser qu'il faut quitter Marseille, estime Scotto, c'est la faillite générale d'un système de copinage, je n'ai jamais vu une ville où la population est plus mal traitée qu'à Marseille et les Marseillais ne s'en rendent pas compte, ils semblent résignés à leur sort. Tout est pénible ici, se déplacer à pied est impossible avec les voitures garées n'importe où sur les trottoirs, dormir est impossible à cause du bruit, prendre sa voiture devient une entreprise héroïque à cause des embouteillages, on ne peut plus ni entrer ni sortir de Marseille, on ne peut plus se garer nulle part sauf à payer des tarifs prohibitifs pour des parkings qui sont toujours pleins, bref il n'y a rien qui marche et les Marseillais supportent ça sans se plaindre…

« Les Marseillais peuvent s'exaspérer et en venir aux poings pour une place de parking, explique Serge Scotto, Marseille est une ville de fous, je ne dis pas ça en l'air, il y a ici beaucoup plus de cinglés que dans les autres grandes villes… » Galéjade ? Exagération ? Pas du tout. Le Dr Françoise Gaunet, adjoint à la santé à la mairie de Marseille, confirme « qu'on recense sur la Canebière de plus en plus de fadas en liberté qui parlent tout seuls dans les rues ou travaillent du chapeau ». Selon elle, les malades mentaux ne sont pas plus nombreux qu'avant, mais ils sont moins cachés. Faute de structures adaptées, ils sont livrés à eux-mêmes et s'ils ne prennent pas le traitement calmant qui leur a été prescrit… bonjour les gagas !

Une ville de gagas

Le Dr Gaunet a mené une enquête sérieuse sur « l'état mental » des 900 000 Marseillais. Ils ne sont pas tous fous, ils ne sont pas tous paranoïaques, ils ne sombrent pas tous dans le délire schizophrénique, loin de là, mais on ne peut pas dire qu'ils soient bien dans leur tête : « J'ai constaté que près de 90 % des sans domicile fixe sont des pauvres d'esprit, des malades mentaux qui vivent repliés sur eux-mêmes, dit-elle, la psychose court les rues de Marseille et la proximité de la mer n'y change pas grand-chose. On a parlé des nouveaux pauvres, moi je vous annonce la prolifération des *nouveaux fous* liée à la grande précarité qui sévit à Marseille. Je me suis aperçue au fil de mon enquête que notre société secrète de plus en plus de frustrations et qu'elle engendre un mal-être général. Le sport à outrance pratiqué par de nombreux Marseillais n'est pas une indication anodine, c'est un moyen forcené de retrouver aussi un équilibre psychique et d'évacuer le stress. Je pense que certains journalistes et communicants sont en partie responsables de ce malaise en faisant l'apologie de la consommation et du conformisme : il faut être jeune, beau, svelte, dynamique, avoir les dents blanches, être performant et sourire à la vie. Ces critères de perfection ne sont pas donnés à tout le monde, surtout dans une ville-dépotoir telle que Marseille… »

« Marseille souffre globalement d'une maladie congénitale liée à sa nature intrinsèque, explique Serge Scotto en caressant la tête de Saucisse, ce n'est pas une ville de France, c'est l'île aux Pirates, c'est la cité de la démerde, celle où on est toujours contre. Quand il faut choisir César, on opte pour Pompée. Quand la France vote Mitterrand, Marseille élit Chirac. Quand on doit suivre le sillage de Charles Martel, on s'allie aux Maures. Durant la Révolution, la première ville mise au ban de l'infamie a été Marseille. Et pendant la guerre, la mafia et les Allemands ont collaboré pour raser les quartiers populaires. La seconde rafle de France, après le Vel d'Hiv', c'est celle du Panier et elle n'a été possible que parce que les bourgeois, la mafia et les Allemands étaient d'accord pour dynamiter des rues qui constituaient à leurs yeux le chancre de Marseille.

« Si Marseille est un peu le phare de l'Europe, ajoute Scotto, c'est parce qu'elle a toujours été un laboratoire d'intégration de populations nouvelles et qu'il n'y a pas d'aristocratie à Marseille.

La noblesse y est commerçante. Et le peuple y est probablement plus peuple qu'ailleurs... »

Notre conversation est interrompue par le tintamarre d'une excavatrice qui défonce le boulevard à grands fracas. Saucisse se dresse, l'oreille aux aguets. « Il faut s'y faire, s'écrie Scotto pour couvrir le bruit, cette ville ne se construit jamais, ça fait 2 600 ans qu'elle est en travaux. Toute la ville est frappée de bétonnite aiguë. On construit, on détruit et on reconstruit. La politique de la ville, c'est de multiplier les travaux pour faire du fric. Au lieu de défigurer le site avec les bétonneurs patentés, la ville aurait pu épouser la destinée de Pompéi et favoriser la découverte des vestiges antiques pour attirer les touristes, eh bien non. En 1900, Marseille disposait d'un réseau de tramway et de trolley bus de 110 km. Il ne reste plus que les fils électriques. Et on construit un nouveau réseau de tram qui coûte les yeux de la tête à la collectivité... On se goberge de refaire une ligne après avoir démoli 110 km, vous trouvez ça normal, vous ?

« Marseille est en déconstruction permanente, fait observer le maître de Saucisse, rien n'aboutit à rien, on refait la gare Saint-Charles de fond en comble et ça dure quinze ans parce que les financements des collectivités se croisent de traviole, ici ce n'est jamais neuf pour durer, tout est éphémère et la gestion des politiques est aussi fluctuante que les populations. Marseille n'est pas un laboratoire, c'est un chaudron, une soupe longue dans laquelle on rajoute toujours un ingrédient. On va construire le plus grand supermarché d'Europe dans les quartiers nord, fort bien, et on se rend compte qu'on a construit sur de l'argile, résultat le coût initial du supermarché a été doublé ! Le blanchiment d'argent à Marseille, ce sont les travaux... » L'urbaniste Marcel Roncayolo rejoint ce point de vue dans *L'Abécédaire* : « La ville obéit à un processus alliant composition et décomposition, souvent imperceptible dans l'immédiat, écrit-il, elle se présente comme une suite de propositions, parfois élégantes, bien tournées, attractives, déroutantes, mal fichues, mal coordonnées. C'est en ce sens qu'elle n'est jamais une œuvre achevée telle qu'en elle-même. »

« La seule vraie période d'épanouissement culturel que j'ai vécue dans cette ville date de la mandature de Robert Vigouroux, assure Serge, si on l'avait écouté on aurait aujourd'hui un musée César unique au monde à côté de la mairie. Marseille est la ville des petits arrangements et des révolutions de pas de porte. Ce qu'on appelle ici la démerde, ailleurs c'est de l'incivisme. Et on aboutit à quoi ? À un système bordélique où chacun se permet tout et n'importe quoi avec n'importe qui, parce que c'est Marseille et qu'à Marseille on peut tout se permettre... C'est le règne de la petite magouille, du petit copinage, des petits atermoiements, du petit affairisme et du recel de pacotille. »

Sévère, Serge Scotto ? « Marseille 2013 Capitale de la culture sera une catastrophe, prédit-il, on prend les quatre sous et on les distribue toujours aux mêmes, c'est une grosse usine à gaz qui tue les créateurs à petit feu, on balaie tout ce que font les acteurs culturels de cette ville depuis vingt ans, 2013 c'est une montgolfière parisienne qui va se dégonfler. En 2014, ce sera pire, lorsque les flonflons de la fête se seront tus, on aura déjà décousu tout ce qui avait été réalisé pour la galerie en 2013 et les subventions sauteront… »

Philippe Fragione, alias « Akhénaton », leader du groupe IAM et producteur de rap mondialement connu, rejoint sur ce point Serge Scotto : « On s'est totalement désengagé du projet de Marseille 2013, confiait-il cet été à l'excellent Michel Allione sur son site *Infos-Marseille*, on ne demandait pas grand-chose, simplement un lieu pour faire de Marseille un petit New York du hip-hop européen, et on ne l'a même pas obtenu. Les Marseillais sont responsables des gens qu'ils élisent : moi j'envisage sérieusement de quitter Marseille, à moins d'une rénovation totale de la classe politique marseillaise… »

« Marseille est le pire ennemi de Marseille, c'est une ogresse qui dévore ses enfants, poursuit l'écrivain Serge Scotto. Quand on est Marseillais, on est souvent méprisé, les élites parisiennes nous prennent pour des ploucs, ils viennent ici chercher la pagnolade, le pittoresque. Les Marseillais eux-mêmes sont complexés et mésestiment leur propre culture populaire. Moi, on me dit souvent: "*Serge, pourquoi tu fais l'artiste? Pourquoi tu te la joues?*" Marseille n'est pas une ville porteuse sur le plan culturel. Rien à voir avec Bordeaux, Toulouse, Lille ou Rennes, rien à voir avec la Corse, une région fantastique pour l'édition. Les Corses sont férus de leur culture et il n'est pas rare qu'ils dépassent les scores parisiens avec des livres qui se vendent à dix ou vingt mille exemplaires. Nous ici, l'éditeur marseillais L'Écailler du Sud a été racheté par la maison d'édition corse Albiana qui marche très bien. Si L'Écailler avait été fondé en Corse, il serait milliardaire...

Gaudin ?: « Il joue de la lyre »

Selon Serge Scotto, les Marseillais sont comme des enfants qui auraient été maltraités tout au long de leur vie et qui finalement trouveraient ça normal. « Cela fait 2 600 ans qu'on leur écrase la gueule, dit-il, ça fait 2 600 ans que les élus concluent des petits arrangements sur leur dos, alors rien ne bouge. À Marseille, on fait beaucoup avec la bouche. Pour mener une vie de branleur, c'est agréable. Pour se réaliser, il vaut mieux se casser. La Plaine ne sera jamais Montmartre... On a ici les élus les plus nuls de France, conclut Scotto. Gaudin, il joue de la lyre sur le balcon de la mairie en contemplant l'incendie qu'il a lui-même allumé dans la ville... C'est le pire ennemi de sa ville sous des dehors de chattemite: s'il pouvait foutre le feu pour tout vendre aux USA, il le ferait. Entre Kaufman & Broad et *Marius et Jeannette*, Gaudin a choisi... »

Parmi les adorateurs-contempteurs de Marseille figurent Alain Persia, 59 ans, l'homme-protée de la droite marseillaise qui fut chargé de mission de Robert Vigouroux avant de devenir un proche de Charles Pasqua et de Nicolas Sarkozy, puis de fonder un microparti, l'Union de la droite républicaine, et finalement de rallier le camp d'un autre ancien gaulliste, le Dr François Franceschi, une des sommités françaises de l'ophtalmologie, devenu guériniste par affinité corse: « Le vrai scandale de Marseille, c'est qu'on a bradé le patrimoine municipal à des promoteurs boulimiques qui ont su nouer avec la mairie des relations vénales, accuse Persia, l'ancien hôpital de l'Hôtel-Dieu transformé en palace c'est une ignominie. Avec Vigouroux, on se proposait de le restaurer sans toucher au monument historique pour en faire une université. Vigouroux, lui, n'a pas vendu les bijoux de famille et il a assaini les finances de la ville alors qu'elles étaient dans un état critique. Je l'ai vu tenir tête à des entreprises d'assainissement qui venaient réclamer leur dû dans son bureau: "*Avec moi, tenez-vous le pour dit, vous n'aurez plus rien. Vos magouilles pour l'obtention des marchés, c'est terminé.*" Je peux en témoigner: Vigouroux a tout filtré, il a tout contrôlé et il a mis un terme à des pratiques anciennes. Sa gestion était transparente. Il n'y avait pas une seule magouille parce qu'il avait une certaine idée de Marseille… »

« Selon Persia, Vigouroux n'a pas été secondé par son éminence grise, Pierre Bonneric, qui avait un côté "boy-scout" peu compatible avec la politique marseillaise. En fait, les ténors marseillais de la politique ont tous un "second", une éminence grise, comme s'il était impossible de supporter seul le poids de la ville: le premier duo, le plus connu, est celui constitué par Jean-Claude Gaudin et Claude Bertrand, maire et maire-bis, le second unissait Renaud Muselier et Bruno Gilles, le troisième reliait Patrick Mennucci à Ségolène Royal au point qu'on a fini par le surnommer "Ségolin". Le quatrième est un duo consanguin entre Jean-Noël Guérini et son frère Alexandre, enfin le cinquième est celui de Guy Teissier, l'éternel second et de Didier Réault, qui convoite par atavisme la place de l'éternel second en espérant le rester moins longtemps...

On pourrait y ajouter un dernier duo de voltigeurs, Jean-Luc Bennhamias et Christophe Madrolle, les jumeaux écornifleurs de la salade verte, aussi à l'aise pour saisir le sens du vent chez les écologistes qu'en mode orange au Modem avant de pencher à gauche ou à droite selon les besoins du moment : « ils choisissent souvent des alter ego qui ne leur ressemblent pas pour se rassurer et dialoguer avec un autre tout en dialoguant avec eux-mêmes », explique l'avocat François-Noël Bernardi. »

Chaque homme politique vit avec ses fêlures intimes. On sait que Gaudin adorait sa mère, ancienne ouvrière très courageuse, qui l'a soutenu jusqu'à la fin de sa vie. Vigouroux ne s'est jamais remis du suicide de sa fille à Paris : « J'y pense tous les jours », nous a-t-il confié dans sa maison de Venelles. Muselier ne s'est pas remis de sa séparation avec sa femme Stéphane qui n'en pouvait plus de devoir faire protéger ses enfants par la police, de leur donner un numéro d'urgence à appeler en cas d'attentat, de se faire un sang d'encre pour son mari menacé de mort par des voyous parce qu'il a osé dénoncer *urbi et orbi* un système qui vampirise Marseille. Elle a craqué, Stéphane. Est-il normal qu'à Marseille un homme politique soit obligé de consigner chez un notaire toutes les informations confidentielles qu'il détient au cas où il passerait brutalement de vie à trépas ? C'est pourtant le cas de Renaud Muselier... jusqu'à ce qu'il craque à son tour, lui aussi, vaincu par un système de sangsues qui épuise les meilleures volontés.

Lorsqu'il parle de Robert Vigouroux, le maire oublié des médias, Alain Persia évoque une « parenthèse enchantée » : « Lui, il ne passait pas sous les fourches caudines de Force ouvrière, le syndicat majoritaire qui décide du recrutement et des avancements à la mairie, à la communauté urbaine mais aussi dans les hôpitaux de l'assistance publique, estime Persia. Il recevait tous les syndicats, sans distinction, même à la régie des transports de Marseille. Pas de favoritisme, pas de passe-droits : Vigouroux a été le seul maire de Marseille depuis un siècle à rompre avec la tradition du clientélisme qui ronge cette ville... » Et... c'est peut-être la raison pour laquelle il n'a pas été en mesure de se représenter en 1995, faute « d'écurie » de compétition.

Persia ne tarit pas d'éloges sur son ancien patron : « C'est lui qui a complètement refait le stade Vélodrome première mouture, même si c'est Gaudin qui l'a inauguré et s'en est attribué le mérite, c'est lui qui a lancé l'opération nationale d'Euroméditerranée avec Édouard Balladur en 1993 et c'est l'alternance de 1995 qui en a ralenti considérablement le démarrage. Vigouroux a même refusé de sacrifier le quartier de l'Estaque à des promoteurs libanais qui souhaitaient y blanchir de l'argent dont nul ne connaissait la provenance… Les socialistes l'ont choisi en 1986 pour succéder à Gaston Defferre car c'était le seul homme qui, en sa qualité d'éminent neurochirurgien à La Timone, était en mesure de conserver Defferre vivant alors qu'il était mort. Il fallait laisser à Mitterrand le temps de rentrer de Chine où il était en villégiature avec sa maîtresse…

« Vigouroux a eu du mérite de tenir le coup car Defferre l'a baladé un peu partout pour le décourager : il l'a désigné dans le 7e arrondissement pour le flinguer et Vigouroux a été brillamment élu, puis il lui a préféré un boxeur un peu rustre et moins scrupuleux qui a fini en prison, puis il l'a envoyé à la Belle-de-Mai dans un des quartiers les plus populaires de Marseille en pensant qu'il se ramasserait. Eh bien, pas du tout, il a encore été brillamment élu. En fait, souligne Persia, Vigouroux détestait Defferre et ses apparatchiks. Lui, c'était un humaniste social doublé d'un grand monsieur. C'est lui qui a lancé Marseille-Espérance, même si Gaudin s'en attribue le mérite. Et puis Vigouroux n'hésitait pas à se mêler à la population. Je suis allé avec lui déjeuner chez l'habitant à la cité Belle-Vue, quartier Félix-Pyat, on mangeait le couscous en toute simplicité loin des ors et du strass du palais du Luxembourg…

« Vigouroux n'entre pas dans le moule du politicien local, ajoute Persia, d'abord parce que ce n'est pas un moulin à paroles, ensuite parce qu'il a toujours exercé un métier en dehors de la politique et qu'il n'a jamais brigué le moindre suffrage pour s'enrichir ou faire plaisir à une clientèle. Vigouroux ne perdait jamais son temps dans des discussions oiseuses alors que Gaudin et Guérini, les frères siamois de la politique professionnelle n'avaient, eux, que la politique comme centre d'intérêt et unique raison de vivre. J'ai essayé de persuader Michel Vauzelle d'être candidat en 1995 à la mairie de Marseille pour succéder à Vigouroux mais il m'a répondu qu'il n'arriverait jamais à faire le poids face à l'appareil de Guérini et à ses méthodes…

« Le drame de Marseille aujourd'hui, c'est que le personnel politique de la ville se couche devant les diktats de Force ouvrière, le syndicat majoritaire, affirme Persia. FO a réussi à faire voter un énième plan de propreté de la ville prévoyant l'embauche de 200 fonctionnaires. Et 42 employés du nettoiement, mécontents de ne pas avoir eu de vacances en juillet et août, venaient pointer le matin et s'en allaient à la plage... Vous trouvez ça normal ? Et que dire de ce ténor socialiste qui se fait passer pour une oie blanche et a bénéficié d'un emploi fictif à 5 000 euros par mois durant plusieurs années au sein de la société d'économie mixte Treize Développement dépendant du conseil général où il était théoriquement chargé de la valorisation du patrimoine du plateau de l'Arbois... »

Surtout pas de vagues

« Le problème de Gaudin, c'est qu'il est resté un maire petit braquet, s'indigne Persia, il n'a jamais été le VRP de sa ville comme un Frêche ou un Collomb. Gaudin ne voulait pas que des patrons s'installent à Marseille. Le grand slogan de Marseille depuis dix-neuf ans, c'est : "*Surtout, pas de vagues.*" L'avenir est inquiétant car les quartiers sont devenus des brûlots qu'il faut empêcher d'exploser. Pour cela, Gaudin maintient la paix sociale à l'aide de subventions, de HLM, et de faveurs diverses, distribués à la racaille pour qu'elle se taise et contrôle tous les foyers d'insurrection... »

Robert Vigouroux, lui, était incapable de ce genre de pratique. Âgé aujourd'hui de 89 ans, Vigouroux s'est retiré près d'Aix-en-Provence. Il n'a guère changé depuis sa période flamboyante à la mairie. C'est un des rares interlocuteurs qui réfléchit longuement et prend le temps de vous répondre en regardant se dissiper les volutes de fumée de son cigarillo. Son message est simple : les politiciens professionnels sont ce qu'ils sont parce que, sitôt élus, ils ne songent qu'à leur prochaine élection. Vigouroux n'a jamais été intéressé par le clientélisme, son obsession à lui, professeur de médecine, c'était de restaurer, de rafistoler, de créer, de guérir, de rénover, bref de « faire ». C'est probablement le mot qu'il préfère dans la langue française : faire. Et se taire…

« Pour un neurochirurgien, confie-t-il, les mots n'ont guère de sens. Les hommes politiques ont toujours usé de l'artifice des mots sans toujours les relire. La vérité n'est pas toujours facile à vendre… La politique c'est un théâtre de marionnettes. Il faut savoir stopper les choses en temps voulu. Moi, mon unique objectif, c'était de faire bouger Marseille et de la pacifier parce qu'il y avait tous les ferments d'un affrontement entre chrétiens et musulmans. Je craignais une réaction vive d'anaphylaxie, c'est-à-dire de rejet de la population d'origine immigrée, c'est pourquoi j'ai créé Marseille-Espérance qui relie toutes les confessions. »

Vigouroux explique aussi que pour « réaliser » il faut s'accrocher tous les matins. Il recevait ses secrétaires généraux, ses principaux adjoints et les conseillers municipaux concernés pour faire le point sur chaque dossier engagé. Ceux qui se contentaient de faire acte de présence aux conseils municipaux ou qui avaient une vision vénale de l'action politique, il les écartait. Parfois sans ménagement et sans la moindre explication… L'idée de Vigouroux, c'était de relancer le négoce qui a fait la richesse de Marseille au XIXe siècle. Il a souvent pris son bâton de pèlerin pour « vendre » Marseille à l'étranger. Il n'a pas toujours été compris parce qu'il ne s'est pas toujours répandu en salamalecs. Toujours le silence…

« L'ingratitude est naturelle, estime Vigouroux, elle est partout. Quand Raymond Barre a déclaré qu'il ne se représenterait plus à Lyon, il a disparu. On n'existe plus dès qu'on n'est plus candidat. Beaucoup de Marseillais n'ont pas compris pourquoi je ne me suis pas représenté en 1995. Mais tout simplement parce que je n'en ai jamais eu l'intention. Je suis né le 21 mars 1923, c'est-à-dire que j'avais déjà 72 ans en 1995 et qu'à cet âge il vaut mieux renoncer à un poste aussi lourd. » Il est vrai que Vigouroux a joué un drôle de jeu pour retarder au maximum l'annonce de sa non-candidature :

figurez-vous qu'il a convié la presse au club du Vieux-Port et lui a tenu à peu près ce langage: « Nous arrivons à quelques semaines du terme de mon mandat, de nombreux administrés me pressent de me représenter, déclare-t-il, je vais organiser un meeting au Palais des sports et si 10 000 Marseillais viennent y assister, eh bien je solliciterai de nouveau leurs suffrages ! » Les journalistes sont restés bouche bée. Attirer 10 000 personnes pour une réunion politique quand on n'a pas d'appareil politique derrière soi, c'est mission impossible. « En réalité, révèle Robert Vigouroux, je savais fort bien que le Palais des sports ne pouvait pas contenir plus de 5 000 spectateurs puisque c'est moi qui l'ai fait construire. J'ai donc délibérément donné ce chiffre de 10 000 personnes pour faire comprendre à l'opinion ma décision de me retirer sans être désagréable à quiconque. Mais en vérité, ma décision était prise et irrévocable... »

Peut-être aussi Vigouroux a-t-il voulu retarder au maximum le jeu de ses conseillers et adjoints cherchant, c'est humain, à se replacer au mieux de leurs intérêts dans tel ou tel clan. Comme le dit souvent Michel Pezet, l'ennui avec les clans, c'est qu'on ne peut pas faire partie des deux à la fois! Vigouroux est parti comme il était venu, sur la pointe des pieds. Sans amertume. Conscient de l'œuvre accomplie, même si d'autres s'accaparent ses mérites en citant le stade Vélodrome, l'amphithéâtre du palais du Pharo, le tunnel Prado-Carénage et le funérarium du cimetière Saint-Pierre comme « leurs » réalisations alors qu'ils n'y avaient même pas songé du temps de Defferre!

« Il faut avoir une conception positive du pouvoir, suggère l'ancien neurochirurgien. On a hérité de Defferre un clientélisme en pyramide avec un correspondant qui faisait remonter dans chaque quartier les dossiers en mairie centrale. Les cas sociaux, je m'en occupais personnellement, mais pour le reste, vous ne pouvez pas imaginer le nombre d'associations bidon que j'ai pu supprimer. La politique, c'est comme la chirurgie: il faut que le résultat soit le meilleur possible et vous avez l'obligation que ça marche. Marseille doit rebondir, comme Barcelone. La capitale catalane était une ville en déshérence, comme Marseille aujourd'hui, elle allait à vau-l'eau et connaissait les affres de la décadence. Et puis le président de la région Catalogne et le maire de la ville ont réussi un spectaculaire redressement de Barcelone. Pourquoi les pouvoirs publics ne se liguent-ils pas pour faire décoller Marseille ? »

L'ennui, c'est que les problèmes de Marseille se sont singulièrement aggravés depuis 1995. Certaines cités sont devenues des ghettos où les trafiquants de drogue contraignent parfois les visiteurs à passer sous un détecteur anti-métaux pour voir si par hasard ils ne dissimuleraient pas une arme ! Vigouroux allait souvent déjeuner à Félix-Pyat, ou à La Castellane et au Plan-d'Aou, avec les Comoriens, les Asiatiques, les musulmans. Il y allait seul, sans escorte. Croyez-vous qu'aujourd'hui il pourrait se risquer seul dans certaines cités livrées aux trafics et aux délinquants ? « La deuxième ville de France ne peut pas rester isolée, conclut Robert Vigouroux, il faut renouer des contacts internationaux. Le premier neurochirurgien chinois, c'est moi qui l'ai formé à La Timone. Marseille a les moyens potentiels de réussir, ce qui lui manque, c'est un vrai chef d'orchestre pour les mettre en musique...

« Il est faux de prétendre que je régentais tout à la mairie, confie Robert Vigouroux en me raccompagnant sur le pas de sa porte, l'ensemble des élus avaient une délégation et chacun faisait son travail. L'erreur tragique de Defferre, c'est d'avoir refusé de créer une communauté urbaine par crainte de perdre le pouvoir au profit des communistes. Après le déclin de l'Empire colonial, Marseille n'a jamais retrouvé de second souffle. La communauté urbaine, c'est moi qui l'ai faite, mais on a perdu quinze ans pour des raisons politiciennes. Le problème du port de Marseille, c'est une bourgeoisie molle et une organisation où tous les intervenants voulaient gagner le plus possible en travaillant le moins possible. Les patrons ont longtemps vécu dans l'illusion que l'activité économique allait repartir après la disparition de l'Empire, et il ne s'est rien passé. Ce qui avait été ne pouvait plus être...

« Si je devais qualifier l'action de Defferre, j'évoquerais trente-trois ans de mandat caractérisés par l'habileté politique et manœuvrière. Comme Gaudin, Defferre regrettait de ne jamais avoir eu d'enfants. Mais pas pour les mêmes raisons… »

Marseille le « pandémonium de la France »

Ainsi s'exprime Robert Vigouroux, le bâtisseur le mieux élu de Marseille et le plus méconnu. Homme de bon sens, et peu méditerranéen de tempérament, « Le Sphinx » a dû s'adapter à une ville où la droite n'est pas forcément à droite et où la gauche n'est pas forcément à gauche, une ville où seuls comptent les amis et les amis des amis. Il a su quitter la vie politique de lui-même avant que la vie politique ne le quitte, ce qui n'est pas le cas de tous les politiciens marseillais… « Marseille, observe Raymond Vidil, un transitaire de renom qui a réussi à faire de Marfrêt un des plus beaux fleurons du port de Marseille, c'est comme une ménagère qui aurait tous les ingrédients sur sa table de cuisine pour réussir un bon plat mais n'aurait pas le tour de main nécessaire : elle veut faire une mayonnaise mais elle ne parvient pas à la monter. Est-ce un problème d'émulsion ou d'émulation ? »

Pour le célèbre avocat Gilbert Collard, Marseille a toujours été le « *pandémonium* » de la France, la capitale de l'enfer, du désordre et du bruit. Il s'étonne des réactions « *gnangnan* » empreintes d'un « humanisme abrutissant » de certains journalistes pour lesquels l'indignation tient lieu de réflexion : « Depuis mon engagement auprès de Marine Le Pen, je fais l'apprentissage de la diabolisation et de la connerie, m'explique-t-il au *Corleone*, le restaurant sicilien de la rue Sainte, en présence d'Alfred Mauro le patron. Vous n'avez ici que des candidats qui s'adressent aux consommateurs de crédits publics et d'avantages catégoriels. Ce qui a changé à Marseille depuis Albert Londres, ce sont les gens qui ne se supportent plus les uns les autres. »

Comment en est-on arrivé à ce point d'exaspération ? « C'est simple, répond Me Collard, Marseille est devenue la ville des *quérulents*, ce sont des gens qui ont un besoin pathologique de chercher querelle pour des préjudices supposés et des dommages imaginaires. Je n'ai pas de voiture et je ne me déplace qu'à pied, voyez-vous, confie l'avocat en arrangeant sa mèche d'un mouvement leste, eh bien on ne peut plus marcher à Marseille. Les trottoirs sont trop étroits ou envahis par les voitures et on ne peut plus déambuler normalement. Je veux dire qu'on ne peut plus se croiser avec un autre piéton sans être obligé de descendre du trottoir et cela a rompu le lien de communication entre les gens. On ne peut plus se rendre à pied à un rendez-vous. À Paris, je vis dans le 17e arrondissement et je marche en moyenne une heure par jour sans être gêné par quiconque… »

Il est vrai que déambuler dans Marseille relève de l'acrobatie ou de la corrida : il faut toréer entre le mur et les voitures garées à cheval sur le trottoir afin de laisser passer le piéton qui vous croise. Et quand vous êtes plaqué contre le mur, les mains en arrière, évitez de le toiser au passage, cela pourrait vous attirer des ennuis. N'attendez pas un merci, c'est inutile, la plupart du temps, le piéton que vous croisez a la tête penchée sur son téléphone portable et il ne vous « calcule » même pas, ce qui accroît le danger. Et si vous scrutez le macadam pour éviter de marcher sur un excrément ou de vous tordre la cheville dans une ornière, vous devez aussi savoir jouer à la marelle en dansant d'un pied sur l'autre. Quant aux voitures, s'il vous prend la fantaisie de traverser le Prado, le Jarret ou le boulevard Michelet, « on a l'impression qu'elles vous visent », m'a confié une amie irlandaise stupéfiée par cette expérience. « On dirait que les conducteurs sont enragés chez vous, qu'est-ce qu'ils ont dans la tête ? »

Bonne question, ça, mais la réponse est très simple : le piéton est un gêneur. Le motard est un gêneur. Le camion poubelle est un gêneur. Le feu rouge est un gêneur. Les touristes sont des gêneurs qui vont à dix à l'heure dans leur tortillard et vous font perdre un temps fou. Et les vélos n'ont qu'à bien se tenir, sinon on leur fait une queue de poisson pour leur apprendre à circuler sur ces ridicules draisiennes de dégénérés. Voilà. Le problème à Marseille, c'est qu'il y a beaucoup trop de gêneurs qui en prennent à leur aise et vous empêchent de vivre, voire de respirer... D'où les réactions des piétons qui se plient en deux de reconnaissance et se confondent en remerciements lorsque par hasard un automobiliste compatissant consent à s'arrêter pour leur laisser le passage. Ils sont estomaqués. À Marseille, on ne circule pas en voiture, on se propulse, on s'agglutine, on se projette. Ce ne sont pas des voitures, ce sont des sarbacanes !

« Ensuite, poursuit Me Collard, qui apparemment ne veut pas nous faire marcher, on a abandonné les populations à leur sort et on a laissé s'installer des sous-cultures, on a complètement oublié l'élément républicain de la neutralité. Lorsque Gaudin participe à une fête pour rompre le jeûne musulman du Ramadan, pourquoi n'en fait-il pas autant pour la fin du Carême des catholiques ou pour la Pâque juive ou chrétienne ? La neutralité est le fondement même de la laïcité. Une politique d'immigration disciplinée est le meilleur rempart contre le réflexe xénophobe. À l'assemblée nationale, mon premier discours portera sur la République et la patrie pour une raison très simple : celui qui aime sa terre est mieux préparé que celui qui ne s'en soucie pas à développer en lui l'attachement à l'humanité. Et mon second geste sera de me hisser au niveau du quotidien. Pour cela, il faut fréquenter assidument deux lieux : la bibliothèque et les bistrots, les deux sont complémentaires. »

Pourquoi ce diable d'avocat a-t-il fait la culbute entre Rocard et Le Pen ? « Parce que Le Pen est le seul survivant du subjonctif français et qu'en pleine guerre il a quitté l'Assemblée nationale où l'on parle, pour aller à la bataille où l'on meurt. Quand on est Français, on est Français, on n'est plus Algérien, Marocain, Coréen ou Sénégalais, cette double appartenance affichée est une insulte à l'universalité de la culture française. À Marseille, je pense que

Gaudin a fait son temps: c'est le vieil instituteur de Marcel Pagnol qui n'a plus de classe... Il me fait penser à un poisson rouge, le xiphophore, qui donne des coups d'épée dans l'eau et s'agite en pure perte...

« Si j'étais candidat aux prochaines municipales à Marseille, ajoute Collard, mon premier geste, en cas d'élection, serait d'organiser un référendum pour que les Marseillais prennent la parole. Voilà des décennies qu'ils n'ont plus voix au chapitre et il est grand temps d'introduire un peu de démocratie directe dans cette ville. Le pire serait d'élire ici un apôtre du clientélisme comme Mennucci, le Brutus de la Canebière, un nomade fratricide hier encore proche de Guérini et de son aréopage tintinnabulant... »

« Fascisme doux contre socialisme mou »

Pour Thierry Cayol, journaliste marseillais broyé par Marseille et exilé dans un village du Tarn, le pire serait au contraire l'accession au pouvoir de Gilbert Collard: « L'avenir de Marseille en 2014 est préoccupant, dit-il, compte tenu de l'inquiétante montée en puissance d'un climat de peur et de l'apparente incapacité des pouvoirs publics à enrayer cette délinquance des quartiers qui pourrit la vie des Marseillais et semble dénuée de toutes règles comme il pouvait y en avoir du temps des parrains. Le risque est grand de voir se constituer d'ici peu des milices d'auto-défense, plus dangereuses en définitive que les voyous qu'elles entendraient mettre hors d'état de nuire. Les municipales de 2014 seront des élections à haut risque car si les choses devaient rester en l'état ou elles sont aujourd'hui, ce serait la voie royale pour le Front national. D'autant plus que son candidat probable, Me Gilbert Collard, incarne une sorte de « *fascisme doux* » face à un « *socialisme mou* ». Il a pour lui d'être très médiatique et peu suspect de racisme ordinaire. Je pense que le seul moyen de faire sérieusement obstacle au FN est de persuader Jean-Claude Gaudin de briguer un nouveau mandat. Lui seul, parce qu'il est aussi populaire à droite qu'à gauche, est à même de l'emporter face à Collard. Son bilan n'est pas exemplaire mais l'arrivée au pouvoir de l'extrême-droite entraînerait sans doute une catastrophe, tant au niveau social qu'économique, dont Marseille aurait bien du mal à se relever... »

Marseille vous permet, à la faveur d'une simple bouffée, de vous sentir bien alors que vous êtes mal. « Il y a ici un art de vivre qui ne doit rien à la frime et au fric, explique Jean Contrucci dans la revue *Marseille*, il y en a pour tous les goûts et toutes les bourses.

Les Marseillais, c'est quoi ? Une peuplade que personne n'a jamais pu réduire à un commun dénominateur. J'aime Marseille parce que c'est un enfer peuplé de petits paradis qui exigent une vie entière pour être savourés. »

« On n'a pas à comprendre Marseille, disait le poète Axel Toursky, on l'ignore ou on l'aime. Et si on l'aime, on est perdu. Perdu pour tout ce qui est rigueur, froideur raison cruelle et détachement. »

La ville feu de paille

Marseille, c'est la ville des apatrides qui ont trouvé une patrie. C'est aussi une ville feu de paille capable de brûler très vite ce qu'elle a adoré. Serge Botey en sait quelque chose, lui qui a réussi durant six ans à réhabiliter l'image de Marseille au point d'en faire une ville « bobo » pour la « *génération babaou* », et voilà qu'aujourd'hui son lent travail de restauration est réduit à néant par les successions de règlements de comptes, les agressions, les braquages et les magouilles qui ravivent le spectre de « Marseille-Chicago » sur le devant de la scène... Il faut toujours tout recommencer pour que tout s'accomplisse. C'est le sens de l'action de cet anarchiste espagnol qui se prend pour un homme de droite sans l'avoir jamais été : « T'inquiète pas, José, me rassure-t-il à la *Samaritaine*, sur le Vieux-Port, en sirotant un café, Marseille 2013 Capitale de la culture a pris un peu de retard à l'allumage mais tout va bien se passer. Si on a obtenu le label, c'est parce qu'on a fait ce qu'il fallait. On a juste besoin d'achever les lieux et d'organiser encore deux ou trois grands événements car on dispose d'un excellent tissu de créateurs qui manquent d'occasions de s'épanouir. Marseille 2013 ne doit pas rester un flash éphémère mais constituer une refondation du système culturel pour l'avenir... L'important, c'est ce qui va rester au-delà de 2014. Cessons de jouer les Cassandre, les buveurs de verre à moitié vide, cessons de nous auto-flageller. Ici, on est bon quand on donne envie même aux cons. Quand on lance à quelqu'un "*oh, l'enculé*", ici c'est un titre de gloire, c'est un mot d'amour. Dans "*oh, l'enculé*", c'est l'intonation qui compte, c'est l'oralité joviale, le mot lui-même on s'en fout...

« Notre désordre, c'est notre force, estime ce provocateur-né, il arrive ici les mêmes choses qu'ailleurs mais ça prend des proportions démesurées, moi j'ai gagné la bataille de la gentillesse : à part de me faire enculer, j'ai tout accepté. Marseille est le lieu de rencontre de la Provence et de l'Orient, on a les problèmes avant tout le monde et on les règle avant tout le monde. À Marseille, malgré les apparences, rien ne ressemble plus à un pied-noir qu'un Arabe... Ce sont des frères qui s'engueulent mais ils sont de la même famille, ils sont nés là-bas. On est des Méditerranéens, des gens du pourtour, si tu me fais déménager à Aix j'en peux plus au bout de quinze jours, que Dieu nous garde. Et si on va tous les deux en Suisse, toi José l'Italien, et moi Serge l'Espagnol, on est deux métèques pour eux ! Notre vérité, c'est celle qui naît des querelles de familles nombreuses : on s'aime pas au même moment et on s'aime mal... »

Botey est un fanatique des Goudes, à l'est de Marseille, l'Estaque du sud, un site resté sauvage où la caillasse blanche ose faire la nique à la mer. Les vagues s'éreintent contre cette roche dentelée qu'elles giflent toute la sainte journée pour y graver d'indélébiles cicatrices ruisselantes de larmes et d'écume : « Tu vas aux Goudes en dix minutes de bagnole et tu vois passer Homère, confesse le libertaire, tu crois que tu rêves, tu sais plus où tu habites, tu es écarquillé, tu tombes à la renverse… Notre problème majeur, c'est la pauvreté des travailleurs, estime-t-il, quand je vois au McDo de la porte d'Aix des mères de famille qui comptent les sous sur la table, ça me fend le cœur. Et quand le couple se sépare, ils deviennent souvent des clochards parce qu'ils passent tous les deux sous le seuil de pauvreté. »

Les Roms sont entrés dans la ville. L'archevêque en a casé une soixantaine dans le quartier Saint-Pierre au grand dam des voisins, mais la plupart élisent domicile dans des jardins publics, des immeubles inhabités ou des usines désaffectées, des bouts de trottoirs : « Quand je les vois errer dans la ville en quête de pitance, je me dis que les conséquences de la crise économique sont encore à venir, dit Botey, je sais qu'ils constituent un problème mais je vois d'abord des malheureux… Et je suis avec eux parce que ce sont des hommes à terre. »

Nous faisons quelques pas sur le quai des Belges avec Botey puis nous remontons la Canebière et notre attention est attirée place du général-de-Gaulle par les cris d'un gamin de 3 ou 4 ans qui veut continuer à faire du manège sur un grand cheval de bois. Nous comprenons aisément que la maman n'a pas un sou de plus et qu'elle ne peut que tenter de persuader son gosse que le cheval est fatigué, qu'il ne veut plus tourner et qu'il faut s'en aller, il faut rentrer à la maison… Et Botey, l'anarchiste espagnol, va avoir une réaction de Marseillais authentique : il jette quatre euros par terre et s'adresse au gamin : « Tiens, petit, regarde ce que j'ai trouvé par terre, va les donner à ta maman… » Ni vu ni connu. Pour ne pas offusquer la dignité de la maman, il a fait semblant de trouver les pièces sur le trottoir, histoire de faire la charité sans avoir l'air de la faire. C'est ça Marseille.

CHAPITRE 3

Marseille ville vampire

Le succès historique du « Gymnase »

L'homme qui va s'exprimer ici a choisi depuis longtemps de travailler dans l'ombre. Il connait la versatilité des médias et se méfie de la notoriété. « J'ai appris à préférer la réputation à la célébrité, ça dure plus longtemps », confie-t-il en souriant. Cet homme devenu discret pour échapper aux malfaisants et aux jaloux, c'est Dominique Bluzet, un des plus grands hommes de théâtre que Marseille ait jamais connus, actuellement directeur du théâtre du Gymnase à Marseille ainsi que du Jeu de Paume et du Grand Théâtre de Provence à Aix. Le théâtre à Marseille, c'est (presque) plus important que l'OM. Si l'évolution actuelle se poursuit, il y aura bientôt plus d'abonnés au théâtre qu'au stade Vélodrome. Ce terreau propice à l'éclosion des talents, Dominique Bluzet a su le fertiliser en vingt ans : « le théâtre du Gymnase est à la fois un lieu de mémoire et un lieu anxiogène situé sur la Canebière qui marque la frontière entre les quartiers nord et les quartiers sud, explique Bluzet, dont la silhouette est méconnaissable après un régime draconien qui lui a permis de perdre… cinquante kilos. Jadis, la Canebière, c'était l'avenue de l'Opéra à Paris avec ses grands hôtels et ses belles brasseries. Aujourd'hui c'est un des hauts lieux de la paupérisation de Marseille et la simple vue quotidienne de la Canebière donne une idée de la disqualification de la ville. »

Il est vrai que le « Gymnase » évoque la nostalgie de la grandeur passée. C'était jadis un grand music-hall. On y découvrait des gens hors normes qui appréciaient l'esprit de fête et un public ultra-sensible, un public en or qui faisait un triomphe à ses favoris. Charles Aznavour par exemple faisait deux soirées de gala à l'Olympia pendant qu'il en alignait trente-cinq d'affilée au Gymnase ! Jacques Brel, Yves Montand et Georges Brassens se donnaient le mot : c'est au Gymnase qu'il faut aller chanter, l'accueil des Marseillais est fabuleux… Et puis les plus grands artistes n'hésitaient pas à se mêler aux virtuoses locaux : Roger Luccioni, par exemple, avant de devenir un cardiologue réputé et un élu RPR marseillais était un contrebassiste qui faisait partie de l'orchestre rock de la fac de médecine et accompagnait Chuck Berry, Bill Haley ou Jerry Lee Lewis lorsqu'ils se produisaient au Gymnase.

Le Gymnase a dépassé la Criée en 1995 en nombre d'abonnés. Sans doute la nomination de Macha Makeieff va-t-elle donner un second souffle à ce théâtre et lui rendre sa dimension populaire. Elle s'est installée à Marseille et a inscrit son fils au lycée Thiers pour se sentir mieux « immergée » dans le chaudron et s'en approprier les rites. Mais le Gymnase a pris quelques longueurs d'avance. « Moi je ne joue pas, je ne fais pas de mise en scène, mon projet est plus politique qu'artistique, explique Bluzet, j'essaie de jouer sur les complémentarités entre le Gymnase, le Grand Théâtre et le Jeu de Paume et sur la diversité des territoires. » Le taux de fréquentation du Gymnase voisine les 90 % mais nul ne peut nier que son public vieillit en même temps que le théâtre : « J'ai vu mes fidèles spectateurs avec des cheveux noirs, puis avec des cheveux gris, et maintenant avec des cheveux blancs », confirme Bluzet.

Il va donc falloir réinventer le Gymnase pour y attirer des jeunes en 2013 et Bluzet a échafaudé un plan de « régénérescence » adapté au monde actuel et « à la ville telle qu'elle est » : « On va préempter le spectacle vivant, on va décliner théâtre, grande musique et music-hall avec des abonnements communs aux trois théâtres. Notre projet réinvente l'émerveillement face à la magie du théâtre. Aujourd'hui les cirques sont souvent monogames mais naguère ils suscitaient la fascination des enfants grâce aux dompteurs, aux trapézistes, aux jongleurs et aux clowns qui laissaient les enfants bouche bée. De la même façon, je veux être surpris au théâtre par des choses différentes : en 2013, pour Marseille Capitale européenne de la culture, j'ai prévu 250 représentations, y compris pendant les vacances ! Même si nous sommes en période de crise, même si les gens sortent moins qu'avant, le merveilleux existe encore... »

Dominique Bluzet, le « transmetteur d'émotions vraies », a toujours le même enthousiasme et on le comprend. Il dispose toujours de 20 000 abonnés et ses théâtres attirent environ 200 000 spectateurs par an. Le bureau où il me reçoit est l'ancienne salle à manger d'Antoine Bourseiller, l'homme qui a su populariser le théâtre en France et dirigea, entre autres, le Gymnase. Bourseiller y invitait souvent Gaston Defferre à déjeuner car tous deux adoraient les lentilles vertes du Puy... Un jour, Defferre prévient son ami :

— Tu as trop la tête dans les étoiles, Antoine, tu ferais bien de faire attention à ce qui se passe ici, on va te fermer le théâtre pour proxénétisme...

— Quoi ? répond Bourseiller interloqué, il y a de la prostitution dans ce théâtre et je ne suis pas au courant ?

— Eh oui, Antoine, ajoute Defferre en ingérant une cuillère de lentilles vertes, des jeunes filles du lycée Thiers et des vendeuses ont choisi l'ombre des coursives pour y prodiguer des gâteries rémunérées afin de pouvoir s'acheter ensuite des jupes Courrèges sur la Canebière...

Effectivement, les couloirs des loges du Gymnase étaient devenus, à l'insu de Bourseiller, le papa de la torera Marie Sara, une sorte d'Eros-Center abritant des lycéennes ou des vendeuses désargentées.

La spécificité de Bluzet, c'est qu'il ne cherche pas à prêcher les convertis, il va délibérément vers ceux qui sont « en manque » de tout. Il veut être en phase avec les gens, en prise avec la cité profonde. Son but est de faire du prosélytisme culturel sans préjuger des goûts de chacun. Il veut « servir » son pays et son pays, c'est le théâtre. « Je veux être un tribun de la politique culturelle car Marseille est une ville où l'on vous laisse prendre la parole », confie-t-il. La liberté dont jouit Bluzet a un corollaire obligatoire : l'exemplarité. « Je rédige ici trois cents feuilles de paye par mois, fait-il observer, je n'attends pas les subventions, je cherche des mécènes, je tape les banquiers parce qu'ils le valent bien, notre fondation nous a permis en trois ans de toucher 16 000 enfants, une trentaine d'entreprises, 400 donateurs particuliers pour faire vivre le théâtre à l'école, dans les ateliers, les lycées, en prison, etc. Je veux contribuer au mieux vivre ensemble et apporter une part de rêve à une ville en détresse. »

En fait, Dominique Bluzet a une vocation d'entrepreneur. Il aime bien citer Molière qui écrit dans *Les Fourberies de Scapin* : « Je hais ces cœurs pusillanimes qui, pour trop prévoir les suites des choses, n'osent plus rien entreprendre ». Et savez-vous pourquoi il s'investit à ce point dans son métier ? « Parce que je voudrais être fier de Marseille, c'est cent fois mieux que le slogan des supporters de l'OM « *Fiers d'être Marseillais* », assène-t-il en guise de conclusion.

Makeieff : une Bluzet en jupon

La nouvelle directrice du théâtre de La Criée, Macha Makeieff, n'est pas du tout une « *estrangère* » : c'est une Marseillaise native de Marseille et, qui plus est, une Bluzet en jupon. Sa tâche est immense : il s'agit ni plus ni moins que de réinventer le théâtre national de La Criée qui doit redevenir en 2013 le phare culturel de Marseille. Elle a de sérieux atouts pour réussir cette gageure. Macha est en effet une adepte de l'excellence et de l'éclectisme, de l'élitisme pour tous et de la fantaisie, et surtout, elle « respire » Marseille : « Voilà qu'aujourd'hui Marseille m'a rattrapée, confie-t-elle à la revue municipale. Voilà que du temps a passé sous d'autres cieux. Marseille était devenue pour moi presque irréelle, comme un amour de jeunesse que l'on croise de temps à autre avec la crainte qu'il ait trop changé, un réservoir poétique de personnages singuliers, une humanité hétéroclite, émotions enfouies qui nourrissent les spectacles. Je m'échappe parfois des bureaux pour marcher longtemps dans la ville inspirante, y puiser des forces et redécouvrir qu'ici comme à Naples ou à Tanger il y a le goût de l'instant et la force de la fatalité. »

Nul n'échappe à sa terre. Macha, l'Italo-Russe, a sans doute été aimantée par la ville qui l'a attirée dans ses rets. Elle a beaucoup bourlingué et Marseille n'a pas bronché. Elle va rencontrer beaucoup de gens qui vont lui murmurer : « Vous savez, Macha, vous avez bien fait de partir, ici vous auriez végété et Marseille vous aurait broyée, comme les autres… »

Alain Sauvan, par exemple, un photographe qui avait élu domicile à Marseille, il y a vingt-cinq ans, a décidé de quitter la ville, de plier bagage, sans le moindre regret en 2012 : « Quand je suis arrivé ici, j'étais un ardent défenseur de la mixité, j'ai longtemps habité place des Moulins au Panier, puis rue Consolat, derrière la Canebière, dit-il, je pensais que la diversité était un atout majeur pour cette ville, aujourd'hui force est de constater que c'est devenu un problème. On sent dans la ville une sorte de césure et de désenchantement. Prenez Marseille 2013 Capitale de la culture, c'est symbolique de ce qui se passe ici… C'est un événement qui devrait être moteur, fédérateur, enthousiasmant. Or, aujourd'hui, on n'est plus très sûr que Marseille sera à la hauteur de l'événement, on redoute un ratage, on sent que tout le monde ne va pas dans le même sens, comme si le système marseillais reprenait toujours ses droits...

« Marseille est une *ville vampire*, estime Alain Sauvan, 57 ans, elle se nourrit des gens qui arrivent, de leur force, de leur sueur, parfois de leur génie, elle les pompe de leur énergie et développe sa propre existence sans le moindre égard pour celui qui l'a sustentée. Marseille prend beaucoup plus que ce qu'elle donne, moi je me suis sacrifié pour cette ville sans la moindre gratitude. Peut-être est-ce parce que je n'ai jamais épousé le système marseillais ? Je m'aperçois que les magouilleurs, les carriéristes et les arrivistes ont su tirer profit de la ville. Moi pas. J'ai fait mon chemin seul sans prêter allégeance à quiconque. C'est ma fierté mais aussi ma faiblesse. Je ne suis pas mécontent de m'être installé au Brusc dans le Var. J'ai toujours aimé Marseille mais j'ai préféré quitter Marseille avant qu'elle ne me quitte. »

Ivane Eymieu, l'ancienne adjointe à la culture de Jean-Claude Gaudin, n'est pas plus optimiste que Sauvan : « Je ne sais pas où ils vont, mais il me semble que c'est dans le mur », prophétise-t-elle. Elle qui a tout fait, dans le sillage de Vigouroux, pour réanimer les friches industrielles de la ville en y installant par exemple les archives municipales, se désole de voir que le pôle media de la Belle-de-Mai abrite des studios « où l'on tourne cette monstrueuse couillonnade qu'est le feuilleton *Plus belle la vie*, un concentré d'histoires cucul-la-praline qui ressemblent à tout, sauf à Marseille ! » Ivane regrette aussi que la bibliothèque régionale de l'Alcazar qu'elle a créée cours Belsunce, marche aujourd'hui à vau-l'eau pour des raisons politiques. « Le premier directeur est parti parce qu'il était harcelé par le syndicat FO, tout-puissant sur la ville. Le second était un trotskyste qui a finalement été recruté par la bibliothèque de Lyon après avoir été écœuré lui aussi par FO et la troisième est une jeune femme totalement vouée à FO, donc tout va bien, sauf qu'elle n'a aucune compétence pour diriger une bibliothèque. Voilà comment on vous cisaille par derrière après avoir réalisé un équipement indispensable pour la ville !

« Et pendant ce temps, poursuit, déchaînée, Ivane Eymieu, qui me reçoit dans son bel appartement de Castellane, certains conseillers du maire touchent 5 000 euros par mois pour porter ses discours et lui cirer les bottillons. Les élus marseillais ne sont pas à la hauteur, accuse Mme Eymieu, ils se moquent de Marseille et de son rayonnement pourvu qu'ils touchent leurs indemnités Ce qui caractérise Gaudin, ce n'est pas seulement la jovialité, c'est la méchanceté. Moi, j'étais le nez dans mes dossiers mais ça ne m'empêchait pas de voir que Gaudin privilégiait les architectes avec lesquels il avait certaines affinités sans même jeter un coup d'œil à leurs maquettes... »

Ivane Eymieu est comme tous les Marseillais natifs de Marseille : elle aime sa ville et la déteste cordialement. Tel est le cas aussi de Philippe Caubère, excellent comédien marseillais qui a réussi une superbe carrière en « montant » à Paris. Né aux Chartreux, Caubère a passé toute son enfance dans la maison de ses grands-parents : « J'ai pour cette ville le même amour et la même horreur que j'éprouve pour moi-même, confie-t-il à *L'Express*, j'ai l'impression que partout dans le monde Marseille se résume au football alors qu'elle se distingue d'abord par ses écrivains et ses artistes comme Edmond Rostand, André Suarès ou Marcel Pagnol. Je crois que tous les petits Marseillais ont deux enfances : la leur et celle de Pagnol. C'est la clef de la réussite des grands auteurs populaires : ils entrent dans l'inconscient collectif. Lire Pagnol me ramène à moi-même.

« Un copain astronome m'a dit un jour : "*Marseille, c'est la ville de Mars*", le dieu de la guerre. J'aime Marseille orgueilleuse et je réfute tout sentiment de compassion : Marseille est si belle qu'on n'a pas à avoir pitié d'elle. Mais ce n'est qu'en venant à Paris que j'ai gagné en reconnaissance. Marseille n'a guère de considération pour ses enfants artistes. Lorsque je faisais des allers-retours entre Marseille et la capitale, on me demandait si j'avais souffert du parisianisme. Pas du tout. C'est à Marseille que j'ai connu une forme d'ostracisme. Paris est une ville ouverte aux artistes. Que vous soyez Chinois, Breton, Algérien ou Marseillais, vous y trouverez toujours votre place. Paris est la ville de la pensée, Marseille ne l'est pas, même si elle a beaucoup évolué… »

Bosso : le Jean-Claude Izzo de la galéjade

Un autre artiste Marseillais de talent, l'humoriste Patrick Bosso, a bien réussi à Paris. C'est même grâce à son accent marseillais qu'il a conquis la capitale. J'avais été le premier à parler de lui dans *Le Figaro* lorsqu'il se produisait devant quelques dizaines de personnes au Chocolat Théâtre sur le cours Julien. Bosso, c'est le bon mariole marseillais, le Jean-Claude Izzo de la galéjade. C'est un homme qui a fait de ses empêchements des clartés. À présent, il fait salle comble à chacune de ses représentations. La dernière fois que je l'ai vu, c'était le 26 janvier 2012 au Cabaret aléatoire à la Belle-de-Mai à Marseille pour son spectacle un peu grinçant consacré… aux travers des Marseillais. Sur chaque billet d'entrée figurait la mention : « *assis, placement libre* ». Avec mon épouse j'ai voulu m'asseoir en arrivant une demi-heure avant le début du spectacle au centre du cabaret où plusieurs tables étaient libres… Mais on m'a gentiment fait savoir que ces places « libres » étaient en fait « réservées ».

Le « placement libre » à Marseille, j'aurais dû m'en douter, cela voulait dire : « libre pour les pistonnés ». Voilà comment je me suis retrouvé au fond du cabaret à cinquante mètres de Bosso. Peut-être aurais-je dû camper la veille au soir devant la porte ? Peut-être aurais-je dû me faire recommander par Gaudin ou Henri Jibrayel, le député du secteur qui, lui aussi, avait une place libre mais « réservée » ce soir-là ? Toujours est-il que j'ai vu arriver juste avant le début du spectacle Ghislain Leleu, ancien PDG de *La Provence* et toute sa smala, une bonne dizaine de personnes qui ont occupé aussitôt les places centrales. Les « pistonnés », c'étaient eux.

Comment Bosso, Marseillais natif de Marseille, a-t-il pu favoriser ainsi un nordiste bon teint qui a quasiment fait fondre le lectorat de *La Provence* et n'a jamais rien compris à Marseille ? Il faudra qu'il me l'explique… Je dois à la vérité de préciser que certaines vedettes du Cercle des nageurs de Marseille avaient aussi réservé leurs tables à proximité de celles de Leleu. J'espère que Bosso n'omettra pas de mentionner lors de son prochain spectacle : « placement libre… pour les pistonnés ». À moins que ça marque mal ?

Telle est la rançon du succès. On en oublie ses origines modestes. « Quand on est parti d'Italie, on était rien, reconnaît pourtant Bosso. Maintenant, on est pauvre à Marseille, mais être pauvre, c'est déjà être quelqu'un. »

« Être quelqu'un », prononcez « kékun » parce que ça rime avec « dégun », c'est l'objectif de tous les Marseillais, quel que soit leur quartier, leur statut social, leurs relations. Ils rêvent tous de la destinée d'un Éric Cantona, vénéré à Manchester et sifflé au stade Vélodrome, d'un Pagnol, d'un Fernandel, d'un Pierre Puget, d'un Paul Ricard, d'un Jean Bouin, d'un Jean-Claude Quilici, parce qu'ils ont tous en commun une inépuisable, une insatiable soif de reconnaissance. Si vous prenez le grand chirurgien esthétique marseillais Alain Fogli et l'immense bâtisseur marseillais Marc Pietri, vous vous apercevez qu'ils puisent leur rage de vaincre dans des origines extrêmement modestes. Leur réussite est l'histoire d'une revanche sur la vie. Une espèce de surcompensation du doute. Et la plupart des Marseillais, comme l'indique joliment l'architecte Rudy Ricciotti, sont « des artistes par extrait de naissance et de voyage ». Ils accordent leur destin d'exception à une ville qui sait sublimer leurs talents.

Les Marseillais sont des résistants-nés, sans trop savoir pourquoi. « Ils sont depuis 1789 dans un état d'esprit pré-insurrectionnel et libertaire par intuition chrétienne, estime le flamboyant Ricciotti, architecte avec son collègue Roland Carta du musée national des civilisations d'Europe et de la Méditerranée situé au fort Saint-Jean. Le Marseillais est patriote de sa cité, résistant toute catégorie et robuste aux maladies. » Cette rébellion instinctive relève de la « *névrose obsidionale* », c'est-à-dire du délire de citoyens qui se sentent tourmentés par des persécuteurs potentiels. Marseille est, il est vrai, une marquèterie de peuples et d'ethnies, une mosaïque qu'il ne faut pas scruter de trop près de crainte d'en perdre le fil. Marseille est une ville très susceptible, toujours à fleur de peau, et les Marseillais se croient toujours assiégés par des Parisiens aux intentions malveillantes …

Ce « complexe » des Marseillais, un excellent journaliste et historien a su l'analyser en profondeur : il s'agit de Gabriel Chakra qui fit les beaux jours du *Méridional* jusqu'à sa disparition. « Marseille subit de plein fouet le poids de son histoire, me confie Chakra au *Saint-Giniez*, un café qui fait l'angle de l'avenue de Mazargues et du Prado, elle a traversé de nombreux coups de tabac et a toujours eu le ressort de se redresser. Marseille est comme le Phénix qui renaît de ses cendres en permanence : elle confine à l'immortalité. » Si Marseille est devenue une des mémoires de la Méditerranée, c'est précisément parce qu'elle a survécu à d'innombrables épreuves. L'ennui, c'est qu'elle subit un cycle dépressif depuis la fin de la colonisation et du traitement des oléagineux (huiles, savons). Cette industrie de transformation des matières premières a prospéré de 1832 jusqu'en 1960. Durant cette période, l'économie marseillaise est florissante, elle est adossée à l'Empire colonial dont elle se dit la capitale. D'ailleurs en 1906, c'est à Marseille qu'est organisée la première exposition coloniale de l'Afrique occidentale française et de l'Afrique équatoriale française, auxquelles s'ajoutent Madagascar et l'Indochine.

C'est un système économique en vase clos : on fait venir à vil prix des matières premières (arachide, copra, seigle), on les transforme ensuite pour en faire des produits manufacturés que l'on revend au prix fort en France et au sein de l'Empire colonial. Mais Marseille va être victime de ce marché captif. À la fin des années 1960, la plupart des industries qui faisaient vivre, et bien vivre, la ville s'exilent à la périphérie de Marseille parce qu'elles sont considérées comme polluantes intra-muros et que les transports en camion gênent la circulation. Lavera et Berre accueillent les produits chimiques, Vitrolles et la vallée de l'Huveaune sont de nouveaux Eldorados industriels. L'« Hollywood » des supermarchés est créé en 1963 à Plan-de-Campagne entre Aix et Marseille : c'est le début du déclin du commerce marseillais. Les élus ne se rendent pas compte qu'une métropole est en train de s'installer à leur porte et qu'elle va peu à peu vider Marseille de sa substance au profit des nouveaux riches de la banlieue (Aix, Martigues, Aubagne, Berre, etc.).

Une ville coupée en deux

« On dit souvent que Marseille est la capitale de la Provence, c'est faux, estime Gabriel Chakra, Barcelone est la capitale de la Catalogne, Milan la capitale de la Lombardie, Munich la capitale de la Bavière et Lyon celle de Rhône-Alpes, mais Marseille ne règne que sur un champ de ruines. » Pour lui, Marseille est désormais une ville « balkanisée » et coupée en deux dans tous les domaines : une scission géographique matérialisée par une frontière invisible (la Canebière) entre le Nord et le Sud, une scission sociale et ethnique (les immigrés au Nord, les bourgeois au Sud), une scission fiscale (les 50 % de Marseillais qui acquittent un impôt sont en majorité dans les quartiers sud), une scission syndicale (la CGT règne sur le port et FO sur la fonction publique territoriale). Marseille serait donc une ville schizophrène dont le lobe frontal ignore ce que fait son lobe occipital et vice-versa…

« Il n'y a plus dans cette ville de force fédérative qui permette d'aller de l'avant, affirme Chakra, on recense des micro-territoires dotés d'appartenances idéologiques fortes et surtout le pouvoir central se soucie de Marseille comme d'une guigne. Nous sommes les grands oubliés de l'Europe… »

Marseille se meurt parce qu'elle refuse toute assistance à ville en danger. Elle s'enlise dans le marasme avec une certaine complaisance et si l'on parle de crise dans toute l'Europe, Marseille n'est guère étonnée, voilà une cinquantaine d'années qu'elle en subit les affres sans se plaindre. Dans le passé, avec le projet industriel de Fos et le « Grand Delta » imaginé par l'industriel Pierre Terrin, Marseille aurait pu sortir de l'ornière. Elle aurait pu constituer une « Provence du Sud » en s'alliant avec les régions Languedoc-Roussillon et Rhône-Alpes. Elle a préféré se capitonner dans son carcan de collines en jetant un regard méprisant sur Lyon, Montpellier et Toulon.

« Marseille est toujours rattrapée par le *syndrome de l'archipel*, explique Chakra, c'est une enclave qui préfère se débrouiller seule dans son corset collinaire et c'est ainsi qu'elle est devenue le cul-de-sac de l'Europe et qu'elle n'a cessé de développer un imaginaire paranoïaque de cité-État. » Marseille aujourd'hui, c'est l'histoire d'un effondrement progressif conservant la flamboyance d'un orgueil passé. On meurt debout. La ville tirait substance de l'Empire, son marché captif s'est écroulé, elle s'est retrouvée gros-jean comme devant. L'oligarchie marseillaise travaillait en vase clos grâce au cycle des oléagineux et au capitalisme familial qui en assurait l'industrie.

Et puis le « clientélisme primaire » est venu se greffer sur cette lente dégradation. C'est le socialiste Siméon Flaissières, élu maire à deux reprises, qui a initié la « mode » du clientélisme en 1892 puis en 1919, et Henri Tasso a appliqué les mêmes recettes en 1935 avec l'appui de Simon Sabiani, mais il sera destitué en 1938 à la suite du terrible incendie des *Nouvelles Galeries* sur la Canebière et la ville sera placée sous la tutelle de l'État. Un camouflet retentissant pour Marseille qui sera administrée par Paris de 1939 à 1946... Cet épisode n'a jamais été réellement surmonté. Que Marseille, seconde ville de France, joyau de l'Empire, ait pu être dirigée sept ans par Paris, c'était une insulte personnelle à l'encontre de tous les Marseillais. Ils en conçurent une telle amertume qu'elle nourrit encore aujourd'hui leur esprit rebelle et leur rêve d'indépendance.

L'élection du gaulliste Michel Carlini en 1947, puis celle de Gaston Defferre en 1953 ne mettent pas un terme au clientélisme, bien au contraire. Defferre va même jusqu'à sectoriser le clientélisme pour mieux en contrôler les effets : il crée des comités d'intérêt de quartier dans la plupart des 111 villages qui constituent Marseille. À leur tête, des militants socialistes, comme René Olmeta par exemple, sont autant de rabatteurs de voix car ce sont eux qui reçoivent les doléances et les font suivre en mairie centrale.

« L'un des handicaps de Marseille, ajoute Chakra, c'est aussi une population intellectuellement précarisée : 55 % de Marseillais n'ont en effet aucun diplôme et une instruction rudimentaire. C'est le secteur public qui crée la majorité des emplois à Marseille et développe une mentalité d'assistés. Ce qui est en cause, c'est la structure mentale des organisations marseillaises : elles attendent tout de l'État providence. Or, François Fillon l'a clairement reconnu en son temps, la France est en faillite et les Marseillais sont comme les Grecs : *exsangues*...

Le complexe de Marius

Le « creuset » marseillais est souvent parasité par un respect très approximatif de la loi. Marseille nourrit une telle répulsion pour l'autorité, quelle qu'elle soit, qu'elle est devenue aujourd'hui la capitale européenne du sans-gêne, de la goujaterie et de l'insécurité. Les Marseillais ont toujours été rebelles et rétifs à la loi, ce qui nuit à l'harmonie du « vivre ensemble » et entraîne de multiples malentendus entre les communautés. Le Marseillais est toujours affligé du « *complexe de Marius* ». Marius, c'est l'homme du quai : c'est quelqu'un qui pense là-bas quand il est ici et quand il est là-bas, il pense ici... Il cultive jusqu'à la caricature ce malaise existentiel. Il est taraudé par l'appel du large et se sent à l'étroit à Marseille, mais dès qu'il s'en va, le même Marius est nostalgique de Marseille. Cette ambivalence de sentiments caractérise aujourd'hui encore les Marseillais natifs de Marseille.

« Il faudrait enfin donner à cette ville un maire à la mesure de son génie propre, affirme Chakra, un homme capable de dessiner de grandes perspectives et de nouveaux horizons en phase avec son identité et son imaginaire. Marseille réagit comme une grande blessée, déchue de sa prospérité, elle cherche un tremplin pour se mouvoir dans une prospérité nouvelle. Elle devrait être gérée par une "*pointure*" extérieure, style Raymond Barre à Lyon, mais la fibre locale est si forte à Marseille qu'on le traiterait aussitôt de parachuté. Nous avons affaire ici à une piétaille politicienne qui n'est pas à la hauteur des enjeux de la ville et ne songe qu'à accroître son pouvoir. Le rêve à Marseille se fracasse toujours sur le mur de la réalité : il manque l'homme de génie qui viendrait épouser Marseille pour donner libre cours à son talent créatif et à son dynamisme. Nous avons hélas adopté le rythme « plan-plan » des villes bigarrées de la Méditerranée. La notion de productivité nous est devenue étrangère et nous adoptons le rythme lancinant de ceux qui n'ont aucune notion du temps… »

Marseille a-t-elle perdu sa légendaire joie de vivre ? « Le problème de cette ville, estime Pierre-Paul Alfonsi, président départemental des bistrotiers et restaurateurs, c'est l'apathie et la tristesse. Nos élus nous bassinent avec le chômage, la délinquance et la misère et ils oublient que Marseille a toujours été la capitale de la gaîté ! Pour lutter contre le stress et la dépression, il faut créer de grands événements festifs et ce n'est plus le cas à Marseille. Le soir à partir de 20 heures, c'est le désert des Tartares. Ils dorment debout les élus, ils se contentent de gérer leur carrière et basta. Ils ne comprennent pas que le tourisme rapporte beaucoup d'argent et ils en sont restés au stade de la ville industrieuse de 1930 parce qu'ils n'ont aucun sens de la fête. Dans les villages c'est différent, on sait encore s'amuser, festoyer, rigoler. Mme Dominique Vlasto, chargée du tourisme à Marseille, moi je l'appelle Dominique Fiasco. Et puis le Sud-Est est devenu une sorte de temple de la flicaillerie bananière… »

« On se prend pour Barcelone, mais essaie seulement de faire un spectacle le soir à 20 h 30 au théâtre Sylvain à Endoume et les riverains sortent avec le fusil, s'indigne Philippe Fragione, il ne faut surtout pas faire de bruit, ce n'est pas Barcelone, c'est Marselone… »

De fait, les Marseillais ne sortent plus le soir, faute de moyens, et l'on oublie la période heureuse de l'Alcazar, de l'Alhambra et de l'Opéra. Les grandes brasseries ont fermé les unes après les autres : *Le Sans-Pareil*, *Le New-York* de Monique Venturini, *Le Suffren*, *Le Français*, *Le Cintra* ne sont plus que de glorieux souvenirs. Seule *La Samaritaine*, à l'angle du quai des Belges et de la rue de la République, a su se maintenir grâce à l'acharnement d'Ernest Zutta et de sa famille après avoir traversé quelques turbulences. Zutta a su y conserver l'esprit des cafés d'autrefois alors que partout ailleurs Marseille se « macdonaldise », se « sushise » et se « kebabise » à vue d'œil. Et la mairie ne peut guère s'opposer à ce mouvement de « démarseillisation » car il lui est financièrement impossible de préempter les fonds de commerce et de recaser tout leur personnel. Jean Roatta, ancien maire du secteur, a tout tenté pour s'opposer à l'implantation des « chich-kebab » sur la Canebière (contrôles, fermetures temporaires) car ce sont souvent des foyers de délinquance. Il n'a pas réussi : on en dénombre vingt et un aujourd'hui !

À Marseille, on trimait dur, on gagnait peu, mais on était heureux parce qu'on cultivait les mêmes valeurs et qu'on avait le sentiment d'une destinée commune. Tout se passe comme si les Marseillais étaient en rupture psychologique avec leur propre ville. « Comment pourrait-il en être autrement dans une cité qui refuse obstinément le débat, s'insurge le sociologue Gilles Ascarides, Marseille n'est pas une grande ville, c'est une *grosse* ville, extrêmement désagréable, où il n'y a aucune exigence sérieuse en matière de sûreté, de propreté et de culture… Marseille est capable de lasser les gens de meilleure volonté. Gaudin et Guérini ne me serrent plus la main mais je m'en fous. Marseille est en train de crever la bouche ouverte, s'indigne Ascarides, toutes les pratiques politiques se ressemblent depuis belle lurette, cette ville mérite un grand débat mais elle étouffe toute confrontation des idées, il faudrait pour cela une vraie presse avec de vrais journalistes. Il est tout de même incroyable de constater qu'on ne peut rien dire à Marseille, il faut être conforme. On fait semblant de faire les choses et on ne les fait pas. Je préférerais un bon désordre que cette connivence molle qui aboutit à l'appauvrissement économique et à la dégringolade culturelle. On est dans le clientélisme jusqu'au cou, regrette Gilles Ascarides, je ne vois pas où cette ville peut aller : droite ou gauche au pouvoir, ça se dégrade de la même façon. Marseille est devenue frileuse, on ne peut même plus appeler un chat un chat ! »

Pour Gilles Ascarides, la première marche du redressement de Marseille serait d'accepter de tout mettre à plat : l'insécurité, la misère, le chômage, la crainte générale de se faire « empapahouter ». « Marseille est la Capitale de la culture en 2013 alors qu'elle est incapable de régler ses propres problèmes culturels. Marseille crève de la connivence feutrée de ses élites qui s'arrangent pour ne pas poser les vraies questions. Quand va-t-on enfin avoir le cran de se regarder dans la glace ? Marseille est une ville précaire, en retard dans tous les domaines, et tout y est beaucoup plus compliqué qu'ailleurs : la circulation, le stationnement, les relations humaines, la saleté, l'insécurité... S'ils veulent que leur ville s'en sorte, il va falloir que les Marseillais s'en mêlent ! Moi j'ai choisi de vivre en exil à Aix-en-Provence, au moins je suis tranquille. Quand les Marseillais en auront assez de l'incivisme, de la saleté et de la corruption, qu'ils le disent et se révoltent ! »

Un peuple réfractaire à l'aseptisation

Cette « révolte » prônée par Ascarides, de nombreux intellectuels marseillais l'appellent de leurs vœux sans trop y croire. C'est le cas du linguiste Médéric Gasquet-Cyrus, chroniqueur à France Bleu Provence, spécialiste du « parler marseillais » : « Marseille va peu à peu se standardiser et se formater comme tous les autres centres-villes, dit-il, mêmes trams, mêmes hôtels, aucun espace de vie et de rencontres, simplement des espaces d'achat conçus pour consommer. L'entité propre de Marseille ne va pas disparaître totalement. Quand elle se sera transformée et homogénéisée, elle vivra une nouvelle authenticité dont nous ne pouvons prévoir les contours. Le bémol, c'est le petit peuple de Marseille. Lui, il est réfractaire à l'aseptisation. Il ne se fond pas aisément dans cette idéologie du consumérisme et de l'individualisme. Mais s'il se laisse aller, nous perdrons toute idée de groupe et de traditions locales, on se fondra dans les identités qu'on nous fabrique… » Et la bouillabaisse ne sentira plus le safran, et la soupe au pistou se mijotera sans ail et les pieds et paquets seront parfumés au Chanel n° 5 !

« Ici, conclut Médéric Gasquet-Cyrus, ce n'est pas comme à Barcelone. La bourgeoisie n'investit pas sur son site. Les bourgeois marseillais n'ont jamais vraiment cru en Marseille. »

« Ces nouveaux quartiers de la Joliette, c'est beau, la tour verte, elle est belle, elle brille, elle est propre, mais il ne se passe rien autour. Le soir, à partir de dix neuf heures, c'est le grand désert. La rue de la République rénovée, elle est belle, elle est fonctionnelle, elle est requalifiée, mais elle n'a plus d'âme. La parisianisation de Marseille, c'est ça : des constructions sans âme dans une ville sans vie. »

L'écrivain François Thomazeau qui a lancé la grande mode des « polars marseillais » dans les années 1990 n'est guère plus optimiste, mais il estime que « Marseille survivra à son manque d'ambition et de culture parce qu'elle est à la fois souple et coriace ».

« Mais ce sont toujours les petites logiques marseillaises qui triomphent, se désespère Thomazeau, on défend le business occulte. Il n'existe aucun plan d'aménagement général. Chaque fois que Marseille a vraiment avancé, c'est grâce aux Phocéens, à Louis XIV, à Napoléon III, à l'opération d'aide de l'État Euroméditerranée, autant d'initiatives désapprouvées par certaines de nos élites. À Marseille, le gâteau s'est rétréci et personne ne songe à le partager. Chacun s'accroche à sa part, même si c'est la portion congrue. Ils sont étonnants, les Marseillais : ils préfèrent manger en catimini un petit morceau de brioche rance qu'un gros gâteau qu'ils pourraient partager ! »

Ce qui frappe la plupart des observateurs, c'est qu'il y a plusieurs villes en une et qu'elles paraissent s'unifier dans la désolation générale, comme si la pauvreté et la commisération étaient devenues le ciment principal d'une société lézardée qui menace ruine. La vérité, c'est que Marseille ressemble un peu à son personnel politique et à ses entrepreneurs : les uns sont à bout de souffle, les autres sont blasés. Il est parfois dérisoire, parfois pathétique, de suivre les pitreries grand-guignolesques des vieux histrions de la politique qui se donnent d'autant plus en spectacle qu'ils ne peuvent plus masquer leur impuissance. On a presque de la peine pour eux. Ils évoquent ces animateurs fatigués du club Méditerranée qui essaient d'égayer leur gentille assemblée en organisant une course en sacs de jute où le public se défoule en se gaussant des avancées pénibles de chaque concurrent, qui trébuche, qui repart, qui trébuche de nouveau, qui tombe et qui repart les mains agrippées sur le haut du sac, les pieds entravés et la marche titubante. Oui, c'est rigolo. On se marre bien. Marseille est une ville qui se complaît langoureusement dans sa lèpre comme si elle sollicitait tacitement sa mise en quarantaine. La population hyper émotive se fait porter par l'instant et se coule dans des stratégies éphémères.

La maladie de la bétonnite aiguë

Or, les leçons du passé n'ont, semble-t-il, servi à rien. L'exemple de la Côte d'Azur, peuplée de marinas et de complexes hôteliers, aurait dû éclairer les Marseillais : trop de béton, trop d'immeubles, trop de business, ont transformé le paradis marin en un enfer que les touristes fuient. Marseille prend hélas le même chemin avec cette maladie lucrative, certes, mais qui défigure la ville, celle de la bétonnite aiguë. Les promoteurs lorgnent sur le moindre carré de terre disponible, ils bricolent des achats groupés de vieilles maisons pour les raser et y replanter de nouveaux lotissements. Ce grignotage du béton, cette surenchère de l'argent roi, sont autant d'insultes à l'âme de Marseille. Car le « vrai » Marseille est et restera un bric-à-brac cosmopolite où se côtoient les richesses les plus insolentes et les pauvretés les plus consternantes, les sites urbains les plus vivants et les cités, les ghettos du sud, comme Thalassa, la Cadenelle ou les Alpilles avec gardiens assermentés, digicodes et caméras de surveillances, et les ghettos du nord avec leurs choufs, leurs nourrices, leurs trafics, la Corniche et Belsunce, les Goudes et Frais-Vallon, l'Estaque et le Plan-d'Aou, Endoume et La Cayolle, le Roucas et les Aygalades, les Catalans et… les Crottes, etc. « La ville est une et cette unicité est indissociable de sa vérité, estime Robert Arnoux, dans ses 111 quartiers elle offre mille visages. Les accepter tous, c'est l'accepter, elle… »

« Marseille est une ville palimpseste, ajoute l'architecte Roland Carta, elle est dure et désinhibée, c'est un perpétuel foisonnement vers le futur, un échangeur de temps. Son urbanisme est un peu brindezingue, confirme-t-il, mais il organise l'espace de façon stable de telle sorte qu'à leur gré les Marseillais de tous les Marseille, bruyants et exubérants, ou calmes et tempérants, puissent tour à tour s'y sentir solitaires et solidaires. »

Carta croit en la renaissance de Marseille. Il essaie de concevoir des projets qui « réconcilient Marseille et son devenir » et soient des « liens d'invention de l'individu en ce qu'il a d'essentiel, c'est-à-dire le respect, le pardon, la curiosité de l'autre. »

La franchise brutale de Marseille, ses excès, ne rebutent pas ses habitants, au contraire, parce qu'ils savent que la ville est beaucoup plus que ce qu'elle paraît être. Ils ont l'intuition d'une ville secrète, cachée, repliée dans les ombres de sa lumière et leur passion inavouée serait de percer à jour ce mystère qui les hante.

CHAPITRE 4

Les défricheurs d'éternité

L'illusion du Karcher

L'erreur à ne pas commettre serait de condamner en bloc les cités marseillaises les plus sensibles sous prétexte qu'elles sont devenues des repaires de trafiquants, de voyous, de voleurs et de branleurs.

« Eh bien, puisqu'elles nous coûtent les yeux de la tête, ces zones de non-droit, il faut les anéantir, les neutraliser, les repeupler, les civiliser, et on n'en parle plus ! » C'est le discours simpliste du café du commerce. L'illusion du Karcher. Car les cités marseillaises recèlent, aussi, des talents inouïs, des jeunes qui se battent pour réussir malgré le « boulet » que constitue pour eux l'appartenance au « quartier ». La Castellane, les Iris, La Cayolle, Air-Bel, Font-Vert, sont aussi le creuset de réussites spectaculaires fondées sur l'abnégation et l'acharnement au travail. Et je peux vous certifier que lorsque vous rencontrez ces jeunes-là, vous comprenez qu'ils incarnent l'avenir de ce pays. Non seulement ils résistent à toutes les tentations du banditisme mais ils s'accrochent pour franchir une à une toutes les étapes de la scolarité, puis de l'université, et ils réussissent au-delà de leur propre espérance.

C'est le côté face de Marseille Nord. Le côté ensoleillé. Savez-vous comment s'appelle aujourd'hui l'un des plus brillants chirurgiens orthopédistes de Marseille qui opère à la clinique Juge les traumatismes du sport ? Abdou Sbihi. Je ne vous dis pas ça par hasard. J'ai parlé avec plusieurs de ses patients et les éloges fleurissent : « Il m'a remis sur pieds », « Je lui serai toujours reconnaissant », « Sans lui je n'aurais plus de genou ». C'est un médecin issu d'une honorable famille marocaine dont le père gère le restaurant *La Couscoussière* à Mazargues. Chez les Sbihi, notez-le, il ne fallait pas se manquer. Le père était là. Et ça marchait droit.

L'un des meilleurs avocats de Marseille s'appelle Hakim Ikhlef. Pour devenir avocat, il a dû travailler d'arrache-pied, non seulement à l'université mais la nuit comme veilleur pour gagner l'argent nécessaire à ses études. Et surtout, il a dû surmonter la suspicion attachée à son nom : son frère Hamid était un des lieutenants de Raymond Mihière, un des caïds de Marseille, dit « Le Chinois », et il a été abattu il y a quelques années à Mazargues. J'ai demandé à Hakim si les « activités » de son frère, liées au grand banditisme, n'avaient pas nui à sa carrière de juriste : « Pas du tout, m'a-t-il répondu, Hamid m'a toujours encouragé, il m'a incité à poursuivre mes études et à ne jamais s'engager dans la voie qui était la sienne. » Élevé à la dure à l'Estaque au sein d'une famille de dix enfants, Hakim Ikhlef est aujourd'hui un spécialiste du droit immobilier, du droit commercial et du droit pénal. « Un jour, je me suis dit, pourquoi pas moi ? J'ai bossé jour et nuit, raconte-t-il. J'ai obtenu mes diplômes avec mention. C'est le message que je veux passer aux jeunes issus de l'immigration : la solution, ce n'est pas la dope, ce n'est pas le banditisme, c'est le travail honnête. »

Une des sœurs d'Hakim est professeur, la plupart de ses frères et sœurs sont enseignants ou ingénieurs à Marseille et ailleurs. L'une d'elles enseigne à Val-Pin où 100 % des élèves sont

Comoriens. Ce n'est pas facile tous les jours. Eux aussi s'en sont sortis. Et je vais vous dire pourquoi. Parce que le père, d'origine kabyle, et la mère étaient présents, archi-présents, au sein d'une famille soudée. J'étais durant dix jours à Carpentras dans la salle de la cour d'assises où comparaissaient Hamid Ikhlef, Raymond Mihière et d'autres membres de son gang : toute la famille Ikhlef était présente du matin au soir, très digne, pour soutenir en silence le « canard noir » de la famille, le seul qui ait déraillé. Par amitié pour ses « potes » de l'Estaque...

Sans famille, certains de ces jeunes partent à la dérive : tel est le cas d'Ilias Remadnia, 25 ans, dit « Jojo », abattu d'une rafale de kalachnikov à la cité Font-Vert (14e) le 5 avril 2012. « Si j'avais élevé mon neveu, sa destinée aurait été différente, confie Nora Remadnia-Preziosi, adjointe au maire de Marseille déléguée aux droits des femmes et à l'action familiale, membre du haut conseil à l'Intégration, Ilias était orphelin de mère et la nouvelle compagne de son père ne voulait pas de lui. Jojo n'était pas un dealer, sa seule condamnation résultait d'une conduite sans permis. Je suis d'autant plus horrifiée que ma fille fait des études brillantes en troisième année de droit et que mon fils est le premier de sa classe en terminale chez les pères maristes à Toulon. J'aimerais tant que les livres remplacent les Kalachnikov dans nos cités, j'aimerais tant que la fraternité et la paix reviennent comme avant dans nos quartiers ! »

L'un des meilleurs journalistes de Marseille s'appelle Karim Oudjane. Il fait les beaux jours de Radio-Star et réalise les meilleures interviews de sa station. Et l'un des journalistes les plus audacieux de France 3 Méditerranée et de l'agence de presse Capa est un marseillais d'origine kabyle qui s'appelle Karim Baïla. Savez-vous que le capitaine Tayeb Kerboub est l'un des meilleurs spécialistes de la lutte contre les incendies dans les Bouches-du-Rhône, même s'il n'est pas reconnu par sa hiérarchie actuelle parce qu'il s'oppose ouvertement au « système Guérini » ?

« Tu donnes, tu reçois »

Aomar Sadoudi, président de l'association Infos à gogo mène un véritable sacerdoce laïque à Sainte-Marthe au cœur de deux cités chaudes : La Maurelette et Le Castellas (5 000 habitants). Avec ses adjoints Kamel et Mathieu, il a su imposer la devise de son association : « *Tu donnes, tu reçois* » et il participe activement à ce qu'il appelle « l'auto-karchérisation du quartier ». « On forme des jeunes pour qu'ils encadrent les minots qui partent en colonie, explique Sadoudi, ça nous permet de nettoyer le quartier en été parce que chez nous le 14 Juillet c'est chaud. On fait rentrer systématiquement tous les conteneurs poubelles la veille du 14 parce qu'on sait d'avance qu'ils seront incendiés. Une année, on avait oublié de les rentrer, c'était Beyrouth, se souvient Sadoudi. Une de nos plus belles actions, c'est le championnat du monde de foot inter-polices en Hollande. Les jeunes du quartier et les policiers forment ensemble une équipe de foot et représentent la France aux Pays-Bas. Ils participent aux mêmes entraînements et apprennent à se connaître. Ils se battraient presque pour ramener le drapeau français ! »

Aomar, Kamel, Mathieu sont des jeunes droits dans leurs baskets. Grâce à leur dévouement au service de ce quartier déshérité, ils ont réussi à faire baisser de 80 % les accidents des jeunes conducteurs de voitures et de motos : « On dénombrait beaucoup de jeunes qui conduisaient sans permis à Sainte-Marthe, donc beaucoup de délits de fuites et d'accidents liés à l'inexpérience. On a mis en œuvre le projet « Sécurité pour tous » et entre 2010 et 2012 on a inversé la dynamique des accidents. La conduite sans permis et sans assurance, chez nous, dans les quartiers nord, c'était presque devenu normal, mais aujourd'hui on ne tolère plus aucun écart. Port du casque, ceinture de sécurité, limitations de vitesse, alcool au volant, on ne laisse rien passer ! » Avec Aomar, Kamel et Mathieu, on est loin du registre « pan-pan cul-cul » des assistantes sociales qui ont colonisé la magistrature marseillaise :

quand un jeune « se manque », *ça charcle sec*, il ne recommence pas deux fois !

« Marseille, c'est la ville de la générosité invisible, estime Aomar Sadoudi, sans l'action quotidienne des médiateurs sociaux de Pierre Pérez, sans le bénévolat quotidien d'associations comme Infos à gogo, sans le maillage social du Secours catholique, du Secours populaire, des restaus Coluche, de la fondation Abbé Pierre, sans les clubs de foot et les centres sociaux, Marseille serait depuis longtemps à feu et à sang. C'est ce maillage invisible, cette chaîne de générosités et d'ouverture qui permettent de maintenir un semblant d'harmonie dans une ville submergée par les vagues de migrants qu'on ghettoïse avec les plus pauvres. »

« Il faut savoir que nous sommes intransigeants, insiste Kamel. Il y a quelques jours, j'ai emmené les jeunes du quartier en minibus pour dîner au McDo du Jarret, à dix kilomètres d'ici. En repartant, un des jeunes a voulu emporter son Coca dans le bus. Je lui ai dit non. Il m'a tenu tête. Je lui ai répété calmement : "*Tu ne rentres pas avec un Coca dans le bus !*" Il n'en a fait qu'à sa tête. Je l'ai sorti du car *manu militari* et je lui ai dit : "*Maintenant, tu rentres à pied au Castellas.*" Voilà. Il est arrivé vers minuit chez lui et il a compris la leçon. »

« Ici, c'est différent de Paris, explique Aomar, nos jeunes n'ont pas la haine de la police. Le policier, il peut vivre dans le quartier. Pourquoi ? Parce qu'on leur explique que ce sont des hommes comme les autres qui font leur boulot comme les autres et qu'ils sont indispensables au bon fonctionnement de la société. On essaie de faire des trucs ensemble. Par exemple, des jeunes ont incendié plusieurs voitures à la Busserine autour d'une petite chapelle qui a été partiellement détruite par les flammes et vandalisée. Nous, on a fait une quête pour la restauration de la chapelle, on a tout refait, tout repeint, on a installé le chauffage, on a tout retapé, en impliquant les jeunes eux-mêmes. On leur a fait passer le message à tous : au même titre qu'une mosquée ou une synagogue, cette chapelle est un lieu de culte et doit donc être respectée. Je vous assure que notre action a réconcilié beaucoup de gens dans la cité… »

Aomar et ses camarades sont en train d'édifier eux-mêmes le siège de leur association dans une ancienne école désaffectée qui tombait en ruines. Leur devise étant très proche d'une distribution de gifles : « *Tu donnes, tu reçois* », les jeunes n'ont aucun mal à la capter et à se l'approprier. La prolifération de l'islam et des filles voilées dans les cités marseillaises, pour eux, c'est une affaire de statut social : « Un jeune qui n'est rien, du jour au lendemain, il a la barbe et il devient quelqu'un. » Mais ce qui gâte le climat de ces grands ensembles, c'est le trafic de drogue : « C'est vous qui dites *trafic de drogue*, me font observer ces jeunes exemplaires, eux ils disent plutôt "*bizness*" ou "*commerce du produit*". C'est pas pareil. Les chefs de réseaux sont devenus de vrais chefs d'entreprise. Ils achètent des scooters et des survêtements Lacoste pour les guetteurs et si ça se passe mal, ils récupèrent de force les scooters et les Lacoste. Ce qui a changé, c'est le langage : les dealers ne disent plus : "*Demain je vais charbonner*", mais "*demain je travaille*", comme si le trafic était entré dans les mœurs à force de se banaliser. »

« Ils ne font plus les marioles ! »

Aomar et Kamel confirment que la prison, ça calme. « La dernière bande qui s'est fait prendre au Castellas a pris quinze ans, ça marque les mecs, disent-ils. Ils ont tous envie de l'argent facile mais ils connaissent aussi la fin de l'histoire : soit tu meurs, soit tu pars en prison. S'ils écopent d'un an de taule, ils continuent à faire les cacous, mais lorsqu'ils prennent cinq ou dix ans fermes, ils ne font plus les marioles ! Aux Baumettes, au lieu de leur faire la morale, on leur passe le film *Mesrine*, un truc ultra-violent avec un mec qui a toujours le calibre ou la grenade à la main. C'est ça l'exemple qu'on doit montrer aux jeunes déviants ? »

« Nous, on est là depuis vingt-cinq ans à faire de l'action sociale et à éduquer les jeunes qui grandissent seuls, ajoute Aomar, on a été les premiers à dénoncer les subventions bidon. Nous, ici, on se prend la tête jusqu'à 2 heures du matin pour régler au millimètre notre dossier de subvention. Les autres, ils se font attribuer dix ou vingt mille euros et ils ne font rien. Là, il y a un problème. Les élus montrent qu'ils ne respectent pas notre travail et qu'ils ne pensent qu'à leur protection et à leur réélection. Il y a ici des clubs qui œuvrent depuis cent ans et qui n'ont pas un sou et on voit surgir des associations inconnues auxquelles on finance un minibus un an après leur constitution, sans rien vérifier…

« Nous on n'a jamais été dans l'embrouille, affirme Aomar Sadoudi, les valeurs se transmettent peu à peu avec le temps. L'objectif majeur, c'est de responsabiliser les jeunes en étant nous-mêmes irréprochables. En 2005, à Paris, ça a pété un peu partout dans les banlieues, c'était le feu. Mais pas ici. Marseille ne fait jamais rien comme la France. Tout le monde se félicitait à la télé, ils se congratulaient. Mais nous, on était sur le terrain, là où ça chauffait copieux, on restait jusqu'à 3 heures du matin pour confisquer les cocktails molotov confectionnés avec de l'acide chlorhydrique et de l'aluminium. Le problème le plus grave auquel on est confronté aujourd'hui, c'est celui de l'amalgame. Lorsqu'on voit un jeune des cités au volant d'une belle bagnole, les commentaires sont toujours les mêmes : c'est de la magouille, il se l'est payée avec l'argent du bizness ! Mais on ne trouve personne pour dire : c'est peut-être un jeune chef d'entreprise qui a réussi à force de volonté et de travail. »

C'est ainsi que jour après jour Aomar, Kamel, Mathieu et les « informateurs à gogo » passent leur temps à désamorcer les conflits, comme s'ils étaient les pompiers ou les démineurs du quartier. Par exemple, le jour de l'accident de Nelson, 14 ans, qui traversait le boulevard Dorgelès sur un passage dit protégé à Sainte-Marthe en poussant son vélo et qui a été fauché et tué au feu tricolore par un jeune policier de 22 ans, Kamel animait à proximité de là un tournoi de foot entre jeunes : « J'ai vu que le petit Nelson avait le crâne ouvert et qu'il n'y avait plus rien à faire, raconte-t-il, les jeunes ont commencé à monter en pression contre la police, les insultes volaient autour de la voiture sérigraphiée: "*Tu as vu ces fils de pute? Ils se croient tout permis ces guignols!*" Je l'ai saisi par le colbac et je lui ai crié: "Tu vois pas qu'il l'a pas fait exprès? Tu crois qu'il est rentré dans la police pour tuer les enfants ou pour les sauver?" Et l'échauffourée s'est calmée. Mais si je n'avais pas été présent à ce moment-là, l'étincelle aurait pu tout embraser. Nos gamins, ils sont sur le quai. Ils attendent le train. Il faut juste leur donner un coup de pouce pour qu'ils montent dans le bon wagon... »

Si les banlieues marseillaises pouvaient compter une majorité de jeunes de cette trempe, elles seraient l'orgueil de Marseille et l'orgueil de la France au lieu d'en être la honte et le désespoir. Ces jeunes-là, frères Marseillais, sauveront le « vivre ensemble » parce qu'ils sont des défricheurs d'éternité et des rafistoleurs d'humanité.

Omar Djellil, 40 ans, marié, deux enfants, président de l'association Présence citoyenne, fait partie lui aussi de ces « fourmis » invisibles qui détestent les professionnels de la collecte de subventions et œuvrent sans relâche autour de la porte d'Aix à Marseille pour promouvoir les valeurs républicaines: « On est bien présent, dit-il en souriant, mais en ce qui concerne la citoyenneté, il n'y en a pas beaucoup à Marseille! Lorsque j'ai fondé cette association en 2003, j'ai veillé à son indépendance en refusant tout numéro de Siret et toute subvention publique. J'estime que l'argent alloué à certaines associations devrait être redistribué aux professeurs et aux fonctionnaires utiles dans les écoles plutôt que d'alimenter des réseaux clientélistes. On voit filer des millions d'euros des collectivités locales pour des associations qui font du thé à la menthe et des gâteaux orientaux. Des associations vivent grassement des fonds publics et nous, on finance la nôtre avec nos deniers personnels. »

Le marché du Soleil

« Lorsque des associations touchent des subventions publiques, c'est du donnant-donnant, il y a forcément quelque part une contrepartie électorale, affirme Omar Djellil. Or, je pense que les élus doivent être au service des citoyens et non l'inverse. Nous n'avons pas touché un centime d'euro depuis 2003 et je trouve indécentes les campagnes des associations satellites du PS pour recueillir des fonds. Présence citoyenne a défendu 120 familles de commerçants jetées à la rue après l'incendie du marché du Soleil, nous sommes aussi les porte-paroles des bijoutiers de la rue d'Aix, agressés maintes fois depuis la flambée de l'or et qui sont exaspérés. Nous n'avons rien à voir avec les associations qui reçoivent des colis alimentaires destinés aux pauvres et qui les revendent vingt euros. Tout le monde finira par être éclaboussé par ces comportements. J'ai déposé une série de plaintes auprès du procureur de Marseille contre plusieurs associations musulmanes qui ont un fonctionnement nettement plus business qu'associatif. Ils gèrent des millions d'euros et reçoivent des subventions anormales, par exemple pour la fête de l'Aïd qui est une fête religieuse. Ils feraient mieux de créer des postes de professeurs, d'infirmières, de médiateurs. Aujourd'hui quelques grosses structures captent toutes les subventions et assèchent le marécage.

« Dans l'une de ces associations, on voit une directrice salariée, son mari président, trois de ses sœurs permanentes, bref une mainmise et pas le moindre audit de contrôle, accuse Omar Djellil. Lorsque je vais voir l'inspecteur général des services du conseil régional, il me fait comprendre que je devrais m'associer à d'autres associations, mieux en cour. Mais je suis incorruptible. C'est ça mon défaut. On m'a licencié de l'office public d'Aménagement et de construction où je travaillais parce que j'ai dénoncé les agissements de certains hauts personnages qui en prennent à leur aise avec la loi… »

Omar Djellil, c'est une grande gueule. La langue de bois, il connaît pas. Son point de vue est décapant. « À Marseille, dit-il, on ne peut pas parler de frontière invisible entre les quartiers sud et les quartiers nord, on peut parler d'une autoroute de la précarité qui englobe le 2e, le 3e arrondissement et se poursuit sur la Canebière et Noailles. J'ai même vu des femmes âgées faire commerce de leurs charmes sur les trottoirs de la rue de Rome pour dix euros. C'est une prostitution de misère. Mais la véritable plaie de Marseille, c'est le communautarisme. Les listes électorales se constituent maintenant en fonction du profil des populations. Il y a l'Algérien, le Chaoui ou le Berbère, le Kabyle, l'Arabe, et ils s'adressent prioritairement à leur bled. Si moi je suis originaire d'une ville située à 20 kilomètres de son village, je n'aurai pas droit à son aide…

« Ils ont réussi à développer à Marseille le communautarisme intra-muros, souligne Djellil. On te prend sur la liste à condition que tu n'aides que les gens de ton quartier, c'est ça le message. Il faut faire cesser l'ingérence du politique dans le culte de chacun. Dans les mosquées, certains imams font des discours politiques. On a même vu des tribuns s'exprimer durant les fêtes de l'Aïd et pendant les prières. Moi je suis rejeté à la fois par la droite et par la gauche parce que je dérange. Le système clientéliste et de copinage qui prévaut à Marseille n'a pas de couleur politique. On demeure dans la réaction immédiate et le blabla : le ministre de l'Intérieur est venu deux fois à Marseille, on a nettoyé la porte d'Aix, dit-on, eh bien les Roms sont toujours là et ils campent à vingt mètres des camions de CRS… »

« Électoralement, on a besoin de ce capharnaüm »

« Notre association Présence citoyenne a réussi à tisser des liens dans ce quartier populaire de la porte d'Aix, on dispose d'un réseau d'informations émanant de 55 familles qui ont collecté jour après jour une foule de renseignements sur toutes sortes de trafics et, en deux ans, il n'y a pas eu une seule interpellation alors qu'on a averti la police, la gendarmerie et les douaniers. Des consignes sont données aux policiers pour ne pas intervenir et laisser faire, accuse Omar Djellil, c'est une stratégie délibérée. Plus un quartier est criminogène, plus il suscite de peur et plus vous votez à droite. L'image très négative des quartiers nord qui en résulte entraîne des réactions hostiles mais les élus s'en moquent : on laisse faire parce que, électoralement, on a besoin de ce capharnaüm.

« Le grain de sable dans cette machine, c'est le secteur associatif qui a court-circuité la ville et s'adresse directement au président de la République. Songez qu'on a donné aux élus marseillais les noms, adresses, lieux et types de trafics, on leur a même prêté des logements pour qu'ils puissent filmer à leur aise tous les abus commis et ils ont eu l'aplomb de nous répondre : "*C'est de la délation, c'est Vichy !*" L'ingérence du communautarisme dans le culte, c'est un anti-coagulant social. On empêche les gens de dire qu'ils souffrent, on leur interdit de discuter, de partager.

« L'État n'a plus aucune prise sur Marseille aujourd'hui, estime Omar Djellil, les policiers, ils n'en ont rien à faire des vendeurs à la sauvette qui squattent les halls d'immeubles. On est les premières victimes de ces mecs qui viennent en boubous et cassent nos boîtes aux lettres pour y cacher leurs cigarettes de contrebande. Nous, on peut mourir, on verra dégun, il n'y a plus personne aux commandes à Marseille. Les élus arrosent les associations amies et ça continue : c'est l'échec total de la politique de la ville.

« On a cantonné les gens dans leur culture d'origine : couscous, rap et rail. On ne les enracine pas dans la culture de leur pays d'accueil en leur apprenant l'épopée des rois de France, l'histoire de la chrétienté, la naissance de la République, au contraire on encourage le multiculturalisme et on obtient une fausse mosaïque : les gens vivent côte à côte et ne se mélangent pas. Toute la politique menée depuis quarante ans consiste à les maintenir dans leur communauté et à ne pas se brasser avec le reste de la population », affirme Omar Djellil. On aurait pu se servir de la maison où est née « La Marseillaise » rue Thubaneau pour enseigner aux jeunes l'hymne national, leur expliquer son origine et la signification du drapeau français. Même pas. Au lieu d'avoir un vrai projet d'intégration, on continue de financer le thé à la menthe et le couscous et on n'absorbe plus les cultures des immigrés dans la tradition existante.

« C'est la grande différence avec les Italiens, les Polonais, les Arméniens et les juifs, qui, eux, se sont parfaitement assimilés à la culture française, estime Omar Djellil, quand je vois Louis Aliot et ses identitaires du Front national, j'ai envie de lui dire : moi je suis né en France dans les Hauts-de-Seine et toi tu es né à Bab El Oued, il faudrait que tu t'en souviennes. Les imams des 62 mosquées de Marseille, ils roulent pour la droite, ils roulent pour la gauche, mais avant tout ils roulent pour leur poche. L'œcuménisme marseillais, officiellement, c'est eux. Moi, je crois que pour sauver Marseille et faire sauter le système clientéliste, il faudrait organiser une grève totale des votes, un refus massif des urnes car ce sont vraiment des pièges à cons.

« Marseille est à bout de souffle et on pérennise un système à bout de souffle, ajoute Djellil, on divise la communauté pour mieux la maîtriser. Par exemple, si je décide de me présenter aux élections, je sais d'avance que j'aurai au moins trois Maghrébins en face de moi, trois agents du système : Azzoug, Zéribi et Boualem. C'est pas les gens qu'il faut changer, c'est le système. Il faut à Marseille un mec à la poigne de fer et pas un ménestrel qui nous joue de la lyre en gants de velours, ce qui a donné la pagaille actuelle. La ville est dans le même état que son ancien parking de la porte d'Aix : délabrée. Marseille, c'est un car ferry sans capitaine à bord : collusions, baratin, bla-bla, ils font tous du communautarisme et viennent faire la danse du ventre lors des réunions festives maghrébines et comoriennes.

« La seule alternative, pour nous les Arabes, confie Omar Djellil, c'est d'agiter le drapeau blanc : tu rentres dans le système, tu fermes ta gueule et tu manges ce qu'on te donne. J'ai compris ce qu'il fallait comprendre à Marseille : la misère y est volontairement entretenue parce qu'elle permet aux collectivités locales de vivre grassement dessus en feignant de l'éradiquer. »

Un savoir-être universel

Dans le domaine associatif, ces jeunes Français issus de l'immigration comme Sadoudi et Djellil sont, comme Hakim Ikhlef, comme Abdou Sbihi, comme Karim Oudjane, des défricheurs d'éternité parce qu'ils se moquent des pesanteurs du système et font germer jour après jour, par leur exemple vivant, les graines « *d'un savoir-être universel* ». L'expression est signée Françoise Gaussen, directrice diocésaine de l'enseignement catholique, qui voit affluer dans les écoles catholiques de Marseille de plus en plus de jeunes issus de l'immigration… musulmane. « Le succès de nos écoles catholiques est lié à la structure de notre enseignement, dit-elle modestement, la grande différence avec l'école publique, c'est que nous donnons mission à nos chefs d'établissements d'être responsables d'un projet éducatif en pleine concertation avec les parents, les enseignants, les gestionnaires, les élèves et les prêtres référents.

« Les chefs d'établissements s'inscrivent dans une démarche de coéducation parce qu'ils ont l'adhésion totale des parents. Les plus jeunes ont besoin de se raccrocher à des éléments stables. Aujourd'hui, un enfant sur deux passe du public au privé. Quand ils arrivent, ils ont enfin le sentiment qu'on s'occupe d'eux. Les valeurs évangéliques sont les valeurs fondatrices de la République. Ces nouveaux élèves ne viennent pas seulement dans le privé parce que la discipline y est mieux assurée. Ils y viennent parce que nous leur donnons un cadre de vie pour mieux vivre ensemble. Il ne s'agit pas seulement de la transmission des savoirs et des savoir-faire mais de l'apprentissage d'un savoir-être universel.

« Dans nos établissements, ajoute Mme Gaussen, on s'attache à faire progresser les élèves en difficulté et à élever ceux qui sont brillants. Les parents s'y retrouvent parce qu'ils apprécient nos structures de type familial. Et puis il faut dire la vérité : les familles se tournent de plus en plus vers l'enseignement catholique pour qu'on parle de vie spirituelle à leurs enfants. Nous formons vraiment avec elles des partenaires éducatifs et nous agissons toujours dans l'intérêt des enfants. »

Le problème essentiel, pour les enseignants actuels, c'est de parvenir à capter l'attention de leurs élèves ou de leurs étudiants qui ont parfois tendance à envoyer des textos ou des mails au lieu de se concentrer sur le cours : « Leur capacité de travail est limitée, confirme Lisiane Balthazar, professeur d'économie à l'institut universitaire de technologie de Saint-Jérôme, dans les quartiers nord de Marseille. Ils se dissipent très vite et se mettent à bavarder sans le moindre respect pour les règles de la bienséance. Et le plus fort, c'est qu'ils ne comprennent pas pourquoi on les engueule ! La plupart d'entre eux fument du cannabis depuis l'âge de 10 ans et lorsque des bagarres éclatent elles sont brèves mais très violentes.

« Voilà pourquoi de nombreux parents choisissent le privé : ils essaient de placer leur enfant dans un univers protégé. Quant à la théorie, elle a du mal à passer. Par exemple, quand notre prof de maths développe son programme, c'est comme s'il parlait chinois. On essaie de rendre nos cours plus pragmatiques parce qu'on a affaire à de jeunes zappeurs incapables de soutenir leur attention plus de quelques secondes. S'ils ne comprennent pas la finalité de l'enseignement, ils décrochent. On a recours à un peintre qui vient leur dire que pour peindre tel mur, il faut calculer sa superficie, son périmètre, évaluer ensuite le nombre de pots à acheter en fonction de la surface à peindre, seules ces approches très pratiques leur permettent de se rendre compte de l'intérêt de l'enseignement théorique. »

Être prof à Marseille, c'est un véritable sacerdoce. C'est épuisant. Ceux qui n'ont jamais enseigné de leur vie et n'ont jamais été confrontés à un chahut ne savent pas quel degré d'énergie et de persuasion il faut déployer pour se faire entendre des jeunes actuels. Mais tout ne va pas si mal. Exemple au cœur de Marseille, le lycée Montgrand où de nombreux élèves sont boursiers: « Chez nous, certains élèves partent de très bas, explique Clémentine Spisso-Dahl, 37 ans, proviseur adjoint, 45 % d'entre eux sont pauvres ou très pauvres, mais on a aussi des enfants d'ambassadeurs ou d'avocats. C'est cette mixité qui fait la richesse de notre établissement.

« L'ascenseur social existe toujours à Marseille même s'il est difficile à prendre, estime-t-elle, les élèves défavorisés ont l'espoir d'une meilleure situation que celle de leurs parents. En classe de seconde, ils sont souvent accaparés par leurs histoires de cœur, mais en terminale s'opère un déclic: on les sent totalement impliqués pour le bac. J'ai même une fille en terminale qui a un petit garçon de 3 ans. J'ai été obligée de la désinscrire pour qu'elle puisse obtenir des aides sociales mais je l'ai autorisée à suivre les cours et elle a réussi à décrocher le bac: ces parcours-là sont ma fierté. Marseille, c'est la ville où l'intégration se fait le mieux, se félicite Clémentine, je suis frappée de constater que les étrangers qui viennent au lycée Montgrand finissent par avoir l'accent marseillais. J'ai la chance d'avoir à mes côtés des professeurs extraordinaires qui ne lâchent rien. Plus les élèves s'appauvrissent, plus ils s'adaptent à la situation. La pauvreté est un frein à l'épanouissement de l'élève, ce n'est pas un mur. On sait très bien que *le* repas qu'ils prennent à la cantine est probablement le seul de la journée… »

Le professeur de français salue au passage « madame le proviseur » et lui montre sa sacoche pleine de cours: « Voyez, ici, j'amène mes cours parce que je peux enseigner, dit-il fièrement, avant au collège j'étais heureux quand j'arrivais à instaurer en classe un semblant de discipline et je n'avais pas besoin de mes cours. Ici je revis, je refais cours normalement et pour ceux qui ne suivent pas, je leur accorde une aide spécifique et ensuite je les mets en immersion. »

Françoise Gaussen, Lisiane Balthazar, Clémentine Spisso-Dahl incarnent les trésors insoupçonnés de Marseille en matière d'éducation. Elles sèment parfois sans espoir de récolter. Elles sont les petites mains de la grande alliance universelle, des rafistoleuses d'humanité, des défricheuses d'éternité. Elles sont la gloire de Marseille.

Les maraudeurs de la charité

Mais elles ne sont pas les seules à tricoter jour après jour du lien social. Quand on se promène dans Marseille, enfin quand on essaie de le faire en se faufilant entre deux palissades, trois grues, deux bétonneuses et cinq camions qui scandent leur « tic-tic-tic » en reculant pour vous prévenir qu'ils vont vous écrabouiller au cas où vous seriez dans la lune, on rencontre de vrais gardiens de la paix. Ce ne sont pas des policiers, ce sont des maraudeurs de la charité qui cherchent à apaiser les souffrances de ceux qui vivent dans la rue, de ceux qui n'ont plus rien que leur désespoir. René Giancarli, directeur du Samu social de la ville de Marseille, est de ceux-là. Il a quadrillé la ville avec ses équipes en trois secteurs : nord, sud et centre. Et il passe ses journées à traquer la misère, la déchéance et la ruine.

« Marseille, c'est la terre de prédilection des précaires venus de Paris, du Nord ou de l'Alsace, dit-il, ils connaissent par chœur le refrain d'Aznavour : "*Emmenez-moi au bout de la terre, emmenez-moi au pays des merveilles, il me semble que la misère serait moins pénible au soleil.*" Ils s'exilent jusqu'ici parce qu'ils ne veulent pas être reconnus dans leur région d'origine. 60 % de nos SDF sont des exilés héliotropes, 40 % sont des Marseillais en rupture de ban qui affichent leur marginalité et que nous appelons "*les indignés du trottoir*". Notre rôle est de leur parler, de les héberger, s'ils le veulent bien, et de tenter de les resocialiser. J'ai observé trois grandes causes d'errance urbaine, dit René Giancarli, la cessation de travail et l'impossibilité de se recaser, ensuite la séparation ou le divorce, enfin la prison. Tous ont en commun l'obsession de fuir le plus loin possible pour ne pas être reconnus de leurs proches ou de leurs amis.

« En cas de décrochage sentimental ou professionnel, on arrive parfois à raccrocher les wagons : par exemple, j'ai vu un infirmier de Lille traîner la savate durant un an sur la Canebière. J'ai contacté ses amis et ses patients qui lui ont rendu visite et remis le pied à l'étrier. C'était pour lui une phase de coupure temporaire. En cas de rejet familial, c'est plus difficile. Le SDF s'est fait traiter de bon à rien, de minable, il a été chassé de chez lui par sa femme et ses enfants et il trimballe avec lui une mésestime de soi qu'il noie dans l'alcool. Pour les jeunes précaires, c'est un peu la même chose : ils se mettent en groupes, par exemple une dizaine devant le *Prisunic* du boulevard de la Blancarde, et se racontent leurs mésaventures : "*Moi, c'est mon père qui m'a foutu dehors !*" "*Moi, c'est ma mère, elle a jamais pu m'encadrer !*" Notre travail, c'est d'abord de leur rendre confiance et de les intégrer au sein de la société. Quant aux plus âgés, de 50 à 70 ans, ils font ce qu'ils veulent et nous lancent souvent : "*Cassez-vous, moi j'attends la mort.*"

Ce n'est pas ce genre de rebuffade qui va décourager René Giancarli. Il passe, il repasse, il essaie de créer une mini-complicité entre lui et le SDF, même le plus récalcitrant ou le plus sauvage : « Le problème, observe ce bon Samaritain, c'est qu'ils se tapent en moyenne dix à quinze litres de pinard par jour. Lorsque vous avez pris trois cafés le matin à 8 heures, eux, ils en sont déjà à trois litres de rouge. Ils font la fortune de certaines superettes de quartier et paraissent frais comme des gardons à cette heure matinale. L'envers du décor, c'est que le corps se dégrade assez vite à ce régime-là et qu'un mec de 48 ans, tu lui donnes facilement 75 balais…

« À Marseille, je constate qu'il y a beaucoup plus de femmes qu'avant dans la rue. Ce sont souvent des femmes plaquées par leur compagnon parce qu'elles n'ont pas de travail et constituent pour eux une charge jugée insupportable. La femme se retrouve alors à la rue, sans un sou, contrainte de faire la manche ou de se livrer à la prostitution pour survivre. Le plus souvent, la femme clocharde rejoint une bande et s'adonne elle aussi à l'alcool et à des mélanges d'euphorisants qui lui font oublier le temps présent. Je vois aussi de plus en plus d'éthéromanes, révèle Giancarli, c'est-à-dire de SDF qui se droguent à l'éther et n'ont qu'un seul objectif : anesthésier leurs sens. Avec eux, l'approche est difficile. On essaie d'avoir une bribe de confidence pour les sortir de leur torpeur, même si la plupart d'entre eux ont fait une croix sur leur identité. » Des sans noms dans la ville sans nom. Des anonymes qui ont la mort dans l'âme et qu'il faut sortir de l'anonymat.

« Je suis arrivé à réintégrer un jeune Normand de 35 ans qui avait la fâcheuse habitude de se promener à poil et bourré à proximité du lycée professionnel Le Châtelier, avenue Roger-Salengro, raconte Giancarli. Un beau matin, il m'a confié le nom de son village dans le pays de Caux. J'ai contacté sa famille qui est venue le reprendre en charge… On est 75 personnes au Samu social de Marseille à tenter tous les jours de réconcilier ces traîne-misère avec eux-mêmes. On fait des petites et des grandes maraudes pour repérer les foyers de SDF. Ce sont souvent de grands enfants, les SDF. Je me souviens de mon ancien chef dans la police, Georges N'Guyen Van Loc, qui me disait toujours, lorsque je veillais à l'ordre public sur les plages : "*Vous serez bon lorsque les poissons vous diront bonjour.*" J'ai retenu la leçon. Lorsqu'un vagabond commence à nous dire « bonjour » après des mois de silence, c'est que nous avons presque gagné la partie. On en voit beaucoup dans la cage, c'est-à-dire dans le périmètre Saint-Charles, Belsunce, Noailles, Réformés, où fourmillent les petites rues refuges. Ils gravitent souvent boulevard Baille et sur le Jarret autour des hôpitaux de La Timone et de La Conception, où ils sont parfois soignés en psychiatrie par le Dr Vincent Gérard.

« On s'aperçoit que les SDF cherchent à voir du monde et préfèrent les zones passantes. Ils squattent parfois les salles d'attente de la gare Saint-Charles et forment des points de fixation. Nous y intervenons régulièrement en concertation avec les services de la police nationale et ceux de la sécurité ferroviaire. Nous discutons avec eux sans brutalité et tentons de les persuader d'évacuer les lieux. Je suis tombé l'autre jour sur un retraité de 78 ans, un peu perdu, qui disposait d'une petite retraite de 900 euros. J'ai pu le placer à la maison de retraite de Montolivet. Mais nous sommes confrontés à des cas plus urgents, par exemple ceux de jeunes fugueurs ou fugueuses. Ceux-là, il vaut mieux que nous les trouvions rapidement avant qu'ils ne tombent dans le piège de la rue. J'ai repéré par exemple une jeune SDF splendide, âgée de 18 ans, elle était un peu hagarde et errait sur les quais de la gare. Elle était venue en train de Paris avec une copine pour fuir sa famille. On a contacté ses parents qui sont venus la chercher le jour même. C'était une jeune et brillante universitaire qui, en apparence, ne manquait de rien… »

Un troglodyte des temps modernes

« Certains sont tellement déterminés à s'abstraire d'un monde qu'ils exècrent qu'ils sont capables de s'enterrer vivants, révèle René Giancarli. Tel est le cas d'une femme désireuse de s'exclure de la société et qui avait réussi à creuser une grotte sous la colline de Notre-Dame-de-la-Garde. À force de patience, elle avait construit une sorte d'igloo de fortune doté d'un garde-manger et d'un lit. Elle vivait confinée sous terre, comme un troglodyte des temps modernes. Quand je l'ai récupérée, elle a mis trois semaines à se réacclimater à la lumière du jour. Son trou, c'était sa vie… »

Elle vivait confinée sous terre, comme un troglodyte des temps modernes… Est-ce que je rêve ? Est-ce que nous sommes en Éthiopie ? Dans une favela de Rio ? Non. Nous sommes en 2012 au cœur de Marseille, la ville misère. « Ils envisagent toutes les solutions possibles pour se retirer du monde, souligne le directeur du Samu social, quand on les approche pour leur proposer un café ou un bol de soupe, ils ont tous la même réaction : "*Je ne veux pas qu'on me reconnaisse*", parce qu'ils ont honte de leur déchéance. Ils se font appeler Jean, Marcel, André ou Robert, mais on sait qu'ils nous cachent leurs vrais prénoms. Et puis il y a les Alzheimer qui sont de plus en plus nombreux. Eux, ils ont parfois des lueurs de lucidité. Ils se souviennent d'un nom de rue ou de quartier. Parfois, ils ont dans la poche un papier sur lequel on peut lire : "*Je m'appelle Untel, je souffre de la maladie d'Alzheimer, ramenez-moi s'il vous plaît rue de la Loubière.*" Une fois, j'ai sonné à toutes les portes d'une rue. À l'arrivée, on s'est fait pourrir : "*C'est encore le pépé qui a fait des siennes ! Il perd la boule ce vieux con ! Pourquoi il s'est barré ? On l'a même pas vu sortir !*"

« Parfois, bonne surprise, c'est l'inverse. Des inconnus se mobilisent pour assurer des obsèques décentes à des malheureux morts d'épuisement, de solitude ou de froid dans la rue. J'ai même récolté 588 euros pour l'association La Mort des errants qui achète des fleurs pour les inconnus décédés dans la rue. » Les églises accordent aussi parfois un titre de gloire posthume aux anonymes morts d'indifférence. C'est le cas de l'église Saint-Ferréol-les-Augustins, sur le quai des Belges, où une plaque commémorative de marbre rend hommage aux SDF décédés sans famille, sans amis, sans personne : « *Frères et Sœurs disparus dans l'anonymat, nous vous présentons au cœur du Très-Haut.* »

« Pour nous, la difficulté, c'est de convaincre les plus récalcitrants de se laisser soigner ou nourrir, ajoute Giancarli, ils nous rembarrent sans aménité : "*Fiche le camp, j'en veux pas de ton café de merde !*" Puis au second passage, ils recommencent : "*Casse-toi, tu m'emmerdes avec ton jus de chaussettes !*" Enfin, au troisième passage ils commencent à s'amadouer : "*Bon, ça va, ça va, donne-le moi ton putain de café...*" C'est là que je dois pousser mon avantage : "Tu veux pas voir un médecin ? Tu veux pas changer de vêtements ? Tu as une plaie à la jambe, regarde, il faut la désinfecter !" Quand je donne un biscuit roboratif à un SDF, il n'est pas rare qu'il le jette en me lançant : "*Ce biscuit, tu l'as empoisonné pour que je meure plus vite, hein, salopard ? Tu crois que j'ai pas deviné ton manège, hein, connard ?*"

« Certains sont littéralement statufiés dans leur solitude physique et morale, avoue René Giancarli, ils ne ressentent même plus la douleur. On fait la boucle trois cent soixante-cinq jours sur trois cent soixante-cinq. On rend service à tout le monde. Nos gars sont bien identifiés et reconnus. Dans la rue, les braves gens nous encouragent : "*C'est bien ce que vous faites, continuez, on a besoin de vous.*" Ces remerciements, ces gestes d'amitié, c'est notre adrénaline. Nous sommes le Samu des déshérités, les éboueurs de la misère et les paniers à salades de la mondialisation. »

René Giancarli, c'est un défricheur d'éternité, un trait d'union entre les hommes qui façonnent peu à peu l'âme de Marseille et la sauvent du naufrage. Il est aussi apprécié des SDF que « Maman Jeanine » qui s'installe tous les hivers en haut de la Canebière, au débouché du métro du cours Joseph-Thierry, pour donner des repas chauds à ceux qui ont faim, ou à ceux qui n'ont plus de quoi se nourrir, ou à ceux qui n'ont plus la force de rien. Même pas de se plaindre. C'est une femme exceptionnelle. Elle a été opérée des genoux, elle ne tenait plus debout en 2012 et cependant, elle a continué à servir les plus pauvres, seule devant sa marmite fumante, sans jamais se plaindre tandis qu'une kyrielle de vagabonds faisaient la queue avec leur bol à la main. C'est aussi ça, Marseille. La générosité à fleur de peau, le don de soi à fleur de cœur et des dizaines de silhouettes transies qui repartent dans la nuit nanties de leur précieux butin d'un soir... Merci sœur Jeanine, vous êtes, vous aussi, la gloire éternelle de Marseille.

De Marseille-Fraternité à Marseille-Espérance

Et puis il y a ceux dont c'est la mission de coordonner les chemins du dialogue et l'art de vivre ensemble. Mgr Georges Pontier, archevêque de Marseille, son adjoint Jean- Marc Aveline, Frédéric Keller, pasteur de l'Église réformée de France, Salah Bariki, représentant des musulmans au sein de l'association Marseille-Espérance et le curé de l'église des Réformés, Michel Marie Zanotti-Sorkine, qui déplace les foules grâce à ses prédications enthousiastes, font partie de cette armée du salut spirituel de Marseille…

« Pour moi, la solution aux problèmes que rencontre le peuple marseillais ne peut être que spirituelle, confie le père Zanotti-Sorkine, 51 ans. Je pense que le monde est conduit par l'esprit de Dieu, pas par l'économie. Les hommes commettent toujours la même erreur : ils prétendent organiser le bien-être de l'homme en dehors de Dieu. C'est une hérésie. L'homme moderne est mutilé parce qu'il ignore les grandes questions métaphysiques. Je suis ici à l'écoute des détresses du petit peuple de Marseille, des errants, des prostituées, des vagabonds, des déboussolés. Ils trouvent auprès de moi une joie et une force qui leur permettent de continuer le combat de la vie. Plus un être pénètre par la prière dans l'univers de Dieu, plus il s'installe dans la lumière et plus il se stabilise. Le cœur des Marseillais est religieux et marial : cette ville ne sera jamais athée parce que la Bonne Mère veille sur elle. »

Le cœur de Marseille est parfois frappé d'arythmie. Il bat trop vite, trop fort, puis trop lentement. C'est un éminent cardiologue qui en a fait la constatation, le professeur Jean-Raoul Monties, membre de l'académie de Marseille : « Pour moi, Marseille, c'est descendre la Canebière et voir apparaître le Vieux-Port nimbé de roux par le soleil couchant, c'est du haut de Notre-Dame-de-la-Garde regarder la ville dans son écrin de rochers blancs, ouverte sur sa rade d'un bleu profond, émaillé de moutons blancs et me saouler d'un froid mistral qui me bouscule. C'est la gentillesse, la convivialité, l'exubérance gesticulante, mais aussi la retenue, dit-il dans la revue *Marseille*. Mais ce sont aussi les gens agités qui courent on ne sait où, qui roulent comme des fous, à l'esbroufe, ou qui, indolents, prennent le temps et s'attardent devant les vitrines. Ce sont aussi les râleurs, les révoltés, qui protestent et manifestent pour défendre leurs idées, leurs avantages, l'environnement. »

Ressusciter Marseille : telle sera la tâche exaltante de tous ceux qui suivront le sillage des défricheurs d'éternité. L'archevêque de Marseille, Mgr Georges Pontier, est de ceux-là. « Les Marseillais de toutes origines, de diverses religions, de divers quartiers essaient de vivre ensemble, proclame cet homme originaire du Tarn au bel accent albigeois, nos différences ne doivent pas devenir des murs insurmontables. » Pour l'archevêque de Marseille, la solution consiste dans le « dialogue interreligieux » qui existe déjà, il est vrai, au sein même du christianisme avec les catholiques, les protestants, les évangéliques, les arméniens, les chrétiens de rite oriental. Le dialogue se noue au quotidien à Marseille : « La preuve, affirme-t-il, c'est que dans certaines écoles catholiques de Marseille, nous comptons 95 à 100 % de musulmans parce que ce sont les seules où l'on accepte les filles voilées. Nous rencontrons régulièrement les élèves et leurs familles. Nous avons des relations avec l'islam mais aussi avec le judaïsme. Les prêtres rencontrent les imams et les rabbins. Quand on sait que Marseille compte au moins 200 000 musulmans et peut-être 100 000 juifs, ce dialogue interreligieux est nécessaire. »

Chacun s'efforce de suivre les chemins du dialogue même si ce n'est pas facile dans une ville de culture provençale imprégnée depuis toujours de religion catholique. L'accueil de l'étranger est un des fondements du catholicisme et Marseille en est le plus fervent exemple. « On est vraiment sûr d'être à Marseille lorsqu'on aperçoit enfin Notre-Dame-de-la-Garde à l'horizon, souligne Mgr Pontier, depuis cent cinquante ans, l'œuvre de jeunesse Jean-Joseph-Allemand du père Olivier Passelac et l'œuvre des Iris du père Bruno Maurel ont formé des générations de jeunes Marseillais. Le triangle sacré des quartiers marseillais, c'est l'église, la place de l'église et la mairie. »

La coexistence des communautés

La démarche du dialogue interreligieux n'est pas nouvelle. Elle a été initiée à Marseille il y a déjà près de vingt-cinq ans par Robert Vigouroux qui s'inquiétait de la coexistence pacifique des communautés après les premières émeutes des années 1980 soigneusement occultées à l'époque par la presse de gauche. Robert Vigouroux avait chargé Salah Bariki et Jocelyne Cesari d'imaginer un trait d'union car il était pressé de questions par les journalistes : « *Quand est-ce que ça va péter à Marseille dans les cités des quartiers nord ?* » « Nous avons eu l'idée de fonder une association intitulée Marseille Fraternité, calquée sur le modèle de SOS Racisme à Paris, mais ça n'a pas marché, se souvient Salah Bariki, aujourd'hui chargé de mission au cabinet du maire de Marseille. L'idée était de rassembler les Maghrébins et les Noirs sur la base de l'islam. Les chefs religieux ont été conviés à la mairie. L'objectif était de réunir les gens sur un consensus bien large et bien mou pour ne pas faire de vagues… »

Mais en 1989, la communauté musulmane était aussi hétéroclite qu'aujourd'hui (elle est traversée par une vingtaine de courants différents !) et le projet de mosquée du boucher Mustapha Slimani avait suscité un tollé. C'est le grand rabbin Jacques Ouaknine qui a eu finalement l'idée géniale d'inventer le nom de *Marseille Espérance* qui aujourd'hui encore prend tout son sens et relie les rameaux spirituels de la ville. Frédéric Keller, pasteur de l'Église réformée de France, le reconnaît volontiers : « Le modèle marseillais du vivre ensemble est précurseur en matière de brassage des populations en Europe, dit-il. Il s'agit de citoyens reconnus dans leurs racines religieuses et culturelles et groupés en communautés qui doivent travailler le dialogue et les porosités. Il faut valoriser ces identités par l'apprentissage du respect de l'autre afin que Marseille soit un lieu où chacun apprenne à se connaître et à se reconnaître. Notre vocation n'est pas de faire une synthèse de tous les avis et de livrer l'orthodoxie de la pensée juste. »

Aucun responsable religieux ne partage l'idée que Marseille-Espérance devrait être, aussi, un levier politique de paix et de fraternité dans chaque cité, chaque rue, chaque hall d'immeuble sensible. « Marseille-Espérance est un symbole trop fragile pour parler politique, estime Salah Bariki, nous n'avons pas de président, pas de secrétaire. Depuis une vingtaine d'années nous nous gardons bien d'aborder les sujets tabous pour protéger ce symbole. Car nous ne pouvons rien résoudre du tout. Nous ne pouvons pas prendre parti. Notre sujet, c'est la paix à Marseille. Trois mois avant les élections, nous n'apparaissons plus auprès du maire : on n'est *pour* rien du tout et on n'est *contre* rien du tout. » Certes. Il n'en est pas moins vrai que cette association fraternelle ne peut pas être insensible aux remous de Marseille ni aux bruissements d'un monde frénétique et aux visées souterraines de ceux qui voudraient instrumentaliser les événements pour opposer les communautés entre elles.

« Nous subissons régulièrement ce genre de critiques, admet Salah Bariki, *on dort, on n'a pas de troupes, on ne se mêle de rien.* Mais on n'est pas là pour se substituer aux curés, aux imams, aux pasteurs et aux rabbins. On ne fait pas la chasse aux faits divers. On préfère passer pour des mous que de faire n'importe quoi. Je vous signale que pour l'instant nous n'avons pas eu d'attentat, ni de meurtre au nom de l'islam à Marseille. Marseille est un port. On sait que certains extrémistes du Front islamique du salut y ont trouvé refuge lorsqu'ils ont été chassés d'Algérie. 60 % de Tunisiens ont librement voté pour des intégristes. On n'est donc à l'abri de rien. Certes, nous avons eu ici le problème des prières de rues et de nombreuses exigences en matière de viande halal. On a même voulu islamiser l'Institut catholique des aveugles. Mais dans l'ensemble, on a montré aux jeunes Marseillais qu'on peut être différent et marcher la main dans la main. »

Mgr Pontier est moins optimiste que Salah Bariki sur ce sujet : « Nous constatons des raidissements très perceptibles au sein des communautés marseillaises, observe-t-il, le modèle marseillais n'est pas celui d'une assimilation mais celui d'une acceptation réciproque. Le rêve d'une citoyenneté enveloppante qui empêcherait l'épanouissement religieux est à proscrire. La variété des communautés marseillaises ne permet pas une lecture uniforme des événements, mais chacun doit s'évertuer à conduire sa communauté dans le sens du respect réciproque et du vivre ensemble. Je pense que cette société pourrait craquer mais elle bénéficie de la grande richesse de la vie associative et du soutien des religions pour l'humaniser. Les fragilités de Marseille, on les connaît : absence de travail, de logements, d'éducation. De nombreux parents se sentent aujourd'hui démunis face à leurs enfants et dans toutes les communautés nous avons des défis communs à relever. La foi est un levier important dans la vie des chrétiens, des juifs et des musulmans. »

On sait ce qu'il en est à Marseille : chacun prône la tolérance mais voit midi à sa porte. Chacun chez soi et les vaches seront bien gardées. Mgr Pontier n'est pas dupe de ces réticences envers les musulmans : « Chacun peut vivre ses convictions, dit-il, le problème, c'est que nous avons du mal à penser la France plurielle avec nos Français musulmans. Aujourd'hui le visage de la société française est très différent. Il faut apprendre à vivre cette société diverse en progressant dans la connaissance réciproque qui nous fait grandir dans nos identités respectives. Le danger à Marseille, c'est l'anonymat commun du rester entre soi et de l'ignorance de l'autre. » Dans cette optique, Marseille-Espérance devrait être un lieu de débats, un reflet du kaléidoscope religieux de Marseille. Or, ce n'est pas le cas. Le message de paix délivré par Marseille-Espérance, c'est, semble-t-il, l'absence de message…

« Marseille-Espérance n'est pas une instance de concertation, répond Salah Bariki, il n'est pas question pour nous de nous immiscer dans des débats internes. Songez que les discussions ont duré sept ans entre les divers responsables musulmans et que la réalisation de la grande mosquée de Marseille est toujours en projet ! En 2007, toutes les obédiences musulmanes ont enfin réussi à se mettre d'accord, mais le premier bail de location du terrain des Abattoirs a été annulé car la modicité du loyer demandé par la mairie — 300 euros par an — a été assimilée à une subvention déguisée par le tribunal administratif. Le montant du loyer est passé à 25 000 euros mais le bail a été de nouveau attaqué, de même que le permis de construire et le plan local d'urbanisme. Seuls le permis et le bail sont annulés par le tribunal administratif. En outre, sur un projet de 22 millions d'euros, on a seulement réussi à réunir 300 000 euros, à peine de quoi acquitter les frais de justice. »

Mattei : « les pouilleux et les galeux »

Un homme à Marseille — un seul — aurait pu incarner toutes ces bonnes volontés et transformer la ville en un vaste champ d'expérimentations humanitaires et sociales, il s'agit d'un médecin, le Dr Jean-François Mattei, ancien ministre de la Santé, balayé par la canicule en 2003. Mattei n'est ni de droite, ni de gauche, il est au-dessus. Il aurait été un maire extraordinaire pour Marseille, de la trempe d'un Vigouroux, mais sa destinée politique s'est brisée sur l'écueil médiatique national : il fallait un responsable aux milliers de morts de l'été torride de 2003, ce fut lui. Dommage. On a simplement omis de préciser qu'il s'agissait d'une gigantesque défaillance sociale et pas du tout d'un naufrage sanitaire. L'homme n'est pas rancunier, il n'en veut à personne et souligne au contraire le bonheur qu'il a aujourd'hui, à près de 70 ans, de se consacrer « *aux pouilleux et aux galeux* » :

« Mon parti maintenant, c'est celui de la pauvreté, annonce l'ancien député et adjoint de Jean-Claude Gaudin. Lorsque j'ai quitté le gouvernement, en avril 2004, après deux ans au ministère de la Santé, j'ai brigué la présidence de la Croix-Rouge et j'ai été élu. J'ai été réélu à l'unanimité en juin 2007. À ce moment-là, Jean-Claude Gaudin préparait les municipales de 2008 et il a pris contact avec moi pour les législatives : j'ai été très clair. C'est non. Je ne repars pas. J'ai tourné la page politique. Jean-Claude a été chagriné parce que, entre lui et moi, le courant est toujours bien passé. Il m'a souvent considéré comme son successeur potentiel. Il oublie seulement une chose, Jean-Claude, c'est la limite d'âge. Je ne veux pas devenir maire de Marseille à 71 ans, on ne commence pas un premier mandat lorsqu'on est septuagénaire. Je n'ai pas la même optique que Guy Teissier, qui aura près de 70 ans en 2014. Pour marquer de son empreinte la gestion d'une ville, il faut faire au moins deux mandats. Et à cet âge-là, Gaudin le sait bien, ce n'est pas possible.

« Tout le monde a oublié aujourd'hui que j'ai commencé ma médecine en 1961 pour me consacrer à l'action humanitaire et j'ai participé à l'association Médecins Monde qui n'était pas encore Médecins *du* Monde. Aujourd'hui je boucle la boucle, explique Mattei. Je suis le sillon de l'homme malade, de l'homme souffrant et je cours le monde en permanence pour apaiser les souffrances. Je suis devenu un spécialiste de l'action humanitaire durable, pas de l'urgence. J'ai désormais sur le monde un regard de médecin et une approche très sociale de ce qu'endure notre société. La difficulté majeure, c'est de mettre en concordance l'action publique, freinée par le jeu des alliances et des appuis, avec l'action humanitaire.

« En politique, affirme l'ancien ministre, les clivages sont souvent artificiels et aléatoires. Quand une femme a été abandonnée par son mari et qu'elle a quatre enfants à nourrir, vous ne lui demandez pas sa carte de parti. Vous lui venez en aide et c'est tout. Je suis heureux à ma place : je vais soigner les pouilleux et les galeux de la terre et je vais d'ailleurs fonder un centre à cet effet. Des errants, des migrants, il y en a partout, et si de nombreux Marseillais croient à la submersion des immigrés, c'est qu'ils manquent de confiance en la France. J'ai proposé une tribune au *Monde* sur les migrants, mais cela ne les a pas intéressés. Il faut simplement aider les partisans d'un islam modéré à s'intégrer au sein de la société française et ne surtout pas les amalgamer avec les intégristes. Il n'y a aucun risque que notre société soit dominée par le fanatisme et la Charia », estime le Dr Mattei.

Pour ce qui est de l'avenir de Marseille, le Dr Jean-François Mattei a le sentiment que tout ne va pas si mal que ça. « Les Français, dans leur grande majorité, aiment Marseille, souligne l'ancien ministre, les prix de l'immobilier y sont toujours soutenus. On a réussi après une dizaine d'années de tractations et de tribulations à créer une école centrale d'ingénieurs et à fusionner les trois universités de Marseille et d'Aix en une seule entité, la plus grande de France. De l'extérieur, on se rend mieux compte que Marseille bouge et s'embellit. Il faut simplement se souvenir qu'en politique, les successions sont toujours difficiles à l'issue d'un long règne. Il a fallu parachuter Alain Juppé à Bordeaux pour succéder à Chaban-Delmas et c'est Vigouroux qui a succédé à Defferre. Les faits sont têtus. Ils s'imposent d'eux-mêmes. Il est rare qu'un homme fasse l'histoire à lui seul. Il faudrait pour Marseille un maire qui aime sa ville et continue ce qui a été fait. Les clivages droite-gauche se sont estompés. Ce qu'il faut, c'est marier les bonnes volontés. Voilà pourquoi Marseille pourrait finalement opter pour une recette à la Defferre, un axe Gaudin-Caselli qui se mettrait au service de ceux qui en ont le plus besoin, sans sectarisme aucun. »

Jean-François Mattei ne s'en doute pas, mais il aurait pu être lui aussi un sacré défricheur d'éternité au service de l'unité de Marseille en « mariant les meilleures volontés » et en y assurant, par petites touches humanitaires, la concorde et la paix, à mille lieues des « petits arrangements entre amis ».

CHAPITRE 5

Quand Marseille s'éveillera

La pègre et les affairistes

Le discours que je préfère n'est ni de gauche ni de droite, c'est celui du panache. Et dans ce domaine, un homme politique français m'a époustouflé durant ces dernières années, même si son ralliement à François Hollande tient davantage de la stratégie politicienne que d'une volonté réelle de « changement » : il s'agit d'Arnaud Montebourg, le preux combattant socialiste de la corruption qu'on imagine aisément au Moyen Âge armé d'une épée et pourfendant sur son cheval blanc les comploteurs, magouilleurs et autres tripatouilleurs. Les socialistes marseillais ne s'y sont d'ailleurs pas trompés : ils ont voté en masse pour lui lors des primaires du parti socialiste. Et lorsque sa représentante à Marseille, Mme Annick Boët, l'a présenté au public du Dock des Suds, le 29 septembre 2011, ce fut une longue ovation, une « standing-ovation ».

« Arnaud, merci d'avoir osé venir jusqu'ici, s'est-elle exclamée, tu es le seul qui ait osé tenir meeting dans cette ville gangrénée par la pègre et les affairistes, tu es le seul qui ait osé se confronter avec les passants place du général-de-Gaulle. On a ici les ingrédients d'un cocktail explosif: règlements de comptes, trafics, Marseille fait la une des journaux à sensation. Un Marseillais sur quatre vit en dessous du seuil de pauvreté, le chômage dépasse les 45 % dans certaines cités, et si l'on a créé 20 000 emplois pour édifier Euroméditerranée, pas un seul n'échoit aux habitants des quartiers. Il y a pourtant ici de l'intelligence, du savoir-faire, des ouvriers spécialisés qui aiment leur travail et l'on saccage tout ça au nom de la spirale morbide du marché mondial!

«Arnaud, je veux te rendre hommage avec le peuple de Marseille parce que tu as su nous aider à passer le cap de l'*omerta* en dénonçant les magouilles qui discréditent notre parti, tu nous a incités à nous battre plus franchement, s'est écriée Annick Boët, très applaudie elle aussi, nous avons les moyens de construire un grand parti où nous ne resterons pas cachés derrière un leader omnipotent auquel nous obéissons au doigt et à l'œil, un nouveau parti qui donne la parole à tous et laisse venir les habitants sans les brimer, un parti populaire enfin débarrassé des scories du clientélisme. Arnaud, tu es le seul à avoir dit «non» au référendum sur la Constitution européenne il y a sept ans. Aujourd'hui à Marseille, le PS a perdu tout contact avec la société, avec les gens. Si nous ne changeons pas le PS, nous ne ferons jamais la VIe République. À Montpellier, c'est la pizza-connection, dans le Nord c'est le bazar, ici c'est la confusion: il est temps de faire le ménage au sein du PS ...»

«À Marseille sévit un système politique délétère et enfoncé dans le déshonneur, répond en écho Arnaud Montebourg. Pour moi, Marseille, c'est la France. Ce que nous voulons pour la France, nous le voulons pour Marseille. Les pagnolades et la bouillabaisse, c'est du folklore, il n'est pas question de laisser Marseille s'enfoncer dans son particularisme. Nous avons affronté aujourd'hui avec Annick Boët la houle de la foule, une colère sourde. Nous vivons une époque de suspicion générale à l'égard des élus et nous devons restaurer un rapport de confiance entre l'élite et les citoyens. Il nous faut réinventer l'agora des Grecs et la reddition des comptes publics instaurée par Périclès au ve siècle avant Jésus-Christ. L'élu devait rendre compte de sa gestion au peuple et si elle n'était pas régulière, l'élu risquait la lapidation ! »

Tonnerre d'applaudissements. La salle scande des frénétiques : « Ar-naud ! Ar-naud ! » Cette fois, personne n'a cherché à empêcher la tenue de ce meeting ni à le perturber avec des agents infiltrés. C'est déjà un immense progrès. Du coup, Montebourg se sent pousser des ailes. Montebourg, c'est le Synthol du PS : il fait du bien là où ça fait mal…

« C'est l'alliance entre l'argent et le pouvoir qui pervertit le système démocratique, poursuit Montebourg, survolté, le plus grand nombre aujourd'hui se sent écrasé par le système économique et oublié par le système politique. La mondialisation met en concurrence des ouvriers français qui ont à leur actif deux siècles de luttes sociales et des esclaves asiatiques qui n'ont que leurs yeux pour pleurer. Ce système global fait des milliers de chômeurs ici et des esclaves là-bas, et voilà quinze ans que ça dure ! Il faut en finir avec la gauche compassionnelle des rustines, des placebos et des bandelettes ! Partout nous constatons les dégâts de la désindustrialisation : deux millions d'emplois perdus en France en vingt ans… Lorsque cet incivisme économique produit autant de dégâts, il faut faire comme le Canada, le Brésil, les USA ou l'Argentine, et protéger ses frontières par des taxes douanières. »

La salle est debout à présent, comme galvanisée par des propos qu'elle fait siens. Comment ne pas être d'accord avec ce diable d'orateur qui fustige les profiteurs des banques et ceux qui dilapident l'argent public à des fins personnelles ? On en vient à songer qu'Arnaud le magnifique aurait pu se frayer un véritable boulevard dans l'opinion publique entre *la gauche molle* et *la gauche folle* en recréant la gauche panache de Jaurès et Blum. « Par exemple, poursuit Montebourg déchaîné, lorsque GoodYear qui a fermé son usine d'Amiens voudra réimporter en France des pneus fabriqués ailleurs, il faudra les surtaxer en douane. Sinon, nous sommes condamnés à être les passoires de la mondialisation. Apple, surtaxé au Brésil, après en être parti a décidé de s'y relocaliser !

« Renault fabrique ailleurs et revend en France pour utiliser une main d'œuvre à bas coût : il faut relocaliser Renault ! La confrontation avec les multinationales est inéluctable : la gauche doit la faire sinon elle repartira sous les crachats mérités de la classe ouvrière. Les liaisons incestueuses du pouvoir politique et des marchés financiers ont pris le pouvoir sur le suffrage universel. À quoi servez-vous, interroge le peuple. Quelle est votre utilité collective ? Allons-nous nous prosterner longtemps face aux puissances financières qui nous oppriment ? De Gaulle l'a dit avant moi : la politique de la France ne se fera pas à la Corbeille. Sans une démocratie intraitable à l'égard des banques, c'est le populisme et l'extrémisme qui nous guettent. La situation actuelle où le citoyen n'a qu'un droit, celui de se taire et de payer les frais d'une crise dans laquelle il n'est pour rien, c'est le prélude à toutes les explosions sociales !

« Notre système financier doit impérativement être assaini, estime Arnaud Montebourg, les banques paieront pour réindustrialiser notre pays et le remettre au travail. Et puis il faut lutter contre la corruption, surtout ici à Marseille, car c'est le signe que le pouvoir est devenu un objet personnel, un outil d'appropriation, un outil d'entretien des privilèges et un moyen d'enrichissement personnel pour la même caste ! Le peuple a besoin de récupérer le pouvoir qu'on lui a confisqué. La République est plus forte que les puissances féodales, cléricales ou syndicales. Nous devrons traverser autant de turbulences qu'à Valmy pour éradiquer cette caste aristocratique. Il faudra être intraitable et pour cela être nous-mêmes irréprochables. Dans ce département, nous exigeons que le président du conseil général soit responsable de ses actes et rende des comptes. »

« Malversations et prévarications »

« J'annonce ici qu'un président de conseil général convaincu d'une faute fera l'objet d'une procédure de révocation et de destitution puisque cette mesure de simple bon sens n'est pas prévue par notre droit ! Vous, fonctionnaires, vous qui êtes au courant de malversations et de prévarications, transmettez-les sans délai au procureur, l'article 40 du Code pénal vous fait obligation de dénoncer les crimes et délits dont vous êtes les témoins ! » Une nouvelle fois, les oreilles du Vaisseau bleu sifflent à l'unisson. Montebourg a conquis Marseille. Son score aux primaires socialistes dépassera toutes les prévisions. Mais Arnaud-Panache détruira lui-même ce précieux capital en rentrant dans le rang quelques semaines plus tard, préférant le calcul stratégique aux plaisirs indicibles de l'incantation souveraine.

Comme dit joliment Annick Boët : « Arnaud a tracé à Marseille un sillon de charme sur un sol sismique ». Patrick Mennucci, maire du 1er et du 7e arrondissements, vice-président du conseil régional de Provence, futur candidat à la mairie de Marseille, a suivi de fort près l'ascension de Montebourg, dont la faveur dans l'opinion était proportionnelle au discrédit frappant le socialisme marseillais. « Méfiez-vous de Patrick, nous a conseillé Annick Boët, il me rappelle ce que Mitterrand disait de Pierre Mauroy : *il a l'air bon et il a l'air con, mais il n'est ni bon ni con.* » J'ai pu vérifier ce propos en rencontrant Mennucci dans son bureau de la mairie qui fait face à l'église des Réformés. La question est simple : Mennucci a-t-il l'étoffe d'un maire de Marseille ou celle d'un vociférateur de parti ?

Eh bien, je pense que Mennucci peut parfaitement devenir maire de Marseille à la condition (essentielle) qu'il parvienne à rompre avec le « système Guérini » et que son parti soit de nouveau « présentable ».

« Moi je ne suis pas dans l'idée d'épouser le système que tout le monde a connu à Marseille, plaide le Mennucci nouveau, je suis candidat à la mairie en 2014 et j'ai déjà constitué en grande partie mes équipes avec François Mignard, un avocat qui habite désormais sur la Canebière, mais aussi une autorité morale qui veut participer à la reconstruction de cette ville. Je veux réunir autour de moi les Marseillais qui ont réussi». Patrick Mennucci a donc déjà sa «*dream team*» pour s'opposer aux visées de Jean-Claude Gaudin, probable candidat à sa réélection après le renoncement de Renaud Muselier, et peut-être de Guy Teissier, autre challenger qui n'a jamais pu se dépatouiller du tutorat de Gaudin mais y réfléchira sans doute à deux fois avant de devenir le fossoyeur de la droite à Marseille.

«Le problème majeur de Renaud Muselier, ce qui a précipité sa chute, c'est qu'il ne parlait jamais de Marseille, il parlait de Renaud Muselier», assène Mennucci en guise de préambule. «Pour sortir Marseille de l'ornière dans laquelle l'ont enlisée Gaudin et Muselier, poursuit celui qu'on avait surnommé «Ségolin» lors des présidentielles de 2007, il faut d'abord libérer les terrains du port entre le Silo et Mourepiane et y installer des entreprises privées. Créer un nouveau port de plaisance ne serait pas très rémunérateur car Marseille est la ville du monde où l'anneau d'amarrage est le moins cher. Si on double le port Pierre-Canto à Cannes, on collecte rapidement cinq millions d'euros, mais si on double le port du Frioul on ramasse une poignée de figues!

«Mon objectif est de moderniser la ville en respectant les traditions et la culture marseillaise, affirme Mennucci de sa voix de stentor, Marseille compte plus de 85 000 chômeurs et c'est la ville qui offre le moins de possibilités de formation puisque 25% de jeunes Marseillais se retrouvent sur le marché du travail sans la moindre formation. 50 000 de ces chômeurs ne trouveront jamais de travail si nous ne trouvons pas les filières adaptées. Faire de Marseille une ville tout-tourisme, comme le souhaite la majorité actuelle, c'est une erreur. Euroméditerranée a été pour Marseille une bonne bouffée d'oxygène en matière d'emplois, encore que sur dix emplois proposés, seulement trois échoient à des Marseillais, les sept autres exigeant des diplômes et des qualifications qui contraignent à un recrutement extérieur. Nous devons créer des filières pour les emplois peu ou pas qualifiés dans le domaine du stockage, des transports, de la réparation navale. »

Le petit train de Notre-Dame

« Il faut instaurer à Marseille une politique qui donne à voir des choses, indique Mennucci. On ne peut pas se contenter des cohortes de touristes qui prennent le car dès leur arrivée pour aller visiter Arles, Avignon ou Les Baux, et s'en retournent ensuite sur leurs bateaux de croisières sans avoir mis les pieds à Marseille. On ne peut plus se satisfaire de la visite guidée à bord du petit train de Notre-Dame, d'un verre sur le Vieux-Port et tchao bicou ! Je propose de reconstituer la grotte Cosquer sous le fort Saint-Nicolas pour attirer 500 000 personnes par an à Marseille : l'Europe entière défilerait ici pour s'initier à l'interprétation de la Préhistoire méditerranéenne. Je propose aussi de sortir les fouilles archéologiques paléochrétiennes découvertes lors de la construction du parking Malaval. Il s'agit de 300 sarcophages du IIIe et du IVe siècles qui sont autant de témoignages sur les débuts de la chrétienté. Il s'agit de développer ce tourisme religieux en accord avec l'archevêque de Marseille. Il est essentiel que les touristes viennent à Marseille pour autre chose que la Bonne Mère et les plages !

« Il faut fixer les touristes sur place pour qu'ils dépensent leur argent à Marseille, affirme Mennucci, sinon nous stagnerons à 3,5 % de dépenses du produit intérieur brut consacrés au tourisme à Marseille, contre 5 % à la France et 17 % à Nice. Et puis il faut songer d'ores et déjà à reconstruire tout le centre-ville de Marseille édifié avant 1950 et qui menace ruine en certains endroits. Aucun de ces anciens immeubles n'est aux normes en matière de consommation d'énergie, et nous devons les protéger car bientôt ils ne pourront plus être chauffés. C'est une vaste opération de protection de l'habitat qu'il faut engager à Marseille.

« Le problème majeur de Marseille, c'est la maltraitance de l'État. Ou plutôt, c'était la maltraitance car le Premier ministre et le gouvernement ont décidé de redresser la barre à Marseille en la transformant en grande métropole. En matière de transports, par exemple, il convient dès à présent de mettre en œuvre un plan d'aide aux transports avec le doublement de la ligne SNCF Marseille-Aix et le doublement de la voie Marseille-Aubagne, afin de désengorger le trafic routier qui est complètement paralysé matin et soir. Gaudin, lui, quand il voit un ministre, il lui parle de tel ou tel sénateur et des zizanies internes à la haute assemblée, il se moque de la gestion de la ville. Il n'organise pas le moindre colloque sur l'avenir de cette ville, il n'essaie même pas d'y attirer des investisseurs, Gaudin incarne l'immobilisme de Marseille, le *statu quo* à la bonne franquette.

« Je pense qu'un maire de Marseille doit être mobilisé à 100 % pour sa ville, et sans aucun autre mandat, pilonne Mennucci, j'espère que la loi anti-cumul passera un jour. Marseille est aujourd'hui en danger car elle ne peut plus vivoter dans un marigot électoraliste à la petite semaine. Il faut profondément renouveler la droite et la gauche et installer en politique des gens compétents. Ce qui fera gagner le prochain maire de Marseille, c'est sa vision pour la ville. Marseille doit absolument se débarrasser de cette image de Carbone et Spirito qui lui colle à la peau, Marseille doit bouger : comment peut-on ouvrir le port au privé, comment peut-on traiter des dizaines de milliers de chômeurs, comment peut-on loger les sans abri, voilà les questions essentielles, et ça fait trente ans qu'on les pose... L'excellent projet Euthymènes proposé par Jean-François Mattei a fait perdre Gaudin en 1989 et il l'a fait gagner en 1995, mais les problèmes sont toujours les mêmes.

« Avec la crise, estime Mennucci, il faut s'adapter à la nouvelle réalité économique. Prétendre, par exemple, qu'on peut réaliser une ligne de métro nord-sud entre Septêmes et Luminy, c'est une fumisterie, la ville n'en a pas les moyens. Avec Force ouvrière, le syndicat majoritaire, il faut parler en patron, pas en vassal. Vous

FO, vous êtes un syndicat et rien qu'un syndicat, vous allez poursuivre normalement votre activité syndicale, moi je vais diriger la ville et c'est moi le patron, ce n'est pas vous. Il faut un retour de l'autorité dans cette ville. De même, la police municipale doit être composée de vrais professionnels, pas des amis de x, y, ou z. Il n'y a plus aucun respect de l'espace public et nous avons une femme vingt-sixième adjointe pour s'occuper des problèmes de sécurité, comme si c'était la dernière roue du char.

« On ne peut plus avoir une ville cercueil, il faut pouvoir s'amuser à Marseille comme ailleurs mais sans s'affranchir des règles, prévient Mennucci, le *Chalet-Disco* sur la Corniche n'a pas été fermé parce qu'il faisait du bruit, mais parce qu'il ne respectait pas les règles : il délivrait de l'alcool sans autorisation, on y servait des mineurs et aucun employé n'était déclaré. Si je veux une ville normale, j'organise l'espace public en zones : zones rouges, zones orange et zones vertes (pas de commerces, pas de circulation, pas de bruit). Il faut la clarté et la fiscalité adaptée à chaque zone. Moi par exemple, j'habite une maison avec jardin au vallon des Auffes et je paye 400 euros de taxe foncière alors que mon chauffeur acquitte une taxe de 1 000 euros pour un T3 rue Ranque dans le 1er arrondissement à proximité du lycée Saint-Charles. Il y a un vrai problème, non ?

« Il est impératif d'instaurer de nouvelles taxes dans les mutations d'appartements ou de maisons. Au préalable, dit Mennucci, on avertit les gens : attention, vous achetez tel bien dans tel quartier mais à partir de l'année prochaine la taxe d'habitation sera de tant… Tous les ans durant vingt ans vous augmentez de un pour cent les quartiers les moins imposés et vous parvenez sans douleur à rétablir l'équilibre. Je me prépare d'ores et déjà aux primaires socialistes pour les municipales de 2014 à Marseille avec Éric Scotto et Virginie Martin. Et croyez-moi, les militants ne voteront pas avec des cartes bidon.

« En ce qui concerne les Noirs et les Arabes, on ne les fera pas partir de Marseille, tranche Patrick Mennucci. La question est de savoir comment les intégrer culturellement dans la marmite marseillaise en leur inculquant les diverses étapes de l'histoire marseillaise. Pour gouverner cette ville, il faut être capable de tenir tous les bouts. Il faut à la fois construire des mosquée et des églises et faire partager à tous une ville unitaire en montrant aux immigrés qu'ils sont eux aussi les enfants égaux de Marseille. »

Patrick, Eugène, Michel et... les autres

Bref, si j'ai bien suivi Patrick Mennucci : pour être élu maire, quand on est socialiste, l'idéal est de s'appeler Mennucci et de se prénommer Patrick. Les « Eugène » (Caselli), les « Michel » (Pezet), et autres « Christophe » (Masse) peuvent aller se rhabiller, même si leurs ambitions sont tout aussi légitimes que les siennes. Le patron rose, c'est lui. Et les épines, c'est pour les autres.

Parmi les adjoints de Mennucci, s'il est élu, figurera en bonne place un élu du Front de gauche, ex-communiste, complètement inconnu sur le plan national mais qui doit désormais être pris au sérieux si l'on veut bien se souvenir de l'incroyable succès de Jean-Luc Mélenchon à Marseille lors de la campagne des présidentielles. Il s'agit de Christian Pellicani, conseiller d'arrondissement à la mairie du premier groupe (1/7) qui a réussi le pari audacieux, avec Eugène Caselli, de lancer une navette maritime entre la Pointe-Rouge et le Vieux-Port, puis entre l'Estaque et le Vieux-Port, afin de désengorger la circulation dans le centre : « Jean-Claude Gaudin sera de nouveau candidat en 2014 si sa santé le lui permet parce que c'est le seul fédérateur d'une droite qui commence à se désagréger », m'annonce froidement Christian Pellicani dans la jolie galerie de son fils rue d'Aubagne.

« Je comprends la déception de Muselier et de Teissier, ironise-t-il, pour eux l'histoire politique de Marseille est en train de devenir un cauchemar. Gaudin I, Gaudin II, Gaudin III, et voilà que se profile Gaudin IV à l'horizon : ils n'en peuvent plus. Ils n'ont pas compris que Gaudin est de la même veine que Defferre mais qu'il n'est pas dans le mimétisme. Je veux dire par là qu'il ne fera aucune alliance avec le centre-gauche et qu'un accord tactique avec Caselli serait purement illusoire. Gaudin, il veut juste mourir sur le fauteuil, c'est tout.

« Je pense que certains élus ont vu dans l'élection du président de la communauté urbaine de Marseille l'occasion inespérée de remettre Muselier dans sa boîte. Muselier ne pouvait pas être le dauphin naturel d'une droite qui veut durer. La nouvelle donne à Marseille pour 2014, c'est que l'actuelle municipalité a été incapable de régler la crise sociale. Pour elle, Marseille compte 400 000 pauvres de trop. Gaudin et Muselier ont fait le pari de chasser les pauvres du centre de Marseille mais la précarité leur revient comme un boomerang dans la figure. Le PS non plus n'utilise pas les bonnes réponses pour endiguer la grande pauvreté : il faut qu'il sorte du clientélisme et qu'il mette en œuvre de vraies politiques publiques. Quant au Front national, il tire profit du misérabilisme ambiant sans proposer de réelles solutions. Si le FN accédait aux affaires à Marseille, ce serait Beyrouth ! »

« On va construire un pôle de radicalité, avertit Pellicani, les socialistes vont vouloir nous imposer leur vision mais nous, on ne l'acceptera pas. En 2014, nous aurons des listes partout, y compris à Marseille. Mélenchon a tout ratissé à gauche : le petit facteur, peuchère, il n'a plus que la sacoche… À la caserne d'Aurelle, avenue de la Corse, et au stade Henri-Tasso, place du Quatre-Septembre, on voit se reproduire le même schéma capitaliste : ce sont les promoteurs qui dictent leur loi aux élus. Il était prévu de réaliser un parking sous le stade et 80 logements sociaux. Or, le promoteur ne refera la pelouse et la dalle que lorsqu'on lui aura permis de construire six étages alentour. C'est le même processus à la caserne : la Sogima, société de gestion immobilière de la Ville de Marseille, a racheté le terrain à l'État mais le promoteur veut imposer la construction d'une surface commerciale de 2 000 mètres carrés, sinon le collège ne verra jamais le jour… »

« Mennucci a fait une erreur en méprisant la vraie gauche, conclut Christian Pellicani, il a installé autour de lui cinq Modem qui ne servent à rien et qu'on ne voit jamais dans la mairie du 1/7. Nous, avec le Front de gauche, on reconstruit une force politique qui a vocation à changer la réalité, pas à être une force d'appoint du PS. Fais gaffe, Patrick, si tu nous marginalises, tu te marginalises toi-même. Si tu ne joues qu'au centre, t'es mort… »

Pas facile tous les jours d'être socialiste à Marseille avec des partenaires du calibre de Pellicani. S'il est un socialiste qui en est bien convaincu, c'est Jean-Paul Giraud, 63 ans, neveu de feu Gilbert Rastoin, ancien maire de Cassis, cousin du banquier Bernard Maurel et du conseiller de la communauté urbaine François-Noël Bernardi. Jean-Paul Giraud est un Marseillais qui a fait l'essentiel de sa carrière politique à Grenoble où il fut vice-président du conseil général de l'Isère, adjoint au maire de Grenoble et conseiller régional de Rhône-Alpes : « J'ai vécu une trentaine d'années à Grenoble mais je suis 100 % Marseillais, psychologiquement je n'ai jamais quitté Marseille », s'empresse de préciser Jean-Paul Giraud, qui a accepté avec joie la proposition d'Eugène Caselli d'être son directeur de cabinet lorsque le président de la communauté urbaine s'est affranchi de la tutelle des Guérini. Nous retrouvons ce bon vivant à *La Villa*, le restaurant « en place » du 8e, rue Jean-Mermoz, et d'emblée Jean-Paul Giraud va avoir un mot historique, tout en dépliant sa serviette :

« Je suis socialiste et Marseillais, mais je ne suis pas un socialiste marseillais… »

« On est Marseillais avant d'être Français »

Dégustez cette déclaration comme du petit lait : « *Je suis socialiste et Marseillais, mais je ne suis pas un socialiste marseillais.* » Appréciez-la sans modération, apprenez-la par cœur, appliquez-la à des centaines et des centaines de Marseillais qui, eux aussi, sont de braves types évincés des affaires publiques parce qu'ils n'ont jamais voulu épouser les arcanes clientélistes ou maçonniques d'un socialo-banditisme qui exhalait l'odeur nauséabonde du guano au pays des marlous.

Jean-Paul Giraud est un fin connaisseur de Marseille. Il sait parfaitement qui je suis et quelles sont mes opinions mais il sait aussi que je ne trahirai pas ses propos et ses confidences sont souvent frappées au coin du bon sens : « Marseille a une énorme qualité et un énorme défaut, dit-il, c'est son identité. Le ciment des Marseillais entre eux, c'est l'identité marseillaise. Ici on est Marseillais avant d'être Français. » La preuve que Jean-Paul Giraud est un honnête homme, c'est qu'il va me faire une promesse, devant Éric Angelica, directeur de la communication de la communauté urbaine : « Je vous garantis que je vais faire sauter toutes les barrières blanches qui ceinturent le Vieux-Port, annonce-t-il, je négocie avec les sociétés nautiques et je sais que, pour l'instant, seul un espace d'une dizaine de mètres laissé libre face à La Criée permet une vue idéale sur le port. En 2013, il n'y aura plus de barrières autour du port. »

Là, je rêve. Roatta, Chenoz et même Vigouroux s'étaient cassé les reins sur ces funestes barrières qui masquent aux piétons une vue qui pourrait être merveilleuse, n'étaient les intérêts privés des plaisanciers et autres « usagers » du port qui maintiennent sur son pourtour une appropriation abusive. Mais Jean-Paul Giraud n'est pas homme à ne pas tenir sa parole. Donc, encore un peu de patience, cette fois c'est la bonne : les Marseillais vont enfin récupérer « votre » Vieux-Port et la vue imprenable qui va avec !

« La bonne entente entre Gaudin et Caselli n'a rien de politique ou de prémédité, estime Jean-Paul Giraud. Elle résulte du simple constat suivant : la Ville de Marseille ne peut rien faire sans la communauté urbaine mais on ne peut rien faire sans la Ville de Marseille. C'est je-te-tiens, tu-me-tiens, par-la-barbichette. Le dossier de la rénovation du Vieux-Port est emblématique de la nouvelle donne entre la Ville et nous. Lorsque le projet a été présenté en septembre 2009, Eugène Caselli était au premier rang dans la salle, avec le public. À l'époque, c'étaient les ténors Gaudin-Guérini qui menaient la danse et Caselli était relégué au rang de simple spectateur. Le projet Vieux-Port, c'est 80 % la communauté urbaine et 20 % la Ville. On a élargi le cercle à la région et c'est le meilleur projet qui a été choisi. » Certes. Le meilleur projet sur le plan esthétique, mais si l'on en parle aux commerçants qui ont été quasiment ruinés par les longs travaux de piétonisation, on en arrive à un pourcentage moins démocratique puisque personne ne leur a demandé leur avis, à eux, les usagers quotidiens du Vieux-Port : 80 % la communauté urbaine, 20 % la Ville et... 0 % les citoyens !

« Ce qui compte dans la vie, élude Jean-Paul Giraud, ce n'est pas la position, c'est la trajectoire. Regardez les quatre « R », les familles qui étaient les piliers de Marseille, les Rastoin-Rocca-Régis-Reggio, ils n'ont pas tous réussi, loin s'en faut. Gaston Defferre n'a pas choisi par hasard Jacques Rastoin comme premier adjoint. Ce n'était pas seulement une alliance politique avec la droite pour faire échec à la puissance des communistes et au « *péril rouge* », mais c'était surtout parce qu'il y avait entre lui et les familles Rastoin et Cordesse des affaires en commun et des intérêts croisés. Defferre était partie prenante dans les huileries Rastoin aux Milles. Aujourd'hui, le pouvoir d'Édouard Rastoin s'est estompé mais il a été un des grands patrons de Marseille, président de la chambre de commerce, actionnaire à la direction de la Shell, consultant chez Unilever. C'est son fils Jacques qui a fait toute sa carrière au côté de Gaston Defferre. Le fils de Jacques, Pierre Rastoin, a lui aussi été adjoint de Defferre puis de Robert Vigouroux.

« Pour que Marseille aille bien, il n'y a pas trente-six solutions, décrète Giraud, il faut que ça aille bien là-bas, de l'autre côté de la Méditerranée. Car Marseille est essentiellement une ville de commerce et de négoce, elle l'a toujours été et le restera toujours. C'est inscrit dans les gènes fondateurs de cette ville : l'intérêt viscéral pour le commerce et l'amour inné de la liberté. Ici, on n'a jamais pu séparer ces deux exigences qui vont de pair. La seule grande chance de Marseille, c'est le négoce. L'industrie n'est qu'un passage, un moment de son existence. Et pour que la ville se développe, il faut un apport massif de capitaux d'État, en particulier pour le port de Marseille. Il faut aussi que les Marseillais comprennent que la bonne façon de préserver leur identité marseillaise, ce n'est pas de se réfugier dans le passéisme mais d'accéder à la modernité. Marseille changera vraiment quand les Marseillais auront admis qu'il n'est pas normal de se garer n'importe où en double ou en triple file et de jeter leurs déchets n'importe comment sur la voie publique.

Cette culture du bordel, les Marseillais n'en peuvent plus. On a institutionnalisé l'incivisme avec un certain fatalisme et les Marseillais qui, eux, souhaiteraient sortir de cette léthargie mortifère s'interrogent sans fin sur le sentiment d'impuissance et d'abandon psychologique de leurs dirigeants. C'est même pire. C'est un sentiment de résignation généralisée face à l'ampleur des dégâts, du style: « ça ne changera jamais, que puis-je y faire, faisons avec... »

« Marseille ne peut pas devenir une ville uniquement résidentielle et touristique, conclut Jean-Paul Giraud, elle est marquée par un triangle de grande pauvreté mais elle se situe entre Barcelone et Gênes sur le plan géographique, économique et culturel. On essaie aussi de s'adapter à une inversion des destinations: jadis on avait choisi la Madrague de Montredon, une zone très éloignée du centre, dans les quartiers sud, pour y installer une usine très polluante de soude caustique. Or, c'est sur cet emplacement très pollué qu'on va construire en 2013 des maisons de luxe pour les nouveaux bobos marseillais. »

Le jour de son arrivée à la communauté urbaine à 9 heures du matin, le nouveau directeur de cabinet était plutôt embarrassé: son président Eugène Caselli était en effet auditionné par les gendarmes de la caserne de Menpenti dans le cadre des affaires Guérini. À peine Jean-Paul Giraud a-t-il déposé sa serviette sur son bureau que le téléphone s'est mis à grésiller:

« Allo ? Jean-Paul Giraud, bonjour. C'est le sénateur-maire Jean-Claude Gaudin à l'appareil. Je voulais simplement vous souhaiter la bienvenue à Marseille, je connais bien votre famille et je l'apprécie depuis des lustres. Sachez, mon cher Jean-Paul, que si votre président a le moindre ennui d'ordre judiciaire, eh bien vous n'avez aucun souci à vous faire, je vous prendrai à mes côtés à la Ville de Marseille… »

Après un tel assaut de charme, un jour pénible à vivre, comment voulez-vous qu'ensuite les liens ne se raffermissent pas entre ceux qui prétendent s'opposer devant l'opinion ?

Parmi ceux qui ont beaucoup de choses à dire mais qu'on n'interroge jamais parce qu'ils sont extrêmement discrets et se méfient des médias, figure le président du groupe socialiste à la communauté urbaine de Marseille, l'avocat François-Noël Bernardi, délégué à la commission des marchés : « À ma connaissance, la famille Guérini n'a pas eu d'influence directe sur les procédures d'attribution des marchés, révèle-t-il. La commission des marchés n'est pas obligée de tenir pour vraies les affirmations des services. J'ai trouvé à deux reprises un rapport sur les déchets qui correspondait à l'intérêt général. En ce qui concerne la collecte des ordures et les plates-formes de tri, nous n'avons pas suivi les conclusions des services. » Cet homme très courtois, très réservé, très timide, confie sa vérité en toute modestie dans son cabinet de la rue Roux de Brignoles.

La culture du « service rendu »

« Que Marseille soit une ville à part, c'est vrai depuis toujours, reconnait Me François-Noël Bernardi. C'est une ville-État, un embryon de nation. En 1786, le cahier de doléances s'ouvrait par la constatation suivante : "*Aux citoyens de la ville de Marseille, à nul autre pareils.*" Marseille, c'est la plus grande ville corse du monde, c'est la plus grande ville comorienne du monde, elle a été fondée par les Grecs qui ont déposé le trésor des Marseillais à Delphes et ont choisi pour emblème de la ville le drapeau de la Grèce, la croix bleue sur fond blanc. L'ambiguïté de Marseille, c'est qu'elle n'est pas une ville européenne, c'est aussi que ses limites sont floues. En 1800, son influence s'étendait jusqu'à Entressen et Saint-Martin-de-Crau, près d'Arles. Et Cassis a longtemps été un simple appendice des quartiers sud de Marseille. Ce qui est sûr, c'est que Marseille ne sera jamais une Marina comme Cannes ou Antibes. »

Je ne partage pas du tout l'angoisse des Marseillais qui craignent une submersion étrangère. Personne n'empêchera les déplacements de populations dans le monde. Ce n'est pas la première ni la dernière fois que Marseille sera le réceptacle d'une nouvelle vague d'immigration et cela se traduira toujours par des réactions violentes. Souvenez-vous des réactions brutales suscitées par l'arrivée des Italiens et des pieds-noirs. Je pense que la culture musulmane est soluble dans la société occidentale qui, elle-même, est porteuse de la destruction des autres cultures. La seule volonté d'intégration des populations exogènes ne suffit pas : il faut que se produise au fil du temps un long phénomène d'osmose. On n'assimile personne à coups de gourdin. »

Marseille ville accueillante ? Avec des scores faramineux pour le Front national ? « Sur le fond, les électeurs de Marine Le Pen ne sont pas racistes, analyse François-Noël Bernardi, ils veulent juste dire merde à la société. C'est le même phénomène éruptif que le vote communiste : on est exaspéré, on crache sur le système. Les valeurs de solidarité se perdent, notre société s'individualise de plus en plus. N'oubliez pas qu'à l'issue du premier tour de la présidentielle de 1981, c'est Georges Marchais qui était en tête. »

« Certains arrangements et certains privilèges »

Un autre avocat, Michel Pezet (PS), délégué à la culture au conseil général des Bouches-du-Rhône, a la même appréciation que François-Noël Bernardi sur Marseille, à une nuance près, il n'a pas peur des mots. Et s'il appelle un chat, un chat, c'est parce qu'il est aujourd'hui âgé de 70 ans et ne nourrit plus la moindre ambition politique. Il n'est donc tenu à aucune complaisance ou prudence envers quiconque: «L'affaire Guérini a empoisonné le climat du conseil général, confie-t-il, on se doutait bien de certains arrangements et de certains privilèges. Tout le monde savait. Mais cette liaison avec le grand banditisme, ces comptes à l'étranger, ce pillage organisé des fonds publics, on ne pouvait pas en soupçonner l'existence. On ne pouvait même pas l'imaginer…» Certes, certes, mais Me Pezet ne peut pas ignorer non plus que M. Guérini a été simplement mis en examen par un juge d'instruction marseillais et qu'il n'a pas été condamné. Il est donc présumé innocent jusqu'à l'issue de son procès en correctionnelle.

«Il est évident aujourd'hui à Marseille que certains font de la politique pour se remplir les poches et non pour faire partager leurs convictions, accuse Pezet, du temps de Defferre on avait connu l'affaire des fausses factures mais les dysfonctionnements n'atteignaient pas ce niveau! Dans l'affaire Urba, on a constaté que les partis étaient financés par un pourcentage sur les marchés publics, mais les élus ne touchaient pas directement de l'argent. Le recrutement aussi doit être remis en question: plus de la moitié des politiciens marseillais embauchent le copain du copain et pas celui qui le mérite ou qui a le profil le mieux adapté au poste. Ce qui me frappe, plus que la corruption politique, c'est l'avalanche d'entreprises marseillaises en liquidation judiciaire. Elles tombent comme des mouches. Je suis avocat de l'Urssaf et je vois des centaines d'emplois disparaître. Les petits patrons ne parviennent plus à résister à la crise.» C'est exact. On voit même certains camions pizzas, naguère florissants, en liquidation judiciaire. Ce qui a fait dire au président du tribunal à un pizzaïolo qui prétendait n'avoir vendu aucune pizza en trois mois: «*Soit vous avez affaire à une forte concurrence, soit votre pizza est immangeable!*»

« On est vraiment dans un creux inquiétant à Marseille, ajoute Michel Pezet, les gens se regardent en chiens de faïence, ils deviennent agressifs. Les Comoriens et les Maghrébins, par exemple, ne se supportent pas : ils ont chacun leur mosquée et pas question de se mélanger. Et puis les hommes politiques font n'importe quoi : songez qu'on avait découvert à Marseille les reliques d'une église paléochrétienne datée du Ve siècle avec deux cents cercueils amoncelés. On avait également retrouvé des petits conduits de bronze permettant le recueil d'un liquide sanctifié destiné aux fidèles. Au lieu de conserver pieusement ces reliques, on les enlève, on les dépose dans un hangar et on fait un parking ! Vous vous rendez compte ? On fait un vulgaire parking là où il était possible de faire défiler des centaines de milliers de catholiques venus du monde entier ! On a un maire qui fait prétendument partie de l'Opus Dei mais qui gâche une occasion en or de faire avancer sa ville.

« Il ne faut pas être grand clerc pour prédire que les raffineries du pourtour de l'étang de Berre vont fermer les unes après les autres, faute de pétrole. Il faudrait que d'ores et déjà les responsables de ces industries soient priés de dépolluer les sites, sinon on va se retrouver dans le cas de figure de l'Estaque où le site des industries chimiques n'est toujours pas dépollué, parce que cela coûte très cher et que les dirigeants ont mis les clefs sous la porte depuis longtemps.

« Moi, j'ai appris avec le temps à jouer du fond du court, je relativise les choses. Lorsqu'un éminent dirigeant socialiste marseillais téléphone à la direction de France 3 pour faire virer le journaliste Jean-François Giorgetti qui a eu le courage de dénoncer certains agissements délictueux, il commet une erreur. On ne guérit pas la grippe en cassant le thermomètre… »

Pezet a raison mais il oublie l'époque où lui-même faisait écrire des articles dirigés contre ses concurrents. Par exemple, il avait « inspiré » un article intitulé : « *Qu'es-aco San Marco ?* » qui n'a pas eu l'heur de plaire à l'intéressé lorsque les deux poulains de Defferre se battaient pour le titre de « dauphin ». Les hommes politiques ont souvent joué avec la vulnérabilité de certains journalistes dont certains, par exemple, dilapidaient leur salaire aux courses ou au casino. Un jour, Jacqueline Grand m'a appelé au *Méridional*: «*José, est-ce qu'il est normal de payer un journaliste pour avoir droit à un article dans ton journal?*», m'a-t-elle demandé naïvement. Je lui ai répondu: «Non, ce n'est pas normal du tout, un journaliste se doit d'être honnête et d'observer la plus grande neutralité à l'égard des hommes et des femmes politiques, sinon, ce n'est plus un journaliste, c'est un militant ou un agent de propagande.» «*Alors pourquoi ton confrère Untel me demande-t-il une somme exorbitante pour figurer dans ton journal?*» «Parce que le monde politique a pris la sale habitude de graisser la patte des journalistes ou des éditorialistes en espérant s'attirer ses faveurs, mais c'est une illusion», lui ai-je répondu.

Troisième Partie

La Mafia économique

CHAPITRE 1

Propreté : miction impossible

Si certains leaders politiques sont obnubilés par leur carrière, ce qui les condamne à une certaine cécité volontaire ou à une vision parcellaire de Marseille, d'autres Marseillais chefs d'entreprise, avocats, médecins, journalistes, ou même élus plus lucides que d'autres, ont décidé de dire leur vérité sur Marseille. Et ils n'y vont pas par quatre chemins. Tel est le cas de Me Guy Jullien, ancien élu RPR à la mairie des 9e et 10e arrondissements et avocat réputé pour son brio et sa ténacité : « Je pense que Marseille ne progressera pas tant qu'elle ne sera pas propre. La propreté, c'est la vitrine d'une ville alors que la saleté évoque le Tiers-Monde. Des moyens importants sont mis en œuvre mais il n'y a aucune volonté réelle d'éradiquer la saleté. Peut-être parce que trop de gens s'en nourrissent… »

Ils fricotent depuis trop longtemps dans le même marigot. Les hommes politiques de gauche ou de droite finissent par éprouver de l'affection les uns pour les autres à force de se fréquenter. Les relations humaines l'emportent sur les clivages de la politique.

Toutes les compromissions et magouilles naissent de cette connivence entre des gens qui sont censés s'opposer...

Me Jullien évoque le cas de Toulon qui était aussi sale que Marseille, surtout dans les ruelles de la vieille ville, et qui ressemble aujourd'hui à un sou neuf grâce à l'action énergique et constante de ses cantonniers. C'est là que le bât blesse. Les nettoyeurs marseillais ne nettoient rien du tout. Ou pas assez. Joseph Garguilo, 64 ans, qui fut durant douze ans l'adjoint de Jean-Claude Gaudin chargé de la propreté avant de rejoindre son cabinet, en convient clairement : « Les agents ne travaillent pas parce qu'ils ne sont pas contrôlés, explique-t-il, le service du nettoiement avec ses 1 400 agents, c'est un peu la cour du roi Pétaud. Moi, j'allais me rendre compte chaque matin de l'état de propreté de la ville. J'étais accompagné de trois agents de la police municipale et je patrouillais dans les quartiers pour constater si les cantonniers avaient bien fait leur boulot : si tel n'était pas le cas, je leur demandais de recommencer. Aujourd'hui Marseille est redevenue une ville sale parce qu'il n'y a plus de commandant à bord du navire "nettoiement". Les cantonniers se tournent les pouces... »

On se souvient des promesses mirifiques de Jean-Noël Guérini inscrites sur des tracts en papier glacé et assorties de slogans renversants du style « Fier de ma rue » : « *Dans six mois, Marseille sera une ville propre* », claironnait-il. Voilà quatre ans que les Marseillais les plus crédules attendent que cette promesse soit mise à exécution. Mission impossible ? « De mon temps, se souvient Joseph Garguilo, passionné par sa délégation, on faisait de fréquentes visites avec les chefs de secteur, à la demande de Gaudin et de Bertrand je participais aux assemblées générales des comités d'intérêt de quartier. J'expliquais pourquoi Marseille était sale et pourquoi on ne s'en sortait pas. Je leur répétais inlassablement : les agents font ce qu'ils veulent, quand ils veulent, ils ne sont pas contrôlés. Tout le mal vient de là. Tout marche à vau-l'eau. Regardez certains cantonniers au coin de la rue. Ils passent leur temps à téléphoner ou à fumer, appuyés sur leur balai comme sur une béquille. Et si vous leur faites observer qu'ils sont payés pour nettoyer, ils vous répliquent aussitôt : "*Va voir ailleurs si j'y suis, moi je suis rentré à la Ville pour être planqué.*"

« Lorsque j'étais adjoint au nettoiement, poursuit Joseph Garguilo, je faisais moi-même la tournée des quartiers à 6 heures du matin avec le chef de secteur : on contrôlait rue par rue et si le travail avait été bâclé, on appelait le cantonnier pour qu'il recommence sinon il était sanctionné. Il y avait un véritable suivi. Avant que mon travail n'ait été réduit à néant par les socialistes, j'avais installé un cantonnier par quartier pour qu'il se sente davantage responsable de son travail. J'avais un responsable à la Millière, un responsable à Saint-Marcel, un responsable à la Valbarelle, et c'était toujours le même. Il était présent tous les jours et nettoyait deux ou trois rues : c'est lui qui gérait son travail à sa guise, il était connu des mamies du quartier qui lui offraient des croissants ou des pains au chocolat et il prenait à cœur son travail pour leur faire plaisir.

« Les gens discutaient avec "leur »"cantonnier, poursuit Garguilo, et ils recueillaient leurs doléances. Marseille n'est pas née dégueulasse. Ce sont certains Marseillais qui sont sales et jettent leurs paquets de cigarettes ou leurs kleenex par la fenêtre, d'autres vont manger des pizzas ou des repas McDo dans leur voiture et abandonnent tous leurs déchets sur le trottoir, d'autres laissent leur chien déféquer sur le trottoir en regardant ailleurs. Quand j'étais au nettoiement, j'ai fait poser 2 000 corbeilles en plastique que nous appelons des "*panières*", aujourd'hui on en dénombre environ 7 000 dans la ville mais elles sont souvent pleines et personne ne les ramasse, ce qui incite les gens à jeter leurs déchets à côté, et au premier coup de mistral, c'est la Bérézina. »

Joseph Garguilo connaît la solution à ce problème de la saleté récurrente de Marseille. « Je constate que le privé fait du meilleur travail que les employés du public, dit-il, si vous comparez les zones nettoyées par le privé dans les 2e, 3e, 14e, 15e et 16e arrondissements avec celles dévolues au service public, vous ne pouvez que vous rendre à l'évidence : elles sont mieux nettoyées. Et savez-vous pourquoi ? Parce que les cantonniers du privé sont là pour travailler et ils travaillent. Dans le public, vous avez certaines brebis galeuses qui entraînent leurs camarades au *farniente* et ils ne risquent absolument rien. Dans le privé, la musique n'est pas la même : si le travail n'est pas exécuté conformément au cahier des charges, on leur colle des pénalités, puis des lettres recommandées. Et c'est très mal vu ensuite lors des appels d'offres... Croyez-moi, les patrons du privé tiennent leurs gars et ils bossent. À Toulon, c'est propre, à Bandol, c'est propre. Pourquoi ? Parce que ce sont des privés qui s'occupent de la propreté.

« Moi j'avais à ma disposition douze motocrottes gérées par des sociétés privées, se souvient Garguilo, elles faisaient beaucoup de travail, les gens les voyaient mais elles coûtaient cher et on a dû les supprimer. Résultat, les rues de Marseille sont infestées de crottes de chiens et les cantonniers ne daignent pas toujours les balayer. "*Vous comprenez, M. Garguilo, me disaient-ils, ça nous salit le balai ces saloperies...*" J'estime que la saleté de Marseille est inadmissible et que la communauté urbaine est dépassée. Il faut penser aux enfants qui marchent la tête en l'air, aux personnes âgées souvent malvoyantes, aux aveugles et aux handicapés. Une fois, j'ai vu une mémé qui avait maculé ses chaussures d'excréments et qui ne s'en sortait pas : j'ai dû appeler la police municipale pour qu'on lui nettoie ses chaussures, vous trouvez ça normal ? »

« Fini-parti et décoiffage »

« J'avais fait assermenter une trentaine d'emplois-jeunes pour dresser des procès-verbaux aux contrevenants qui déposent leurs ordures à n'importe quelle heure dans le centre-ville, raconte Garguilo, mais la préfecture me les a supprimés ! La police de la propreté habilitée à délivrer des contraventions, elle ne sert à rien et va farfouiller au fond des conteneurs pour faire du chiffre.

Quant aux jeunes policiers en VTT chargés de surveiller la propreté des rues, ils passent leur temps à se balader et n'ont guère d'utilité. Sur le problème de la propreté, ils se sont tous cassés les reins : Defferre, Vigouroux, Caselli. Il faut un seul responsable à la mairie et à la communauté urbaine, sinon ils passent leur temps à se neutraliser et Marseille n'avance pas.

« Pour que Marseille soit propre, les cantonniers doivent se mobiliser et être mobilisés : la tradition du "*fini-parti*", c'est-à-dire de cesser le travail dès qu'on a achevé sa tournée, c'est une calamité. Le fini-parti s'est mué au fil des ans en *parti-pas fini*... Et puis cette pratique ne concerne que les éboueurs et la collecte des déchets, pas les cantonniers. Il s'agit simplement de demander à un responsable de suivre la benne et de contrôler son travail. Il est fréquent que les éboueurs regardent le contenu du conteneur et s'il n'est rempli qu'à moitié, ils s'abstiennent de le vider pour gagner dix minutes sur leur tournée. D'autres, la nuit, se contentent de faire du "*décoiffage*", c'est à dire qu'ils ne prélèvent que les détritus qui dégueulent du poste fixe et laissent le reste... C'est là que le contrôleur doit intervenir pour leur enjoindre de revenir et, au lieu de gagner dix minutes, ils perdront une heure et demie... »

L'ennui, c'est qu'il n'y a plus de chefs, plus de contrôleurs et que les contremaitres sont eux-mêmes issus du rang, donc impuissants. « La communauté urbaine de Marseille est incapable de diriger les gens, confirme Claude Bertrand, directeur de cabinet du maire de Marseille, c'est un dispositif très lourd qui favorise l'inertie. Nous, on tenait une réunion hebdomadaire avec les élus et les responsables du nettoiement, on organisait des *patrouilles blanches* avec les cantonniers et la police municipale, on tournait dans un secteur, on épinglait les voitures qui gênent, on pointait les zones mal nettoyées et on intervenait en force. Aujourd'hui, ce ne sont plus les mêmes services, les mêmes directeurs. Et le problème majeur, c'est que le contremaître se fait rembarrer dès qu'il se permet la moindre observation à un cantonnier qui ne prend pas son travail très à cœur : "*Oh, pour qui tu te prends, toi, mon collègue, de gueuler comme un putois, tu faisais pareil lorsque tu tenais le balai...*" De toute façon, conclut Claude Bertrand, un employé municipal, on ne peut pas le virer, quoi qu'il fasse. Au pire, on peut éventuellement refuser de lui augmenter sa prime, mais c'est tout. Et dans l'assistance publique, c'est pareil : le vrai patron des hôpitaux, c'est le patron du syndicat FO ! »

La propreté à Marseille demeure une énigme pour ceux qui se voilent la face, ceux qui ne veulent pas admettre qu'il existe une véritable « industrie de l'ordure et du déchet ». Cette activité rapporte beaucoup d'argent, pas seulement aux entreprises qui remportent les appels d'offres, mais aussi à celles qui commercialisent les engins de nettoiement. Pourquoi, par exemple, le boulevard François-Robert (9e) n'a-t-il été nettoyé par des cantonniers assermentés que deux fois en vingt ans ? Pourquoi dans certaines rues de Marseille totalement abandonnées, ce sont des retraités qui font le travail des cantonniers tous les jours que Dieu fait ? Pourquoi le passage des éboueurs « papiers » n'est-il pas régulier dans certains secteurs ? Pourquoi est-on incapable de résoudre le casse-tête de la rue Montgrand, en plein centre-ville, où tout un côté de la rue est considéré comme faisant partie du 6e arrondissement alors que la partie opposée de la rue fait partie du 1er arrondissement, ce qui aboutit à une vision extravagante : le cantonnier du 6e ne nettoie que le côté gauche de la rue, pas le droit. Les riverains téléphonent à la communauté urbaine pour se plaindre : *Mais pourquoi le cantonnier ne fait-il son travail qu'à moitié ?* Il faut alors leur expliquer que c'est un autre cantonnier qui est chargé de nettoyer l'autre côté, celui affecté au 1er arrondissement...

« J'avais distribué dans les mairies de secteur des sacs ramasse-crottes accompagnés de la pelle adéquate pour inciter les propriétaires de chiens à un minimum de civisme, raconte Garguilo, cela n'a servi à rien. À partir de 6 heures du matin, ils ouvrent leur porte et laissent leur chien errer n'importe où et faire ses besoins sur le trottoir, puis ils sifflent et le chien rentre à la maison, ni vu ni connu... C'est ce genre de comportement qu'il faudrait sanctionner sans faiblesse. Mais les quelques agents habilités à le faire sont complètement dépassés et peuvent se heurter à la mauvaise volonté, voire à l'irascibilité, des propriétaires de chiens. Si nous parvenions à créer à Marseille des « BAC », pas de nouvelles brigades anti-criminalité, mais des *brigades anti-caca*, qui seraient autorisées à dresser des procès-verbaux de 150 euros par infraction constatée, vous verriez qu'en quelques semaines les propriétaires de chiens feraient davantage attention... »

Il est vrai que là aussi on se heurte à l'électoralisme ambiant : derrière chaque chien, il y a souvent un électeur. Mécontenter cet électeur potentiel et son chien, c'est se priver de la voix de son maître à l'élection suivante. Voilà pourquoi on poursuit une politique de toutous et de chouchous qui nous condamne au gymkhana sur les « crottoirs » de la ville !

Car la solution existe : il suffit de se balader à Londres, où les trottoirs sont nickel-chrome, pour comprendre qu'il est possible de créer dans chaque quartier des « espaces canins » spécialement dévolus aux chiens. Ceux qui ne respectent pas ces espaces (y compris dans les jardins publics) sont durement verbalisés et ne recommencent pas deux fois. La preuve que ça marche, c'est qu'il en existe un au palais Longchamp à Marseille. Pourquoi ne pas en créer une cinquantaine en quadrillant les rues les plus « sensibles » ?

Vespasiennes ou arlésiennes ?

On pourrait au passage rétablir les vespasiennes publiques qui permettaient aux passants d'uriner en paix dans n'importe quel secteur de la ville sans être obligés d'aller dans un jardin public ou un bar. Pour l'heure, uriner à Marseille, c'est « miction impossible ». Le premier objectif d'un candidat normalement constitué en 2014 devrait être celui-là : le rétablissement des pissotières à ciel ouvert dans toute la ville. Cela permettrait d'éviter de voir ces personnes peu pudiques qui se soulagent en pleine rue contre le mur, entre deux portières de voitures ou dans l'escalier des parkings souterrains. « J'en ai assez de tremper mes chaussures dans la pisse en allant garer ma voiture ! » confie le conseiller communautaire Gérard Chenoz. Chaque Marseillais qui déambule à pied dans sa ville a été agressé ici ou là par de fulgurantes odeurs de pisse : est-ce que c'est normal, docteur ? Pourquoi ne construit-on pas des sanitaires publics identiques à ceux de la gare Saint-Charles qui voient défiler près de 800 clients par jour ? Qui aura « l'envie » (le mot est à la mode) parmi les gérontocrates qui gouvernent Marseille, je veux dire *l'envie pressante* de répondre enfin à ce besoin vital ?

Claude Palazzolo, 56 ans, artisan-coiffeur et patron du salon *Maxi-Mâle* en haut de la rue Breteuil, a décidé d'améliorer la vie de son quartier en faisant signer à plus de 500 personnes sa *charte de la propreté* qui stipule, *grosso modo* : « Je m'engage à tenir mon chien en laisse et à lui faire faire ses besoins dans le caniveau, à utiliser des sacs et à les jeter dans une corbeille, je m'engage à ne rien jeter par terre et à ramasser tout détritus qui jonche le trottoir, je m'engage à signaler les abus, à trier mes déchets, à utiliser des sacs poubelles hermétiques et à respecter les horaires de dépôts des ordures ménagères sur la voie publique » : « Les commerçants doivent s'unir et mener des actions constructives et festives susceptibles de mobiliser la population, témoigne cet homme de bonne volonté, ce que nous voulons, c'est créer une mode de la propreté. La répression ne marche pas. On essaie de faire prendre conscience aux gens de la nécessité hygiénique de ramasser les crottes de leurs chiens, on ne leur enjoint pas de le faire. On invite des vétérinaires, des représentants de Royal-Canin, des membres de sociétés protectrices des animaux, et tous ces professionnels tiennent le même langage en matière d'hygiène. C'est ainsi qu'au fil des mois nous fabriquons des prosélytes de la propreté qui deviendront ensuite eux-mêmes des éco-ambassadeurs… »

Inutile de couper les cheveux en quatre : Palazzolo l'artisan-coiffeur est un citoyen modèle. Son idée de lancer une « mode de la propreté » est tout simplement géniale. Il faudrait un Palazzolo dans chaque rue de Marseille ! Marseille est la ville du verbe où l'on ne se parle pas. Palazzolo, lui, donne son opinion tous azimuts et fait des émules tous les jours : « La saleté générale, c'est comme un homme mal coiffé, dit-il, ça fait pas très net. Il faut repeindre les tags qui dégradent les devantures, changer les potelets tordus, tailler les herbes folles, inciter les éboueurs à accomplir pleinement leur mission, responsabiliser les élus, les fonctionnaires, les cantonniers et même les "ripeurs", c'est-à-dire les adeptes du fini-parti, qui bâclent parfois leur tournée en moins de trois heures là où les cantonniers s'échinent cinq ou six heures. Comment voulez-vous éviter que les cantonniers ne demandent pas tous leur mutation pour devenir "ripeurs" dans une benne avec la prime de nuit qui s'ensuit ? Marseille doit accepter ce challenge et devenir la capitale mondiale de la propreté, conclut Palazzolo, mais il faut que les efforts viennent en même temps de tous les côtés et se pérennisent dans le temps. »

Joseph Garguilo rejoint l'idée de Palazzolo selon laquelle les vétérinaires seront probablement mieux écoutés par les propriétaires de chiens que les agents de la ville. « Si je leur dis, moi, que leur comportement est scandaleux, ça leur rentre par une oreille et ça leur sort par l'autre, regrette-t-il, mais si ce sont leurs vétérinaires qui expliquent les dangers pour l'hygiène publique de ce laisser-aller, ils l'écoutent. » Les grandes campagnes d'affiches « *incitant* » – c'est ça, les politiques se gargarisent toujours de leur politique d'« *incitation* », c'est très tendance l'incitation, c'est comme « l'envie », le « plaisir », le « désir » –, donc incitant le public à être « fier de sa rue », ou du style « je salis moins, je nettoie plus » ne servent à rien d'autre qu'à garnir davantage l'escarcelle de certains publicitaires en cheville avec la ville ou la communauté urbaine.

« Tant que vous ne touchez pas à leur portefeuille, les Marseillais s'en foutent royalement, estime Garguilo, quand on est arrivé avec Gaudin, Marseille était cafie d'affiches politiques sur les murs et les platanes. Jean-Claude m'a dit : "*Jo, je veux plus voir une affiche dans Marseille, débrouille-toi.*" J'ai demandé à mes services combien nous disposions de panneaux « libre expression » pour la ville. On m'a répondu : une trentaine. J'en ai fait installer aussitôt 200 dans tous les quartiers en plastique blanc. J'ai écrit à tous les partis politiques pour les prévenir qu'ils seraient verbalisés à 150 euros en cas d'affichage sauvage. On a dressé une ribambelle de procès-verbaux et, paf, on a gagné : plus une affiche sauvage dans Marseille. Même chose pour les tags : on restait en relation avec la police et dès qu'un taggueur était pris en flagrant délit de graffiti sur un mur ou une vitrine, on lui faisait nettoyer ses tags durant deux ou trois heures sous surveillance policière. Inutile de vous préciser qu'il ne recommençait pas deux fois… »

Il existe aussi des originaux qui refusent désespérément la fatalité de la saleté. J'ignore qui est le concierge du cours Bastide, une école privée rue de Lodi, mais cet homme a dû faire face chaque jour à des taggueurs nocturnes venus souiller le magnifique mur d'enceinte de couleur crème de son établissement. Il a patiemment repeint le mur chaque matin, avant même que les taggueurs ne soient revenus apprécier leur « travail » en plein jour. Et il a fini par les écœurer : ils ne viennent plus, ils se sont donnés le mot, ce mur-là, il est « intaggable », il est intouchable, il est imbitable. Chapeau à ce courageux Lucky Luke de la peinture qui peint plus vite que son ombre !

Une autre tactique qui marche bien, parce qu'elle frappe les esprits, consiste à organiser des « opérations coup de poing » dans les quartiers « sensibles » (sensibles à la crasse) : il suffit de prendre quelques arrêtés d'interdiction de stationnement quinze jours avant le jour « j », et puis arriver en force dans le quartier à nettoyer de fond en comble, par exemple le cours Julien, avec une trentaine de cantonniers, quinze machines, la Seram pour l'arrosage, le curage des caniveaux et des avaloirs, les employés de l'hygiène pour semer des plaquettes anti-rats parce que Marseille est une des villes de France les plus infestées par les rats, on nettoie les tags, bref c'est une véritable guerre de cinq ou six heures contre la saleté. Et ça marche ! « Oui, c'était la guerre à la saleté, se souvient Garguilo, on allait sur le marché du Prado et j'entendais les forains : *Les gars, faites gaffe, y a l'adjoint qui débarque avec sa meute*... avant, ils jetaient leurs sacs plastiques aux quatre vents et on les retrouvait quillés dans les micocouliers. Depuis qu'on leur a ordonné de tout mettre dans des cartons sous peine d'amende, ils font attention... »

À mille lieues du climat délétère de ces affaires d'ordures et de déchets qui puent à s'en évanouir, Monique Cordier, présidente bénévole de la confédération des Comités d'intérêt de quartier, se heurte chaque jour aux problèmes qui empoisonnent la vie des Marseillais : circulation infernale, stationnement anarchique et propreté aléatoire. « La réalité de Marseille est très éloignée des projets de rêve et des images en technicolor que nous présentent les médias, sourit-elle, on a l'impression d'être dans une impasse et de parler à des murs. Nous en sommes à la quatrième ou cinquième « *restructuration* » des services de nettoiement et chaque fois on nous assure qu'on a enfin trouvé la martingale idéale qui nous permettra de miser à coup sûr sur la propreté de Marseille. Tous les techniciens sont formels : *Ça va marcher comme sur des roulettes*. Et puis, patatras, on s'aperçoit que Marseille reste sale et on en devient fataliste. On ne sait plus que faire. On envoie aux responsables, ou prétendus tels, des mails avec des photos en leur signalant par exemple que la traverse du Galoubier est sale depuis six mois, que la rue Thiers est une porcherie ou que la Plaine est un vrai cloaque. C'est comme si on chantait... »

Il semble même que les services soient assez sensibles aux critiques et qu'ils y répondent à leur manière : par exemple, lorsque Monique organise un samedi matin l'assemblée générale des comités d'intérêt de quartier de Château-Gombert et que les riverains se déchaînent sur les dysfonctionnements constatés, eh bien le dimanche et le lundi, comme par hasard, ces quartiers n'ont bénéficié d'aucun ramassage des déchets. Sous-entendu : « *Les amis, si vous continuez à bartasséguer avec la belle Monique, nous, on va vous mettre à l'amende !* » Monique Cordier a bien analysé la situation et elle en arrive à la même conclusion que Joseph Garguilo, le

« Monsieur Propre » de Marseille : le management est défaillant en matière de nettoiement et les employés de la communauté urbaine font exactement ce qu'ils veulent. Pour ce qui est du ramassage des ordures ménagères, vaille que vaille, ça marche, mais pour le cantonnement propreté, c'est une autre histoire.

« Chaque service ignore quel cantonnier doit intervenir et si le titulaire du poste est indisponible ou malade, il ne prévient pas son chef ou ne le fait qu'à la dernière minute. En cas de manquement, aucune sanction n'est possible pour la bonne raison que la plupart des chefs de service sont issus du rang et qu'ils ont gravi un à un les échelons de cantonnier-balai, chauffeur de benne, ripeur, celui qui est derrière la benne, le poste le plus rémunérateur pour un temps de travail qui n'excède jamais trois heures trente par jour », accuse Monique Cordier, chiffres et doléances en mains. Par-dessus le marché, la plupart des employés du nettoiement sont aussi des colleurs d'affiches du PS et de l'UMP durant leurs horaires de travail. Gardez-vous de leur faire une observation, ils vous lancent : « *Moi, je monte au neuvième étage du Vaisseau bleu et je vais le dire au patron !* »

« Vous vous souvenez de cette cohorte de jeunes cantonnières lancées par Eugène Caselli dans les rues de Marseille en 2009 ? On allait voir ce qu'on allait voir. Eh bien elles ont totalement disparu, ces jeunes filles. Elles sont devenues chefs de secteur ou chefs de centre et elles pilotent désormais les voiturettes d'arrosage et de brossage.

« Il n'y a aucune maîtrise, c'est la gabegie, c'est l'armée mexicaine, ce service de nettoiement, s'agace Monique Cordier. Et si un responsable se permet une observation, on lui rétorque aussitôt : "*Tu te souviens, toi, quand tu étais cantonnier et que tu planquais ton balai derrière une porte cochère pour aller au bistrot ?*" »

Finalement, ce qui manque le plus à Marseille, ce sont des brigades anti-cacas, des coiffeurs motivés pour « rafraîchir » aussi leur quartier et des « décoiffeurs » aguerris de conteneurs !

CHAPITRE 2

Port et tourisme : le tango corse

Les tchatcheurs du *Petit Montmartre*

Si vous prenez un verre le soir au *Petit Montmartre*, au cœur de Marseille, place Notre-Dame-du-Mont, en compagnie de petits commerçants qui triment toute la sainte journée, vous allez tout de suite comprendre que leur discours est moins lénifiant que celui des *rollmops* qui baignent dans la sauce aigre-douce des partis. Les « rollmops », ce sont des petits morceaux de hareng cru fendus et maintenus enroulés autour d'un cornichon par une brochette de bois. Le cornichon, c'est bien entendu le leader autoproclamé du parti qui répand partout sa pensée lisse, syncrétique et pragmatique, celle qui est censée rallier à sa cause le plus de rollmops possible. Lors de ces apéros critiques, toutes les institutions en prennent pour leur grade…

« Euromediterranée et Marseille-Provence-Métropole, ce sont des machins imaginés par des gens qui ont le pouvoir pour accroître encore davantage leur pouvoir en trustant de nouveaux revenus. Et vous allez voir qu'ils vont nous en remettre une couche avec leurs « métropoles », ironisent-ils. Quand on est payé 3 à 4 000 euros par mois pour s'envoyer des petits fours et glandouiller sur son siège deux fois par mois en écoutant des banalités, on ne fait pas la fine bouche. Le Vaisseau bleu ? Il a été construit par un architecte anglais qui s'est fait jeter partout dans le monde, y compris en Angleterre. Quand il va à Londres, il est obligé de se déguiser ! »

« La "Fiesta des Suds" ? C'est le genre de manifestation qui est organisée là où il ne se passe rien pour vider les quartiers où il se passe quelque chose. Ils s'installent dans des docks désaffectés et font une concurrence déloyale aux bistrotiers et aux restaurateurs qui, eux, ont pignon sur rue et paient leurs patentes. Sous couvert de culture et de rassemblement intégrationniste, on privilégie certains petits copains en les exonérant de toute pression fiscale. Le grand problème de Marseille, estiment ces petits commerçants en colère, c'est qu'on leste les entrepreneurs avec des poids lourds et qu'on avantage de façon indécente les copains et les tricheurs. »

« À l'îlot Thiars, les flics font une manne sacrée : ils se remplissent les carnets. À la "Fiesta des Suds", on ne voit jamais un képi ! Les copains et les coquins ont tous les droits. Pendant ce temps, le commerçant du centre-ville rame comme une bête et on lui met tous les freins possibles. Notre réputation est désastreuse, insistent-ils, pour les Parisiens, il n'y a ici que des voleurs de poules et un cœur de ville transformé en casbah. Ils débarquent sur la Canebière et ils voient Alger. Le renouveau passe par la mise en valeur de nouveaux sites : la Joliette, les plages, la Corniche. »

« À Marseille, depuis vingt ans, c'est Gaudin qui parle et c'est Bertrand qui pense. Gaudin, c'est l'orchestre et Bertrand, c'est le chef, mais il n'y a pas de vrai chef d'orchestre. Les intérêts privés vont toujours à l'encontre de l'intérêt de Marseille, quand on privilégie certains quartiers pour faire plaisir à untel ou untel, on oublie que le « must » c'est la Corniche et les nouvelles plages. La municipalité n'a rien compris au tourisme moderne. Les gens veulent se prélasser dans un site où ils disposent du soleil, de la mer, de sports nautiques et d'un hébergement agréable. Pourquoi ne pas avoir construit quatre ou cinq hôtels de 200 chambres face aux plages, à la place de l'hippodrome Borély qui n'accueille plus que les gabians ? »

« On a tous les atouts à Marseille. On a un site de folie. On n'a rien à envier au Paradise Island de Nassau. La Floride, à côté de nous, c'est *peanuts*. Si on met vraiment le tourisme en marche, on aura les yeux bleus. La Canebière, c'est terminé, c'est dépassé, c'est le kebab du pauvre. Marseille, c'est comme l'OM, c'est le miroir aux alouettes. Tu as l'impression que ça brille, on parle de toi dans toute l'Europe, et à l'arrivée, tu te retrouves exsangue… »

Une vocation marchande

Georges Antoun, directeur de la chaîne des *New-Hôtel*, a connu le « boom » économique des années 2000, puis la stagnation depuis 2009, mais il reste résolument optimiste et ne croit pas que Marseille soit « exsangue » : « Je suis certain que la ville va rebondir, se réjouit-il. Marseille, c'est la porte de l'Orient, Gaudin ne l'a pas compris ; lui, à part la politique, il ne sait rien faire. Marseille sable chaud et bains de mer, c'est une utopie fumeuse. Nous sommes ici des commerçants dans l'âme, nous avons une vocation marchande avec tout le Maghreb et nous devons participer activement à la reconstruction des pays arabes. L'essor de l'islam n'est pas un problème : il faut bien comprendre que les musulmans doivent manger, comme les autres… »

Pour Thierry Debaille, rédacteur en chef du magazine *Professions du Sud-Est*, il faut avoir une « foi » chevillée au corps pour croire encore dans les chances de sursaut de la ville : « Marseille se complaît dans sa médiocrité et se contente de patauger dans sa mélasse, estime-t-il, un brin désabusé, elle souffre du syndrome du Frioul. Une île de rêve, à quelques encablures seulement du Vieux-Port, et qui pourrait attirer n'importe quel investisseur pour un grand projet touristique. On se contente de deux restaurants et de quelques bateaux épaves qui ont bouché l'entrée du port… J'entends d'ici les électeurs : "*Regardez cette merveille, tout ce qu'on aurait pu y faire au lieu de la laisser à l'abandon !*" Et la réponse du Marseillais qui fuse : "*Mais t'es gaga mon collègue, on n'est pas bien là, entre nous, tu veux pas qu'on se fasse envahir par des parigots, non ?*"

« Globalement, on se sent bien à Marseille, on se contente du ciel bleu, du soleil et de la mer, le reste on s'en fiche, ça marche, tant mieux, ça marche pas, tant pis, affirme Thierry Debaille. Cette complaisance envers nous-mêmes nous tire vers le bas. On ne veut pas de casino au Frioul, pas de navettes pleines de touristes, on n'a que des maires médiocres élus pour perpétuer la médiocrité et le *statu quo* en faisant beaucoup d'esbroufe pour nous persuader du contraire.

« La destinée de Marseille, c'est la pauvreté assumée sans réelle volonté politique de changer l'ordre des choses, explique Debaille, c'est un fait, Marseille n'attire guère les élites. La plupart des journalistes font preuve eux aussi d'une certaine complaisance et emboîtent le pas de la classe politique. Voilà une tour qui se dresse dans le désert et tout Marseille se demande comment elle a pu être payée… Ici, il est rare que les entreprises dépassent dix-neuf salariés parce que les patrons ne veulent pas d'ennuis. Une fois qu'ils ont leur villa, leur bagnole et leur bateau, les petits patrons n'en demandent pas davantage. Pour eux, les grosses entreprises attirent forcément les gros ennuis.

« Il fait bon vivre ici et chacun milite discrètement à sa place pour le *statu quo*, poursuit Debaille, ceux qui voudraient transformer Marseille en mégalopole font une erreur de casting : ils voudraient enrôler Josiane Balasko pour jouer un rôle dévolu à Sophie Marceau, ça ne peut pas marcher. Gaudin raconte à qui veut l'entendre que Marseille paie les charges de la centralité sans en avoir les recettes, mais ses tentatives d'extension de la ville à une grande métropole demeurent vaines parce que chacun veut continuer à profiter de son pré carré et se moque de la misère de Marseille. Le “Grand Marseille” ne se fera pas, ce qui se réalisera c’est un “pôle” métropolitain où chaque ville s’exprimera sur des projets spécifiques. Ce sera la métropole *a minima*, chaque ville de la communauté urbaine conservant sa souveraineté. »

« Un gang des entrepreneurs et des bâtisseurs »

« Pour sauver Marseille en 2014, affirme le journaliste Yves Pellen, je crois à la constitution d’un petit groupe d’entrepreneurs, de leaders charismatiques qui se substitueraient aux politiques dont l’impuissance est criante. Il s’agirait d’hommes et de femmes de tous horizons unis et motivés par le sauvetage de la ville, sans arrière-pensée. S’il y a encore une chance pour Marseille, la dernière, elle est dans cette fédération des énergies et des bonnes volontés afin de créer une dynamique du décollage sur quatre, cinq ou six ans. On sait qu’on ne peut échapper ici au gangstérisme ni à l’affairisme puisqu’ils font partie depuis des lustres de l’identité marseillaise, on sait aussi que l’homme providentiel n’existe pas et que ceux qui sont en place ne songent qu’à préserver le système marseillais hors duquel ils n’existent plus, alors la seule issue pour Marseille c’est *un gang des entrepreneurs et des bâtisseurs* dont la force et l’énergie transversales pourraient venir à bout de toutes les résistances et de tous les particularismes locaux. »

« Moi, ça ne m’intéresse pas du tout, vos vaticinations sur la vie politique du microcosme marseillais », reconnaît un des papes du transport maritime, l’armateur Raymond Vidil, PDG de Marfrêt, place de la Joliette à Marseille. En cette période de crise, dit-il, le maître-mot, c’est agir et rationaliser. Par exemple, un de mes concurrents n’avait pas un service assez rempli sur l’Algérie. Il a retiré son bateau et on a partagé le mien. On est très secoué, les volumes sont réduits, mais pas question de renoncer. La mondialisation a amené une nouvelle géographie stratégique fondée sur l'augmentation des volumes. C'est ce qu'a fait la CMA-CGM (Compagnie maritime d'affrètement et Compagnie générale maritime), elle a tout misé sur l'accroissement des volumes. Mais notre capacité ne nous a pas permis de suivre. Je constate que les tenants des gros volumes éprouvent des difficultés à s'en sortir en raison d'investissements énormes sur les navires gros porteurs. Les armateurs avaient anticipé sur des taux de production datant de 2008, ils ont tablé sur une croissance de 9 % alors que les échanges mondiaux se sont tassés brutalement. Dans notre métier, il n'y a plus beaucoup de niches mais beaucoup de chiens », observe Vidil, pince-sans-rire.

Cet homme qui tient à bout de bras depuis trente-cinq ans une société de transport maritime exemplaire et qui a occupé toutes les responsabilités au sein des organisations patronales de la région peut se permettre de livrer sans fard son opinion. Attention, ça déménage. « Le concept de capitalisme doit être compatible avec lui-même, il a été pris dans la tourmente spéculative et doit restaurer ses liens originels avec la production, affirme-t-il. L'écueil aujourd'hui, c'est l'élargissement du terrain de jeu. Il n'y a pas de gouvernance mondiale, nous devons protéger nos bateaux menacés par des pirates. Nous avons des équipages armés à bord et nous sommes en liaison constante avec la Marine nationale pour emprunter les routes les plus sûres. Les pirates dérobent votre bateau et vous demandent ensuite une rançon pour le restituer. Notre tort ici, c'est de juger le monde à travers le thermomètre de Marseille. Notre entreprise est présente dans trente-cinq pays et je puis vous assurer qu'au Brésil, au Panama, au Costa-Rica, en Colombie et en Asie, ils ne sont pas dans la panade...

« Ici, ajoute Vidil, nous avons des atouts géographiques incomparables, des populations formées, la compétition passe du terrain des produits à celui des organisations et des territoires. Le problème, c'est qu'on est allé beaucoup plus vite que la croissance ne nous le permettait. Nous avons écrit le monde avec notre partition. Marseille n'est ni Gênes ni Barcelone, elle occupe une place phare dans cette grande baignoire agitée qu'est la Méditerranée. Le mythe de l'homme providentiel qui viendrait sauver Marseille n'existe pas. Le sauveur, c'est untel ? Non. C'est toi-même qui dois changer au quotidien et t'adapter au monde tel qu'il est. Nous, dans le shipping, on s'en sort seuls. On fait tout pour tenir debout et aller de l'avant.

« Quand le soleil brille, que la mer est calme et qu'un léger zéphyr anime la rade, tous les concurrents de la régate franchissent en même temps la ligne d'arrivée. Mais quand souffle un vent de force 7, que la mer est déchaînée et que les vagues font des creux énormes, celui qui gagne, c'est celui qui a l'équipage le plus aguerri à l'exercice et ne va pas commettre d'erreur dans la tempête. Je pense que les Marseillais doivent cesser de pleurnicher et d'être nostalgiques d'un passé révolu. Il faut simplement se taire et se retrousser les manches... »

Christian Vernazza, PDG de Mediaco, leader du levage en France (70 agences, plus de 2 000 employés, présent sur cinq continents avec 5 000 engins de levage), est comme Vidil un symbole de la réussite marseillaise sans strass ni paillettes. Vernazza rayonne sur un véritable empire mais il a gardé la modestie des seigneurs.

« Le problème qui se pose à Marseille, estime Vernazza, est celui du chevauchement des collectivités. On ne sait plus très bien qui fait quoi à Marseille, il faut un vrai chef qui rende cette ville sûre et propre. L'excuse la plus fréquente, on l'entend ici et là : *C'est pas nous, c'est la communauté urbaine, ou bien, c'est pas nous, c'est la mairie, ou c'est FO...* Le résultat est négatif. Personne ne collabore dans le même sens et chacun nourrit des arrière-pensées. C'est une des caractéristiques de la mentalité marseillo-phocéenne de ne pas jouer la carte de la ville, on met tout à sac et après on se plaint de la faillite. Il faut à Marseille une "*pax romana*" pour rester unis dans l'adversité. Le pôle métropolitain, c'est une honte : chaque intervenant conserve ses prérogatives et fait ce qu'il veut au sein d'une entité globale. Il faut marcher ensemble d'un même pas et cesser de discutailler à tout bout de champ. »

Christian Vernazza est un fervent partisan du « Grand Marseille », une grande métropole qui mettrait un terme à la guérilla de clocher Aix-Marseille ou Marseille-Aubagne. « Je serais favorable à la création d'un club privé intégrant les cent premières entreprises de la région marseillaise et qui constituerait une sorte de contre-pouvoir à l'inaction politique », prône-t-il. Encore faut-il, selon lui, que cessent des scandales tels que celui de certains chauffeurs de taxis qui vous délestent de soixante-dix euros pour accomplir le trajet de quinze kilomètres entre l'aéroport de Marignane et la zone d'activités de Saumaty, là où ils n'ont dépensé réellement que sept ou huit euros de fuel…

Marseille : le bronze-cul de l'Europe ?

On est souvent sidéré par le mépris total et profond, voire l'indifférence, qu'inspire le monde politique aux entrepreneurs marseillais. Hervé Balladur, par exemple, neveu de l'ancien Premier ministre, compte parmi les meilleurs chefs d'entreprise sur le port de Marseille depuis trente-cinq ans. Aujourd'hui président de l'union fluviale de Marseille-Fos, ce leader dans le transport international n'est pas tendre avec les édiles : « Il serait bon, nous confie-t-il, moustache blanche frémissante, que le grand port de Marseille et Euroméditerranée cessent de se tirer la bourre. La municipalité n'est pas à la hauteur des enjeux. On se contente ici et là de petits rafistolages et d'effets de manchettes. Gaudin est à bout de souffle. C'est une catastrophe. Et Claude Bertrand ne voit pas plus loin que les prochaines échéances politiques. Nous, au port, moins on les voit, mieux on se porte. Tout ce qu'ils sont arrivés à faire les politiciens marseillais, c'est à nous mettre dans la panade ! Fort heureusement, c'est l'État qui a repris la main et tout se décide à la préfecture. Il n'empêche que notre activité est au ralenti parce que nous subissons le contrecoup des révolutions arabes : taux de fret effondré, activité maritime réduite, les volumes ne sont plus au rendez-vous. Il est impératif que les gens travaillent et se taisent.

« Marseille ne peut pas être le bronze-cul de l'Europe, affirme Hervé Balladur, c'est une ville-port et les emplois du port ne sont pas transposables dans le tout-tourisme. Ici, il faut de l'industrie. Le domaine de la logistique permet l'emploi de gens peu qualifiés. Le problème, dit-il, c'est qu'il faut faire cohabiter les industries avec les loisirs, l'écologie et la sécurité. On ne peut pas imaginer un dépôt à conteneurs en pleine ville, on ne peut plus y faire circuler des poids lourds. Le port ne peut plus être ce qu'il était parce que l'activité industrielle y a changé de nature. Les ports sont rattrapés par les zones urbaines. Lever les grilles noires qui ceinturent l'enceinte portuaire ne servirait à rien, on remettrait d'autres barrières à l'intérieur des terminaux pour des questions de sécurité internationale des échanges maritimes. Croire qu'on peut lever ces barrières est une illusion : on ne fera que les déplacer. Il nous faudrait à Marseille un homme d'État de la stature d'un Raymond Barre ou d'un Alain Juppé. Or, je ne vois ici que des gens ordinaires. Le seul bon maire qu'on ait eu à Marseille, c'était Robert Vigouroux, parce qu'il était obsédé par le développement économique de la ville. Philippe San Marco aussi était excellent et c'est pour cela qu'il a été écarté. Gaudin, lui, a passé sa vie à carboniser tous ceux qui gravitaient autour de lui… »

Jean Dufour, ancien conseiller général communiste, résume à sa façon cette vision un peu désabusée des clabaudeurs et des experts en jacasseries de la politique marseillaise : « *Vauzelle, dit-il, c'est la gauche caviar sans la gauche et Gaudin, c'est la droite saumon sans la droite. Sur le port, ils se sont arrangés pour jouer un éternel tango corse : un pas en avant, un pas en arrière, et on recommence, avec la musique d'ambiance* ». C'est ainsi qu'on s'exprime au bar de la *Grande Terrasse* à Endoume, le nouveau « *Fouquet's* » marseillais où Didier le tavernier sait accueillir toutes les clientèles d'une humeur égale. Il n'y a pas de classe privilégiée, pas de classe ouvrière, pas d'intellectuels et d'ouvriers: tous Marseillais dans l'âme et fangoulistes pour la galerie. C'est là que j'ai un rendez-vous importantissime avec une personnalité marseillaise importantissime qui a décidé, sous couvert d'anonymat, de me livrer sa vision de la ville sans langue de bois. Elle est très optimiste pour l'avenir:

« Marseille a franchi un cap, me confie-t-elle d'emblée, son développement et son succès sont irréversibles. Nous parvenons en cette fin 2012 à une masse critique à laquelle la bourgeoisie et la classe politique ne pourront pas s'opposer. C'est le système de l'autoroute qui se traduit par le refus du développement pour garder le contrôle sur les populations. Marseille a bénéficié d'une formidable impulsion avec Euroméditerranée, le plus grand chantier d'Europe. Les vingt plus grands investisseurs du monde s'intéressent à Euroméditerranée. Toute l'Europe croit en l'avenir de Marseille, seuls les Marseillais eux-mêmes n'y croient pas.

« Euromed a longtemps été un leurre, une sorte de trompe-couillon, poursuit ce "self-made man", on disait: "*ça ne se fera pas*", "*c'est un chantier fantôme*", les vieux bourgeois négativistes de cette ville entonnaient la rengaine du déclin et de l'enlisement. Qu'ont-ils fait, eux, pour Marseille? Rien. Absolument rien. Ils ont fait fortune à Marseille et sont allés vivre ailleurs. Ils sont montés à Paris et ont laissé cette ville péricliter depuis trente ans. Le tort de Marseille, c'est d'avoir joué petit bras avec des politiciens aux vues étriquées. Quand je vois l'aménagement d'un joli quartier comme le Rouet livré aux copains et aux petits arrangements, je me dis que la seule vraie ambition de Marseille, c'est Euromed. Voilà une opération qui se situe en plein cœur du port, à quinze minutes de l'aéroport, à sept minutes de la gare TGV et qui s'étend sur 100 000 mètres carrés. Cette ville a longtemps voulu végéter parce que la médiocrité économique lui servait de réserve de pouvoir… »

Le ronron des « planplan »

« Tout d'un coup, Marseille a la cote d'amour partout en France, ceux qui arrivent ici ne se plaignent pas, poursuit cette personnalité très exubérante dotée d'une intelligence hors normes, ils ne comprennent pas le désenchantement des cyclothymiques dépressifs qui peuplent cette ville. Eux seraient plutôt des *cyclomythiques enthousiastes*, si vous me passez ce néologisme. Je constate qu'un nouveau Marseille est en train de se construire dans le dos des chantres de l'inertie. Il est vrai que Marseille a toujours secrété une espèce de consensus féodal visant à permettre aux baronnets du système de faire ce qu'ils veulent pourvu qu'ils votent l'allégeance aux barons…

« À Marseille, on cultive un profond rejet de l'économie. L'argent, c'est le mal. Ils se sont nourris aux préceptes de la jeunesse ouvrière chrétienne. La ville s'est endormie entre une bourgeoisie dolente pour sa ville et un consensus mou des politiques qui n'ont aucun goût pour l'économie. Est-il normal qu'un Pierre Bellon, fondateur de la Société d'exploitation hôtelière, ait son siège à Issy-les-Moulineaux ? Jacques Pfister, le patron de la chambre de commerce, me rappelle Rantanplan. Moins on bouge, mieux on se porte. En vérité, c'est Jacques Saadé qui a réveillé Marseille en installant son siège social à Marseille avec plusieurs centaines de salariés. Il a mis plus de quatre cents millions d'euros dans une tour splendide et à Marseille, on le considère toujours comme un Libanais. Seul l'ancien préfet Christian Frémont l'a aidé. Marseille devient une base-loisirs alors que si nous installions ici cinq ou six sièges de grandes sociétés, nous créerions d'un seul coup une dizaine de milliers d'emplois et des retombées favorables en chaîne pour l'économie locale.

« Il faut impérativement qu'on fasse revenir à Marseille les Marseillais riches qui n'ont pas cru au développement de leur ville. Moi, j'ai choisi d'investir ici, mais on me met des bâtons dans les roues au lieu de m'aider. On répand sur mon compte des rumeurs malsaines : "*il va se casser la gueule*", "*ça ne se fera pas*", "*la crise aura raison de lui*", bref on se heurte à la chose du monde la mieux partagée à Marseille : la connerie !

« Marseille est une ville qui se transforme malgré elle-même, estime ce personnage au souffle épique et puissant, il faut arriver à surmonter ce doute permanent, cette culture de la mauvaise langue et ce scepticisme généralisé qui plombe Marseille. On en vient à souhaiter une transfusion sanguine pour régénérer la ville. Marseille a le goût des autres, l'esprit solidaire. Et vous verrez qu'en 2020 elle aura un maire d'origine nord-africaine, la ville va suivre la même courbe que Miami qui s'est transformée au fil des années en une cité cubaine avec des avocats cubains, des médecins cubains, des chefs d'entreprises cubains, tous Cubains. Ils ont sauvé Miami, une ville de vieux qui politicaillaient en rond !

« Marseille suit la même évolution avec ses Nord-Africains et ses Africains. Il ne faut pas craindre l'islam à visage humain, il faut craindre les fanatiques qui sombrent dans l'intégrisme pour décrocher une identité parce qu'ils se sentent rejetés et exclus à la fois par la communauté française et africaine. La crispation religieuse ne touche pas que l'islam, observe cette personnalité de premier plan, on voit aussi des jeunes se convertir au judaïsme. Cette tendance résulte de l'abandon des cités où il ne reste qu'une alternative : la religion ou la drogue, les barbus ou les trafiquants.

« Le monde connaît une mutation irréversible, ajoute-t-il, Marseille va rebondir grâce à des manifestations extérieures : Coupe du monde, Capitale européenne de la culture, l'Europride qui va permettre à Marseille, à l'instar de Miami en Amérique, d'être la capitale européenne de l'homosexualité, cette ville est si tolérante et libertaire qu'on s'imagine parfois que tous les excès y sont permis. La solution pour sortir Marseille de l'ornière, c'est de créer une grande métropole, car Marseille n'est plus une ville, c'est une région. Si l'on continue d'isoler Marseille comme le fortin du château d'If, si l'on ne crée pas une aire métropolitaine, Marseille restera seule et pauvre comme Job. Robert Vigouroux, le plus grand maire que Marseille ait jamais connu, l'avait bien compris, lui. C'est le seul élu qui ait réussi à évoluer en dehors du système qui incarcère Marseille. Le bonhomme a fait un sacré chemin…

« Le drame majeur de Marseille, estime cette personnalité qui connaît bien le sérail, c'est que Gaston Defferre ait quitté la ville pour tenter sa chance à Paris. Il a raté sa carrière sur le plan national et laissé les rênes de la mairie à Edmonde Charles-Roux qui a voulu faire de Marseille une annexe de Saint-Germain-des-Prés. Le second drame de Marseille, c'est la lutte à mort que se sont livrés Pezet et San Marco pour la conquête du pouvoir. Et le troisième drame, c'est que le vrai patron du port durant quarante ans ait été la CGT et que le vrai patron de la ville ait été FO. Heureusement, l'édification des "Terrasses" va valoriser le port à 100 %.

« Jadis, les communistes tenaient les banlieues, aujourd'hui c'est fini, conclut-il, la politique drastique d'urbanisme menée entre 1970 et 1986 a conduit à geler tous les terrains, toutes les friches. Une centaine de terrains en jachère à Marseille, pas d'offres, pas de demandes. C'est la léthargie marseillaise, le ronron des plan-plan, avec des politiciens à la sexualité flottante. On a voulu faire des logements sociaux dans les quartiers sud et des résidences de standing dans les quartiers nord pour rétablir un équilibre démographique mais on a tout raté. Ce vide territorial s'est transformé en un bric-à-brac ethnique et confessionnel dont nous voyons aujourd'hui les effets : une ville coupée en deux, les riches d'un côté, les pauvres de l'autre, les Européens d'un côté, les immigrés de l'autre, le matérialisme d'un côté, le religieux de l'autre. Voilà peut-être pourquoi dans certains cénacles on a surnommé Jean-Claude Gaudin « l'ambidextre », parce qu'il a un pied dans chaque camp et que le droit ignore délibérément le gauche, provoquant une démarche claudicante, une démarche de pieds plats qui fait boîter toute la ville… »

On s'aperçoit au fil des témoignages que Marseille est sur le fil du rasoir. Yves Blisson, journaliste spécialisé dans l'économie, pense que les choses peuvent basculer dans les cinq ou dix ans :

«Ou bien la richesse chasse la pauvreté, ou bien la ville sombre dans des affrontements violents», pressent-il en citant l'exemple des Roms qu'on déplace d'un point à un autre de la ville comme des paquets de linge sale sans jamais trouver le «pressing» adéquat: de la porte d'Aix à Noailles, de Noailles à Zoccola, de Zoccola à Plombières, etc. Autre exemple: les 3 000 habitants très paupérisés de l'ancienne gare du Canet où vont être édifiés de nouveaux bâtiments. Si l'on déplace ces populations aux franges de la ville, on installe les germes de la rébellion et de la violence. Blisson croit à la scission du port en deux entités distinctes: l'industrie à Fos, le tourisme à Marseille.

Une économie subventionnée

«Marseille ne pourra s'en sortir que par le haut, grâce à des investisseurs qui miseront sur l'essor de la ville, estime Yves Blisson, actuellement Marseille vivote avec de l'activité subventionnée, de l'économie sociale et solidaire, de l'associatif. On n'a plus d'acteurs qui produisent de la richesse, on a davantage de gens qui consomment de l'impôt que de gens qui en produisent. Songez que près de 80 % de Marseillais sont éligibles à un logement social, que les services à la personne se multiplient et que seule la carotte fiscale, avec le dispositif de la loi Scellier, a permis de relancer le bâtiment. Songez que Marseille se prépare lentement mais sûrement à une double ghettoïsation: celle des pauvres et celle des riches. Songez que tout part des collectivités et que le leader de Marseille ne pourra jamais être un chef d'entreprise mais un homme politique. Rappelez-vous de Genoyer ou Delauze, de grands entrepreneurs, ils sont passés à la trappe...»

Pour Blisson, l'argent appelle l'argent. Il suffirait de quelques mécènes bien inspirés pour amener le déclic et rompre avec la «consanguinité politique» qui maintient la ville sous le boisseau.

Jean Martin-Dondoz, ex-PDG de la société Grimouille (matériel de dentisterie), place Castellane, qu'il a dirigée de main de maître durant trente ans, table pour sa part sur le nouvel état d'esprit des jeunes pour développer Marseille: « Notre fierté identitaire à nous Marseillais est telle qu'elle nous conduit parfois à excuser les tristes événements qui donnent de notre ville une image si négative dans les médias, dit-il. Le peu d'intérêt des politiques pour l'économie, le clivage social de certains quartiers, la double économie tolérée dans les cités et la dramatisation grandissante de l'immigration ne sont pas des spécificités marseillaises: c'est même un phénomène courant au niveau national et européen. Les élections passées ou à venir ne changeront rien à ces données fondamentales ni à ce paysage maussade.

« Restent les jeunes qui vont tout chambouler, annonce-t-il, ils ont mieux compris les évolutions de la société, les exigences de la mondialisation et la nécessité d'une mobilité professionnelle. Leur génération est plus apte à s'adapter et à réagir pour aller de l'avant. De ce point de vue, le double salaire au sein du couple est un atout financier, même si l'éclatement des foyers s'accroît. Ces jeunes seront les premiers à développer le potentiel touristique et culturel de la ville car ils sont eux aussi issus de la société des loisirs. En ce qui concerne le problème de l'immigration, conclut Jean Martin-Dondoz, je pense que sa stabilisation passe par le Maghreb et l'Afrique noire. Tous les pays européens doivent investir dans ces nations pour y assurer un équilibre social et financier susceptible d'offrir un avenir sur place à ces jeunes qui rêvent d'un Eldorado devenu hypothétique et de les fixer là où ils ont leurs racines. »

Tourisme : le boom des croisières

Parmi les « jeunes » qui sont en train de révolutionner le fonctionnement du port et qui ont contribué à y attirer près d'un million de croisiéristes par an alors qu'on n'en comptait qu'une poignée en 1995, figure Jacques Massoni, directeur du terminal croisières du port de Marseille: « La mise en place de la réforme de 2008 a permis de lever les freins au développement du port, explique-t-il, le transfert des personnels du port et l'intégration des dockers au sein des sociétés de manutention a permis d'unifier le régime de tous les employés portuaires en une seule convention collective. Avant la réforme, l'outillage était mis à disposition des dockers par le port, aujourd'hui ce sont les sociétés de manutention qui investissent dix millions d'euros par exemple pour acquérir un portique, et leur objectif est de le rentabiliser en favorisant le développement des trafics. Bref, nous sommes tous sur la même longueur d'ondes. »

Le terminal conteneurs n'est commandé que par une seule entité au lieu de deux, c'est cela la révolution fondamentale. Car le « double commandement » (des dockers et des ouvriers du port manœuvrant les grues, les ponts et les vannes) empêchait toute synchronisation des temps de travail et des rotations de main-d'œuvre et allongeait les temps de déchargement. Cette unification des statuts n'a pas été adoptée sans mal: grèves, paralysies, bateaux en rade, durant deux ans le port de Marseille a connu de nombreuses galères. Mais le climat s'est apaisé, un accord a été trouvé avec les organisations syndicales et le port lui-même n'est plus qu'un aménageur d'espaces, de chenaux, de digues et de quais pour assurer les meilleures conditions de travail possible à des opérateurs privés. Du coup, les armateurs investissent à long terme, par exemple la CMA-CGM de Jacques Saadé fait opérer ses navires par sa propre société sur le terminal de Fos.

« Pour ce qui est des croisières, l'objectif est le même, affirme Jacques Massoni, nous étions à la traîne par rapport à l'Espagne, l'Italie et l'Allemagne mais nous avons comblé notre retard grâce à la création d'une passerelle de deux millions six cent mille d'euros et à l'investissement de neuf millions d'euros en trois ans de Marseille Provence Cruse Terminal qui regroupe trois grands croisiéristes. » Et tous ces progrès n'ont été réalisés que grâce à la coopération de la CGT nationale, soucieuse de mettre à la raison les cégétistes locaux qui jouaient plutôt la stratégie du village gaulois. Massoni sait bien qu'il serait plus profitable de débarquer les croisiéristes à la Joliette plutôt qu'au Nord de la ville mais il explique que « c'est techniquement impossible pour l'instant ». Pour y recevoir de gros bateaux, il faudrait engager des travaux en profondeur pour avoir au moins seize mètres de tirant d'eau et assurer l'accostage des gros porteurs. Or, à la Joliette, on est sur le rocher à sept mètres…

En tout cas, le terminal croisières est une magnifique réussite : il ne désemplit pas. On y croise des Anglais, des Italiens, beaucoup d'Allemands, des Français, des Américains, des Australiens : « Marseille est idéalement placée pour devenir le port numéro un en Europe », s'enthousiasme Massoni. Il va falloir s'agrandir. Le port ne dispose que de cinq postes à quai susceptibles de recevoir et de manœuvrer les bateaux de plus de trois cents mètres. Le transport de passagers est considéré désormais à Marseille comme un « ilôt de tranquillité » car ils ne sont pas otages des mouvements sociaux, sauf tensions extrêmes.

CHAPITRE 3

La Mafia règne sur les quais

Malgré cette nouvelle assurance de « fiabilité », le port de Marseille a découragé plus d'un entrepreneur lassé de voir ses marchandises retenues au large par des piquets de grève. C'est le cas par exemple de Jean-Yves Baeteman, 57 ans, gérant de Batimex, une entreprise de 35 salariés qui fait du commerce avec la Chine depuis trente ans, et qui a décidé de dérouter ses conteneurs vers le port d'Anvers et de les acheminer ensuite par la route vers Marseille, malgré les surcoûts : « Le port de Marseille ne veut plus de nous, eh bien, nous ne voulons plus de lui ! dit-il, agacé. Cela ne m'arrange pas du tout d'opérer mes 200 conteneurs annuels à Anvers pour 1 168 euros par conteneur au lieu de 390 euros à Fos, mais je dépends étroitement d'opérations commerciales à dates fixes de la grande distribution et si je ne livre pas un mois avant l'opération programmée, je dois payer jusqu'à 30 % de la marchandise non livrée. » C'est ainsi que le port de Marseille a peu à peu perdu ses parts de marché au profit de Gênes et Barcelone, où le coût de la manutention est inférieur à celui de Marseille. Le port de Marseille vit depuis des lustres sur sa rente pétrolière et sur sa position géographique idéale en Méditerranée.

Pillage et grappillage

Mais le port n'en a pas fini avec ses vieux démons. Si vous voulez franchir les barrières du cap Janet, par exemple, vous verrez qu'il faut montrer patte blanche, ce qui revient à dire que la zone est strictement réservée aux professionnels nantis d'une autorisation. Ces précautions draconiennes s'expliquent par la hantise des vols. Il est vrai que des bandes organisées, spécialisées dans le pillage et le grappillage, ont régulièrement fait main basse sur le port. Le recel bat son plein à Marseille au vu et au su de tous mais les Marseillais n'en ont pas vraiment conscience. Quand on vient leur proposer, la main sur le cœur, des chaînes hifi, des micro-ondes ou des magnétoscopes au quart de leur prix, eh bien, ils ne sont pas trop regardants. Ils ont le sentiment d'avoir réalisé « *une bonne affaire* » et, surtout, « *d'avoir été mis dans la combine* ».

Dès qu'un conteneur de marchandises a été pillé sur les quais, la nouvelle se propage dans la ville : on se donne le mot dans certaines administrations et c'est le départ de tractations qui échappent à tout contrôle. On les appelle « *les quais de la grande fauche* ». Réputation mondiale. Seul un infime pourcentage des fraudes donne lieu à une plainte : « De temps à autre, raconte un ancien vigile du port, une caisse tombe par inadvertance au cours des manutentions et s'ouvre sur le sol. Les dockers s'empressent alors de ramasser son contenu. C'est la tradition du « *grappillage* » qui relève de l'usage portuaire. À Marseille, chaque docker repart avec sa caisse d'oranges abîmée ou son carton de bananes éventré. »

D'autres employés du port ont davantage d'imagination : lorsqu'ils arrivent le matin pour prendre leur service, ils ont toujours une veste pendue au vestiaire. Ils la posent sur le dos de leur fauteuil, ils allument leur ordinateur, laissent sur leur bureau une tasse de café à demi-pleine et… ils repartent travailler ailleurs. Quand le chef de service passe, il constate que la veste de son collaborateur est là, donc il doit vadrouiller quelque part dans les cinq étages des services… Et le tour est joué ! Sauf qu'un jour, le stratagème s'évente quand le chef de service va faire ses courses au supermarché et qu'il découvre un chef de rayon en tenue de travail qui n'est autre qu'un de ses proches collaborateurs sur le port ! Le mort d'ordre au sein des services est le suivant : ne travaillez pas trop vite, gardez-en pour l'après-midi et pour le lendemain. C'est la même inertie qu'à la mairie, au conseil régional ou à la préfecture. Au conseil général, on fait encore mieux : certains employés originaires du Panier, le quartier du président, confient le soin à l'un de leurs camarades de « pointer » à leur place et… ils se gardent bien, durant une semaine, de mettre les pieds sur leur lieu de travail tout en touchant de généreux appointements. C'est ce qu'on appelle le « pointage générique et collectif »…

L'ennui, c'est que certains dockers, eux, ne font plus guère de différence entre le « grappillage » tolérable et la fraude organisée. Ceux qui connaissent bien les rouages du port peuvent alors passer des « commandes » et se livrer ainsi à de véritables razzias. La police et la justice ont de la peine à s'attaquer à ces voleurs car ils se sentent protégés par une sorte de consensus tacite du corps social. Lorsqu'ils passent devant un tribunal, ils sont escortés par les gros bras de leur syndicat et la menace d'une émeute ou d'une grève générale incite les juges à la plus grande clémence. « Nous, on décharge un navire et c'est l'affolement général sur les quais ! » s'excuse l'un. « C'était la panique dans le hangar », réplique l'autre. « Le conteneur était ouvert, madame le président, moi j'en ai profité », ironise le suivant. Pourtant ces hommes semblent bénéficier de certaines connivences : on ne dérobe pas 50 tonnes de poires Williams sans éveiller l'attention de ceux qui, en théorie, sont chargés de réprimer les « grappillages » trop poussés. Dans certains bars, on peut se procurer n'importe quoi n'importe quand…

« Le système mérite d'être dénoncé, affirme Me Gilbert Collard, il va bien au-delà des personnes impliquées. Les dockers ne sont ni plus ni moins malhonnêtes que les autres. Mais depuis longtemps les frontières de la marginalité ont été reculées et la ligne de démarcation entre le permis et le défendu est devenue très floue. » Les dockers pris en « flag » sont, parfois, envoyés en prison mais ils ne perdent pas pour autant leur job : les responsables de la sécurité leur retirent leur carte pour « absentéisme » et le tour est joué ! Certains entrepreneurs ne déposent pas plainte parce que leurs assurances prennent le relais. Pas de souci. Tout va bien. Et quand un ancien député de la République, Renaud Muselier en l'occurrence, se fait tabasser par six gros bras de la CGT place de la Joliette, ses agresseurs sont l'objet de toutes les sollicitudes en garde à vue où le commissaire de permanence leur apporte lui-même leurs pastilles, leurs remèdes, leurs messages et leurs petits sandwiches au jambon. Un monde entièrement à part, le port de Marseille. « Toutes sortes de gens vivent bien du port et ont bien vécu du port », confie un pêcheur de sardines.

Le divorce de Marseille et de son port

Pour Gérard Detaille, adjoint au maire délégué à la culture dans le 6/8, un des derniers grands photographes de Marseille, Marseille souffre avant tout des relations ambiguës qu'elle entretient avec son port. Detaille prône un remariage éclatant après une fâcherie de quarante à cinquante ans : « Le port devrait être notre poumon économique et c'est notre malaise existentiel, se désole-t-il. Tant que des grilles noires se dresseront entre la population marseillaise et son port, on ne pourra espérer aucune symbiose. Le symbole est gravissime : le port de Marseille est un espace interdit aux Marseillais, comme si on voulait les tenir à l'écart de sa vie. C'est un frein psychologique et culturel à l'essor de cette ville », souligne Detaille.

« J'aimerais que les Marseillais puissent se balader sans entraves jusqu'à la digue du large, confie-t-il, j'aimerais qu'on laisse le festival de Marseille se dérouler librement sur le port plutôt que de le confiner à la salle Vallier. Les deux éditions du festival accueillies sur le port avaient été éblouissantes. On embarquait les gens sur le quai des Belges et on les menait en bateau jusqu'au J4. C'était un moyen merveilleux de vendre la ville, eh bien, on nous en a évincés ! Je propose qu'on utilise les kilomètres de quai qui ne servent à rien pour faire de Marseille le premier port au monde de réparation de petite et moyenne plaisance. Les jeunes chômeurs des quartiers nord descendraient de leurs cités pour caréner, peindre, rafistoler l'accastillage, ce serait magnifique. La mer régénère tous les maux. Cette force, les Turcs ont su l'utiliser à Antalia. On pourrait également créer sur cet espace reconquis une école des peintres de la mer. On a un joyau à domicile et on le maintient en quarantaine, comme un pestiféré ! »

On le maintient à l'écart parce que c'est le pré carré de la CGT qui y règne en maître depuis des lustres. « Au lieu d'être des forces de proposition et d'amélioration, certains syndicats hégémoniques sont des empêcheurs de progrès. Avec eux, quoi qu'on fasse, c'est toujours non », regrette Detaille. Toujours non ? Pas vraiment. Mais il faut épouser leurs pratiques pour se faire entendre. Renaud Muselier en sait quelque chose, lui qui a été agressé le 1er septembre 1994 par six dockers armés de bâtons qui l'ont roué de coups parce qu'il était venu soutenir une manifestation du Comité de coordination des professions portuaires dénonçant les blocages à répétition. Pour la première fois depuis des décennies, un jeune député tenait tête à la puissante fédération CGT des dockers. Et de surcroît, il a déposé une plainte contre ses agresseurs, ce que n'ont pas osé faire une dizaine d'autres victimes de voies de faits similaires.

« Les dockers, il faut leur parler d'homme à homme sinon ils ne comprennent pas, explique Renaud Muselier qui a courageusement fait face à cette bande de pitbulls déchaînés, ils ont menacé toute ma famille de représailles parce que j'ai porté plainte. Une protection rapprochée m'a été accordée, ainsi qu'à mon épouse et mes enfants, et un policier a été placé en faction devant la permanence de mon parti, le RPR, rue Sainte-Cécile. Un peu ça va, mais au bout de quelques semaines, j'en ai eu assez de ces astreintes policières et j'ai décidé de régler le problème autrement. J'ai convoqué une sorte de petit cénacle avec Gilbert Natalini, le patron de la CGT des dockers, un de mes amis d'enfance bien connu sur le port et deux de ses lieutenants, et on a parlé… »

Une discussion franche et amicale, comme il sied aux gens de bonne compagnie. Muselier, porteur d'une minerve en raison d'une fracture cervicale, d'une lésion de la pommette et de multiples contusions, ouvre le bal : « Je suis venu pour régler ce litige une fois pour toutes. »

— Tu n'aurais pas dû porter plainte contre mes hommes, l'accuse d'emblée Natalini.

— Et toi, tu n'aurais pas dû m'attaquer, lui répond du tac au tac Renaud Muselier. J'ai vu sur les images de France 2 que c'était toi qui ordonnais à tes dockers d'arrêter l'assaut dirigé contre moi. C'est donc toi qui as fomenté cette agression et c'est toi qui vas morfler, tu as compris ?

Natalini bondit de nouveau sur le député mais les « amis » de Muselier s'interposent.

— Maintenant, ça suffit vos simagrées, poursuit Muselier, si vous touchez à un cheveu de ma femme, de ma fille, de mon fils, ou de ma famille, je m'en prends à toi, à ta femme et à tes deux enfants qui vont à l'école de La Calade. C'est toi seul qui vas morfler, toi et ta famille, tu as compris ?

Natalini, incrédule, lève les yeux sur le témoin interlope de Muselier et lui demande :

— Il le ferait ? Il oserait ?

— Oui, répond l'homme sans hésitation, il est capable de tout…

— Mais… c'est une menace », s'indigne Natalini.

— Non, traduit Muselier, c'est juste une explication…

Il faut croire que l'« *explication* » a bien marché car Muselier n'a plus eu besoin de gardes du corps et il a pu se balader sans problèmes sur les quais. « Voilà comment il faut leur parler à ces types, confie Muselier, avec eux c'est un combat physique. C'est un match. C'est le plus fort ou le plus gonflé qui gagne. »

« Marseille sera l'égale de Barcelone »

Évidemment, ce discours musclé est inimaginable ailleurs qu'à Marseille. Mais il ne faut tout de même pas croire que ce mode de fonctionnement social est courant à Marseille. Cet épisode est exceptionnel. « On a réussi à restaurer la paix sociale sur le port en espérant que la culture cégétiste ne reprenne pas le dessus et qu'on se tape de nouvelles grèves », fait observer Roland Blum, le premier adjoint de Gaudin, fin connaisseur du fonctionnement portuaire et de ses « arcanes ». « On regagne des marchés en cette fin 2012, mais jusqu'à quand ? Lorsqu'on constate que les grévistes n'ont pas hésité à bloquer le port de Marseille par solidarité avec les manifestants anti-retraite ou avec les éboueurs, on se dit que l'équilibre reste fragile.

« Le pôle industriel de conteneurs de Mourepiane va se développer grâce au transfert de la gare du Canet et à l'embranchement sur le réseau ferré national, des terrains ont été récupérés par Euroméditerranée et seront aménagés, nous essayons de dégager un maximum de foncier pour réanimer les quais. En matière de plaisance, nous sommes le premier port d'Europe. Le vrai port industriel est à Fos, et sur Marseille ce sont les trafics de croisiéristes qui sont en plein boum puisqu'on est passé de 40 000 à 900 000 en quelques années. Le trafic de conteneurs et pétroliers a vocation à se retrouver lui aussi à Fos tandis que tous les passagers et touristes seront concentrés à la Joliette. Il faut conserver cette mixité d'activités, mais à proximité du Vieux-Port nous privilégions les croisières de luxe, étant entendu que chaque croisiériste dépense en moyenne 150 euros en ville.

« Dans les années 2015-2020, Marseille sera l'égale de Barcelone, pronostique Blum, surtout si l'on parvient à rendre le port aux Marseillais depuis le repère de la tour Saadé jusqu'au J4. Il faut supprimer les grilles noires qui ceinturent le port, rétablir la liberté de circuler dans l'enceinte portuaire et que chacun puisse atteindre le rivage quand il le souhaite. » Louable intention, mais là aussi tout dépendra du bon vouloir de la CGT qui n'a jamais trop aimé les « intrus », voire les curieux, sur « son » outil de travail.

Cette mainmise d'un syndicat omnipotent sur le port n'empêche nullement d'autres syndicalistes de tracer leur chemin. On peut même, à Marseille, tenir son poste de président du conseil des Prud'hommes sans être obligatoirement affilié à la CGT : tel est le cas de Livia Boisson, membre du syndicat Force ouvrière, sept fois présidente de cette juridiction entre 1993 et 2012. Un record. « Je ne comprends pas que les syndicats aient mauvaise presse à Marseille, souligne-t-elle, je connais de nombreux délégués syndicaux qui remplissent leur mission bénévolement. Marseille, c'est la loi de l'*omerta*. La CGT fait ce qu'elle veut et tout le monde le sait...

« Mais si vous les observez de près, raconte Livia Boisson, vous vous rendez compte qu'ils n'ont pas perdu leurs bonnes vieilles habitudes. Au conseil des Prud'hommes, ils viennent toujours par deux pour se contrôler entre eux. Et puis ils en réfèrent systématiquement à l'union départementale : ils ont tous peur les uns des autres. Moi je ne pars pas du même principe que la CGT qui dit : "*Les employeurs sont tous pourris !*" Au cours de mes dix-neuf années de mandat, j'ai toujours privilégié l'équité. C'est ça le secret de ma longévité... »

CHAPITRE 4

La crevasse sociale

40 % du budget pour le loyer

Françoise Gaunet-Escarras, médecin de profession, est beaucoup plus pessimiste que Roland Blum : « Je vois l'avenir de Marseille en noir, confie-t-elle au bar-tabac *Le Marigny* en haut du cours Pierre-Puget, par mes fonctions d'adjointe à la santé, je constate une aggravation dans tous les domaines : ce n'est plus la fracture sociale, c'est la *crevasse sociale.* Je vois de nombreuses personnes âgées qui ne parviennent plus à dissimuler leur gêne, je vois de plus en plus d'errants, de vagabonds, de chômeurs, de femmes de 45 à 65 ans qui sont dans l'incapacité de trouver ou de retrouver un travail, et cette errance sociale s'accompagne de sérieux problèmes de santé. En matière de gynécologie, de psychiatrie, de dentisterie, je vois beaucoup de Marseillais qui remettent leur traitement à plus tard. Ils n'ont plus les moyens de faire les avances et n'achètent plus les médicaments que nécessiterait leur état. J'examine souvent des personnes âgées édentées qui m'assurent qu'elles n'ont besoin de rien…

« En ce qui concerne les jeunes ménages marseillais, je suis frappée de constater qu'ils consacrent souvent plus de 40 % de leur budget moyen au seul loyer de leur appartement, révèle le Dr Gaunet-Escarras, à partir de là, il est clair qu'ils passent le plus clair de leur temps à se serrer la ceinture. Je constate que la plupart des détresses physiques ou psychiques sont liées à la dégradation sociale. Les Marseillais sont dans l'ensemble assez généreux. J'ai vu une mamie par terre sur la Canebière l'autre jour et ce sont deux jeunes beurs qui l'ont relevée. Mais ce qui me frappe le plus dans la société marseillaise, c'est la distorsion des rapports humains, la rupture des valeurs, le sans-gêne généralisé : on vit dans le doute, dans l'appréhension de l'autre, on ne croit plus la personne qui est en face de vous. Tous ces glissements sociaux sont imperceptibles, mais ils créent une ambiance délétère. La solution, à mon avis, est plus spirituelle qu'économique… »

Le malaise est d'autant plus grand que l'impuissance des politiques éclate au grand jour. « On sait ce qu'il faut faire et on ne peut pas le faire, regrette Françoise Gaunet-Escarras, nous avons commencé dans les classes primaires une formation aux premiers secours et les gosses sont ravis. Nous avons créé à Saint-Mauront et à la Belle-de-Mai des « cercles actifs de paroles » qui mettent l'accent sur l'éducation intérieure des élèves. L'Islamisation rampante de la ville, moi je n'y crois pas, souligne le médecin. Si vous prenez les 100 000 Comoriens de Marseille qui sont tous musulmans, par exemple, vous verrez que la plupart d'entre eux ont le syncrétisme dans la peau et qu'ils rêvent tous d'Occident. L'islam peut apporter une vision humaniste identique à la croyance catholique parce que ses partisans sont enclins dans l'ensemble à la charité. Ils peuvent contribuer à humaniser la ville, à condition toutefois qu'ils ne se fassent pas bouffer le cerveau par les fanatiques barbus à la solde des Émirats.

« Pour ce qui est de la relève de Gaudin en 2014, conclut le Dr Gaunet-Escarras, je pense qu'on a affaire à des caractériels. Ce sont des politiciens gavés de leur propre image qui glorifient leur ego dans le toujours plus en se souciant comme d'une guigne de l'intérêt général. Moi je fais de la politique par plaisir et par vocation. Eux, ils prennent leur pied dans la surenchère et dans la mégalomanie : toujours plus forts, toujours plus hauts, toujours plus grands et... toujours plus cons ! »

Il faut noter au passage que les élus de gauche et de droite sont sensibles au « syndrome de la rue Thubaneau » : n'allez pas chercher quelque gauloiserie mal placée dans cette observation, il s'agit de douter d'un changement de destinée de la ville. Marseille ne sera jamais une ville vouée au seul tourisme. Jamais. Pour une raison bien simple : on ne peut pas mettre à l'encan les classes populaires. Lorsqu'en 1995, les urbanistes ont décidé de « réaménager » la « cage » en centre-ville et qu'ils ont restauré des rues entières, comme la rue Thubaneau par exemple, en invitant les bourgeois marseillais à venir y vivre pour mitiger les classes sociales et créer une nouvelle dynamique dans ce quartier dédié depuis des lustres à la prostitution et à la misère, tout le monde a applaudi. Mais vingt ans plus tard, force est de constater que la rue Thubaneau est revenue à sa destination première. Les bobos sont partis. Les artistes ont déserté. La misère est revenue et les prostituées aussi.

La Canebière en soins palliatifs

On a construit une université en plein centre de la Canebière en pensant que les étudiants s'y installeraient et feraient revivre le quartier. Mauvais calcul. La Canebière n'a jamais cessé de péricliter. Et si vous omettez quelques brillantes exceptions, des commerçants très pugnaces qui se maintiennent à la force du poignet, comme par exemple la brasserie *Le Bellagio*, la bijouterie *Piery*, la *Boutique du Glacier*, à l'angle de la place du général-de-Gaulle, le bar *Le Claridge*, la librairie *Maupetit*, le *Café Noailles*, les pizzerias *Chez Picone* et *Chez Noël*, la fameuse pâtisserie *Chez Plauchut*, et sur l'autre rive la confiserie *La Cure Gourmande*, et *La Savonnerie*

Marseillaise qui fait le pari de perpétuer la tradition ancestrale du vrai savon de Marseille, celui de Sainte-Marthe et des Aygalades, que reste-t-il de la Canebière d'antan ? Rien. Absolument rien.

Juste une vague impression de grandeur fanée. La Canebière semble plongée dans la torpeur morbide d'un malade cancéreux en phase terminale qu'on aurait placé en soins palliatifs après de nombreuses « chimios » inopérantes. La maladie n'est pas nouvelle : elle dure depuis une bonne vingtaine d'années et aucun traitement, hélas, n'est parvenu à enrayer les métastases. Il suffit de se reporter à la lettre ouverte adressée au maire de Marseille, Jean-Claude Gaudin, en 1998, par le président de l'association Sud-Canebière. Les problèmes étaient les mêmes qu'aujourd'hui et les habitants appelaient déjà les élus au secours :

« Monsieur le maire, écrivaient-ils, toute une partie du centre traditionnel de Marseille connaît une évolution alarmante : paupérisation, malpropreté, nuisances sonores, hémorragie commerciale, incivisme provocateur, trafics illicites à toute heure, mendicité agressive, insécurité larvée ou déclarée, mutation rapide de la population, composent le tableau d'un véritable sinistre urbain. À deux pas de la Canebière, on voit se constituer un composé de ghetto et de cour des Miracles dont l'extension en tache d'huile menacera bientôt tout l'hyper-centre. Cette évolution est inquiétante. Les conditions de vie parfois indignes d'un grand pays civilisé pénalisent lourdement une population installée de longue date ou ayant fait le choix du centre-ville. Devant l'inertie des responsables et le caractère assez incompréhensible de la situation, cette population, frustrée et exaspérée, peut à bon droit se sentir trahie. Qui ne voit qu'une telle situation peut conduire à des protestations de désespoir ? L'éviction de fait de la population traditionnelle est-elle le meilleur moyen de réussir une intégration que nous sommes les premiers à souhaiter ?

« D'autre part, poursuivaient-ils, la "*banlieurisation*" de la Canebière et de ses abords défigure ce qui restera encore longtemps la vitrine de Marseille aux yeux du monde, au point que l'on peut se demander si les opérations médiatiques menées à grand tapage pour braquer les projecteurs sur la ville ne risquent pas de se révéler finalement négatives. Au total, l'avarie provoquée dans l'un des principaux générateurs de richesses et de notoriété de la ville va précipiter une spirale de déclin qui peut compromettre, à terme, les politiques les plus ambitieuses de restauration des banlieues. Certes, nous n'ignorons pas que des efforts importants sont faits ou programmés pour la "*reconquête du centre-ville*". Mais sont-ils adéquats à la situation ?

« Miser sur des investissements lourds dans les infrastructures et l'immobilier sans modifier les comportements, n'est-ce pas faire bon marché des efforts financiers consentis par les contribuables ? Axer le renouveau du centre sur l'implantation d'une population estudiantine, est-ce un objectif à la hauteur de ce que doivent être les ambitions d'une grande métropole ? Agir dans une perspective de long terme, n'est-ce pas s'exposer à atteindre rapidement un seuil d'irréversibilité dans la dégradation ? Monsieur le maire, notre démarche n'aurait pas ce tour solennel si nous n'avions pas la certitude que l'avenir de notre centre-ville a une portée qui dépasse, de loin, la défense d'intérêts particuliers, au demeurant légitimes. L'affaissement de la clé de voûte de l'édifice urbain compromet l'avenir de la seconde ville de France, pivot d'une façade stratégique du pays.

« En outre, concluaient-ils, ce déclin inexorable donne un relief saisissant à un problème d'envergure nationale qui est celui du devenir des vieux centres urbains et d'une forme séculaire de sociabilité, constitutive de notre civilisation. Cette situation est d'autant plus regrettable que notre ville a des atouts exceptionnels et que ce qui fait le plus défaut, ce n'est pas l'argent mais la volonté et la capacité de faire appliquer la loi et les règles de la vie commune, sans discrimination ni faiblesse. C'est pourquoi nous espérons que vous saurez prendre l'initiative d'une "*bataille du centre*", prenant appui sur un secteur pilote combinant position stratégique et cumul des problèmes, d'abord en prenant les mesures conservatoires qui s'imposent d'urgence, ensuite en affirmant de manière crédible le caractère prioritaire de cet axe de la politique municipale, enfin en sollicitant le concours de l'État pour promouvoir dans un esprit républicain une expérience de rénovation urbaine et de restauration du civisme qui pourrait être exemplaire… »

Un collectif d'associations de défense du centre-ville ajoutait à ce courrier les propositions suivantes destinées à améliorer la sécurité, la propreté et à lutter contre le bruit : « agir contre les trafics illicites qui se font à découvert : drogue, cigarettes, puces sauvages, empêcher la prise de possession abusive de l'espace public et les attroupements gênants de vagabonds sur les trottoirs et les entrées d'immeubles, améliorer l'éclairage public, interdire vraiment la circulation des deux roues sur les trottoirs et les espaces piétonniers, renforcer la présence active de la police ou, à défaut, de représentants visibles de la puissance publique, accroître les contrôles de certains bars et hôtels meublés abritant une faune douteuse ».

Les riverains de la Canebière proposaient aussi, entre autres, de faire respecter les horaires de dépôts des ordures, d'améliorer le nettoiement des trottoirs qui donnent souvent, dès le matin, la fâcheuse impression d'être des latrines, de nettoyer systématiquement les tags et de prévoir une dissuasion vigoureuse contre leur prolifération, de mettre en demeure les copropriétés pour qu'elles réparent les descentes d'eaux défectueuses, les corniches dangereuses et les auvents vétustes, de faire clore des appartements sinistrés depuis des années, de faire récurer les égouts dégageant une odeur nauséabonde, d'interdire d'étendre le linge et de secouer tapis et balais dans la rue, de faire installer les paraboles sur les toits, d'interdire l'affichage sauvage et d'envisager des solutions durables aux déjections canines.

Enfin, les protestataires attiraient l'attention des élus sur les musiques excessives, en particulier le rap, les cris de certains groupes de noctambules et l'habitude de certains passants de « gueuler », voire de lancer des objets des étages à la rue. Ils souhaitaient aussi apporter des réponses humaines à la mendicité qui écarte du centre de nombreux Marseillais agacés par les sollicitations des quémandeurs. « Nous ne faisons qu'énoncer les conditions d'une vie urbaine normale et décente et un refus de glisser dans le sous-développement, rappelaient les signataires, le traitement des problèmes évoqués repose sur l'application de la loi et des règlements de manière identique pour tous. »

« Typique et casbahitique »

Quinze ans plus tard, les riverains de la Canebière pourraient présenter les mêmes doléances au maire car rien n'a vraiment changé, hormis une certaine pacification de la circulation liée aux passages du tramway et à la piétonisation du sud de la Canebière. La « bataille du centre » a été perdue. « La Canebière était une artère typique, elle est devenue casbahitique », estime Albert Guigui, ancien adjoint au maire chargé de la sécurité et de la police municipale, président de l'association Judaïsme et liberté. « Si l'on fait le compte de ses kebabs et de ses snacks halal, on comprend mieux le nouvel emblème de Marseille », observe-t-il. Il est vrai qu'en remontant la Canebière, on hume aujourd'hui le parfum exotique de la désolation. On songe avec nostalgie au passé prestigieux de cette artère mythique. Aux grandes animations et aux grands cafés qui réunissaient le tout-Marseille. On songe aussi avec une pointe d'amertume à cette majestueuse avenue désormais plongée dans un coma artificiel et aux Marseillais résignés à son triste sort, endormis qu'ils sont dans la morphine de la propagande et le venin du fatalisme.

« Face à la mairie du 1/7, en haut de la Canebière, témoigne l'ex-maire Jean Roatta, il y a un vendeur de kebab, le dix-septième, qui s'est installé sans droit ni titre à côté du restaurant *Chez Picone*. Je l'ai fait fermer à deux reprises. Il a rouvert et m'a menacé de mort. Un soir, je suis allé dîner *Chez Picone* en sortant du Gymnase avec le consul d'Italie et son épouse, j'ai failli me faire écharper en regagnant ma voiture. C'est ça, le renouveau de la Canebière ? Mais il faut d'abord rétablir l'ordre, redonner confiance aux Marseillais, sinon ils ne remettront plus jamais les pieds sur la Canebière ! »

Cette mort clinique d'un des symboles de Marseille peut-elle être expliquée par le « Monsieur Économie » de Jean-Claude Gaudin, son adjoint au développement durable, Bernard Susini ? Oui et non. « Je pense que Gaston Defferre a ruiné Marseille, accuse Susini, Robert Vigouroux a réanimé la ville grâce à ses talents de neurochirurgien mais il n'a pu rattraper l'erreur historique de Defferre qui a raté l'occasion d'obtenir de nombreux crédits d'État lors de la création des premières communautés urbaines. Lyon et Bordeaux, elles, en ont largement profité. Le calcul de Defferre était politicien : il craignait que le développement des quartiers nord n'entraîne un fâcheux accroissement de l'influence des communistes, souverains dans ces secteurs. Il a donc privé Marseille d'une manne que j'évalue, tenez-vous bien, à un milliard d'euros ! Un milliard d'euros de subventions de l'État, cela équivaut à une ligne entière de métro puisque le coût d'un kilomètre de ligne s'élève à 100 millions d'euros en 2012 !

« Si Defferre avait été plus avisé, poursuit Bernard Susini, nous aurions probablement aujourd'hui une ligne supplémentaire directe Castellane-Luminy, ou Castellane-Saint-Antoine, entièrement financée par l'État ; hélas les préoccupations électoralistes ont prévalu, comme toujours avec Defferre. Il a donc été contraint de financer le métro sur les ressources propres de la ville et sans en avoir les moyens, tant et si bien qu'il a été obligé d'emprunter des sommes exorbitantes à des banques allemandes dont les agios faramineux ont plombé notre budget durant trente ans ! Vigouroux, bon gestionnaire, lui, a réussi à stabiliser la situation et à éloigner le spectre d'une tutelle de l'État sur la seconde ville française. Quand nous sommes arrivés avec Gaudin et Muselier en 1995, la dette de la ville était très importante, la démographie déclinante (760 000 habitants au lieu de 950 000) et nous avions 22 % de la population active au chômage. Les entreprises quittaient la ville et les Marseillais eux-mêmes partaient s'installer en périphérie…

« Aujourd'hui, dix-sept ans plus tard, la ville compte 880 000 habitants, nous avons gagné 35 000 emplois privés et le chômage est tombé à 13 %, estime Susini. Durant les trois premières années, on s'est évertué à rembourser la dette. On a injecté 200 millions d'euros d'investissement par an en moyenne. C'est notre grande différence avec les socialistes : nous axons notre démarche sur l'investissement, pas sur les dépenses de fonctionnement. Parallèlement, nous avons développé une politique de l'habitat en construisant 3 000 logements par an et il en faudrait davantage. La première phase d'Euroméditerranée a permis d'investir un milliard d'euros dans le secteur Saint-Charles—Joliette—Belle-de-Mai et de créer 20 000 emplois. L'argent public a servi de levier : pour un euro public, on a investi trois euros privés. »

200 cantines végétariennes…

« Nous avons réalisé le parc du Vingt-Sixième Centenaire et le parc Mistral au Nord, se félicite Susini, et nous avons mis en place un réseau efficace de "mammas". Il s'agit pour nous de contrôler la population africaine par des mères de famille assez emblématiques au sein de leur cité. Nous payons donc ces "mammas" comme des agents d'entretien de l'ordre public. Vous ne pouvez pas vous imaginer le nombre de bidons d'essence qui ont été interceptés en 2005 par les "mammas" en colère lors des émeutes de banlieues : "*Et tu n'as pas honte de te promener avec ça ? Tu vas incendier le gymnase où va tous les jours ton petit frère ? Mais ça va pas la tête ou quoi ? Donne-moi ça et rentre à la maison, et vite !*"

« Nous avons aussi investi dans le bâtiment et les travaux publics, en particulier dans les quartiers est, nous avons créé des pôles de compétitivité dans le domaine de la recherche et des laboratoires, nous avons aménagé une zone franche urbaine qui nous a permis de faire diminuer de moitié le taux de chômage dans le 16e arrondissement de 40 % à 20 %, et dans le 15e nous sommes passés de 38 % à 17 %, souligne Susini. Nous avons créé mille places de crèche et modernisé tous les groupes scolaires en construisant 200 restaurants self-service *végétariens*. Pourquoi végétariens ? Parce que cela nous permet de contourner habilement les demandes récurrentes de viande halal dans les écoles !

« Nous investissons 200 millions d'euros par an sans aggraver l'endettement qui se maintient à un niveau acceptable, même si nous sommes la seconde ville de France la plus endettée après Saint-Étienne. Les hausses d'impôts fonciers sont surtout imputables aux augmentations décrétées par le conseil général et le conseil régional. Nous avons entrepris une extension d'Euroméditerranée avec 800 millions d'investissements sur vingt ans, soit 40 millions par an. Un de nos grands objectifs écologiques, explique Bernard Susini, est de chauffer les bâtiments et de les climatiser grâce à l'eau de mer. Nous allons pomper une eau de mer à 14 degrés à 40 mètres de profondeur, ce qui nous permettra de ne chauffer les bâtiments que de 14 à 20 degrés, la température optimale. L'été aussi on va ramener la température de 27 à 20 degrés sans jouer sur la climatisation. Ce système existe déjà à Barcelone et il permet de sacrées économies ! Cette innovation écologique posera sans doute un problème technique de branchement et surtout une difficulté d'ordre juridique, mais en vingt ans on rentabilisera l'installation grâce aux économies sur le coût de l'énergie.

« En ce qui concerne la politique de la ville, explique Susini, nous sommes passés dans les quartiers des crédits d'exception aux crédits de droit commun. Avant, le préfet contrôlait le montant des fonds affectés aux associations de quartiers, la destination des subventions et la contrepartie en activité. Les collectivités, elles aussi, avaient un pouvoir de contrôle. Mais comme le système a semblé trop contraignant au regard des exigences du clientélisme, un autre système, plus pernicieux, s'est développé, où l'on assiste à une rétrocession au parti socialiste d'une partie de la subvention allouée à telle ou telle association satellite. Auparavant, ajoute Susini, ce danger était moindre car nous appliquions les “contrats de ville” qui définissaient 200 îlots ou secteurs déshérités avec leur taux d'imposition et leur niveau d'aide. C'était la carte des points chauds de la politique de la ville, avec tous les foyers d'intervention signalés en rouge. »

« Marseille, c'est Sisyphe ! »

« Marseille, c'est Sisyphe, dit Susini, elle semble condamnée à intégrer des vagues d'immigrants et lorsqu'elle croit être enfin arrivée au bout de ses peines, d'autres débarquent encore et encore, et elle ira ainsi jusqu'au bout de son mythe d'intégration, jusqu'à l'absurde. Le seul moyen d'intégrer tous ces nouveaux venus, c'est l'activité, et nous nous y employons tous les jours même si ça ne se voit pas. Le travail invisible, c'est aussi l'honneur des politiques, plaide Susini, Marseille est une ville d'eaux et de sources cachées. On a élargi et curé les lits, on a surdimensionné les réseaux d'assainissement, on a réalisé des bassins de rétention et on les a fait passer de 20 000 à 130 000 mètres cube. C'est un travail de fourmi, une besogne ingrate, qui nous a coûté pour chaque bassin entre 6 et 10 millions d'euros. Personne ne le sait. Il n'y aura plus d'inondations à Marseille, cela nous a coûté une fortune et on ne le voit pas, mais c'est aussi le côté ingrat de la politique. C'est le contraire de la frime et du tape-à-l'œil. »

Quatrième Partie

La Mafia judiciaire

CHAPITRE 1

Quartiers nord : quartiers forts ou quartiers morts ?

Les quartiers nord de Marseille n'ont pas le privilège de la précarité et des exactions. Le sud de la ville aussi compte certaines cités hypersensibles, telles que Air-Bel, la Soude, les Néréides, La Cayolle, où les forces de l'ordre ne s'aventurent que rarement.

De La Cayolle à Saint-Mauront

Le quartier de La Cayolle est, en lui-même, un concentré saisissant des problèmes Marseillais, comme si finalement la ville était une marquèterie de petits Marseille dont les difficultés se répètent à l'infini. « À La Cayolle, explique M. Guelle, président du comité d'intérêt de quartier de La Cayolle, il y a des villas bourgeoises adossées à la colline et au chemin de Vaucanson, un peu plus bas se dressent les immeubles HLM de la cité, tristement célèbres pour leur trafic de drogue, leurs voitures brûlées, leurs rodéos nocturnes et leurs règlements de comptes sanglants. Le chemin de Sormiou est une frontière invisible entre deux mondes qui ne se côtoient pas. Ce que nous constatons, à La Cayolle comme ailleurs, c'est l'échec de l'école publique. Les gens sont prêts à se saigner aux quatre veines pour inscrire leurs gosses dans des écoles privées parce qu'ils estiment que l'école publique est devenue un véritable foutoir. De nombreux musulmans mettent leurs enfants dans des écoles catholiques parce qu'ils savent qu'il y règne une certaine discipline et que les cours y sont assurés. Ils considèrent l'école publique comme un dépotoir social et ethnique. »

« On assiste aussi à Marseille à un problème de ghettoïsation des pauvres, renchérit Monique Cordier qui nous reçoit dans son bureau du 24, boulevard Garibaldi, au cœur de Marseille. Les lotissements pavillonnaires accentuent l'individualisme car les enfants ne jouent plus ensemble dans la rue mais dans leur propre jardin. Chacun vit entre soi. À la Castellane, à la Busserine, aux Cèdres, à Font-Vert, des « *choufs-douaniers* » sont postés aux entrées pour vous demander qui vous êtes, où vous allez. Ils prennent le soin de vous accompagner jusqu'à la porte de la personne que vous allez voir de peur que vous ne soyez un policier en civil ! Je connais un réparateur de télé qui a eu la peur de sa vie car les *choufs* ont cru que c'était un *keuf...* » Cette ghettoïsation des pauvres répond à une ghettoïsation des riches qui se sont constitués en isolats inexpugnables dans les quartiers sud avec des nichées de villas magnifiques donnant sur la mer au parc Talabot et aux « Oréades » par exemple, ou dans des immeubles de grand luxe comme « Thalassa », « La Cadenelle », « Les Alpilles », « La Riante », « La Pélissière », « La Réserve » ou « Prado Rivage ». Là aussi, il faut montrer patte blanche à un gardien avant d'entrer...

« Le monopole de la violence est passé à des groupes souverains autoproclamés sur un territoire conquis par la force », affirment M. Guelle et Mme Cordier. « Le plus inquiétant, ajoutent-ils, c'est le stratagème des intégristes musulmans qui s'infiltrent au sein des partis politiques existants pour y grignoter de l'influence, à la façon des Corses. On voit déjà les prémices de ce lobby islamiste dans le racket organisé des chefs d'entreprises arabes. On les force à employer la préférence communautaire pour l'emploi des jeunes et à respecter les moments de prière. Les jeunes salafistes mettent ainsi des cités entières en coupe réglée en vue des grandes manœuvres islamistes. Ce mouvement est organisé et souterrain... »

L'objectif de ces nouveaux stratèges de l'islam, c'est de vivre « en bons musulmans » dans une société apaisée obéissant à des règles strictes. L'islam se construit d'abord et avant tout sur les décombres d'un consumérisme avachi et d'un hédonisme sans limites. « Le ghetto, il est déjà dans la tête des Marseillais, assure M. Guelle, ils ne croient plus en l'État pour assurer leur sécurité, ils montent des murs, ils se mettent à l'abri et ces précautions ostentatoires contribuent à pourrir le climat ambiant. On en revient au stade animal. Les vieux ont peur. Ils ont déserté l'espace public et d'autres se les sont appropriés tant et si bien qu'ils sont considérés comme des importuns lorsqu'ils s'avisent d'y revenir. L'agressivité est latente. Il ne faut toiser personne, c'est très risqué. »

« Collabos et nouveaux harkis »

Il est vrai que la dernière fois que j'ai mis les pieds à La Cayolle, c'était pour y couvrir un double règlement de comptes perpétré juste devant l'école primaire. J'ai garé ma voiture assez loin de la cité et j'y suis entré à pied : « *T'es un flic ou t'es un journaliste ?* » m'a apostrophé un jeune assis devant un snack-bar. C'était un « chouf » parmi d'autres « choufs », excédés de la noria des ambulances et des policiers au sein de « *leur* » domaine. J'ai répondu poliment et il ne m'est rien arrivé de fâcheux... Une autre fois, les jeunes étaient en liesse : Fadela Amara, l'ex-secrétaire d'État chargée de la politique de la ville, est venue visiter le quartier et elle a bu le thé à la menthe avec une famille kabyle en écoutant d'une oreille distraite les doléances des habitants de certains immeubles résidentiels régulièrement lapidés par les jeunes et obligés de se barricader pour prévenir les cambriolages. Elle n'a pas écouté davantage ceux qui la mettaient en garde contre la constitution de milices d'auto-défense dans les garages souterrains pour empêcher les vols ou dégradations de voitures. À Marseille, la « cohabitation » n'est pas de tout repos !

« Le système clientéliste est voué à l'échec en 2014 parce que les collectivités territoriales sont très endettées et que désormais elles ne peuvent plus distribuer de l'argent à des gens qui jusqu'ici se sont nourris du clientélisme, pronostique M. Guelle, tout l'argent qui servait à acheter la paix sociale dans les cités est tari, on va donc tout droit vers une explosion sociale. Les habitants qui jouent le jeu dans les cités sont considérés comme des "*collabos*", de "*nouveaux harkis*" à la solde de l'ennemi. Une nouvelle norme religieuse se met en place car le savoir-vivre européen est considéré comme un signe d'exploitation. L'islam, c'est la revanche des damnés de la terre sur les gavés de la terre ! »

Par exemple, le comité d'intérêt de quartier de Saint-Mauront présidé par Mme Claude Tabet, l'un des quartiers les plus pauvres de France avec la Belle-de-Mai, ne compte aucun membre d'origine immigrée alors que les habitants sont majoritairement Maghrébins ou Comoriens. Ceux qui parmi eux viendraient adhérer au comité seraient aussitôt taxés de « collabos » s'ils participaient aux réunions ! Donc ils s'abstiennent, alors qu'ils sont les premiers concernés !

« À Marseille, on décèle une sorte d'hystérie politicienne qui fait perdre aux élus tout sens commun, conclut Monique Cordier, Gaudin se prend pour Louis XV : *Après moi, le déluge !* Il raconte souvent ceci en petit comité : "*J'ai laissé la région, ils ont perdu la région. J'ai laissé Marseille-Provence-Métropole, ils ont perdu Marseille-Provence-Métropole. Si je laisse la ville, ils vont perdre la ville...*" Voilà le couplet favori d'un prétendant qui réfute discrètement toute idée de succession. Un de ses collègues sénateurs, Jean-Yves Lecerf (UMP), définit très exactement la personnalité de Jean-Claude Gaudin lorsqu'il déclare: « Jean-Claude Gaudin, c'est sa force et en même temps sa faiblesse, est ami avec tout le monde. Or, être ami avec tout le monde lorsque les intérêts des uns et des autres ne sont pas les mêmes, ça peut avoir quelques limites... »

À la vérité, Gaudin, on ne le voit guère dans les quartiers nord de la ville pour une raison très simple: depuis toujours ces quartiers sont voués au parti communiste et au Front national qui lui a succédé. Comme la droite n'a strictement aucune chance d'y faire bonne figure, Gaudin a complètement abandonné ces quartiers à la gauche ou aux élus de la « diversité ». « Depuis vingt-cinq ans, dans ce quartier, on ne s'occupe que de la restauration du parc Bellevue, c'est-à-dire la cité Félix-Pyat, la cité la plus dégradée d'Europe, témoigne Claude Tabet, c'est un quartier presque entièrement habité par les Comoriens, les Maghrébins et les Gitans. Les seuls Européens qui y demeurent sont de petits retraités qui ont toujours vécu là et n'ont pas les moyens d'aller ailleurs. »

Mme Tabet m'invite à faire le tour du quartier dans sa voiture. Rue Guichard, rue du Jet-d'Eau, rue François-Barbini, c'est la déglingue. Des maisons éventrées, des appartements murés, des commerces qui ont tiré le rideau et transformés en lieux de vie, des plaques de rues vandalisées (« pour bien montrer qu'ils sont chez eux », fait observer Mme Tabet), des agressions fréquentes qui incitent les seniors à vivre reclus chez eux sitôt la nuit tombée. « On construit aussi des logements sociaux dans ce quartier comme s'ils voulaient continuer à nous mettre de la misère sur la misère, ajoute-t-elle; au boulevard de Plombières, c'est la cour des Miracles: des Roms ont pris possession du parking de l'ancienne gendarmerie Cardot et ils vivent dans des caravanes ou des cabanes à moitié défoncées, quasiment à ciel ouvert. Juste en face, un autre camp de Roms a investi l'ancien local de l'entreprise de matériaux Tempier-Roustant. Croyez-moi, payer une taxe d'habitation dans ce quartier relève de l'hystérie fiscale!

« Avant, témoigne Mme Tabet, Saint-Mauront, c'était un quartier d'Italiens. Ils venaient ici pour travailler et se levaient tôt le matin. Maintenant ce sont surtout des oisifs qui fomentent de mauvais coups ou passent leur temps à dégrader des armoires de connexion. Place Bernard-Cadenat, à la Belle-de-Mai, il y a encore des commerces, un marché, on revient en pays civilisé. Dès qu'un nouveau s'installe dans le quartier, il se fait cambrioler. C'est une sorte d'initiation obligée. Rue Loubon, une dizaine de commerçants ont baissé leur rideau, c'est un désert commercial. En revanche, note Mme Tabet, depuis que Marseille-Provence-Métropole s'occupe du nettoyage, nos quartiers sont beaucoup plus propres. »

Marseille, mélange d'Alger et d'Abidjan

J'ai même déambulé dans une rue pimpante de la Belle-de-Mai, une rue magnifique, propre, agréable à vivre dans ce no man's land de misère: la rue Barsotti. « Rien d'étonnant à cela, explique Mme Tabet, la rue Barsotti n'est habitée que par de petits propriétaires qui entretiennent eux-mêmes leurs façades, les trottoirs et la chaussée… » Un peu plus haut, à la sortie du métro Désiré-Clary, la rue de Ruffi est elle aussi bien entretenue, avec un jardin public face aux écoles. Au débouché de la rue de Ruffi, place de Strasbourg, naguère un repaire de « babis », la librairie musulmane *Zaitouna* étale sa façade verte et de l'autre côté de la place, une autre librairie coranique, *El Feth*, s'est installée pour répondre à la demande croissante des fidèles musulmans. Dans la rue de Ruffi, deux façades attirent l'attention: Nour El Islam et AFM, deux magasins de pompes funèbres musulmanes. Et si l'on descend le boulevard National, à trois cents mètres de là, on tombe sur la grande mosquée de la Sounna et sur la *Librairie de la Sagesse*, située à côté d'une grande boucherie halal…

« Le problème majeur de Marseille, admet Yves Pellen, ancien chef de service au *Méridional* puis directeur de la communication au conseil régional de Provence, c'est son islamisation rapide et spectaculaire. Il y a dix ans, on voyait rarement une femme en foulard, maintenant elles sont légion. Marseille, c'est un mélange d'Alger et d'Abidjan, elle compte près de 400 000 Maghrébins et Africains sur 900 000 habitants. Qu'en sera-t-il dans vingt ans ? Marseille, estime Pellen, va devenir une ville musulmane et polygame. Les coureurs du "Paris-Dakar" ne disent-ils pas que la première ville arabe de leur périple, c'est Marseille ? Lorsque je circule cours Belsunce, rue de Lyon, à Saint-Louis, à la Viste ou à Saint-Antoine, je me demande : *Est-ce qu'on est encore chez nous ? Est-ce que Marseille est encore ma ville ou dois-je quitter Marseille* ? Je m'interroge avec une certaine angoisse, comme tous les Marseillais, sur l'avenir de mes enfants et de mes petits-enfants. » Lorsque dans le métro, du côté de Bougainville, vous croisez des Comoriens avec leur kofia sur la tête et vêtus d'une robe de kandou brodée, quand vous êtes entouré d'Africains en djellabas, en boubous ou en djoubas, et en sandales, vous vous sentez bizarre avec votre drôle d'accoutrement classique, veste blazer, chemise et mocassins.

« La ville finira tôt ou tard par se fractionner en deux avec deux communautés qui s'ignorent, pronostique Yves Pellen, la communauté arabo-musulmane au Nord, la communauté européenne et chrétienne au Sud. C'est inéluctable. Marseille sera, comme Jérusalem, composée de deux communautés antagonistes qui se regardent en chiens de faïence et prétendent à l'hégémonie sur la ville. Seule l'union de tous les édiles religieux en une sorte d'œcuménisme de l'espérance pourrait, quartier par quartier, veiller sur la paix sociale et civile de leur secteur et empêcher que cette ville ne s'embrase… »

Yves Pellen ne mâche pas ses mots. On est loin avec lui de la pensée lisse et obligatoire. « Marseille est aujourd'hui une ville gangrénée par les magouilles, l'affairisme et la délinquance, dit-il.

Cette déliquescence part du sommet, le scandale du conseil général, les subventions factices du conseil régional aux associations de quartier, en passant par tout le reste : trafic de drogue, racket, prostitution, règlements de comptes, agressions, cambriolages, etc. Au-delà du discours lénifiant des politiques, le bilan de Marseille est noir. Cette ville est aux mains de Mafias. Je ne parle pas de la Mafia sicilienne ni de la Camorra napolitaine, mais de mafias locales, telles que certaines organisations syndicales qui imposent leur loi sur le port, à la société nationale Corse Méditerranée, à la mairie et dans les hôpitaux, la mafia des taxis, la mafia des sociétés de ramassage des ordures et même la mafia de l'OM. Face à cette gangrène à tous les niveaux, nous avons des élus politiques médiocres et sclérosés.

« Le conseil général, le conseil régional, la communauté urbaine et la Ville ont la volonté de respecter un équilibre, un consensus entre les uns et les autres parce que ces gens sont terrorisés par une éventuelle étincelle qui mettrait le feu aux poudres. Ils craignent que cet équilibre de façade n'explose et ne débouche sur un climat insurrectionnel. On nous fait croire que Marseille est une ville calme, dormez tranquilles, braves gens, l'OM a gagné, tout va bien. Gaudin sait qu'il suffirait d'un rien pour que les choses dégénèrent : il gère donc au coup par coup. Il met des rustines...

Marseille est une ville pauvre, c'est une certitude, mais avez-vous observé le nombre impressionnant d'Audi, de Mercedes, de BMW et de 4x4 qui circulent dans le centre ? Comment les propriétaires de ces voitures de luxe ont-ils pu se les payer ? »

Yves Pellen pense que la priorité des priorités à Marseille, c'est qu'on vienne en aide aux plus nécessiteux et qu'on rénove les hôpitaux, les écoles, les centres sociaux. « Marseille restera une ville ouvrière, dit-il, une ville d'échanges commerciaux et industriels, voilà pourquoi on reste perplexe face au grand show des bobos parisiens et des gens de théâtre qui se font d'abord plaisir à eux-mêmes. Le premier objectif de nos édiles devrait être de créer de l'emploi, pas de faire une politique bling-bling ».

Une « principauté des quartiers nord » ?

Lorsqu'on aborde le chapitre sensible des quartiers nord de Marseille, il faut s'attendre au meilleur et au pire. Rachid Hassan, 45 ans, journaliste indépendant, arrivé à Marseille en 1994, enquête depuis plusieurs années sur les difficultés de ces quartiers et sa position, vous allez voir, n'a rien d'angélique. Elle est tout bonnement stupéfiante. « Je pense que la situation dégénère de plus en plus, regrette-t-il, il y a vingt ans les choses étaient encore équilibrées. Les quartiers constituent aujourd'hui une entité indépendante de Marseille, une sorte d'isolat islamique à majorité arabe et comorienne avec des élus arabes, hommes ou femmes. Dans les quartiers nord de Marseille, on ne gagne pas sur un programme. On gagne sur sa bobine et sur son nom… »

« On ne peut même plus parler de juxtaposition des communautés au nord de Marseille, affirme Rachid Hassan, c'est le Marseille arabe avec 90 000 Comoriens en plus. Les cités HLM elles-mêmes ne sont plus un mixage de populations diverses. Elles subissent aussi la loi de l'ethnicisation avec des bâtiments qui s'organisent en villages : le village des Comoriens avec son chef, le village des Algériens avec son chef, le village des Gitans avec son chef, etc. Lorsqu'il faut calmer le jeu, ce sont les chefs de villages qui interviennent avec les différents dealers. Pourquoi ? Parce que dans la plupart des secteurs, la drogue et le commerce de la drogue sont devenus le seul tissu social et de solidarité des quartiers. On a tenté de donner l'illusion d'une mixité sociale en implantant le théâtre Toursky au milieu des HLM et la "Fiesta des Suds" à Arenc, mais ils ne sont fréquentés que par les "bobos" qui rêvent d'un vivre ensemble harmonieux. »

À Marseille, on a désormais dans les quartiers nord toutes les tendances de l'islam. Thierry Fabre, le sismographe des tensions méditerranéennes, l'a bien observé : la mosquée de la rue Nationale est déjà contrôlée par les salafistes. Les enfants du Front islamique du salut ont fait main basse sur la mosquée du marché aux puces dans le quartier des Crottes et au marché du Soleil, c'est une mosquée pakistanaise qui a pris le dessus.

La rue Camille-Pelletan, elle, est livrée à l'anarchie : plus aucune loi, plus aucun décret de la République ne s'y applique. Le marché du Soleil a refait surface sans autorisation, un marché de voitures sauvage s'est installé sur un parking. C'est la loi du plus fort qui prévaut. On peut passer plus de vingt-quatre heures dans ces quartiers sans entendre un seul mot de Français...

« Le seul qui représente encore un peu la France, note Rachid, c'est le facteur, quand on veut bien le laisser entrer. Marseille Nord s'islamise ainsi à fortes doses. Le triple fléau qui touche Marseille, c'est la paupérisation extrême, l'ethnicisation forcée et la gangrène islamiste. Après la Tunisie et la Lybie qui verseront dans l'intégrisme, après l'Égypte et probablement l'Algérie et le Maroc, les islamistes prendront aussi le pouvoir à Marseille. Ouvrez les yeux : toute la communauté maghrébine des quartiers nord est parabolée à partir de dix-neuf heures et se gave de la propagande d'Al Jazeera et d'autres chaînes exotiques.

« Même les Tunisiens de France, un comble, ont voté pour un parti islamiste ! La seule chance de ces populations, c'est de s'intégrer au capitalisme européen. Les islamistes se radicalisent de l'autre côté de la Méditerranée et nous en subissons l'onde de choc. Les habitants des quartiers nord de Marseille n'auront bientôt plus d'autre choix que le suivant : soit le dealer, soit les barbus... Le conseil des imams est lui-même infiltré par les intégristes. Souhab Bencheik, imam modéré, a subi une véritable fatwa de la part des intégristes marseillais, il a même fallu lui donner un garde du corps pour le protéger ! La communauté comorienne est elle aussi travaillée par l'islam. La contamination intégriste des immigrés est un danger mortel pour Marseille, estime Rachid Hassan, Marseille devient une mosaïque de petits noyaux séparés qui ne forment pas une vraie ville. Et ce n'est pas l'arrosage intensif des politiques pour l'Aïd dans la cité, avec un gaspillage de plusieurs millions d'euros, qui pourra y changer quoi que ce soit.

« Ce qui est en train de voir le jour à Marseille, conclut Rachid Hassan, c'est une Principauté des quartiers nord. Après Benarioua, après Ghali, c'est Zeribi qui sera un jour l'élu des quartiers nord. On aura un conseiller général, un maire, un député arabes et la boucle du ghetto ethnique sera bouclée. Jean Raspail avait raison : les *boat people* ont débarqué et ils colonisent Marseille via l'islam... »

Une *Principauté des quartiers nord* ? Bigre. Et pourquoi pas une *Principauté des quartiers sud* ? Rachid Hassan n'est pas le seul à remettre en cause l'unanimisme compassionnel qui suinte des discours officiels dès lors qu'on aborde le sujet tabou de la cohabitation entre les communautés. On observe partout à Marseille une sorte de rétraction identitaire qui incite au repli sur soi. La population, par pans entiers, ne supporte plus le prêchi-prêcha du « vivre ensemble » prôné par les maîtres censeurs de la société médiatique.

Ce glissement progressif dans « l'inconnu » identitaire entraîne des réactions de peur parfois irraisonnée à l'égard de la société multiculturelle et multiethnique qu'on propose sans cesse à notre assentiment. Mais s'interroger, ne serait-ce que du bout des lèvres, sur une vision angélique de l'immigration incontrôlée et sur la propagation insensée du salafisme à Marseille, c'est déjà être considéré comme un paria qui sort du rail de la pensée obligatoire...

Les jeunes encapuchés

« Moi, dans ma jeunesse, se souvient Georges Aillaud, 74 ans, président du Comité du vieux Marseille, j'avais beaucoup d'amis immigrés et ils avaient tous l'accent marseillais. C'était un facteur d'intégration. Avec l'apparition des paraboles sur les balcons et la diffusion des émissions de télévisions étrangères, ils ont usé d'un sabir arabo-français avec un accent "rap" qui les isole du reste de la population et n'est plus un élément de reconnaissance mais une affirmation de la dissonance. » Cette volonté de rupture peut-elle conduire à une société « multi-raciste » plutôt qu'à une société « multiraciale » ? Le métissage social est-il devenu une utopie ? En tout cas, certains jeunes « encapuchés » n'hésitent pas à exprimer leur différence par l'utilisation systématique d'une sorte de « *pidgin* » marseillais, nouveau langage mâtiné de cagolisme, né du contact du Français avec l'Arabe et l'Africain.

Georges Aillaud n'est pourtant pas pessimiste car la ville, dit-il, a vécu d'énormes bouleversements et elle s'en est toujours remise : « Avant, note-t-il, les beaux quartiers étaient au nord, les bastides étaient au nord, et c'est au sud qu'on voulait implanter des industries, entre Endoume et le rond-point du Prado. La fracture sud-nord a été inversée. Aujourd'hui, on construit partout sans réfléchir dès qu'il y a le moindre espace libre. Même au pied de Notre-Dame-de-la-Garde. Il faudrait "gentrifier" le nord dans les collines qui surplombent les cités HLM pour créer une mixité de population ».

Ce thème de l'intégration des immigrés est omniprésent à Marseille depuis quarante ans et le vote FN est une illustration de ce malaise. Georges Grolleau, 68 ans, ancien parachutiste en Algérie, ex-conseiller municipal et général de Marseille (UDF), pied-noir de Rabat au Maroc, affirme sans ambages sa foi « dans la réaction occidentale face à l'islamisation rampante de Marseille » : « Nous, au Maroc, dit-il, on vivait un *apartheid de bon sens*. On vivait en osmose parfaite avec les autres communautés mais sans jamais nous mélanger, un peu comme Marseille aujourd'hui. Il y avait à Rabat le quartier italien, le quartier espagnol, le quartier juif et la Medina, qui était le quartier arabe. Le soir, chacun rentrait chez soi. C'était une cohabitation pacifique. Ce que je crains pour Marseille demain, c'est une forme d'obscurantisme qui gagne de proche en proche, avec des minorités agissantes. Marseille sera demain une ville islamique, c'est une certitude. On ne nous proposera même pas "*la valise ou le cercueil*" comme en Algérie. Les immigrés légaux ou illégaux constituent déjà la moitié de la population, ils ont gagné la guerre des landaus, ils vont nous digérer pacifiquement par la profusion des mariages mixtes, grâce aussi à l'angélisme de nos gouvernants qui privilégient la discrimination positive et la complicité des médias qui n'ont pas le droit de publier de statistiques ethniques sur les crimes et délits... »

Georges Grolleau, comme de nombreux grands-pères à Marseille, est inquiet pour l'avenir de ses enfants et petits-enfants : vivront-ils des affrontements interethniques ? Des guerres de religion ? Des émeutes sociales ? Des insurrections fratricides ?

Angélisme et permissivité

« En Algérie, se souvient Georges Grolleau, nous avons connu aussi une magnifique période de paix. Nous jouissions d'une situation particulière : au sein du même immeuble pouvaient cohabiter des pieds-noirs alsaciens, bretons, ou aquitains, des Italiens, des Espagnols, des juifs, des Arabes, tous ensemble avec une sorte de supra nationalité, de supra religion : ils étaient tous pieds-noirs avant tout ! Voilà pourquoi je suis un optimo-pessimiste qui fait confiance aux femmes musulmanes. Elles connaissent les conséquences de l'islam fondamentaliste et elles savent à quelles extrémités le fanatisme et le machisme peuvent conduire. Par ailleurs, les médias sont totalement dépassés par les sites d'information qui pullulent sur Internet et ils ne peuvent plus imposer une pensée unique. Le kamikaze européen, genre Merah, ça n'existe pas. On risque de le payer très cher. C'est inexorable. On risque aussi de payer notre angélisme et notre permissivité. Les Arabes eux-mêmes les déplorent et réclament avec force une sévérité accrue contre tous ceux qui contreviennent à la loi française. Ils me le disent en arabe : "*Georges, ce qui arrive dans les banlieues et les révoltes en germe qui y fermentent, c'est entièrement votre faute : vous n'avez qu'à sévir et basta !*" Comment admettre par exemple qu'au sein même du centre social de La Cayolle ait pu figurer un verset du Coran recommandant de "tuer les infidèles" ?

« Les Marseillais peuvent être très versatiles, fait observer Georges Grolleau, un électeur qui me reprochait sans cesse de ne rien faire contre l'immigration clandestine est venu un jour me trouver pour me demander une carte de séjour destinée à la nounou noire de ses petits-enfants. Devant ma mine surprise, il s'est exclamé : "*Tu comprends, Georges, elle, c'est pas pareil, mes petits-fils y sont très attachés...*" »

Des ghettos aux portes de Marseille

L'ancien maire radical d'Aix-en-Provence, Alain Joissains, qui s'est battu lui aussi en Algérie avec l'armée française, est plus nuancé que Grolleau : « Nous sommes entièrement responsables des ghettos qui se sont créés aux portes de Marseille et d'Aix, dit-il. D'abord parce que nous avons autorisé le regroupement familial des travailleurs immigrés, ensuite parce que de nombreux patrons du bâtiment et des travaux publics ont employé des immigrés clandestins payés au lance-pierres, enfin parce qu'on les a enfermés les uns avec les autres sans moyens sociaux pour promouvoir l'éducation de leurs enfants. Cet habitat exclusif a nourri chez eux un sentiment de rejet de la société française et de ses mœurs dont nous subissons aujourd'hui les conséquences et qui n'a pas fini de nous péter à la figure. »

Cette perspective effarante n'est pas encore d'actualité, mais elle nous rapproche de « l'entre-deux » décrit par Renaud Muselier lors de la présentation de ses vœux à la presse le 26 janvier 2012 dans le cadre enchanteur de l'hôtel *La Résidence du Vieux Port* : « La crise, a-t-il dit en citant Antonio Gramsci, c'est lorsque l'ancien monde n'arrive pas à mourir alors que le nouveau ne parvient pas à naître. C'est dans cet entre-deux que surgissent les monstres. » Sans doute M. Muselier pensait-il à ces monstres bouffis d'orgueil que secrète notre société de loisirs, de plaisirs et de consommation. Des monstres qui en oublient leur propre humanité et sombrent dans la tentation du nihilisme, la doctrine du désespoir qui dénie tout fondement aux valeurs morales et spirituelles.

Sans doute pensait-il à ce propos prophétique du vicaire général de Marseille, président de l'institut catholique de la Méditerranée, Mgr Jean-Marc Aveline, qui affirmait le 16 novembre 2011 au *Tempo*, salle paroissiale du centre-ville : « Aujourd'hui Marseille a besoin d'un nouveau souffle spirituel. Elle s'inscrit dans le devenir pathétique de la société occidentale moderne et désabusée. Le plus grand danger qui guette Marseille, comme l'Europe, c'est la lassitude morale qui tend à l'enfermer dans les bastions de son orgueil. Pour ne pas céder à la morsure du nihilisme et au feu roulant du désespoir, Marseille doit se redécouvrir elle-même dans la culture de ses racines et de sa tradition d'accueil. Je pense que si l'on a recours à l'islam dans certaines banlieues, c'est parce qu'on n'a pas encore trouvé d'idéologie laïque susceptible d'enthousiasmer la foule : il faut donner aux symboles religieux la saveur qu'en attendent les désespérés du nihilisme. Ce que l'on ne peut pas voir, il n'est pas interdit de l'espérer. Marseille à genoux, Marseille à terre, sera toujours forte de son invincible espérance. »

CHAPITRE 2

La Mafia du Shit, du shoot et du chut

Une fille des cités témoigne

Samia a 35 ans et un fils d'une dizaine d'années qu'elle élève seule dans une cité des quartiers nord de Marseille. Elle a bien voulu nous rencontrer, incognito, dans une cafétéria du supermarché du Grand Littoral près de l'Estaque. Samia travaille dans un hôpital comme femme de salle et se lève chaque matin à 5 heures. Elle n'en peut plus du trafic de drogue qui sévit dans sa cité et elle craint que les voyous ne profitent de son absence pour enrôler son fils. Déjà, ils lui ont offert des « Coca » et des pains au chocolat au retour de l'école pour l'amener peu à peu à « chouffer » à leur service, c'est-à-dire à faire le guet aux entrées de la cité pour les prévenir de toute intrusion « étrangère ». « Quand je rentre le soir, affirme Samia, je leur rapporte consciencieusement leurs bouteilles de Coca et leurs pains au chocolat car je ne veux rien leur devoir. Je les ai avertis que s'ils s'approchaient encore de mon fils, ils auraient affaire à moi : je suis allé voir le boss et je lui ai dit : "*Mon fils, c'est pas ton larbin, ne l'engraine pas dans ton trafic de merde !*"

« Le trafic de drogue se déroule aujourd'hui dans les cités marseillaises au vu et au su de tous, témoigne Samia, il n'y a plus aucune retenue chez les dealers. Et les clients viennent en masse s'approvisionner dans les cités sans la moindre gêne. On voit défiler les bourgeois du sud, les ambulanciers, les gaziers, les électriciens, les étudiants, les banquiers, les employés de bureau, seuls les facteurs n'achètent jamais de shit ! Les dealers, avant, ils fonctionnaient en autarcie, dit-elle, ils étaient originaires de la cité et tout le monde les connaissait. Les choufs, les contrôleurs, les charbonneurs, les nourrices, c'étaient tous des petits ou des gens de la cité. Aujourd'hui, ils s'interpellent dans la cité et vous comprenez de quoi ils parlent : "*Attends un peu, j'ai fait que 10 000 euros, c'est pas assez* !" Les dealers font leur "bizness" devant les immeubles, puis ils rentrent prier dans le centre social réaménagé en mosquée... Je vends, je rentre prier, je sors, et je vais ramasser le blé...

« Bien sûr, il peut arriver que les policiers fassent une descente chez nous, poursuit Samia, certains d'entre eux prennent leur enveloppe au passage et se cassent. Et si le dealer a oublié l'enveloppe ou s'il est récalcitrant au bakchich, les policiers lui taxent sa sacoche et lui volent les sous : de toute façon les flics jouent sur du velours parce qu'ils savent bien que le dealer est souvent un clando qui n'ira jamais déposer une plainte.

« Ces jeunes dealers font fonctionner une économie parallèle qui permet de nourrir de nombreuses familles : en moyenne un jeune chouf est rétribué 100 euros par jour et un charbonneur, c'est-à-dire un dealer au service d'un caïd, est payé 200 euros par jour. Ils se font chacun 3 000 et 6 000 euros par mois. Comme le trafic rapporte en moyenne 20 000 euros par jour, chaque « plan stups » peut rapporter, frais déduits, environ 300 000 euros par mois au caïd, ce qui suscite bien des convoitises et des règlements de comptes. À *Continent*, l'hypermarché des quartiers nord, on les voit se pavaner l'après-midi : ils achètent pour 1 000 à 2 000 euros de baskets et de fringues à la mode tous les deux ou trois jours. Pour nous, ce spectacle de l'argent facile est choquant.

« Dans certaines cités, vous avez encore des petites alimentations qui vendent de l'alcool toute la nuit, et là c'est le ramdam jusqu'au petit matin. Rodéos, tapage, cris, bagarres, je n'arrive pas à fermer l'œil. Il faudrait davantage de contrôles mais lorsqu'on téléphone à la police pour dénoncer ce raffut, ils vous demandent votre nom et votre numéro de téléphone. C'est impossible parce qu'on sait qu'on va être balancé et qu'on sera ensuite cambriolé ou agressé dans la rue. La confiance dans l'intégrité de la police, c'est fini, assure Samia, la salle des fêtes n'est pas insonorisée et il y a des sonos qui font la moitié de la pièce. Plusieurs plaintes ont été déposées anonymement pour tapage nocturne et il ne s'est jamais rien passé. Ce sont toujours les travailleurs qui trinquent. On vit prisonnier d'une zone de non-droit où les voyous font la loi, et nos hommes politiques s'en foutent !

« Les trafiquants s'approprient le territoire comme une armée étrangère, et gare à vous si vous les dévisagez ou si vous osez leur faire une observation. Par exemple, Rachid règne sur le bâtiment C, c'est le sien, personne ne doit toucher au bâtiment C ni à ses quatre ou cinq points de chute. Le bâtiment C, c'est comme un bail commercial : on peut le céder à un acquéreur mais celui-ci doit en payer le juste prix, sinon c'est le règlement de comptes assuré à la kalach, affirme Samia. Si Rachid part en prison et qu'un autre dealer vient s'installer à sa place sans son autorisation, c'est aussi le règlement de comptes assuré. Ce qui m'inquiète le plus aujourd'hui, c'est le rajeunissement des trafiquants : on voit des jeunes de 13 ou 14 ans qui sont devenus incontrôlables et ne tolèrent aucune forme d'autorité. Ils peuvent être irascibles, mais aussi très polis avec les mères de famille qu'ils aident parfois à monter leurs provisions dans les étages.

« Certaines mamans qui n'arrivent pas à joindre les deux bouts laissent volontairement leur porte ouverte pour abriter les trafiquants et le produit du trafic en cas de descente de police, ajoute Samia, en échange, elles touchent une indemnité mensuelle. Ce sont elles qu'on appelle les "*nourrices*". Les élus ? Ils sont au courant mais ils laissent faire. L'important pour eux, c'est de conserver leur puissance et leur clientèle au sein de la population maghrébine et comorienne. Ils sont donc prêts à toutes les compromissions : certains anciens voyous assez influents dans les cités se sont mis au service de certaines élues pour recycler l'argent des contribuables en profitant pour eux-mêmes de larges subventions accordées par le conseil régional à des associations fantômes... Est-il normal que l'un d'entre eux ait acheté un Renault Trafic destiné à une association bidon et qu'il le loue 200 euros par week-end à ceux qui veulent déménager ou partir en vacances dans sa cité ? »

Baby Connection et Smala Connection

« Et puis on a tendance à nous prendre partout pour des dégénérés, estime Samia, on nous inonde de ballons ou d'équipements sportifs mais on ne nous donne que rarement des livres ou des pianos... Les voyous qui dirigent le trafic de drogue dans la cité s'arrogent le droit de vie et de mort sur les habitants. Ceux qui sont le plus à plaindre, ce sont les travailleurs pauvres et les petits retraités qui ne peuvent pas quitter le quartier et sont condamnés à cohabiter avec des gens qui les insultent en permanence ou font régner la terreur dans les cages d'escalier. » Ces petites gens, prisonniers des cités de non-droit, sont les victimes de la « Smala-Connection ». Ils sont ulcérés par l'injustice sociale et la délinquance non réprimée autour d'eux. « Lorsqu'ils se rendent compte que les clandos, les sans-papiers, profitent sans vergogne de la couverture médicale universelle, des aides personnalisées au logement, des congés et des médicaments gratuits, et que, eux, on leur refuse une mutuelle parce qu'ils dépassent de cinq euros le plafond de la sécurité sociale, ils sont exaspérés et je les comprends », s'indigne Samia.

De fait, quand les travailleurs pauvres voient de simples RMIstes se balader dans la cité au volant de BMW ou de Mercedes, aller au ski à Courchevel ou dans des palaces à Malaga, ils se demandent s'ils ne rêvent pas ! Samia ne supporte plus leur arrogance et leur sentiment d'impunité. Elle leur dit en face ce qu'elle pense de leur « bizness », de leur bagnole à trente bâtons et de leur tenue de milord : voilà pourquoi dans sa cité, on la surnomme « la Balance », « le Commandant », « la Gestapo » ou « le Général ». « Quel piètre exemple pour nos enfants que de voir cette invasion d'argent sale régner en maître et nourrir des centaines de familles, s'énerve Samia, lorsque je rencontre des barbus de l'islam qui viennent faire du prosélytisme pour recruter des jeunes, ils me font observer : "*Samia, tu devrais te calmer, le génocide algérien, tu l'as oublié ?*" Dans leur comportement, on sent percer une idée de revanche contre les colons français, voilà pourquoi ils ont tendance, eux aussi, à se comporter en colons pour venger l'exploitation de leurs parents par les Français…

« Tous ces gens ne savent pas ce que c'est de se lever le matin pour aller travailler après une nuit sans sommeil : ils touchent le revenu de solidarité active et vont travailler au noir. Il faut pouvoir sortir du ghetto des cités, affirme Samia, les petits qui n'ont jamais vu leurs parents travailler n'hésitent pas à se lancer dans le « bizness » et narguent ensuite leurs professeurs : "*En deux jours à la cité, on gagne ce que vous gagnez en un mois !*" Les policiers ne viennent démanteler les réseaux de drogue que lorsqu'il y a un mort ou un règlement de comptes. Sinon, ils s'en foutent et laissent prospérer ce que les travailleurs sociaux appellent "*l'économie de la débrouille*", ou "*l'économie de la pauvreté*". Et lorsque les keufs ou les "bleus" se font trop présents, on leur balance des pierres et on déclenche des émeutes à chaque arrestation pour leur montrer qu'ils ne sont pas maîtres du territoire !

« C'est cette hantise de l'émeute qui paralyse les responsables du maintien de l'ordre : ils sont prêts à tout accepter pourvu qu'il n'y ait pas de vagues, pas d'insurrection, pas de rébellion, explique Samia, pourquoi croyez-vous que Marseille n'ait pas été gagnée par la contagion de l'embrasement banlieusard ? Parce que les policiers et les élus ont utilisé les dealers pour le maintien de l'ordre. Hormis quelques clandos qui ont brûlé des bagnoles, les banlieues marseillaises ne se sont pas enflammées. Et pour cause : les dealers ont des méthodes bien plus efficaces que celles des flics pour calmer les rebelles... Ils les tabassent ou ils les tuent ! C'est assez dissuasif. Mais, en échange, les dealers ne veulent plus de descentes des bleus.

« Nous, ce qu'on demande à la Ville, c'est pas sorcier, dit Samia, c'est d'être protégés comme les citoyens ordinaires des autres quartiers. Les jeunes BCBG, les avocats, les médecins et les fonctionnaires qui viennent acheter leurs doses, qu'on les laisse trafiquer avec les dealers, mais nous, on ne veut pas avoir affaire à eux. On veut être protégés de leur sale bizness et de la violence qu'il engendre. Ce qui nous gêne aussi, c'est la différence de traitement infligée aux uns et aux autres : si les flics ont décidé d'emmerder un jeune, ils vont jusqu'au bout. Mais les familles entières qui se livrent au trafic et ceux qui bâtissent des fortunes indécentes au bled ou à Francfort avec l'argent de la drogue, ils ne s'y intéressent même pas.

« On les arrête, on les relâche, souvent parce que ce sont des balances, dit Samia, tel père de famille invalide, au RMI toute sa vie, vient de construire une splendide villa au Cannet. Comment a-t-il fait à votre avis ? Où sont les fameux services financiers qui devaient frapper les voyous au portefeuille ? Un propriétaire de snack-bar a pu refaire toute sa façade avec l'argent provenant d'une subvention accordée à une association bidon. Vous croyez que c'est normal de dilapider l'argent public de la sorte ? Nous, on la tutoie, la députée. Quand on voit sa superbe villa à Malmousque, juste à côté du restaurant *Chez Passedat*, avec le bateau qui peut rentrer directement dans son garage, et quand on la voit se promener en Ferrari à Bormes, on se demande comment elle a pu amasser tant d'argent. On la surnomme « La Belle au bois dormant » parce qu'elle ne se réveille qu'au moment des élections. C'est comme une autre élue des quartiers nord qui a acquis de nombreux appartements dans les beaux quartiers de Marseille et à Annaba. Comment a-t-elle fait ? »

Couscous et danse orientale

« Le drame à Marseille, c'est qu'on nous cantonne dans le couscous et la danse orientale alors qu'on rêve de pièces de Molière et de Corneille. Voilà dix ans que je m'épuise à dénoncer tous ces trafics qui minent la banlieue. J'ai l'impression que Gaudin est au courant de tout et qu'il laisse faire pour des raisons électorales, suggère Samia. Notre avantage à nous, c'est qu'on voit ce qu'il se passe des deux côtés de la Méditerranée : on voit ces clandos pris en charge par le Secours catholique, le Secours populaire ou les restaurants Coluche, ils bénéficient de soutiens scolaires, de stages de voile, de balades en montagne, et nos enfants à nous, ils n'ont rien ! Ce sont de super-assistés qui viennent mendier ici alors qu'ils ont déjà une maison au bled ! Et lorsqu'on a besoin de placer nos enfants, les élus prennent toujours ceux des autres en priorité. On n'est bon qu'à faire campagne pour eux en période électorale, après ils nous oublient !

« Le problème majeur de ces jeunes, accuse Samia, c'est leur inculture et l'analphabétisme. Ils vivent dans le culte de la force et de la déférence au chef : ils forment un clan obéissant et soumis aux volontés du chef et n'ont plus le sens des valeurs, ni celles du bien ni celles du mal. La seule loi qu'ils observent c'est la loi du réseau, c'est-à-dire la loi du plan stups en vigueur dans la cité. Elle implique qu'on obéit aveuglément au chef du réseau, qu'on tabasse ceux qui ne se conforment pas à la loi de la tribu et qu'on terrorise les petits pour qu'ils participent eux aussi au trafic, même s'ils n'en ont pas l'intention. Et quand ils sont pris, c'est la loi de l'*omerta* : je ne sais rien, je n'ai rien vu, rien entendu. Moi j'appelle ça du fascisme tribal. Ce que j'aimerais, conclut Samia, c'est que vous les journalistes, vous cessiez de nous amalgamer avec tous ces arrivistes du bled ! »

Elle a raison, Samia. Elle vit une galère quotidienne dans ces ghettos du shit, du shoot et du « chut » où tout le monde sait tout et où personne ne dit rien. Pour avoir une bribe d'information, il faut garantir l'anonymat, le témoignage sous « x », il faut aussi promettre l'octroi d'un autre logement. Ailleurs. Loin du ghetto du shit et du chut. Loin de cette génération « kalach » qui fait parler la poudre en guise d'explication. Les rares médiateurs sociaux qui peuvent encore entrer dans les cités ne cessent d'alerter les pouvoirs publics : la situation est devenue ingérable parce qu'ils n'ont plus aucune prise sur les gamins de 10 à 13 ans. Ce sont des jeunes dont la seule morale est celle des jeux vidéo ultra-violents. Un enfant de 11 ans a été grièvement blessé d'une rafale de kalachnikov au « Clos La Rose », une cité naguère accueillante du 13e arrondissement de Marseille. Un de ses copains de 16 ans a été abattu sur son poste de « chouf ». Seul son fauteuil est resté…

« Ce qui me choque, affirme Claude Maubon, journaliste, c'est la tolérance plus que coupable avec le trafic de drogue. Les choufs qui surveillent les entrées des cités sont plus efficaces que la police. On tolère cet univers parallèle parce que c'est une forme de gestion sociale *bis* des banlieues qui ne coûte pas un rond… »

Est-il normal que dans certaines cités marseillaises, à certaines heures, ces « tox » viennent s'approvisionner comme s'ils faisaient leur marché, ou comme s'ils faisaient la queue en voiture pour un sandwich au MacDo ? Si vous commencez à interpeller les « tox » sur leur lieu d'achat, vous réduirez automatiquement leur nombre de façon significative. Mais là aussi, les pressions sont permanentes car parmi les « tox » les plus assidus on trouve du beau linge… et une majorité de jeunes qui ont contribué à développer une certaine tolérance de la société à l'égard du shit.

Il faudrait également mettre un terme à une certaine complicité objective au plus haut niveau entre la France et le Maroc dont la principale industrie est devenue, hélas, la culture intensive du cannabis. Il serait utile, enfin, que la police installe des « *sur-choufs* » qui lui signalent la moindre anomalie dans la cité afin de lui permettre une intervention immédiate en flagrant délit, quitte à décréter un état de siège prévu par la constitution de 1958 visant à encercler les bâtiments incriminés, à neutraliser toutes les issues possibles et à les passer ensuite au peigne fin . Quand on a donné les moyens nécessaires, en hommes et en matériel, dans les années 1970, au commissaire divisionnaire Marcel Morin, patron de la brigade des « Stups » à Marseille, il a éradiqué la French Connection en trois ou quatre ans.

Les peines de prison ont été carrément doublées. Il suffisait de vouloir. Et les Français, fortement « incités » par leurs collègues américains qui n'en pouvaient plus de voir leur territoire inondé par l'héroïne « blanche » marseillaise, ont fini par le vouloir. CQFD. « Que voulez-vous qu'on fasse ? confie le préfet de police avec une moue explicite, j'ai fait interpeller à quatre reprises en un mois un guetteur d'une cité de la drogue et quatre fois les magistrats l'ont relâché… »

Maubon ne le dit pas, mais chacun l'a constaté : ce qui fait vivre Marseille Nord, c'est une économie « à la grecque » : rien de déclaré, rien de visible, tout au black et je t'embrouille. La police y multiplie les « descentes », les arrestations et les saisies, mais sitôt une filière démantelée, une autre prend sa place. Parce que le jeu en vaut la chandelle. Croyez-moi, frères Marseillais, lorsque vous discutez avec de jeunes trafiquants, ce n'est pas la police qu'ils craignent, c'est la prison. Deux ans, ça va, trois ans, ça va encore, mais quinze ans dedans, on s'arrête chef, ok, ça va comme ça mon pote…

Génération kalach

À La Cayolle, c'est un assassin de 16 ans qui a été incarcéré après avoir abattu deux « concurrents » de son réseau de shit. C'est la génération « kalach ». La « Baby Connection ». On tire d'abord. On avise ensuite. Ce sont des délinquants compulsifs, irascibles, élevés dans le culte de la force et de la terreur. Ce sont les nouveaux soldats de la jungle urbaine : gilets pare-balles, armes de guerre dont on se sert comme des rasoirs jetables, haine farouche des « keufs », des pompiers, et de tous ceux qui représentent l'autorité républicaine. Les soldats de la drogue ont également un avantage : ils « travaillent » en famille. Avec leur père, leur mère, leurs frères, leurs sœurs, leurs cousins. Lorsque les policiers démantèlent une filière de shit, ils s'aperçoivent que des familles entières sont concernées par le trafic. Les préfets Philippe Klayman et Alain Gardère, deux des meilleurs spécialistes de la sécurité publique en France, ont mené des centaines et des centaines d'opérations coup de poing dans une trentaine de cités hypersensibles. c'est malheureusement la vérité : des centaines et des centaines de filières démantelées. De « charbonneurs » interpellés. De « choufs » placés en détention. De « nourrices » appréhendées. De complices arrêtés. En vain.

Dès le lendemain, le trafic renaît de ses cendres parce qu'il est très lucratif. « Le trafic de drogue, c'est comme le chiendent, plus vous le fauchez, plus il repousse », confie le préfet Alain Gardère. À la Busserine, les policiers des stups ont mis des mois à éradiquer un réseau en saisissant au passage 6 000 euros en liquide et vingt-cinq kilos de shit. Quelques semaines plus tard, les guetteurs sont de retour et un charbonneur trône sur un fauteuil devant l'un des halls d'entrée, notent les journalistes du *Monde* Yves Bordenave et Laurent Borredon, auteurs d'une belle enquête sur « *l'emprise de la drogue* » à Marseille. Aux Iris, le jeune Taoufiki Mohamed a été lynché et frappé à mort pour avoir osé défier le réseau en place : dix jours après son décès, le fauteuil du « charbonneur » a quitté le bâtiment 26 pour le bâtiment 27, raconte Olivier Bertrand de *Libération*. Les cités marseillaises ont horreur du vide…

300 000 euros ? 400 000 euros ? 500 000 euros ? 600 000 euros par jour ? Combien rapporte le trafic de drogue quotidien dans les ghettos de la came ? Nul ne le sait exactement. Ce qui est sûr, c'est que chaque réseau est une véritable « PME » de la drogue avec son

« gérant », ses « choufs », ses « nourrices », ses « charbonneurs ». Et les comptes sont fort bien tenus. La preuve, c'est que les policiers marseillais ont mis la main sur un carnet de comptabilité lors d'une descente à la cité de la Visitation. Ils ont découvert, sidérés, les chiffres des dépenses et des recettes comme dans n'importe quelle petite ou moyenne entreprise légale. Le bénéfice net mensuel était de 110 950 euros par mois. Les salaires des guetteurs étaient de 4 800 euros par mois, ceux des charbonneurs s'élevaient à 9 000 euros par mois et les rétributions des nourrices se montaient à 5 000 euros par mois. En liquide et net d'impôts.

La tentation mathématique serait de multiplier ce bénéfice mensuel de la Visitation par trente pour évaluer le chiffre noir de l'économie souterraine liée à la drogue à Marseille. Mais l'estimation ainsi obtenue serait fausse. Car toutes les cités de la drogue ne sont pas logées à la même enseigne. Elles ne se livrent pas toutes au trafic avec la même intensité, la qualité des « produits » y est très différente. Les plus « juteuses » sont souvent celles qui ont les noms les plus bucoliques : les Iris, la Castellane, La Cayolle, Air-Bel, les Micocouliers, les Flamants, la Busserine, les Cèdres, les Bleuets, Bassens, Font-Vert, le Castellas, le Plan-d'Aou… « De nombreuses cités disposent d'un ou plusieurs plans stups, témoigne l'ancien major Gilles Tachon, un policier d'élite qui a contribué au démantèlement de nombreuses bandes de malfaiteurs, mais ces plans n'ont pas tous la même rentabilité, certains ne proposent que du shit, d'autres du shit, de la coke et de l'héroïne, une drogue dure qui fait son retour à Marseille, et certaines cités sont un peu des discounts de la drogue, elles ne proposent que des produits bas de gamme. »

À Marseille, il y en a pour tous les goûts et toutes les bourses. Les « tox » de l'étang de Berre, de Martigues, de Vitrolles, de Salon, d'Aix et de Miramas viennent en masse s'approvisionner dans ces supermarchés de la drogue. On évalue à 10 000 euros le rapport moyen quotidien d'un plan stup marseillais, mais il peut être de 25 000 euros aux Iris ou de 30 000 euros par jour à la Castellane.

Quand les enquêteurs arrêtent des malfaiteurs qui n'ont pas eu le temps de planquer leur argent sale dans l'appartement de la « nourrice », ils ont les poches bourrées de billets (45 000 euros saisis sur un jeune, 50 000 sur un autre). Et lorsqu'ils perquisitionnent à Gignac, près de Marseille, une villa appartenant à un clan de trafiquants de haut vol, ils doivent enjamber de nombreux cartons pleins d'argent liquide pour se frayer un chemin...

Cette masse d'argent « *informel* » (délicieux, le langage des sociologues) issue du trafic permettait naguère l'achat de berlines de luxe, de bateaux, d'appartements ou de villas sur la Côte. À présent, c'est fini. Les inspecteurs du fisc travaillent de concert avec la police pour éplucher les comptes et le patrimoine de ceux qui ne peuvent pas justifier les biens correspondant à leurs ressources. Par exemple, un trafiquant touchant le RMI ou un invalide percevant une pension dérisoire qui achètent soudain dix appartements et une villa au bled sont priés de s'expliquer sur l'origine des fonds qui leur ont permis de telles acquisitions. Comme ça commence à « craindre » côté patrimoine et que la justice n'hésite plus à saisir les biens des criminels, ils ont changé leur kalach d'épaule : désormais, ils vont investir leurs cartons de cash à Marbella et à Séville dans le Sud de l'Espagne et dans la région d'Oran en Algérie, où les législations sont moins tatillonnes.

L'armée de l'ombre

Si l'on prend l'exemple de la cocaïne, elle se négocie autour de 35 euros le gramme pur jusqu'à 90 %. Les trafiquants en achètent un kilo (35 000 euros) et coupent la coke pour en faire trois kilos avant de la revendre à leur tour 40 euros le gramme, soit 40 x 3 000 grammes = 120 000 euros, c'est-à-dire un bénéfice de 85 000 euros (120 000 moins la mise initiale de 35 000). Quand on sait qu'un plan stup ouvre son marché à 11 heures du matin et qu'il va durer jusqu'à 23 heures et qu'une bonne trentaine de voitures par heure vont défiler pour s'approvisionner en « produit », on se doute que les bénéfices sont phénoménaux en fin de journée et qu'ils attisent toutes les convoitises, toutes les haines, toutes les menées meurtrières de la génération kalach : « C'est le phénomène marseillais de la multiplication des pains, ironise Gilles Tachon, pas de cartes bleues, pas de chèques, du cash à profusion que les trafiquants vont *go-faster* dans l'autre sens, vers l'Espagne et le Maghreb… »

Aux Iris, le réseau était organisé en « deux-huit » : les dealers « travaillaient » de 11 heures à 18 heures, puis d'autres prenaient le relais de 18 heures à minuit. « C'est une véritable armée de l'ombre, constate l'avocat général Martine Assonion, le 28 mars 2012 devant la cour d'assises d'Aix-en-Provence où comparaissent douze jeunes des Iris accusés du meurtre du jeune Comorien Taoufiki Mohamed, 20 ans. Ces petites mains de la drogue ne vivent que du clan, du réseau. Lorsque la cité est attaquée, ils répondent comme un seul homme. Ils ont mis en place une organisation militaire et hiérarchisée avec des stratèges et des spadassins. On leur rembourse même leurs repas pris en service commandé. Schengen est passé, mais, eux, ils ont conservé les barrières douanières ! Nul ne peut déroger à la loi du réseau. C'est l'obéissance aveugle au chef, la soumission totale. Un des accusés va jusqu'à prétendre que s'il a participé au lynchage, c'est parce que la cité était en danger et qu'il se sentait en état de légitime défense… »

Légitime défense ou légitime *défonce* ? Un braqueur ose braver la loi du bâtiment 26 ? Mais comment a-t-il pu se permettre une telle folie ? Il faut faire un exemple, rapide, un déchaînement de coups, au vu et au su de toute la cité, pour qu'on sache qui commande aux Iris. Et voilà comment un jeune homme de 20 ans est victime de la peine capitale, sans sommation, sans explications, sans tribunal… « C'est sa faute, monsieur le président, bredouille l'un des agresseurs, il n'aurait jamais dû s'en prendre au réseau… » On sent qu'ils crèvent de peur dans le box. Peur des représailles sur leur famille pour un mot de trop, peur pour une sœur qui pourrait être violée dans la cité, peur pour une mère « exfiltrée » des Iris mais qu'ils se font forts de retrouver pour la « punir » d'avoir parlé aux « keufs ».

Les jurés mesurent l'intensité de cette peur lorsque comparaît une jeune fille qui a tout vu et tout raconté aux policiers : elle les a tous désignés un par un avant de se rétracter, affolée par les conséquences de son témoignage. Elle pleure, elle tremble, elle sanglote : « Non, je ne me souviens plus de rien, je n'ai rien vu, rien entendu, ce que j'ai dit au départ, c'était des bêtises… » Elle a peur pour son frère agressé une première fois aux Iris et pour lequel elle craint le pire si jamais « ils » le retrouvent.

« À coups de pied, vous lui avez arraché la vie ! » accuse Me Philippe Vouland qui se demande ce que deviendraient tous ces trafiquants si le shit était légalisé en France. C'est peut-être grâce au commerce du cannabis que les cités marseillaises n'explosent pas, suggère-t-il, en lançant aux accusés, comme dans la parabole de saint Matthieu : « Mais qu'avez-vous fait de vos talents ? » « Vous l'avez transporté comme un bœuf, en le tenant par chacun de ses membres comme certains empoignent une brouette, il fallait montrer sa force, faire un exemple » s'indigne l'avocat général. C'est la curée. « *J'ai prié pour que ça s'arrête* », murmurera la victime à l'oreille des médecins dans l'ambulance du Samu où il décédera des suites de ses blessures. Il a tellement été roué de coups que le médecin légiste n'a pas pu en déterminer le nombre ! C'était une meute acharnée, en phase d'élimination. « C'est leur appartenance au réseau qui suscite leur violence et l'avalanche de coups, puis le mimétisme et l'effet de groupe obnubilent les réactions d'humanité », explique la magistrate. Lorsqu'on essaie de pousser un jeune témoin à la barre dans ses retranchements, parce que lui aussi, manifestement, a tout vu, il réplique vivement :

« Mais vous voulez que ma mère vienne me voir dans un cercueil ? »

La lecture du délibéré dans l'affaire dite « des Iris », du nom de la cité, a été très chaude. Il a fallu en effet que les policiers partagent la salle d'audience en deux parties égales : d'un côté les amis du Comorien, venus en nombre manifester leur soutien à la jeune victime, de l'autre les proches des Maghrébins de la cité des Iris, venus en masse eux aussi pour donner aux accusés un signe de solidarité. Il a fallu ensuite que le président fasse régner l'ordre comme au stade Vélodrome où les supporters des deux camps sont soigneusement parqués pour éviter la « baston ». Il a donc fait sortir d'abord les Comoriens de la salle d'audience, puis il a fait attendre les Maghrébins à l'intérieur de la salle d'audience pour que la foule de Comoriens se disperse à l'extérieur. Et lorsqu'il a eu la certitude qu'aucune confrontation n'était à craindre entre les communautés, il les a fait évacuer...

« L'univer-cité »

Ceux qui sont scandalisés par ces poches de non-droit, ces discours et comportements ultra-violents et qui s'imaginent que seule la solution « Karcher » peut ramener la paix civile se trompent lourdement. La solution sera longue, pénible, quotidienne, ardue : c'est « l'univer-cité » et l'éducation civique. Et peut-être aussi la stérilisation du trafic par la saisie du produit aux confins mêmes du Maroc par les autorités espagnoles. On pourrait rêver aussi d'une intervention des autorités marocaines pour faire cesser la culture intensive du cannabis sur leur territoire, mais cela relève de la douce utopie compte tenu des bénéfices faramineux engrangés dans ce domaine. « L'Algérie est un pays riche, ils ont le gaz, au Maroc, ils sont plus pauvres, ils n'ont que le tourisme et le shit », nous confie un trafiquant des cités.

En tout cas, la consommation de barrettes ne calme pas les ardeurs. Le climat est tendu à l'heure actuelle entre les « bleus » et les « jeunes » parce qu'ils sont incapables de se parler. « Les nouvelles brigades spéciales, c'est de la poudre aux yeux, écrit Anne-Cécile Juillet dans un article du *Parisien* intitulé « Le dialogue impossible », on déshabille Pierre pour habiller Paul et ça pourrait bien exciter les crapauds. » Les « *crapauds* », c'est le surnom donné par les policiers toulonnais aux jeunes de la cité Berthe à La Seyne : « Jambes écartées, bras écartés, ils ne savent dire que *quoi-quoi-quoi !* quand on leur parle, expliquent-ils. Les contacts sont peu fréquents, ou alors à coups de cailloux, de canettes, de batteries de voitures ou de machines à laver. On nous a dit de ne pas mettre les pieds là où ça pourrait craindre, la hiérarchie a peur que ça dégénère… »

L'imagerie de la Game-Boy

Pierre Pérez, ancien policier marseillais, directeur de l'association de Médiation sociale à la Viste (15e), reconnaît que la marge de manœuvre est de plus en plus étroite : « Les médiateurs sociaux sont complètement débordés, admet-il, ils ne sont plus au contact de la population. Ils ne peuvent plus accomplir leur travail de proximité et sont désormais éloignés des jeunes des cités sensibles. Voilà pourquoi les gamins de 12-13 ans se sont approprié le territoire : on les voit se balader, juchés sur des scooters, avec des cagoules sur la figure et des kalach en bandoulière. C'est dramatique parce qu'on les sent capables d'appuyer sur la détente au moindre prétexte, pour un oui pour un non, sans jamais avoir mesuré l'impact d'une balle. Ils sont dans l'imagerie de la Game-Boy, estime Pierre Pérez, ils ne craignent plus personne, il n'y a plus de caïdat. Naguère le caïd-dealer était un leader identifié par la meute et il suscitait une certaine crainte auprès des plus jeunes. C'est fini. Maintenant, ils sont dans le défi du regard, ils sont dans la punition, pas le meurtre…

« Ils sont prêts à achever un autre jeune pour le punir, pas pour le tuer, poursuit-il, ils veulent vivre avec des talbins dans la poche. Certains font les guetteurs toute la journée, quitte à rester douze heures en poste. Ils sont surexploités par les gérants des réseaux qui, eux, peuvent être arrêtés en possession de 50 ou 60 000 euros. Nous, les travailleurs sociaux, on ne peut régler que les conflits de basse intensité à la sortie des lycées ou dans les bus. Dès qu'il y a une agression, c'est la police qui est compétente, pas nous. Maintenant les travailleurs sociaux sont bannis par les bandes qui les considèrent comme des balances potentielles.

« Le tissu social se dégrade à la vitesse grand V, se désole Pierre Pérez, les travailleurs sociaux n'ont aucune vocation à se faire insulter, traiter de collabo ou casser la figure. Donc ils sont cantonnés dans la gestion des dossiers. Avant, ils pouvaient encore se protéger à travers les dealers, les rois du quartier. Mais leur suprématie est contestée par les plus jeunes, les plus agressifs, ceux qui ont les nerfs, c'est le règne de la violence instinctive où l'on peut prendre deux balles dans le dos pour un morceau de chichon. Le cadre social, le respect, a complètement explosé. Les policiers ne bougent que lorsqu'ils sont saisis et ils n'ont aucun moyen d'intervenir. Trois brigades anti-criminalité et trois police-secours pour une ville comme Marseille, c'est dérisoire. Songez qu'on a relevé sur nos registres plus de 100 000 incivilités dans les cités et à la sortie des écoles l'an dernier… »

Une police en plein désarroi

« Le problème de la police, c'est qu'on a davantage d'intérimaires que de spécialistes, fait observer Pérez, sur cent policiers qui ont été embauchés, vingt-cinq ont été affectés à la vidéo-surveillance, avec les rotations seulement vingt-cinq sont sur le terrain et on ne les voit pas. J'espère que les deux cents policiers mis à la disposition du nouveau préfet de police des Bouches-du-Rhône, en septembre 2012, seront davantage visibles sur le terrain.

« À Marseille, il faut bien admettre que la peur a changé de camp. Ce sont les policiers qui ont peur des voyous. N'importe quel écervelé possède une kalachnikov et il ne sait même pas le bruit que ça fait. Le voyou qui a tué un bijoutier à Cannes d'une balle dans la tête a lui-même été horrifié par son geste et a tout de suite proposé d'appeler les pompiers... On a perdu le combat de la proximité. On ne fait que constater les dégâts. On pourrait pourtant prendre dès aujourd'hui une mesure simple: l'exonération de toutes taxes et impôts pour les épiciers qui s'installeraient au pied des barres d'immeubles. La présence d'un commerçant est sécurisante pour la population et c'est aussi un point d'appui pour la police.

« Il faut dire la vérité: aujourd'hui, la plupart des cités marseillaises sont devenues des territoires étrangers à la République, se désole Pierre Pérez. Les marins-pompiers eux-mêmes se font fouiller avant de pouvoir pénétrer dans la cité du Castellas ou la cité des Rosiers. On n'avait jamais atteint un tel degré d'impudence. Les habitants eux-mêmes ne se sentent plus chez eux. Une fois arrivés au bas de leur immeuble, ils doivent décliner leur nom et désigner leur sonnette sinon ils ne peuvent pas regagner leur domicile. Nos médiateurs sociaux n'ont aucune compétence pour rétablir l'ordre. Ils sont simplement habilités à régler les conflits de basse intensité dans les bus un peu chauds ou aux abords des collèges. Ce qui est nouveau, c'est qu'on voit débarquer maintenant dans les quartiers nord des sociétés de sécurité privée, des vigiles vêtus de gilets rouges qui viennent en nombre pour faire déguerpir les jeunes oisifs qui font les santons devant les halls d'immeubles. Les jeunes s'écartent mais ensuite ils bombardent les vigiles rouges de canettes ou de caillasses. Et le seul bénéfice de cette intervention, c'est un affrontement stérile...

« Il ne peut y avoir une bonne prévention s'il n'y a pas au préalable une bonne répression, estime Pérez. On nettoie d'abord, on occupe le terrain ensuite. Si la police et les médiateurs ne sont pas visibles, c'est la chienlit qui s'instaure. Nos jeunes à nous sont reconnaissables, ils portent tous des pantalons noirs et un uniforme qui leur donne l'esprit de groupe. Mais que peuvent-ils faire, avec la meilleure volonté du monde, contre ces petits caïds de 8 ou

10 ans qui attaquent en bande un père de famille pour lui arracher sa chaîne de baptême ? Ces jeunes-là profitent à fond du trafic de drogue, ils vont ensuite à *Foot Locker* et ils se sapent comme des ministres. Il faut casser ce système d'abandon des quartiers et renouer le contact. Il s'agit de déceler les racines de la déviance qui poussent au passage à l'acte pour les prévenir avec efficacité. Sinon, on s'en tiendra toujours aux constats et aux réparations. Après l'assassinat de la Rose, il y a toujours des guetteurs, quasiment au même endroit. Les policiers devraient les contrôler, les déstabiliser, mais ils ont peur. Certains me disent : "*Pierre, je suis pas jobard, j'ai pas envie de me faire tuer !*"

« La solution, c'est le harcèlement permanent, la palpation, le contrôle, au lieu de s'en laver les mains, dit Pérez. J'ai obtenu de bons résultats sur les bus 26 et 32 grâce à la présence constante de mes médiateurs : 45 % de dégradations en moins. En étant sur le terrain, ils empêchent les délits de se commettre. L'ennui, c'est que le turn-over des personnes, des compétences et des responsabilités est tel que plus personne ne se sent concerné. Et puis, il faudrait aussi éclairer le paysage avec des espaces verts et des nouvelles voies de communication, car les habitants se sentent prisonniers d'un univers concentrationnaire. Marseille, ce n'est pas Barcelone, c'est une artère de Barcelone. Vous tournez la tête à gauche, vous avez une tour délabrée. Vous la tournez à droite, vous avez des centaines et des centaines de logements sociaux en construction sans la moindre voirie correspondante. Ce sera donc la pagaille assurée... »

Que peuvent bien faire les travailleurs sociaux dans un tel climat de décomposition ? « Nous assurons simplement une veille sociale pour permettre aux gens d'aller et venir sans se faire agresser physiquement ou verbalement, constate Pierre Pérez. Nous ne pouvons plus pénétrer le milieu ou nous mettre dans l'ambiance de la cité. C'est trop risqué. Ma fierté, c'est d'avoir sorti 850 jeunes de la délinquance et d'en avoir fait des citoyens à part entière. Quand le contrat moral passe entre nous, le jeune sort du cycle de la drogue et de la violence. Les élus? Ils font du colmatage de brèches et n'ont aucune solution pérenne. Ils font du recensement d'infractions et ne donnent aucune impulsion, la police municipale étant incompétente pour intervenir. Que voulez-vous proposer à un minot qui fait le chouf pour deux cents euros par jour? On peut tenter de leur mettre la pression en leur expliquant qu'ils risquent de monter aux Baumettes, mais ils ne craignent pas du tout les foudres de la justice... Le dernier trafiquant abattu cité des Lauriers avait été arrêté dix-sept fois! »

Admonestation tranquille et pan-pan cul-cul

Et pourquoi ces énergumènes craindraient-ils la justice? Certains magistrats sont devenus des assistants sociaux plus que des juges résolus à appliquer fermement la loi. Ils se cantonnent dans le registre de l'admonestation tranquille et de l'angélisme contrit au lieu de songer à l'exemplarité des peines et à la sévérité de la réprobation morale dont ils devraient être les vecteurs emblématiques. « La solution serait d'instaurer une punition immédiate et visible pour tous les actes de délinquance si l'on veut recréer dans cette ville un embryon de lien social, affirme le Dr Michel Bourgat, adjoint au maire chargé de la lutte contre l'exclusion. Les lois actuelles sont trop permissives et donnent aux jeunes un sentiment d'impunité. Notre éducation aussi est complètement à revoir, ajoute le Dr Bourgat dont le fils Nicolas, 15 ans, a été assassiné en plein cœur de la ville pour avoir osé toiser Kthab, un autre adolescent de son âge. Nous formatons des prédateurs violents, des gamins explosifs qui n'ont plus aucune notion du bien et du mal. Ils ne perçoivent les travailleurs sociaux que comme des intrus qui viennent déranger leur bizness. »

Ces prédateurs violents n'ont plus aucune espèce de scrupule. En pleine cour d'assises, alors que le président venait de donner lecture d'un verdict condamnant les trafiquants d'une cité à des peines de réclusion criminelle, l'un d'entre eux a clairement fait le signe de l'égorgement en balayant son cou d'un pouce rageur et en proférant en arabe des menaces de mort. À l'encontre des jurés ? Pas du tout. A l'encontre du président ? Pas du tout. Son geste était clairement dirigé contre l'un des membres de la bande.

Faut-il organiser « *une cohabitation sympa* » avec les dealers et les gangs, comme le prônent certains sociologues ? Faut-il considérer avec eux que l'économie souterraine est celle de la « *débrouille* » ? Que les gains financiers n'excluent pas les bénéfices sociaux ? Doit-on accepter toutes les concessions et toutes les compromissions pour préserver la paix sociale ? Doit-on cesser de s'occuper de ces territoires et les rendre « autonomes » pour s'épargner la hantise de l'émeute ?

« Le problème, pour nous policiers, me confiait le préfet Philippe Klayman, c'est que nous avons affaire à des cités bunkerisées, très difficiles à pénétrer et à surveiller. Lorsque nous pouvons disposer d'un hélicoptère de surveillance de la gendarmerie, la caméra filme en direct les protagonistes du trafic, même si l'appareil n'est pas à l'aplomb de la cité et qu'il est en vol stationnaire à très haute altitude pour ne pas alerter les habitants. Ce travail de stérilisation du trafic est essentiel car il est au cœur de la délinquance. Mais nous avons aussi l'aide d'un inspecteur des impôts et d'un contrôleur du fisc chargés de taper les trafiquants au portefeuille et de taxer par exemple les biens qu'ils investissent massivement dans le tourisme à l'étranger alors qu'ils n'ont aucune ressource connue... »

Après le clientélisme et l'angélisme judiciaire, le troisième cancer qui mine Marseille, c'est la drogue. Marseille a toujours été une plaque tournante du trafic. Trafic d'opium, laboratoires de transformation de la morphine base en héroïne, démantèlement de la French Connection, conteneurs entiers de haschich sur le port de Marseille en provenance d'Afrique du Nord, Marseille n'a jamais cessé d'alimenter les États-Unis, puis l'Europe du Nord en came.

« Monsieur Dix Tonnes »

Je me souviendrai toute ma vie de la gifle que j'ai donnée au système marseillais le dimanche 28 octobre 1984. Ce jour-là, j'annonce à la une du *Méridional* la saisie de dix tonnes de haschich sur les quais de Marseille dans un conteneur en provenance du Moyen-Orient. J'ai osé…

Le Provençal, le journal du tout-puissant maire de Marseille Gaston Defferre, est grillé. Il s'agit de la plus grosse prise de drogue jamais réalisée en France. Le scoop est énorme. L'information ne tarde pas à être vérifiée puisque le soir même les policiers des stupéfiants vont saisir la drogue sur le port et… se font interpeller au passage par des gardiens de la paix qui croient avoir affaire à des trafiquants venant prendre livraison de la marchandise. Je bois du petit lait… mais pas pour longtemps. Toute la presse française me tombe dessus à plumes raccourcies: Jean-Noël Tassez, le bellâtre de *La Marseillaise*, Jacques Maigne, l'excellent journaliste de *Libération*, François de Muizon du *Matin*, Jean-René Laplayne, le rédacteur en chef du *Provençal*, qui ne comprennent pas comment j'ai pu me faufiler à travers les mailles du contrôle de leur réseau d'information. Seuls Gérard Mathieu du *Quotidien de Paris* et Guy Porte, correspondant du *Monde*, écrivent simplement la vérité: « D'Arrigo a fait son boulot de journaliste. » L'information n'a pas été divulguée prématurément et elle n'a gêné en rien l'intervention des forces de police qui planquaient autour de ce conteneur depuis le jeudi soir…

Mais d'Arrigo doit payer. Il a dit la vérité, il faut l'exécuter. Une information est ouverte pour « violation du secret de l'instruction » et je suis traduit le 31 octobre 1984 devant le juge d'instruction Jean-Dominique Panzani, un magistrat très engagé à gauche et qui prend manifestement un malin plaisir à me mettre sur le gril. Heureusement, j'avais pris conseil auprès d'un ami avocat, qui m'avait fait apprendre par cœur la réponse à donner au juge lorsqu'il me demanderait de trahir mes sources et de lui livrer le nom de mon informateur: «*Je ne détiens pas cette information d'un policier, ni d'un douanier, ni d'un docker, je la détiens d'une personne dont j'ignore l'identité et qui a été intriguée par le manège de certains individus autour du conteneur, laquelle personne détenait cette information d'une tierce personne dont elle-même ignore l'identité.*» C'était imparable. Après m'avoir demandé huit à dix fois d'affilée qui m'avait informé, et que je lui ai ressassé cette phrase comme un leitmotiv, tout en l'assurant de vouloir «aider de tout cœur la justice», le juge Panzani, beau joueur mais vicieux, me raccompagne à la porte de son bureau sans m'inculper de quelque grief que ce soit…

— Alors, M. d'Arrigo, me murmure d'une voix suave Jean-Dominique Panzani sur le palier en me tenant par l'épaule, maintenant que nous sommes entre nous, loin de la greffière, vous pouvez me le dire: qui vous a informé?

— Monsieur le juge, j'ai beaucoup de respect pour vous et pour l'institution que vous représentez mais je vous répète que je détiens cette information d'une personne dont j'ignore l'identité, laquelle personne la détenait d'une tierce personne dont elle-même ignore l'identité.» Le juge n'a pas attendu la fin de ma psalmodie. Il a claqué la porte derrière moi. Et là, oui, frères Marseillais, j'ai bu du petit lait.

Gérard Mathieu écrit superbement le lendemain dans le *Quotidien de Paris* de Philippe Tesson: «C'est une véritable gageure que d'être journaliste à Marseille, pour préserver son scoop un journaliste est contraint à des ruses de Sioux. De surcroît, il faut court-circuiter tout un réseau para-officiel de l'information qui rassemble les journalistes bien en cour, c'est-à-dire les journalistes socialistes, les pouvoirs publics, la police, la justice et les carriéristes de tout poil. Si cette affaire fait du bruit, c'est que la petite Mafia qui organise l'information à Marseille dans tous les domaines, sous l'autorité des plus hauts responsables, a été pour une fois débordée. Tout se passe comme si à Marseille un confrère n'avait pas le droit de réaliser un scoop. À Marseille, c'est une chose qui ne se fait pas. Defferre concède l'information comme une faveur. Et bien souvent, nous sommes obligés de l'arracher au risque d'un regrettable contretemps... »

Jean-François Dupaquier dénonce pour sa part dans le même journal « le psychodrame moralisateur » et estime que « si le scoop de d'Arrigo avait été publié dans *Libé*, tout le monde aurait crié au génie » : « Notre profession crève de l'information déférente, écrit-il, celle qui attend le feu vert des sources bien informées, celle de la presse-paresse des dîners en ville, des cocktails et des combines, le sous-produit des copains et des coquins. Cette presse-là est toujours prête à crier au loup et à ouvrir la chasse aux sorcières contre quiconque dérange ses rentes... » Je bois du petit lait... tout en en me remémorant le film des événements : j'ai l'info le jeudi soir. C'est du béton. Voyons voir, me dis-je, comment faire pour piéger le système et éviter de me faire barboter mon scoop par la concurrence ?

Mon confrère du *Provençal*, Christian Rodat, m'a mis un « boulon » la semaine précédente sur la saisie de trois kilos de cocaïne. Dans le jargon journalistique, « mettre un boulon » pour un rubricard, c'est révéler au grand public une information exclusive dont ses confrères ont été privés volontairement.

Je voudrais bien rendre la pareille à mon confrère mais si je parle de cette information à un chef de service de mon journal, je sais que je serai aussitôt balancé à mon concurrent. Si j'en parle à la direction de la police judiciaire, ils me recommanderont de ne surtout rien publier avant leur accord exprès, bref, de mon point de vue, je suis dans la mouise. Je vais donc préparer mon article dans le plus grand secret en évoquant le « ministère de l'Intérieur » toujours bien pratique pour un journaliste qui veut protéger ses sources. Et puis je vais attendre l'heure propice. Ce sera le samedi 27 octobre 1984 à 23 h 30. Ce soir-là, je suis de permanence faits divers au journal. Au cœur du week-end, la plupart des chefs se prélassent dans leur villa. Je sais que nous avons la même imprimerie que celle du *Provençal* et que jusqu'à 1 heure du matin, heure de la clôture, un « repiquage » est toujours possible, ce qui revient à dire que je peux toujours me faire doubler par le journal concurrent.

« Alex la balance » et « Cou coincé »

Il s'agit de jouer au plus fin. J'attends donc le bout du bout. J'attends qu'Alex Mattalia ait regagné son domicile : lui, c'est « Alex la balance ». Il rabâche tout à Defferre et ses sbires. J'attends que le directeur de la rédaction, un grand dégingandé qui n'a jamais mis les pieds sur le terrain, se décide à regagner ses pénates. À 22 heures, « Alex la balance » et « Cou coincé » s'en vont enfin et je les salue poliment. J'achète alors quelques pizzas et une bouteille de scotch que je déguste avec le patron du « Fil » ou du « Desk », Henri de Monléon, qui dirige les pages « Monde et Société » du journal. Lui, c'est un vrai journaliste, pour le circonvenir je dois d'abord l'enivrer. À 23 h 30, je reçois un coup de fil sur mon poste. C'est un complice à qui j'ai demandé de m'appeler à cette heure précise. Je fais semblant d'être en relation avec le commissaire de permanence à l'Évêché :

— Oui, j'arrive tout de suite, commissaire, dis-je d'une voix de stentor dans la rédaction, une prise de drogue, vous dites ? Où ça ? Sur le port. Ok, j'arrive…

Henri de Monléon, soûl mais pas con, ne tombe qu'à moitié dans le traquenard, mais il fait semblant d'y croire lui aussi : me voilà à minuit quinze de retour de… nulle part, je tape comme un forcené sur ma machine à écrire et annonce un scoop national à de Monleon qui m'a conservé un bel espace en manchette à la une. C'est gagné. Ils sont tous couchés. Marseille se réveille le lendemain avec la gueule de bois. Un petit journaliste a mis les pieds dans le plat et… trente ans plus tard, il s'en pourlèche encore les babines en se souvenant qu'on l'avait surnommé partout « *Monsieur Dix Tonnes* » !

CHAPITRE 3

Les mauvaises fréquentations

La manie de la corruption

Je n'étais pas le seul à vouloir déjouer ainsi les manigances, les ruses et les moyens d'intimidation dont disposaient alors les tenants du système Defferre. Quelques semaines plus tard, je reçois un coup de fil étrange à la rédaction. Il s'agit d'un correspondant anonyme qui souhaite me rencontrer le lendemain sur la Corniche, à 23 heures, sur l'aire de stationnement situé à proximité de la plage du Prophète, à la hauteur du vallon de la Baudille. La curiosité est la plus forte. Je me rends au rendez-vous et tombe sur un homme à la carrure impressionnante, chevauchant une moto de forte cylindrée. Je n'en mène pas large. Peut-être est-ce un proche d'un truand dont j'ai dévoilé l'identité lors d'un fait divers récent ? Peut-être veut-il m'abattre pour se venger ? Pas du tout. L'homme est extrêmement courtois et calme.

« Je ne peux pas vous dire mon nom et vous ne m'en voudrez pas, dit-il en levant son casque, dévoilant une opulente chevelure frisée et brune, mais nous savons que vous allez tous les matins et les après-midi à l'Évêché pour y recueillir des informations. Nous souhaitons que vous nous rapportiez ces informations, en particulier les numéros des voitures de police garées dans la cour de l'Évêché, la nature des enquêtes en cours, les descentes prévues dans les bars et les arrestations programmées... Nous triplons votre salaire actuel si vous acceptez notre proposition. »

Me voilà bien embarrassé. Je dois refuser cette offre sans offusquer le colosse. Je lui assure donc prudemment que je respecte ses activités, quelles qu'elles soient, mais que ma mission consiste à dire la vérité, ou en tout cas à essayer de la révéler au public, et que je ne peux donc pas accepter sa proposition, même si effectivement elle est très alléchante. Bref, je me confonds en salamalecs obséquieux. L'homme n'insiste pas. « Vous avez tort, dit-il simplement, si vous préférez rester un journaliste de merde dans un journal de merde, ça vous regarde ! » Et il repart comme il était venu au guidon de sa moto en direction des Goudes. Plus tard, je le reconnaîtrai sur une photo de presse : il s'agit de Souhel Hanna Hélias, dit « Joël », dit « Le Turc », le lieutenant de Francis le Belge, parrain de la pègre marseillaise à l'époque !

Morale de l'histoire : les truands n'hésitaient pas à mettre la main au portefeuille pour acheter des complicités partout : dans la presse, la police, l'administration, les milieux d'affaires, la justice et surtout la politique. Et je vais de nouveau m'en rendre compte l'année suivante en 1985, lorsqu'un suppôt du defferrisme, Dominique Venturi, dit « Nique », est jeté en prison pour des malversations financières en liaison avec la mairie. « Nique », et non pas « Nick » comme l'écrivent les partisans du franglais qui aiment donner une connotation américaine aux personnages sulfureux, style Nick Rizzuto, ou Kit Carson ou Blek Le Roc, a été un des piliers de la French Connection.

Dans les années 1960, la législation étant plutôt laxiste à l'égard des trafiquants, « Nique » et ses complices ont arrosé tout le territoire américain de « blanche », une héroïne marseillaise pure à

90 % et fabriquée par un chimiste hors pair, Jo Césari, dont les Américains raffolaient. Jusqu'à ce que le gouvernement américain dise « stop » et envoie sur la Canebière un superflic des Stups, John T. Cusack, directeur pour l'Europe et le Moyen-Orient du Bureau des Narcotiques. Peu impressionné par le « système Defferre », ce policier aux moyens illimités n'a pas hésité à citer nommément dans son rapport sur les gros bonnets de la « French », les noms de Dominique Venturi, dit « Nique » et Paul Mondoloni, dit « Le Pélican », patron de la brasserie des « Danaïdes » au cours Joseph Thierry, en haut de la Canebière.

Comme par magie, dans *Le Provençal*, journal du maire, le nom du premier est devenu « Ventur*a* » (comme Lino, version italienne) et le nom du second Mond*i*lini : un « a » par ci, un « i » par là et le tour est joué. On protège ses amis sans trop avoir l'impression d'avoir trahi la déontologie journalistique… Et si on tombe sur un chicaneur à l'esprit vétilleux, on peut toujours lui rétorquer qu'on n'est pas responsable des « coquilles » d'un typographe et encore moins de ses fautes de… frappe. En tout cas, en ce qui me concerne, chaque fois que j'ai été cité dans *Le Provençal*, le plus souvent pour me diffamer, c'était bien d'Arrig*o*, et pas d'Arrig*a* ou d'Arrig*i*.

Donc Dominique Venturi, et pas Ventura, se trouve pris dans la tourmente des fausses factures. Il s'est lancé dans les affaires avec son frère Jean et son fils Jacques. Le système de pompes à finances du parti socialiste fonctionne alors à plein régime. Il a fallu la mort étrange de René Lucet, directeur de la caisse primaire d'assurance maladie des Bouches-du-Rhône, suicidé de deux balles dans la tête dans la nuit du 3 au 4 mars 1982, pour que les policiers de la brigade financière commencent à éplucher les comptes des sociétés qui travaillent pour le compte de la mairie de Marseille, des offices HLM ou de la caisse primaire d'assurance maladie et constatent qu'elles émettent des kyrielles de factures fictives ou majorées sans motif.

Objectif: dégager du « black ». La société Coopérative générale d'entreprise du Midi (CGEM), dirigée par « Nique » Venturi, et la Renosit, société de coopérative ouvrière dirigée par Jacques et Jean Venturi, faisaient fonctionner à plein régime la planche aux fausses factures grâce à leur statut de coopérative et surtout aux nombreux marchés d'adjudications dont ils étaient titulaires grâce aux relations privilégiées de « Nique » avec Gaston Defferre. Il fallait dégager des espèces pour alimenter les pots-de-vin distribués aux agents municipaux et aux élus du PS. Je me souviens de l'observation du président du tribunal correctionnel de Marseille, Henri Aldemar, qui avait déclaré le jour de l'audience: « *Les Venturi ont pour habitude d'user de dons et de présents qui parfois peuvent être assimilés à de la corruption active.* »

Dominique et son frère se réunissaient pour déterminer le montant des sommes à remettre aux agents susceptibles de débloquer les autorisations nécessaires. C'est ainsi que des révisions de prix étaient organisées et rétribuées en fonction de l'importance des marchés, chaque « facilitateur » touchant au passage une commission ou enveloppe suivant un schéma pyramidal mis au jour avec brio dans l'affaire Urba-Graco par l'inspecteur Antoine Gaudino dans les années 1980. « Nique », lui, s'arrangeait pour s'octroyer un salaire léonin qui faisait hurler les vrais collaborateurs de sa société: il touchait 70 000 euros par an à la CGEM, plus 15 000 euros de frais de déplacement et 4 000 euros pour l'entretien de son véhicule, alors que le salaire du PDG en titre ne s'élevait qu'à 23 000 euros par an! Ces sommes ne rétribuaient aucune prestation effective mais seulement le talent « d'arrangeur » d'affaires de « Nique » et son charisme pour influencer ceux qui devaient l'être…

Le 21 janvier 1985, Dominique Venturi était condamné à quatre ans de prison dont un avec sursis, son fils Jacques à cinq ans dont deux avec sursis et son frère Jean à trois dont un avec sursis pour « faux, usage de faux, escroquerie et corruption ».

Dominique Venturi purgera sa peine et ne fera plus parler de lui, se murant dans le silence. À maintes reprises, je l'ai sollicité pour recueillir son point de vue sur ceux qui l'avaient lâché dans la tourmente judiciaire. Il m'avait toujours répondu avec une grande courtoisie : « Je vous remercie, monsieur d'Arrigo, mais je n'ai jamais été une balance et je ne serai jamais une balance. »

Une enveloppe de papier kraft

Et pourtant, quelques mois plus tard, c'est Dominique Venturi qui me téléphone à mon domicile :

« Monsieur d'Arrigo, je vous saurais gré de bien vouloir passer me voir chez moi avenue du Prado. J'ai un service à vous demander… »

Intrigué, je me présente à l'heure dite dans ce bel immeuble bourgeois de l'avenue du Prado, entre le boulevard Périer et le boulevard Lord-Duveen (8e). Dominique Venturi me reçoit en « marcel », sans chichis, et m'invite à m'asseoir dans la salle à manger autour d'une table couverte d'une nappe à carreaux rouge et blanc, comme en Normandie. « Nique » n'est pas homme à louvoyer. Il va droit au but.

« Monsieur d'Arrigo, je vous ai demandé de venir parce que mon fils Jacques est aux Baumettes et qu'il ne devrait pas y être. Je sais que vous êtes un type honnête et que vous êtes correspondant du *Figaro* à Marseille, il me serait agréable que vous fassiez un article sur l'affaire qui vaut à mon fils une incarcération abusive. Je vous donnerai bien entendu toutes les informations susceptibles d'étayer ce point de vue… »

Je comprends que j'ai face à moi un père meurtri qui veut sortir son fils du pétrin. Attitude noble, quels que puissent être le passé et la réputation de « parrain » de « Nique ». Je décide de donner mon accord à Dominique Venturi mais à certaines conditions : « Je vais rédiger mon article ici même, devant vous, et je le dicterai ensuite directement aux sténos en votre présence. Je veux que vous sachiez que s'il y a le moindre caviardage dans l'article, je n'y suis pour rien. Ma seconde condition, c'est que je ne veux absolument rien en échange. J'agis par humanité et parce que si j'étais à votre place, je serais heureux moi aussi d'avoir face à moi une personne attentive à mon malheur… »

« Nique » me tape dans la main. Il est d'accord. Moi, j'ai garanti mes arrières et je vais être tout de suite stupéfié. Venturi ouvre devant moi une chemise contenant de nombreux documents relatifs à l'emploi de travailleurs clandestins qu'on reproche à la société de peintures industrielles et de travaux dirigée par son fils Jacques. Je crois rêver. « Nique » me montre d'emblée le procès-verbal d'audition d'un policier de la brigade financière datant de la veille, ce qui revient à dire que l'enquêteur lui a balancé l'information avant même de donner son PV au juge d'instruction ! Dans ma tête, ça se bouscule. Je me dis que si « Nique » a pu obtenir ce procès-verbal, c'est uniquement parce qu'il a des policiers dans sa poche, des flics marrons qu'il « arrose » pour avoir des renseignements en temps utile. Là, je me demande vraiment où j'ai mis les pieds et si j'ai bien fait de passer un accord avec « Nique »…

Mais l'effet de surprise passé, je me rends compte en feuilletant les documents et procès-verbaux qui défilent sous mes yeux que Jacques Venturi a davantage été incarcéré en raison du nom qu'il porte que des méfaits qu'il a pu commettre. Ce délit de patronyme n'est pas nouveau. Je rédige donc mon article en prenant soin d'épargner Jacques Venturi, mais sans trahir la réalité des faits, bref un papier de semi-complaisance destiné à un père meurtri. Comme convenu, je le dicte aux sténos devant Venturi qui reste de marbre. Puis j'appelle le poste du rédacteur en chef du *Figaro* et je lui fais comprendre que ce papier est « sensible » et qu'il convient d'y prêter une attention soutenue. Il comprend au quart de tour et m'assure qu'il n'en modifiera pas le contenu.

Je m'apprête à prendre congé lorsque Venturi me retient. « Nine, amène-nous deux cafés que monsieur d'Arrigo a bien travaillé », lance-t-il alors à sa femme affairée dans la cuisine. « Nine » apporte les cafés sur un plateau et dépose négligemment sur la toile cirée une enveloppe de papier kraft. « Nique » me regarde droit dans les yeux et pousse l'enveloppe de papier kraft devant moi en disant : « Tenez, monsieur d'Arrigo, c'est pour vous, je veux vous remercier de ce que vous avez fait pour mon fils aujourd'hui… »

Je ne sais pas ce qui m'a pris, mais j'ai éprouvé le besoin de palper cette enveloppe pour en imaginer le contenu et rêver quelques secondes. J'ai palpé, j'ai entrevu des « Pascal », les billets de 500 francs de l'époque, et je me suis dit qu'elle contenait une somme astronomique : « Prenez, dit Venturi, il y a là de quoi passer plusieurs mois de vacances au Maroc avec votre épouse et vos deux enfants… » Dans ma tête, la mécanique tourne à toute vitesse. Je me retrouve dans la même position qu'avec Hanna Hélias, le voyou flamboyant de la Corniche. Manifestement, « Nique » avait prévu cette enveloppe à mon intention et « Nine » était dans la confidence pour l'apporter au moment opportun. Manque de bol, je ne mange pas de ce pain-là, je n'en ai jamais mangé et je n'en mangerai jamais. Reste à trouver des excuses qui n'offusqueront pas l'honneur de Dominique Venturi.

Je repousse lentement l'enveloppe, par petites saccades, tout en bredouillant que je n'avais fait que mon travail et que je ne méritais aucune récompense. « C'est très gentil à vous, je vous remercie de votre sollicitude, mais je ne peux pas accepter, j'espère que votre fils Jacques va s'en sortir… » « Nique » n'a pas insisté. L'enveloppe est restée sur la table avec son contenu affriolant. Il m'a raccompagné sur le pas de sa porte et m'a confié lentement en détachant ses mots : « *Monsieur d'Arrigo, n'hésitez pas, si un jour vous avez besoin d'un service, appelez Nique, je serai toujours là pour vous.* » Lorsque Jacques a été tiré d'affaire, il m'a appelé à plusieurs reprises pour me donner son point de vue sur la situation économique, sur les solutions qu'il avait imaginées pour résorber le chômage à Marseille et en France, et enfin, un jour, en cheminant sur le Prado vers Castellane, il a accepté de répondre à quelques questions, parfois gênantes.

— Monsieur Venturi, est-il exact que vous ayez été un des piliers de la Résistance à Marseille et que vous vous êtes emparé du *Provençal* les armes à la main avec Defferre à la Libération ?

— Defferre était chef de réseau, répond « Nique », il dirigeait le PC des Chartreux. À la Libération, en août 44, il nous a donné l'ordre de conquérir le meilleur journal local. À l'époque, c'était *Le Petit Provençal* dont les locaux étaient situés rue de la Darse, devenue aujourd'hui rue Francis-Davso, à quelques mètres de l'embouchure de la rue Breteuil. Defferre, dit « Brutus », et Francis Leenhardt, dit « Lionel », ont désigné l'équipe chargée de remplir cette mission périlleuse. Il y avait le « commandant » Louis Rossi, Antoine Ambrosi, Léon Bonnard, Jean Berthillot, Henri Codde, Marcel Crepino, Xavier Lecca, Jean Rigaud, Horace Santucci, Nicolas Siciliano, Joseph Tarquiny (l'oncle d'Antoine), et moi-même. Nous avons essuyé le feu nourri des miliciens qui aidaient au repli des troupes allemandes mais nous sommes finalement parvenus à traverser la ville sous la mitraille et à faire irruption au *Petit Provençal*. Il n'y avait personne, hormis le dessinateur « Jaf » qui n'a opposé aucune résistance. Une fois maîtres des lieux, nous sommes retournés au PC et nous avons dit à Defferre : « *C'est fait.* » Il nous a demandé de constituer une équipe de journalistes pour sortir le premier numéro du *Provençal* libre. Nous sommes allés chercher en premier le rédacteur en chef Léon Bancal, qui hésitait un peu en prétendant que c'était prématuré car ça pétait de tous les côtés. Il a fallu chercher un à un les typographes. Puis nous sommes retournés au PC où Defferre nous attendait et nous l'avons conduit à la rédaction où il a rédigé son premier éditorial.

— C'est alors que vous êtes devenu un homme de main de Defferre ?

— Pas un homme de main, répond calmement « Nique », un compagnon de route, fidèle durant quarante ans. On assurait la sécurité des réunions publiques et certaines missions particulières. À l'époque, ça bougeait beaucoup et les communistes n'étaient pas aussi faciles à vivre qu'aujourd'hui. Quand on débarquait, en général tout se calmait.

— Comment se fait-il qu'un compagnon de route aussi proche que vous l'étiez du maire ait été lâché par Defferre lorsqu'a éclaté l'affaire des fausses factures de la ville de Marseille ?

— Defferre ne m'a jamais lâché, réplique Venturi, ni lui ni aucun de ses amis. Sachant que je n'avais pas grand-chose à me reprocher, je vous laisse imaginer, s'il était intervenu en ma faveur, le torrent de ragots qui n'aurait pas manqué de s'ensuivre.

— Pourquoi avez-vous exhibé vos menottes devant les photographes à votre sortie de la brigade financière rue d'Oran ?

— Pour bien signifier qu'on me mettait en prison avant même de m'entendre, explique Dominique Venturi. N'oubliez pas qu'à l'époque, une zizanie terrible opposait Defferre à Badinter. Il y avait deux clans irréductibles et certains voulaient à tout prix que je mouille Defferre et ses amis afin de les discréditer. Moi, je n'ai pas proféré le moindre mot. Les flics m'ont poussé dans mes retranchements en jouant sur mes sentiments filiaux et ils n'ont accordé à ma femme le permis de communiquer avec mon fils Jacques qu'au bout de dix-huit mois de préventive, mais je n'ai pas craqué.

— Est-il exact que vous avez sollicité un ministre de l'intérieur de droite, Michel Poniatowski ?

— C'est vrai, il a toujours répondu à mes lettres. Mon nom a été cité à tort par un fonctionnaire américain dans son rapport sur la French Connection. Pour en finir avec cette légende, j'ai en effet demandé à M. Poniatowski une enquête objective sur les rumeurs qui circulaient à mon sujet en lui fournissant des preuves irréfutables et il a contribué à remettre les choses à leur place. On ne prête qu'aux riches...

— Vous avez été un des principaux agents clientélistes de Defferre. Est-ce que vous le regrettez ?

— Pas du tout, s'indigne Nique, je peux vous dire que j'ai rendu de nombreux services de tous ordres à une quantité de gens à Marseille. Et pour ceux que j'ai aidés, je mets au défi quiconque de prétendre que je leur ai demandé quoi que ce soit en contrepartie, ne serait-ce qu'un bulletin de vote. Car j'ai toujours pensé que si quelqu'un s'adressait à moi, c'est qu'il me faisait confiance. Et pour tout l'or du monde je n'aurais voulu que cette confiance devienne un marchandage.

L'ombre de René Lucet

— Qui est responsable, selon vous, de la mort de René Lucet, l'ancien directeur de la caisse primaire d'assurance maladie des Bouches-du-Rhône, le 4 mars 1982 ?

— Bien malin qui peut le dire, estime Venturi. Deux jours avant sa mort, Lucet m'a confié qu'il avait rendez-vous à Paris avec le ministre des Affaires sociales Mme Nicole Questiaux. Je crois pouvoir dire que si on ne lui avait pas retiré son agrément avant ce rendez-vous, nul n'aurait eu à déplorer sa mort car il aurait convaincu le ministre de sa bonne foi et de la qualité de son travail. D'ailleurs, les enquêtes qui ont suivi n'ont rien donné...

— René Lucet avait-il des raisons de se suicider ?

— C'était un homme de caractère. Il avait emprunté 800 000 francs auprès du crédit-fonctionnaires pour l'achat de sa villa de Saint-Barnabé et il tenait à ce que ses enfants fréquentent l'école libre. Comment aurait-il pu faire face à ses obligations s'il n'avait plus de poste ? Il a préféré la mort dans l'honneur à un médiocre retour à la case départ.

— Des rumeurs ont circulé à l'époque selon lesquelles ce sont vos hommes de main, ceux qui s'occupaient de sa sécurité, qui l'auraient abattu à Cassis de deux balles dans la tête parce qu'il menaçait de dévoiler les pratiques de fausses factures et de pots de vin auxquelles vous aviez participé...

— Faux, archi faux, répond Dominique Venturi. Quand Lucet est arrivé à Marseille, il avait une mission précise : celle de mettre de l'ordre dans les finances de la sécurité sociale et de retirer aux mutuelles le travail que pouvait effectuer à leur place les agents de la sécurité sociale afin que cette administration retrouve le maximum de son efficacité et puisse rembourser les assurés sociaux et régler ses fournisseurs dans des délais acceptables. Lucet a parfaitement accompli sa mission. Des sommes considérables étaient détournées au détriment de l'institution. Nous avons eu une réunion secrète au siège du *Provençal* avec Defferre, Lucet et André Poitevin, le directeur du journal. Et Lucet a été félicité pour son efficacité à démanteler la puissance de la CGT. L'ambiguïté vient du fait que Defferre ne pouvait pas prendre ouvertement sa défense en raison de la solidarité gouvernementale avec les communistes et la CGT.

— Est-il exact que Philippe San Marco, filleul de Defferre, s'était mis en tête de faire cesser vos pratiques ?

— Oui, c'est vrai, répond « Nique ». Defferre voulait le mettre dans le bain mais San Marco voyait les choses en intellectuel. Figurez-vous qu'il prétendait régulariser les pratiques courantes à Marseille en matière de dévolution des marchés... Alors on s'est fâché. Je suis allé voir Gaston en privé et il m'a reproché le trop grand nombre de marchés publics que je traitais ou que d'autres captaient pour mon compte. Je l'ai regardé en face et je lui ai dit : « Gaston, mon nom, c'est Nique, c'est pas Jean de La Fontaine. Personne ne m'avait encore joué la fable du loup et de l'agneau. Vous vous rappelez la morale : si ce n'est toi, c'est donc ton frère, ou bien encore l'un des tiens...

— Entre vous et Philippe San Marco, le courant n'est donc jamais passé ?

— Jamais, tranche « Nique ». Edmonde et Gaston étaient influencés par le grand monde. Ils voulaient des élus instruits qui sachent parler français. Je leur ai fait observer que j'étais peut-être inculte mais que j'étais capable, moi, de tenir la baraque et de ramener les électeurs quand il le fallait.

— Vous vous entendiez donc mieux avec les barons du defferrisme comme Charles-Émile Loo, par exemple...

— Pas du tout, s'écrie Nique, agacé, Loo, c'est une girouette que Defferre avait refusé de coucher sur ses listes en 1983. Il est plat comme une carpette. Il peut même passer entre la carpette et le parterre tellement il est plat.

Inutile de vous préciser que la plupart de ces propos étaient « off » mais que je me sens délié de ma parole depuis le décès de Dominique Venturi, qui ne voulait en aucun cas que j'en rende compte de son vivant. Comme la plupart des « parrains » marseillais, Dominique Venturi a su manœuvrer habilement pour passer entre les gouttes, sauf à la fin de sa vie, lorsque les « nettoyeurs » ont pris le dessus à la mairie. Il n'en demeure pas moins certaines interrogations lancinantes sur la probable élimination de René Lucet. On sait aujourd'hui que « Nique » n'était pas seulement « en affaires » avec Lucet mais qu'il lui fournissait chaque soir des filles de rêve pour faire la fête sans compter dans les établissements les plus huppés de la Côte. Lucet n'était pas marseillais. Il ignorait qu'il ne faut jamais se commettre avec certains hommes. Il ignorait qu'on ne pouvait pas rompre un pacte conclu avec ces hommes-là.

J'ai en mémoire l'air affolé, terrorisé, de l'épouse de René Lucet qui vivait confinée dans un appartement de Bonneveine, rue Bernex, dans le 8e arrondissement, où je lui ai rendu visite après la mort de son mari. J'ai été conduit sur place par les gardes du corps de Lucet, les hommes de Venturi, j'ai été surveillé de bout en bout, je n'ai pas pu parler un seul instant seul à seul avec cette femme et j'ai compris qu'elle était sous influence et que son obsession était de quitter Marseille le plus vite possible, avec ses enfants, et de s'installer ailleurs, dans l'anonymat le plus complet…

Délire grandiose et collusion

Il arrive parfois, au cours de la vie d'un journaliste, qu'on rencontre des gens présumés détestables, infréquentables, mal famés, et qui ne soient pas tout à fait ce que l'on dit d'eux. C'est le cas de Bernard Tapie, par exemple, vrai bateleur d'estrade et homme politique affligé d'un délire grandiose qu'on ne peut pas ne pas trouver sympathique lorsqu'on converse dix minutes avec lui. Certes, c'est aujourd'hui une certitude : il savait s'y prendre pour essorer une entreprise, planifier une misérable campagne de presse pour éliminer l'estimable Jean Carrieu de la présidence de l'OM en 1986, l'intéressé ayant fini par se suicider en se précipitant du haut du cap Canaille à Cassis en février 1987, ou « arranger » les matches pour s'épargner une opposition trop virile sur le terrain, mais d'une façon générale, les Marseillais férus de foot ne regardent pas trop la manière. Que pouvait craindre Tapie ? Feu Robert Louis-Dreyfus, patron du club, avait pris la saine précaution d'embaucher le compagnon de Camille Beaume, la fille de l'ancien procureur de Marseille Jacques Beaume, aujourd'hui procureur général près la cour d'appel de Lyon. Lorsque des dirigeants de l'OM ont comparu en correctionnelle dans les années 1990 pour diverses malversations, M. Beaume, fait rarissime, a improvisé une conférence de presse devant la salle d'audience pour expliquer aux journalistes qu'il n'y avait vraiment pas de quoi fouetter un chat dans cette affaire et que RLD était un saint homme…

Un saint homme qui n'était pas toujours très prudent dans ses fréquentations. Lorsque certains « supporters » patentés de l'OM s'en sont pris à son épouse Margarita, en l'insultant copieusement durant quinze minutes à la mi-temps d'un match au stade Vélodrome, Robert Louis-Dreyfus a été scandalisé. Le soir même, il a pris conseil auprès de son directeur sportif de l'époque, pour savoir comment éviter ce genre de « désagrément ». « J'ai l'homme qu'il vous faut pour régler cette situation », lui a répondu ce sulfureux dirigeant. Et il lui a présenté un « homme en place » qui lui a tenu ce langage :

« Monsieur le président, vous n'aurez plus aucun ennui avec les supporters de l'OM et ils n'insulteront plus jamais votre épouse, mais je vous prierai de vous souvenir à l'avenir que je vous ai rendu un service… »

Les groupes de supporters ont reçu dès le lendemain la visite musclée de gros bras qui les ont passés à tabac et ont saccagé leurs locaux de fond en comble. Simple avertissement. Un service en valant un autre, il se murmure que Louis-Dreyfus aurait embauché une personne proche de son bienfaiteur à un tarif défiant toute concurrence !

L'ancien patron de l'OM a lui-même raconté cette anecdote au président de la cour d'appel d'Aix-en-Provence qui s'étonnait de certaines de ses fréquentations. Mais la réputation sulfureuse de ces hommes qui gravitent autour des affaires les plus juteuses de Marseille n'exclut pas la courtoisie et une certaine empathie. « J'ai eu affaire à plusieurs reprises à l'agent de joueurs Jean-Luc Barresi, et je peux vous dire que c'est un homme d'une grande courtoisie et extrêmement sympathique, quelle que soit par ailleurs sa réputation », confie l'ancien dirigeant Pierre Dubiton.

C'est le cas aussi de Jean-Claude Kella, 67 ans, ancien pilier de la French Connection et qui affiche vingt-cinq années d'emprisonnement au compteur pour trafic de drogue. Quand on le connaît mieux, on s'aperçoit que cet homme honni des braves gens est en fait lui-même un brave homme qui n'a pas vraiment choisi la vie qui était la sienne. Il a toujours respecté les règles de son milieu et cette continuité dans sa morale de voyou lui confère aujourd'hui un certain charisme. Voilà un homme qui n'a jamais flanché. « Lorsque vous gagnez 400 euros et que vous devez payer 600 euros de loyer, comment vous faites ? Voleur, de mon temps, c'était un métier. C'est devenu une nécessité », fait observer Jean-Claude Kella.

Jacques Strilli, 68 ans, ancien braqueur marseillais, condamné à maintes reprises pour vols à main armée, arrêté à l'âge de 20 ans en compagnie d'un certain Richard Deruda, a passé plus de la moitié de sa vie en prison ! Il n'empêche que lorsque vous discutez avec Strilli, vous vous apercevez avec stupeur que c'est un homme doté d'une bonne mentalité qui, lui aussi, n'a jamais dérogé aux règles de son milieu : « À Marseille comme ailleurs, les mentalités se sont dégradées, constate l'ancien braqueur, les moyens d'information se sont développés et les jeunes veulent le dernier iPhone, la dernière paire de Nike, etc. À mon âge, quand on avait 20 ans, on avait 20 ans. Maintenant, les jeunes de 20 ans, on dirait qu'ils en ont 30 ! Automatiquement, quand ils n'ont pas les sous, ils vont voler. Mais ils ont perdu la notion de respect et les limites à ne pas dépasser.

« Moi, je savais d'avance en entrant dans une banque avec un revolver à la main que je ne tirerais sur personne, affirme Jacques Strilli. Et si le caissier s'était avisé de me donner une châtaigne, je ne lui aurais jamais tiré dessus. Je l'ai dit à tous mes camarades gangsters chaque fois qu'on braquait : *On vient pas ici pour allumer un mec, on prend les sous et c'est tout !* Maintenant, les voleurs sont au sommet de l'État : on prête des milliards à la Grèce et trois mois plus tard ils ont plus un rond. Mais où ils ont mis les milliards, les Grecs ? Depuis cinq ans que je suis sorti de taule, on m'a relancé plusieurs fois par téléphone : « *Jacques, on te connaît, on sait que t'es pas bien, on veut te voir, crois-moi, c'est bon...* » J'ai refusé. Pour moi, c'est terminé, je leur ai dit. J'avais donné ma parole au juge qui m'avait accordé la liberté conditionnelle il y a cinq ans. Il m'avait dit : « *Strilli, si vous faites la moindre connerie, c'est moi qui saute !* » J'ai tenu parole. Je n'ai même pas eu un procès-verbal en cinq ans. J'avais promis au juge que je ne récidiverai jamais. »

« On a toujours volé à Marseille, ironise Patrick Bosso, et on volera toujours. Mais à une époque on volait le « tombé » du camion. Maintenant, on vole le tombé du camion, le camion et le livreur du camion ! Marseille, ça s'écrit avec deux « l ». Et quand tu as deux ailes, forcément, tu voles... »

Le quatrième cancer de Marseille, après le clientélisme, l'angélisme judiciaire et la drogue, c'est le vol. Marseille est championne de France toutes catégories en matière de cambriolages, barbotages, chapardages, pillages, maraudages, brigandages, fauchages... Ne parlons même pas de la resquille : il suffit de prendre un bus pour s'apercevoir que les contrevenants pris en flagrant délit de défaut de titre de transport ne sont même plus invités à descendre. Toujours la hantise de l'émeute. La crainte de voir les passagers se révolter en faveur du « *sans-ticket* » au lieu de le foutre dehors eux-mêmes en signe de réprobation morale.

CONCLUSION

Au terme de ce cheminement marseillo-marseillais, je constate que ceux qui n'ont jamais la parole, ceux qui ne sont pas dans les « appareils », dans le « système », dans les « cénacles », partagent les mêmes espoirs et les mêmes craintes sur l'avenir de Marseille, ce bouillant petit concentré de Méditerranée qui n'en finit pas d'interroger nos consciences.

Le sentiment qui affleure le plus souvent de ces entretiens avec des Marseillais qui n'ont jamais la parole, c'est la mélancolie. Ils voudraient tous que Marseille redevienne ce qu'elle a été et ils redoutent ce qu'elle pourrait devenir. On est là dans cette zone instable où l'incertitude de l'avenir se nourrit de la nostalgie du passé. Comme dit le poète, le présent serait plein de tous les avenirs si le passé n'y projetait déjà une histoire. Marseille nous colle à la peau, mais nous rêvons d'une mue impossible. Toujours cet amour-haine, cette passion-détestation qui obnubile nos jugements et assombrit les perspectives.

La bataille va bientôt s'engager entre ceux qui briguent la succession de Gaudin : Patrick Mennucci, Eugène Caselli, Philippe San Marco, Guy Teissier et Bruno Gilles ont chacun de sérieux atouts à faire valoir, et nul doute qu'ensemble, ils feraient un sacré travail pour Marseille. Que le meilleur gagne.

Mais, surtout, qu'ils n'oublient pas le « serment de l'Estaque », cet engagement des sans-grades, des moins que rien, des miséreux qui veulent voir Marseille s'épanouir dans la paix et l'harmonie. Ils sont socialistes, ils sont gaullistes, ils sont centristes, ils sont communistes, ils sont écologistes, mais avant tout ils sont Marseillais et ils rêvent d'une ville propre, d'une ville sûre, d'une ville paisible, d'une ville sans drogue, sans violences, d'une ville sans bruit excessif, d'une ville équipée de vespasiennes et de « crottoirs » destinés aux chiens, d'une ville piétonnisée, d'une ville sans magouilles, d'une circulation apaisée, d'un stationnement réglementé, d'une police nombreuse et présente, d'une ville attentive aux besoins des plus faibles…

Peut-être rêvent-ils debout, ces braves Marseillais, mais comme le disait Chirac, « seules sont perdues d'avance les batailles qu'on ne livre pas ». Le combat qui s'annonce pour l'avenir de Marseille ne se jouera pas entre la gauche et la droite : il se jouera entre les tenants du conservatisme combinard et ceux de la rupture avec le système defferriste. C'est tout.

Nous savons fort bien que la droite et la gauche ont un nombre à peu près égal de tricheurs, de profiteurs, de gens qui s'appuient sur un clanisme musclé, un favoritisme rémunéré, un clientélisme de prostitution. Nous ne nous faisons aucune illusion. Nous savons bien que la droite et la gauche ont un art consommé de parler pour ne rien dire et de nous bassiner avec des phrases si souvent répétées qu'elles tournent au *fond sonore*. Dès que quelqu'un s'exprime avec ses tripes, en toute sincérité, à la radio ou à la télé, paf, on tend l'oreille, comme si l'on était hypnotisé par une vérité soudaine. Les discours politiques sont comme la musique d'ascenseur sur le palier de la « médiacratie » : plus personne n'y prête attention…

Nous pensons que celui qui aura l'audace d'incarner la rupture franche avec le marigot du socialo-banditisme sera l'homme du renouveau et le prochain maire emblématique du grand Marseille. Cet homme devra rassembler une ville disloquée, ouvrir des restaurants populaires et des lieux d'accueil pour les sans-abri en transformant certains étages des mairies d'arrondissements et certains équipements aberrants — comme la patinoire, par exemple — en lieux d'accueil permanents, il devra multiplier les passerelles entre le Nord et le Sud, créer des « univer-cités » gratuites dans les quartiers pour y développer la culture, punir les fauteurs de troubles, instituer des « quarteniers », c'est-à-dire des volontaires municipaux dans chaque rue chargés de veiller à la tranquillité et au bien-être des habitants et, surtout, répandre l'idée que les Marseillais, du plus petit au plus grand, du plus pauvre au plus riche, sont tous concernés par l'avenir de leur ville et qu'ils doivent participer à sa renaissance.

En 2014, ce n'est pas seulement « un » maire qu'il faudra élire, pas seulement « une » équipe municipale, mais 900 000 militants acharnés qui se battront pour que vive Marseille !

« Je hais tous les hommes
Les uns parce qu'ils sont méchants et malfaisants,
Et les autres pour être aux méchants complaisants
et n'avoir pour eux ces haines vigoureuses
que doit donner le vice aux âmes vertueuses.
De cette complaisance, on voit l'injuste excès
pour le franc scélérat avec qui j'ai procès.
Au travers de son masque, on voit à plein le traître,
partout il est connu pour ce qu'il peut être,
et ses roulements d'yeux et son ton radouci
n'imposent qu'à des gens qui ne sont point d'ici.

« On sait que ce pied plat, digne qu'on le confonde,
par de sales emplois s'est poussé dans le monde
et que par eux son sort, de splendeur revêtu,
fait gronder le mérite et rougir la vertu.

« Quelque titre honteux qu'en tous lieux on lui donne,
son misérable honneur ne voit pour lui personne.
Nommez-le fourbe, infâme et scélérat maudit,
tout le monde en convient et nul n'y contredit.
Cependant, sa grimace est partout bienvenue.
On l'accueille, on lui rit, partout il s'insinue,
et s'il est, par la brigue, un rang à disputer,
sur le plus honnête homme on le voit l'emporter.

« Tête-bleu ! Ce me sont de mortelles blessures
de voir qu'avec le vice on garde des mesures,
et parfois il me prend des mouvements soudains
de fuir dans un désertl'approche des humains… »

Alceste
Molière, *Le Misanthrope*

CET OUVRAGE A ÉTÉ ACHEVÉ D'IMPRIMER
par Corlet Imprimeur 14110 Condé-sur-Noireau
DÉPÔT LÉGAL : NOVEMBRE 2012. N° D'IMPRESSION 152165

Imprimé en France